100 Jahre Patrona Bavariae

Regensburger Marianische Beiträge

Herausgegeben von
Josef Kreiml, Sigmund Bonk
und Veit Neumann

im Auftrag des
Institutum Marianum Regensburg e. V.

Band 1

Josef Kreiml / Veit Neumann (Hg.)

100 Jahre Patrona Bavariae

Marienverehrung in Bayern

Mit einem Geleitwort von
Bischof Rudolf Voderholzer

Verlag Friedrich Pustet
Regensburg

Bibliografische Information der Deutschen Nationalbibliothek

Die Deutsche Nationalbibliothek verzeichnet diese Publikation
in der Deutschen Nationalbibliografie;
detaillierte bibliografische Daten sind im Internet
über http://dnb.d-nb.de abrufbar.

ISBN 978-3-7917-2892-6

Umschlaggestaltung: Martin Veicht, Regensburg
Druck und Bindung: Friedrich Pustet, Regensburg
Printed in Germany 2017

Diese Publikation ist auch als eBook erhältlich:
eISBN 978-3-7917-7154-0 (PDF)

Weitere Publikationen aus unserem Programm finden Sie unter
www.verlag-pustet.de

Inhalt

II. Theologische und pastorale Gesichtspunkte der Marienverehrung

Geleitwort

Dr. Rudolf Voderholzer
Bischof von Regensburg

Seit 100 Jahren feiern die bayerischen (Erz-)Diözesen das Hochfest Patrona Bavariae. Aus diesem Anlass ist die vorliegende Festschrift entstanden. Das Titelbild dieses ersten Bandes in der Reihe der Regensburger Marianischen Beiträge schmückt die Münchener Mariensäule. Das mag zunächst verwundern, denn weder ist sie die erste Darstellung der „Patrona Bavariae“ noch steht sie in direktem Bezug zu Regensburg. In Regensburg würde man an das Gnadenbild der Alten Kapelle denken, das eines der ältesten Marienbilder in Bayern ist. Aber die „Patrona Bavariae“ auf dem heutigen Marienplatz in München ist von den Herausgebern der Reihe dennoch klug gewählt worden. Sie verweist auf einen Mann, der als erster die Gottesmutter mit dem Christuskind auf dem Arm als Schutzfrau Bayerns angerufen hat. Der erste Kurfürst von Bayern, Maximilian I., ließ die Mariensäule im Jahr 1638 zum Dank für die Bewahrung vor der Zerstörung der Städte München und Landshut durch die schwedischen Truppen im Dreißigjährigen Krieg errichten. Es war die erste ihrer Art in Deutschland und sie sollte zum geistlichen Zentrum Bayerns werden. Alle Entfernungen im Land werden von ihr aus gemessen. Inmitten der Kriege spendete die über das Markttreiben erhöhte Gottesmutter der Bevölkerung Trost und Kraft. Sie ist zum Wahrzeichen der Marienverehrung in Bayern geworden. So ist sie auch der Zielpunkt der Wallfahrten zum 100-jährigen Jubiläum des Festes „Patrona Bavariae" im Jahr 2017.

Maximilian hatte die Marienfrömmigkeit von seinem Vater Herzog Wilhelm V. und von den Jesuiten in Ingolstadt übernommen. Petrus Canisius, der später heiliggesprochene Kirchenlehrer, widmete sein großes mariologisches Werk „De Maria virgine incomparabili et Dei genitrice sacrosancta" (Ingolstadt 1577) dem damaligen Erbprinzen Wilhelm, dem späteren Herzog Wilhelm V. Das Haus Wittelsbach pflegte die Marienverehrung als eine feste familiäre und bayerische Tradition. Maximilian I. kommt das Verdienst zu, den Titel der „Patrona Bavariae" geprägt zu haben. Maximilian I. hat als erster bayerischer Herrscher die Gottesmutter als Schutzfrau Bayerns („Patrona Bavariae") angerufen. Im Jahr 1616 ließ er an seiner neu erbauten Münchener Residenz eine überlebensgroße Madonna mit Kind anbringen und gab ihr den Titel „Patrona Boiariae". Sie ist die „Mutter" aller Hausmadonnen in Bayern geworden. Als die Katholische Liga im Jahr 1620 unter der Führung Maximilians in der Schlacht am Weißen Berg bei Prag siegte, schrieb Maximilian I. dies der Fürbitte der „Patrona Boiariae" zu. Dadurch erlangte der Titel enorme Bedeutung für das ganze Land. Eigentliche Regentin in Bayern war und ist die Gottesmutter. Unzählige Häuser werden seitdem von einer Hausmadonna geziert. Die Bewohner empfehlen sich damit der Fürsprache der Gottesmutter und geben ein stolzes Bekenntnis ihres katholischen Glaubens.

Die bayerischen Herrscher der Folgezeit blieben dieser Marienverehrung treu. 300 Jahre nach der ersten Nennung des Titels „Patrona Bavariae" erfuhr die Tradition eine Bestätigung durch Papst Benedikt XV. Er erklärte auf Bitten König Ludwigs III. und seiner Ehefrau Königin Maria Theresia per Dekret der Ritenkongregation vom 26. April 1916 die allerseligste Jungfrau und Gottesmutter Maria zur Hauptpatronin Bayerns und gewährte ihr zu Ehren ein eigenes Fest im Königreich Bayern. Am 14. Mai 1916 wurde es erstmals in München, am 14. Mai 1917 erstmals bayernweit gefeiert. Seit 1970 wird es auf Beschluss der Freisinger Bischofskonferenz am 1. Mai begangen.

Zur Vorbereitung auf das 100-jährige Jubiläum des Festes „Patrona Bavariae“ luden die bayerischen Bischöfe seit 2011 zu den bedeutenden Marienwallfahrtsorten in den bayerischen Diözesen ein: von Altötting, dem bekanntesten Marienwallfahrtsort Bayerns, über Vierzehnheiligen, den Bogenberg, Retzbach, die Knotenlöserin bei Augsburg und Eichstätt bis nach München zur Mariensäule. Dort wird am 13. Mai 2017 der Jubiläumsgottesdienst gefeiert.

Ich danke dem neuen Direktor des Institutum Marianum Ratisbonense e.V. für die Unterstützung dieses Jubiläums in Form dieser Festschrift. Er eröffnet damit die Reihe der Regensburger Marianischen Beiträge, die künftig als Plattform des Institutum Marianum und zur Förderung der Marienverehrung dienen wird. Allen Autorinnen und Autoren dieses Bandes gilt ebenso mein herzlicher Dank. Möge die Patrona Bavariae auf der Münchener Mariensäule, an den vielen Häuserfassaden und vor allem in den Herzen der Gläubigen auch die kommenden Zeiten überstehen und den Menschen von oben Kraft und Trost spenden, nicht nur an ihrem Hochfest am 1. Mai. Mit den Worten des Liedes „O himmlische Frau Königin“ empfehle ich alle Leser der Fürbitte der Gottesmutter.

„O himmlische Frau Königin,
der ganzen Welt ein Herrscherin!
Maria, bitt für uns!
Du Herzogin von Bayern bist,
das Bayernland dein eigen ist.“

Regensburg, 1. Januar 2017, Hochfest der Gottesmutter Maria

+ Rudolf Voderholzer

Bischof von Regensburg

Vorwort

100 Jahre
Patrona Bavariae
1917 – 2017

Anlässlich seiner Apostolischen Reise in seine bayerische Heimat stand Papst Benedikt XVI. am 9. September 2006 – im „Herzen Bayerns“ – vor der Mariensäule auf dem Münchener Marienplatz, um die Menschen dem Schutz der Gottesmutter anzuvertrauen. Dabei sagte er: „Und so stehe ich wieder zu Füßen der Mariensäule, um die Fürsprache und den Segen der Muttergottes zu erflehen, nicht nur für die Stadt München und auch nicht nur für das liebe Bayernland, sondern für die Kirche der ganzen Welt und für alle Menschen guten Willens“ (zitiert nach: Apostolische Reise Seiner Heiligkeit Papst Benedikt XVI. nach München, Altötting und Regensburg 9. bis 14. September 2006. Predigten, Ansprachen und Grußworte, herausgegeben vom Sekretariat der Deutschen Bischofskonferenz, Bonn 2006, 33). Anschließend sprach der Papst folgendes Gebet: „Heilige Mutter des Herrn, unsere Vorfahren haben in bedrängter Zeit dein Bild hier im Herzen der Stadt München aufgestellt, um dir Stadt und Land anzuvertrauen. Dir wollten sie auf den Wegen des Alltags immer wieder begegnen und von dir das rechte Menschsein lernen; von dir lernen, wie wir Gott finden und wie wir so zueinander kommen können. Sie haben dir Krone und Zepter, die damaligen

Symbole der Herrschaft über das Land gegeben, weil sie wussten, dass dann die Macht und die Herrschaft in den rechten Händen sind – in den Händen der Mutter. […] Alle Sorgen der Menschen nimmst du auf dich und trägst sie vor den Herrn, vor deinen Sohn. Deine Macht ist die Güte. Deine Macht ist das Dienen. Lehre uns, […] auf solche Weise unsere Verantwortung zu leben. Hilf uns, die Kraft des Versöhnens und das Vergeben zu finden. Hilf uns, geduldig und demütig zu werden, aber auch frei und mutig […]. Du trägst Jesus auf deinen Armen, das segnende Kind, das doch der Herr der Welt ist. So bist du, den Segnenden tragend, selbst zum Segen geworden" (ebd., 33f).

Die Verehrung der Gottesmutter ist im Glaubensleben der Menschen in Bayern tief verankert. Kurfürst Maximilian I. ließ 1616 an seiner Münchener Residenz die Marienstatue *Patrona Boiariae* aufstellen. 1638 ließ er die Mariensäule auf dem Münchener Marienplatz errichten. 1917 wurde, nachdem Papst Benedikt XV. die seligste Jungfrau Maria offiziell zur Patronin Bayerns erhoben hatte, erstmals landesweit das Fest der Schutzfrau Bayerns begangen. Dieses Jubiläum ist der äußere Anlass für das Entstehen des vorliegenden Buches.

In drei größeren Abschnitten gehen 17 Autorinnen und Autoren verschiedenen Dimensionen der Marienverehrung auf den Grund. Teil I der Publikation (sechs Beiträge) beleuchtet geschichtliche Aspekte der Marienverehrung in Bayern: Dabei werden die Entstehung und die Wirkungsgeschichte des bayerischen Hochfestes Patrona Bavariae unter die Lupe genommen und Kurfürst Maximilian I. in knappen biographischen Zügen vorgestellt. In weiteren Beiträgen werden die Münchener Mariensäule und verwandte Darstellungen der Patrona Bavariae in ikonographische Kontexte gestellt und die politische Dimension des *Magnificat* akzentuiert. Eine andere Abhandlung lässt die 50-Jahr-Feier und die 60-Jahr-Feier des Festes der Patronin Bayerns Revue passieren und beleuchtet so die *Pietas Bavarica*. Abschließend wird aus pastoraltheologischer Sicht detailliert beschrieben, welches Echo die Wallfahrten in den verschiedenen bayerischen Diözesen (ab 2011) auf dem Weg zur 100-Jahr-Feier in der medialen Berichterstattung ausgelöst haben.

Im umfangreichen Teil II des Buches (acht Aufsätze) werden zentrale theologische und pastorale Gesichtspunkte der Marienverehrung thematisiert: Es wird der Frage nachgegangen, ob man im Zusammenhang mit Maria vom „Herz der Theologie“ bzw. von einer „Theologie des Herzens“ sprechen kann. Ein eher anthropologisch ausgerichteter Beitrag benennt Prüfsteine rechter Marienverehrung, fragt nach der Berührung von Theologie und Volksfrömmigkeit und prüft Gesichtspunkte zum Thema „Maria und die Frauen“. Ein Aufsatz, der die theologische Begründung der geistlichen Mutterschaft Mariens bieten will, schließt sich an. Der Beitrag über Maria als den „neuen Anfang“ der Würde und Berufung der Frau stützt sich v. a. auf das Apostolische Schreiben *Mulieris dignitatem* (1988) Johannes Pauls II., in dem der Papst verschiedene moderne Fragen des Verhältnisses der Geschlechter im Licht des Evangeliums interpretiert. In einer weiteren Abhandlung wird der Frage nachgegangen, inwiefern man die Gottesmutter als „Heimat“ gottgeweihten Lebens bezeichnen kann. Auch die Frage nach der marianischen Ausrichtung der Neuevangelisierung darf nicht fehlen. Ohne das *gelebte* Wort Gottes ist eine neue Evangelisierung nicht möglich. Zwei Pastoraltheologen beschäftigen sich mit wichtigen Themen: Reflexionen über das Gebet (geschöpflicher Grundakt, Phänomen der Gebetslosigkeit, Charakter des Mariengebetes) führen zur Einsicht in die Notwendigkeit einer „gebetsgehaltenen“ Seelsorge. Die Marienpredigt ist durch eine polare Ausrichtung geprägt: Sie ist auf Christus und zugleich auf die Situation der Menschen bezogen. Auch Kernbotschaften der Marienpredigt werden benannt.

Teil III der Publikation ist einigen konkreten Orten der Marienverehrung im Bistum Regensburg und in Augsburg gewidmet (vier Beiträge): Eine Kunsthistorikerin präsentiert und interpretiert verschiedene Mariendarstellungen am Regensburger Dom (Verkündigungsgruppe des Erminoldmeisters; das Marienleben, dargestellt in den Archivolten und im Tympanon des Westportals; „Schöne Maria“ am Verkündigungsaltar). Eine weitere Abhandlung gilt dem Marienwallfahrtsort Bogenberg mit dem Gnadenbild „Maria in der Hoffnung“. Auf den Bogenberg führte 2013 die zur Vorbereitung auf das Jubiläumsjahr 2017 durchgeführte Wallfahrt im Bistum Regensburg.

Abgeschlossen wird das Buch mit zwei innerlich zusammenhängenden Beiträgen über das Wallfahrtsbild der Knotenlöserin in St. Peter am Perlach in Augsburg. Zu dieser Kirche führte – vom Augsburger Mariendom ausgehend – die vorbereitende Wallfahrt 2015.

Mit dieser Publikation wird im Auftrag des Institutum Marianum Regensburg e.V. die neue Schriftenreihe „Regensburger Marianische Beiträge“ eröffnet. Am 6. Dezember 1966 hat Dr. Rudolf Graber (1903–1992), der damalige Bischof von Regensburg, der ein großer Marienverehrer und renommierter Mariologe war, das „Institutum Marianum Regensburg“ (IMR) gegründet. So konnte das IMR vor wenigen Wochen sein 50-jähriges Jubiläum begehen. Das Institutum Marianum Regensburg dient laut Satzung der „Pflege der wissenschaftlichen Forschung auf dem Gebiet des Dogmas, der Geschichte und Kunstgeschichte“. Außerdem widmet es sich der „Pflege der Marianischen Frömmigkeit“ und der „Herausgabe geeigneter Schriften“.

Weihbischof Vinzenz Guggenberger (1929–2012), Vorsitzender des Institutum Marianum Regensburg e.V. von 1992 bis 2006, hat mit Recht folgende Aussage getroffen: „Die überaus breite Vielfalt der Verehrung zeichnet die Gestalt Mariens vor allen anderen Heiligen aus“ (Vorwort, in: Friedrich Fuchs, Bilder von Maria am Regensburger Dom, herausgegeben vom Institutum Marianum Regensburg e.V., Regensburg 2002, 5). Das Institutum Marianum Regensburg macht es sich – so fährt der Weihbischof fort – zur Aufgabe, „die Verehrung Mariens in der Vergangenheit zu erforschen und für die Zukunft nach Kräften zu fördern“ (ebd.). Diesem Ziel möge auch die vorliegende Publikation dienen.

Benedikt XVI. hat als Papst in seiner Homilie vom 7. Oktober 2012 Maria als „Stern der Neuevangelisierung“ bezeichnet. Das Projekt einer neuen Evangelisierung hat sich am marianischen Geheimnis zu orientieren. Gerade im Blick auf ihren Missionsauftrag muss die Kirche heute an Maria Maß nehmen, denn Maria ist „Kirche im Ursprung“. Auch die Kirche hat keine andere Bestimmung als die, als Tabernakel des Allerheiligsten in der Welt zu leben. Neuevangelisierung entspringt der Dynamik des Glaubens selbst; sie ergibt sich als logische Konsequenz aus der Freude am Glauben. Die Kirche ist in erster Linie marianisch; alles andere, auch das apostolische Amt, steht ganz im Dienst des Marianischen. Als Urbild und Ikone der Kirche zeigt Maria, welchen Umgang Christen mit dem Wort Gottes pflegen müssen.

Die beiden Herausgeber des ersten Bandes der neuen Schriftenreihe danken herzlich Herrn Andreas Wagner von der Gemeinschaft vom hl. Josef, Kleinhain, der die Druckvorlage dieses Buches mit großem Engagement professionell erstellt hat. Herrn Dr. Rudolf Zwank, dem Lektor des Pustet-Verlages, danken wir besonders für für die angenehme Zusammenarbeit und die optimale Betreuung des vorliegenden Bandes. Unser Dank gilt auch Herrn Diplomtheologen Willibald Butz vom Verlag Pustet.

Wir widmen dieses Buch Seiner Heiligkeit Papst emeritus Benedikt XVI. zum 90. Geburtstag am 16. April 2017 in Dankbarkeit und Verehrung.

Regensburg, am Fest Darstellung des Herrn
2. Februar 2017

Josef Kreiml / Veit Neumann

I. Geschichtliche Aspekte der Marienverehrung in Bayern

100 Jahre Fest Patrona Bavariae (1917–2017)

Schlaglichter zur Entstehung und Wirkungsgeschichte eines bayerischen Hochfestes

Josef Ammer

Am Ende der Herbstvollversammlung der bayerischen Bischöfe in Freising am 10. und 11. November 2010 gab der Vorsitzende der Freisinger Bischofskonferenz, der Münchner Erzbischof Reinhard Kardinal Marx, folgende Erklärung ab:

> „Im Jahr 1917 wurde von Papst Benedikt XV. der 1. Mai als Festtag der Muttergottes, der Patrona Bavariae, in Bayern eingeführt. Die bayerischen Bischöfe haben beschlossen, in Vorbereitung auf die 100-Jahr-Feier bis dahin jedes Jahr am Festtag in einer der bayerischen (Erz-)Diözesen zusammenzukommen, um gemeinsam den Schutz der Gottesmutter für die Kirche zu erbitten und die Weihe der Bistümer an die Gottesmutter zu erneuern."[1]

Im Folgenden soll der etwas differenzierteren Geschichte dieses bayerischen kirchlichen Festtages nachgegangen werden.[2]

1 Vgl. http://www.erzbistum-muenchen.de/page007538.aspx?newsid=20938.

2 Vgl. auch J. Ammer, 100 Jahre Festtag Patrona Bavariae. Die bayerischen Diözesen bereiten sich auf das Jubiläum vor, in: Klerusblatt 91 (2011), 100–104; ferner ders., 100 Jahre Hochfest Patrona Bavariae – 100 Jahre Marienerscheinungen in Fatima, in: Bote von Fatima 69 (2011), 74f und 90–92.

Nach dem Tod von Papst Pius X. am 20. August 1914 war am dritten Tag des Konklaves, an dem 57 der 65 Kardinäle teilnahmen, am 3. September 1914 im zehnten Wahlgang der Erzbischof von Bologna, Kardinal Giacomo della Chiesa, zum Papst gewählt worden; er nahm den Namen Benedikt XV. an. Als Pius X. starb, war der später so bezeichnete 1. Weltkrieg bereits seit dem 28. Juli 1914 aufgrund der Kriegserklärung Österreich-Ungarns an Serbien im Gange. So war der neue Papst von Beginn an, wie er in seiner Exhortatio anlässlich seiner Krönung am Sonntag, 6. September, ausführte, mit der Sorge um die baldige Wiedererlangung des Friedens befasst.

In einer Audienz am 16. November 1915 an den Sekretär der Kongregation für die außerordentlichen Angelegenheiten der Kirche, Prälat Eugenio Pacelli, gab Papst Benedikt XV. allen Bischöfen der Weltkirche zunächst die Erlaubnis, „solange der Krieg währt" in die Lauretanische Litanei nach der Anrufung „Königin des heiligen Rosenkranzes" die Bitte an Maria, „Königin des Friedens", nach ihrem Gutdünken einzufügen.[3] Doch aufgrund des andauernden Krieges verfügte Benedikt XV. am 5. Mai 1917 die dauerhafte Aufnahme dieser Anrufung in die Lauretanische Litanei.[4]

Am 8. April 1916 hatte sich der bayerische König Ludwig III. (1845–1921) mitten im 1. Weltkrieg an Papst Benedikt XV. (1914–1922) mit der Bitte gewandt, Maria zur Schutzpatronin Bayerns zu erklären und ein eigenes Marienfest in Bayern zuzulassen.[5] Papst Benedikt gewährte umgehend beide Bitten, so dass die Ritenkongregation bereits am 26. April 1916 das Dekret *„Conspicua erga"*[6] erließ,

3 AAS 7 (1915), 498.

4 AAS 9 (1917), 265–267.

5 Vgl. zum Folgenden auch E. Ritter, Hochfest PATRONA BAVARIAE – Vermächtnis des Hauses Wittelsbach, in: Bote von Fatima 64 (2006), 72–74, ein Beitrag anlässlich des 90-Jahr-Gedenkens der offiziellen Einführung dieses Festes. Ebenso E. Ritter, Das Hochfest Patrona Bavariae. Gedanken eines bayerischen Priesters, in: Klerusblatt 83 (2003), 78–81.

6 AAS 8 (1916), 181f; lateinischer und deutscher Text in: Oberhirtliches Verordnungsblatt für die Diözese Regensburg (OVBl. 1916, 89–92).

das die Apostolische Nuntiatur in München am 12. Mai 1916 den bayerischen Bischöfen übersandte:

> „An hervorragender Liebe und treuer Andacht zur seligsten Jungfrau und Gottesmutter steht das Bayerische Volk gewiss keiner katholischen Nation nach. Von dem ausgezeichneten Eifer nämlich, womit es seit alten Zeiten die Gottesmutter inständig verehrt, zeugen sehr viele Gotteshäuser, die vom 8. und 9. Jahrhundert an zu Ehren der Gottesgebärerin in Städten und Ortschaften Bayerns errichtet wurden und vielfach durch ihren mächtigen Bau und künstlerischen Schmuck hervorragen. Zeugen sind ferner zahlreiche Marianische Kongregationen, denen manche Glieder der Königsfamilie beizutreten pflegen. Ebenso legt Zeugnis ab jene lobenswürdige Sitte, die von Alters her im Bayerischen Volke wurzelt, die Stirnseiten der Häuser mit Statuen oder Bildern der Jungfrau Maria zu zieren. Glänzender noch bezeugen die Verehrung der Gottesmutter nicht wenige Wallfahrtskirchen Mariens, wie jene von Ettal, Birkenstein, Ramersdorf und andere. Vor allen diesen ragt entschieden hervor jene berühmte Kapelle, die unter den Karolingern auf dem alten Königshof zu Oettingen (daher der Name Altötting) in der jetzigen Diözese Passau neben der königlichen Pfalz erbaut und später glanzvoll ausgeschmückt wurde. Dorthin pflegen zahlreiche Gläubige aus allen Gebieten Bayerns einzeln und in großen Gruppen nach frommer Pilger Art zu wallfahren, und zwar aus allen Klassen und Ständen des Volkes, auch aus dem Königshause, um die jungfräuliche Gottesmutter zu verehren und um Hilfe zu bitten. Höchst beachtenswert aber ist es, dass das katholische Bayernvolk nach dem Beispiele seiner Herzöge und Kurfürsten, vor allem aber nach dem Vorgange Maximilians I. aus dem Hause Wittelsbach[7] seit dem Jahre

7 Maximilian I. von Bayern (1573–1651; Herzog von Bayern 1597, Kurfürst seit 1623) ließ 1616 an der Westfassade der Münchner Residenz die überlebensgroße Bronzefigur der „Patrona Boiariae" von Hans Krumpper (um 1570–1634) anbringen und errichtete 1638 auf dem Münchner Schrannenplatz (heute: Marienplatz) die Mariensäule mit der Marienstatue, die dem

1620 die Sitte aufnahm, die Mutter Gottes unter dem Titel ‚Patronin Bayerns' anzurufen und mit inniger Liebe zu verehren. Um nun die besondere Hilfe der Gottesmutter in den Bedrängnissen dieses schon so lange währenden Krieges zu erflehen und um Bayerns Volk unter den steten Schutz des Himmels zu stellen, hat König Ludwig III. von Bayern zugleich mit seiner Gemahlin, der Königin Maria Theresia, nach frommem Beispiele seiner Ahnen und im Hinblicke auf die edlen Wünsche vieler Katholiken seines Reiches es unternommen, durch seine Eminenz Kardinal Andreas Frühwirth,[8] Apostolischen Pronuntius in Bayern, von Seiner Heiligkeit Papst Benedikt XV. zu erlangen, 1. daß die allerseligste Jungfrau und Gottesmutter Maria als Hauptpatronin der Bayern durch den Apostolischen Stuhl erklärt werde, 2. daß ein besonderes Fest dieser Jungfrau Maria unter dem Titel Patrona Bavariae alljährlich im Marienmonate, am 14. Mai, in ganz Bayern gefeiert werden dürfe unter einem entsprechenden Ritus und mit einem besonderen Offizium. Der Heilige Vater Papst Benedikt XV. hat diese sehr willkommenen Wünsche, welche der unterzeichnete Kardinal, Pro-Präfekt der heiligen Ritenkongregation, ihm vortrug, äußerst liebevoll entgegengenommen. Kraft seiner Vollgewalt hat er die seligste Jungfrau und Gottesmutter Maria zur Hauptpatronin des ganzen Königreiches Bayern ausdrücklich erklärt und erhoben und alle Ehrenbezeigungen und Privilegien, welche nach Rechtsgebrauch den Schutzpatronen eines Landes zukommen, ihr angewiesen. Ebenso hat er gewährt, daß in allen Diözesen des bayerischen Königreiches alljährlich

Niederländer Hubert Gerhard (um 1540/50 – um 1620) zugeschrieben wird (ursprünglich geschaffen 1593 für das Grabmal Wilhelms V.).

8 Kardinal Andreas Franz Frühwirth OP (* 21. August 1845 in Sankt Anna am Aigen, Österreich; † 9. Februar 1933 in Rom), 1907–1916 Pro-Nuntius in Bayern, seit 1915 Kardinal. Auf ihn folgte im Frühjahr 1917 Eugenio Pacelli als Nuntius, der spätere Papst Pius XII. Bemerkenswert ist, dass Eugenio Pacelli am 13. Mai 1917 in Rom vom Papst zum Bischof geweiht wurde, dem Tag, an dem zum ersten Mal das neue Fest der Patrona Bavariae bayernweit gefeiert werden konnte und an dem zum ersten Mal die Muttergottes in Fátima den Hirtenkindern erschien.

> am 14. Mai das Fest der seligsten Jungfrau Maria unter dem Titel Patrona Bavariae gefeiert werde [...] Nichts soll diesem Entscheid entgegenstehen. Am 26. April 1916. Antonio Card. Vico, Kardinalbischof von Porto und S. Rufina, Pro-Präfekt; Alexander Verde, Sekretär".

In einem Schreiben vom 10. September 1916[9] dankte Papst Benedikt XV. Kardinal Bettinger für dessen Glückwünsche zum Jahrestag seines Pontifikates. Darin ging der Papst auf die gegenwärtige Kriegssituation ein und schrieb, man dürfe jedoch nicht am Heil verzweifeln, zumal man doch bei Gott dessen große Mutter als Fürsprecherin habe, „die wir neulich der ganzen Christenheit als unter dem Namen Königin des Friedens anzurufen vorgaben. Und dies sollte umso eifriger Bayern tun, zu dessen besonderer Patronin wir jene Frau vor kurzem ernannten".

Das Bischöfliche Ordinariat Regensburg berichtete sofort am 13. Mai 1916, einen Tag vor der erstmals möglichen Feier des Festes, im Oberhirtlichen Verordnungsblatt für die Diözese Regensburg[10] darüber:

> „Laut Mitteilung der hochwürdigsten Apostolischen Nuntiatur in München haben Seine Heiligkeit, unser glorreich regierender Papst Benedikt XV., sich gnädigst bewogen gefunden, die Bitte Seiner Majestät des Königs Ludwigs III. huldvollst zu gewähren, nämlich die seligste Jungfrau Maria durch ein Dekret der Ritenkongregation offiziell zur Patronin Bayerns zu erheben und für immer ihr zu Ehren ein eigenes Fest am 14. Mai für das ganze Königreich Bayern zu bewilligen und zwar mit allen Privilegien, deren sich die patroni principales erfreuen".

Noch allerdings waren die liturgischen Texte für den neuen Festtag nicht approbiert, so dass Rom für das Jahr 1916 die Verwendung der allgemeinen Texte für Marienmessen gestattete. Abschließend

9 AAS 8 (1916), 394.

10 OVBl. 1916, 81.

hieß es in der Mitteilung des Ordinariates: „Möge diese Nachricht, wie sie eine Fülle schönster Erinnerungen an herrliche Episoden der bayerischen Geschichte weckt, so auch als Unterpfand neuer himmlischer Führungen und Schickungen begrüßt werden!“

Mit letzterem Hinweis bezog sich das Ordinariat zum einen auf die im Dekret der Kongregation erwähnte, weit über tausendjährige Verehrung der Gottesmutter in Bayern,[11] der in der Vergangenheit bereits zahlreiche Kirchen geweiht worden waren (so sind etwa auch die Dome von Augsburg und Eichstätt der Mutter Gottes als der Patrona Bavariae geweiht). Näherhin erinnerte man, wie das Dekret selbst, jedoch an Kurfürst Maximilian I. (1573–1651), der die Verehrung Marias als Patrona Bavariae offiziell eingeführt hatte. Kurz vor Beginn des 30-jährigen Krieges, im Jahre 1616, hatte er an der Westseite der Münchner Residenz eine bronzene Marienstatue „Patrona Boiariae“ aufstellen lassen. Die lateinische Inschrift darauf lautet: *„Sub tuum praesidium confugimus, sub quo secure laetique degimus.“* („Unter Deinen Schutz fliehen wir, in dem wir froh und sicher leben.“) Während des 30-jährigen Krieges dann legte der Kurfürst das Gelübde ab, ein „gottgefälliges Werk“ errichten zu lassen, falls München und Landshut vom Krieg verschont blieben, und als dies so eintrat, ließ Maximilian I. im Jahr 1638 schließlich die Mariensäule auf dem Münchner Marienplatz errichten. Sie wurde am 7. November 1638 geweiht.

Nicht vergessen werden darf in diesem Zusammenhang, was sich parallel im portugiesischen Fátima ereignete. Am 13. Mai 1917 erschien erstmals in der Cova da Iria die Gottesmutter Maria den drei Hirtenkindern Jacinta, Francisco und Lucia; die letzte Erscheinung sollte am 13. Oktober 1917 stattfinden. Diese von der Kirche später anerkannten Erscheinungen hatten einen Vorlauf in drei Engelserscheinungen seit dem Frühjahr 1916, als in Bayern König Lud-

11 Im fränkischen Teil Bayerns blühte seit Beginn des 18. Jahrhunderts in den überwiegend katholischen Gegenden parallel zu Altbayern die Verehrung Mariens besonders als „Patrona Franconiae“. Viele Marienstatuen, meist der Immaculata, in Franken, so etwa auf der alten Mainbrücke in Würzburg, tragen diesen Titel.

wig III. für die Einführung des Marienfestes der Patrona Bavariae tätig wurde.

Im Jahre 1916 fiel der 14. Mai auf einen Sonntag, den 3. Sonntag nach Ostern (heute bezeichnet als 4. Ostersonntag), doch war letztlich angesichts der knappen Bekanntgabe des römischen Dekretes eine bayernweite Feier des neuen Festes in allen Pfarreien im Jahre 1916 nicht mehr möglich, zumal auch die liturgischen Eigentexte noch nicht approbiert waren. Im Folgejahr 1917 nun fiel der 14. Mai auf einen Montag. Deshalb wandte sich im Laufe des Jahres 1916 der Münchner Erzbischof Franz Kardinal von Bettinger (1850–1917; Erzbischof[12] seit 1909) an den Heiligen Stuhl, weil die Festlegung der Feier auf den 14. Mai, wenn dieser auf einen Werktag fiele, dazu führen würde, dass viele Gläubige nicht an der liturgischen Feier teilnehmen könnten. Der Erzbischof bat den Heiligen Vater, dass die äußere Feier des Festes der Patrona Bavariae auf einen Sonntag verschoben werden dürfe und an diesem Sonntag immer auch die liturgischen Texte dieses Festes (außer in der Pfarr- und in der Konventmesse) verwendet werden dürften. Näherhin sollte der Festtag immer am Sonntag in der Oktav nach Christi Himmelfahrt (früher: *Dominica post ascensionem Domini*; heute: 7. Ostersonntag) gefeiert werden dürfen und als Hochfest auch einen Oktavtag haben. In einem Reskript der Ritenkongregation vom 22. November 1916 wurde dies – mit gewissen liturgierechtlichen Auflagen – gewährt.[13] Der Bischof von Regensburg, Antonius von Henle (1851–1927; seit 1906 Bischof von Regensburg), hatte ebenfalls eigens erbeten, dass die Pfarrer des Bistums ihrer sonntäglichen Applikationspflicht auch dann genügen könnten, wenn sie an Festen, die auf einen Sonntag

12 Es mag für die spätere amtliche Einführung des Marienfestes der Patrona Bavariae bezeichnend sein, dass Bettinger, als er 1909 zum Erzbischof von München und Freising ernannt wurde und sein Heimatbistum Speyer am 9. August verließ, sich zunächst im bayerischen Nationalheiligtum Altötting für seine Bischofsweihe-Exerzitien zurückzog, bevor er am Hochfest Mariä Himmelfahrt, am 15. August 1909, im Liebfrauendom zu München die Bischofsweihe empfing. Am 25. Mai 1914 wurde Bettinger der erste Kardinal seit Errichtung des Erzbistums München und Freising (1817).

13 Vgl. OVBl. 1917, 78.

fielen wie nun das Fest der Patrona Bavariae, die Messe mit den liturgischen Texten des jeweiligen Festes mit bloßer Kommemoration des Sonntags feierten. *„Ad maiorem pietatem fovendam"*, zur Erhöhung der Frömmigkeit stimmte die Ritenkongregation mit einem Indult für zehn Jahre diesem Antrag zu.[14]

Im Jahre 1917 traf es zufällig, dass der Sonntag nach dem 14. Mai, der 20. Mai 1917, mit dem Sonntag nach Christi Himmelfahrt zusammenfiel. Zur ersten regulären Feier des Festes der Patrona Bavariae standen nun auch die liturgischen Texte bereit, die der Verlag Pustet in Regensburg vertrieb.[15] Der Münchner Erzbischof Bettinger allerdings war am 12. April 1917 verstorben, so dass im Erzbistum München und Freising am 20. Mai 1917 noch Sedisvakanz herrschte; am darauffolgenden Samstag erst, am 26. Mai 1917, wurde Michael von Faulhaber (1869–1952; 1910–1917 Bischof von Speyer) von König Ludwig III. als neuer Erzbischof von München und Freising nominiert, die Bestätigung des Heiligen Stuhles erfolgte am 24. Juli 1917 (Kardinal seit 1921[16]).

Bis einschließlich zum Jahre 1926 galt nun die Festlegung des Hochfestes Patrona Bavariae auf den 14. Mai mit der Möglichkeit der äußeren Feier des Festes am Sonntag nach Christi Himmelfahrt und somit eine Woche vor Pfingsten.[17] Bis zur Liturgiereform 1969 beging die Kirche nach dem allgemeinen Kalender am 14. Mai auch

14 Vgl. OVBl. 1917, 75; auch 75–78. Angesichts der damals sehr komplizierten liturgischen Vorschriften über den Rang der liturgischen Tage und die geltenden Rubriken waren solche Klärungen notwendig.

15 Vgl. OVBl. 1917, 90. Im Jahre 1936 „ist ein neues Meßformular und ein neues Offizium vom Feste Patrona Bavariae erschienen und vom gleichen Verlage zu beziehen" (Amtsblatt für die Diözese Regensburg 1936, 6).

16 Erzbischof Michael von Faulhaber fiel ab 13. März 1952, wenige Monate vor seinem Tod am 12. Juni 1952, als letztem, der von den von Papst Benedikt XV. ernannten Kardinälen noch lebte, das Amt des Kardinal-Protopresbyters zu.

17 In Jahren mit einem frühen Ostertermin konnte das Fest der Patrona Bavariae somit schon etliche Tage vor dem 14. Mai, in Jahren mit einem späten Ostertermin freilich auch in den ersten Junitagen (so etwa 1919) begangen werden.

den einfachen Gedenktag des Märtyrers Bonifatius († um 306 in Tarsus in Kilikien), den der neue Marienfeiertag in Bayern nun an liturgischem Rang weit übertraf. Am 1. Mai aber, dem heutigen Festtag der Patrona Bavariae in Bayern, feierte die Kirche seit einer über 1000 Jahre alten Tradition damals noch das Fest der Apostel Philippus und Jakobus des Jüngeren *(Minor)*. Als im Jahre 1955 Papst Pius XII. zur Förderung der christlichen Arbeiterbewegung einen katholischen Schwerpunkt auf den 1. Mai legen wollte und diesen Tag künftig für den hl. Josef, den Arbeiter, reservierte, wurde das Fest der Apostel auf den ersten festfreien Tag nach dem 1. Mai verlegt, was damals der 11. Mai war.[18] Erst mit der nachkonziliaren Reform des liturgischen Kalenders „wanderten" die beiden Apostel wieder zurück in die Nähe ihres alten Festtages, auf den 3. Mai. Ebenfalls im Jahre 1955 führte Papst Pius XII. im Nachgang zum Marianischen Jahr 1954 auch das Fest Maria Königin ein[19] und legte es auf den 31. Mai, um künftig so den Marienmonat feierlich zu beschließen. Zuvor beging man am 31. Mai den Gedenktag der hl. Angela Meríci (heute 27. Januar) und der hl. Petronilla (heute entfallen).

Schon im Jahre 1927 – das erwähnte Indult der Ritenkongregation war ausgelaufen – kam es jedoch zu einer bedeutenden Änderung. Nun wurde das Hochfest der Patrona Bavariae vom 14. Mai weg auf den jeweils ersten Samstag im Monat Mai verlegt – und fiel somit wechselnd auf die Tage vom 1. bis 7. Mai –, verbunden mit der Möglichkeit, die äußere Feier des Festes am unmittelbar folgenden Sonntag zu begehen.[20]

In der NS-Zeit waren größere äußere Feierlichkeiten mit religiösem Hintergrund zunehmend beschränkt. Zudem wurde der 1. Mai sehr stark politisch vereinnahmt. Den 1. Mai 1933 etwa beging man als „Feiertag der nationalen Arbeit", ab 1934 fehlte dem 1. Mai als „Nationalem Feiertag des deutschen Volkes" dann sogar jeder Bezug zur Arbeit. Man berief sich dabei auf uraltes, angeblich germanisches

18 Vgl. AAS 48 (1956), 237.

19 Vgl. Amtsblatt für die Diözese Regensburg 1954, 91–97; AAS 47 (1955), 470–480.

20 Vgl. Directorium (liturgicum) für die Diözese Regensburg 1926ff.

Brauchtum, so dass der 1. Mai als ein den ewigen Lebenskreislauf feiernder Festtag zum Frühlingsbeginn wurde, auf den man sich tagelang vorbereitete. Der 25. Jahrestag der Einführung des Festes Patrona Bavariae 1942 fiel mitten in die Zeit des 2. Weltkrieges; an größere Feierlichkeiten, gar auf Bayernebene, war da kaum zu denken.

In der Vorkriegs- (z. B. Ringelai, Bistum Passau 1920; Ulbering, Bistum Passau 1921 bzw. 1925; Oberschleißheim, Erzbistum München und Freising 1922) und dann wieder in der Nachkriegszeit übernahmen vereinzelt neu gegründete Pfarreien in bayerischen Bistümern das Patronat der „Patrona Bavariae" (Oberegg, Bistum Augsburg; Neusorg, Bistum Regensburg; Illschwang, Bistum Eichstätt). Eine 1921 wieder gegründete Marianische Kongregation bei St. Klara in Nürnberg gab sich den Beinamen „Patrona Bavariae".

Erst 1957 gedachte man bayernweit der 40. Wiederkehr des Festes Maria Patrona Bavariae.[21] Der Regensburger Bischof, Erzbischof Michael Buchberger (1874–1961; Bischof von Regensburg seit 1927; persönlicher Titel Erzbischof 1950 zum 50. Jahrestag der Priesterweihe verliehen), schrieb in einem Aufruf:

> „Am 3. Mai sind 40 Jahre verflossen, seit in schwerer Kriegszeit das Fest Maria Patrona Bavariae eingesetzt wurde. In diesen 40 Jahren, die sturmbewegt und leidvoll waren wie wenige in der Geschichte der Menschheit, haben wir den Schutz unserer Himmelmutter und Patronin notwendig gebraucht und oft erfahren. In dieser harten Zeit sind das Deutsche Reich und das Königreich Bayern Kriegsopfer geworden, unser deutsches Vaterland hat sich in einen Bundesstaat umgewandelt, Länder sind verschwunden oder in Sklaverei geraten. Unser liebes bayerisches Vaterland ist in allen Stürmen und Unwettern erhalten geblieben. Daher wird am Abend des 3. Mai um 18 Uhr an der Mariensäule in München ein feierlicher Dankgottesdienst abgehalten und nach der Ansprache eines Laien durch Se. Eminenz den Herrn Kardinal Wendel das Weihegelöbnis erneuert werden. Die Feier wird durch

21 Vgl. zum Folgenden: Amtsblatt für die Diözese Regensburg 1957, 29f.

> den UKW-Rundfunk übertragen. Die Diözese Regensburg will sich derselben anschließen, indem zur gleichen Zeit in der Kathedrale und in allen Pfarr- und Seelsorgekirchen eine feierliche Dank- und Weiheandacht abgehalten wird, eventuell mit Abendmesse. Wo in der Kirche ein UKW-Rundfunkgerät aufgestellt werden kann, möge das geschehen, um so die feierliche Weihe in München miterleben zu können".

Laut dem ebenfalls abgedruckten Programm war diese Feier am Samstag, den 4. Mai, in München, das Fest selber wurde am Sonntag, den 5. Mai 1957, in allen Pfarrkirchen gefeiert.

Im 50. Jahr der Einführung des Festes Patrona Bavariae, 1967, gab es auf Bayernebene offenbar keine größere Feier hierzu. Der Regensburger Bischof Dr. Rudolf Graber (1903–1992; Bischof von Regensburg seit 1962) gab jedoch im März 1967 die Errichtung des „Institutum Marianum Ratisbonense" bekannt, das am 7. Dezember 1966 ins Vereinsregister eingetragen worden war. Bischof Rudolf verfolgte mit dem Institut folgende Ziele:

> „1. Das Marianische auf dem Gebiet des Dogmas, der Geschichte, der Kunstgeschichte zu pflegen; 2. durch Herausgabe geeigneter Schriften eine gediegene marianische Frömmigkeit zu fördern; 3. durch Sammlung marianischen Schrifttums eine Bibliotheca Mariana zu schaffen, wie dies in verschiedenen Ländern schon längst geschehen ist".[22]

Die nachkonziliare Liturgiereform brachte mit einem Motu Proprio Papst Pauls VI. von 1969 einige Verschiebungen im Monat Mai mit sich, die sich liturgisch erstmals 1970 auswirkten. Das Fest Maria Königin (31. Mai) wurde nun zum Oktavtag des Hochfestes Mariä Himmelfahrt und somit am 22. August gefeiert, wo es allerdings das bisherige Fest des Unbefleckten Herzens der allerseligsten Jungfrau Maria verdrängte. Dafür wurde im römischen Generalkalender das Fest Mariä Heimsuchung vom 2. Juli auf den 31. Mai verlegt, um

22 Vgl. Amtsblatt für die Diözese Regensburg 1967, 29f.

weiterhin einen Marientag zum Abschluss des Maimonats zu haben, aber auch, weil das Gedächtnis des Besuches Mariens bei Elisabeth sinnvollerweise vor dem Geburtsfest Johannes des Täufers liegen sollte; im deutschen Eigenkalender verblieb Mariä Heimsuchung jedoch aus traditionellen Gründen, d. h. wegen der Verwurzelung des 2. Juli in der Volksfrömmigkeit (Wallfahrten, zahlreiche Kirchenpatrozinien), am 2. Juli. Das Fest der Patrona Bavariae, das seit 1927 am ersten Samstag im Mai mit Möglichkeit der äußeren Feier am folgenden Sonntag gefeiert wurde, wurde nun ebenfalls verschoben, zumal die Prinzipien der Liturgiereform die Verdrängung eines Sonntags als Tag des Herrn durch ein Marienfest nicht mehr gestatteten (Ausnahme: Hochfest Mariä Himmelfahrt im August), und dies zumal in der besonders geprägten Osterzeit (die ersten beiden Sonntage im Mai, auf die die äußere Feier des Festes Patrona Bavariae fallen konnte, sind ja in der Regel Sonntage in der Osterzeit, auf die in manchen Ländern das Herrenfest Christi Himmelfahrt fallen kann, wenn der Donnerstag dort kein arbeitsfreier Tag ist). So entschied man sich in Bayern, den Marienmonat Mai mit dem Fest der Patrona Bavariae zu eröffnen, das nun freilich in eine gewisse Konkurrenz zu dem dort verbliebenen Gedenktag Josef des Arbeiters kam.[23] Seit dem Jahre 1970 also wird das Hochfest der Patrona Bavariae mit Beschluss der Freisinger Bischofskonferenz am 1. Mai begangen und mit diesem Fest in Bayern der Marienmonat eröffnet.[24]

23 Auch wenn der nichtgebotene Gedenktag „Josef, der Arbeiter“ in Bayern durch das Hochfest Patrona Bavariae liturgisch verdrängt wird, gilt im Bistum Regensburg: „In Pfarreien, die überwiegend aus Arbeitnehmern bestehen oder anlässlich von Veranstaltungen katholischer Arbeitnehmer am 1. Mai kann die *Messe zu Ehren des hl. Josef, des Arbeiters,* gefeiert werden“ (vgl. Directorium der Diözese Regensburg, verschiedene Jahre, jeweils zum 1. Mai).

24 Der 1. Mai 1970 fiel auf den Freitag vor dem 6. Ostersonntag. Wenn allerdings der 1. Mai auf einen Sonntag oder auf das Hochfest Christi Himmelfahrt fällt, muss das Hochfest der Patrona Bavariae verschoben werden. So musste das Ordinariat Regensburg 1977 vermelden (Amtsblatt für die Diözese Regensburg 1977, 42): „Das Fest Maria, Patrona Bavariae, im Directorium 1977 für Sonntag, den 1. Mai, eingetragen, ist liturgisch am Samstag, 7. Mai zu feiern. Am 1. Mai treffen die Texte des 4. Sonntags der

Die 60-Jahr-Feier der Einführung des Festes 1977 wurde wieder feierlich vollzogen – und wie es scheint, war dies die letzte größere gemeinsame Feier dieser Art in ganz Bayern. In Regensburg lud Bischof Dr. Rudolf Graber dazu wie folgt ein:

> „Am 14. Mai 1917 wurde das Fest Maria Patrona Bavariae zum ersten Mal in unseren bayerischen Diözesen mit einem eigenen Meßformular und einem eigenen Brevier-Offizium begangen. Dies war der äußere Anlaß eines Aufrufs der Actio Mariae zu einer Sternwallfahrt nach Altötting. Der erste Plan einer Feier am 7. Mai an der Mariensäule in München ließ sich nicht verwirklichen".

Und so lud der Bischof für Sonntag, den 8. Mai 1977, auf den Kapellplatz in Altötting zu einem Pontifikalamt um 10 Uhr ein, bei dem er als großer Mariologe die Predigt hielt, der Bischof von Passau[25] als Ortsbischof bei der Feier um 14 Uhr aber den Segen mit dem Gnadenbild erteilte.[26]

Im selben Jahr 1977 war am Fest der Verkündigung des Herrn, auch Mariä Verkündigung genannt, der Regensburger Theologieprofessor Joseph Ratzinger zum Erzbischof von München und Freising ernannt worden. Nach seiner Bischofsweihe am 28. Mai 1977 bat er zu Füßen der Mariensäule die Patrona Bavariae um Schutz für das Land und sein Erzbistum München und Freising. Als Joseph Ratzinger nach seiner Wahl 2005 zum Papst seinen Papstnamen Benedikt XVI. wählte, wollte er sich bewusst „an das Pontifikat des

Osterzeit". Zuletzt war dies etwa im Jahre 2008 der Fall, als wegen des Hochfestes Christi Himmelfahrt am 1. Mai das Hochfest der Patrona Bavariae auf Samstag, den 3. Mai, verlegt wurde. Im Jahr 2011 fiel der 1. Mai auf den 2. Ostersonntag (Weißer Sonntag), so dass das Hochfest der Patrona Bavariae auf Montag, den 2. Mai, verlegt wurde und den Gedenktag des hl. Athanasius verdrängte.

25 Dies war seit 1968 Bischof Antonius Hofmann (1909–2000; Koadjutor des Bischofs von Passau Simon Konrad Landersdorfer OSB seit 1961, Bischof von Passau 1968–1984).

26 Vgl. Amtsblatt für die Diözese Regensburg 1977, 56f. Dort ist auch ein Weihegebet abgedruckt.

mutigen Friedens-Papstes Benedikt XV. anlehnen, der den Ersten Weltkrieg zu verhindern suchte". Doch den Papst aus Bayern verbindet auch die offizielle Erhebung Mariens zur Patrona Bavariae im Jahre 1916 mit seinem Vorgänger Benedikt XV. Darum besuchte Benedikt XVI. am 9. September 2006 auch gerne die Säule der Patrona Bavariae am Marienplatz und begann seine Ansprache mit den Worten:

> „Es ist für mich sehr bewegend, wieder auf diesem wunderschönen Platz zu Füßen der Mariensäule zu stehen – an einem Ort – es ist schon gesagt worden –, der für mich zweimal Zeuge entscheidender Wendepunkte in meinem Leben war."[27]

Papst Benedikt XVI. schloss diesen Besuch mit einem Mariengebet:

> „Heilige Mutter des Herrn, unsere Vorfahren haben in bedrängter Zeit dein Bild hier im Herzen der Stadt München aufgestellt, um dir Stadt und Land anzuvertrauen. Dir wollten sie auf den Wegen des Alltags immer wieder begegnen und von dir das rechte Menschsein lernen; von dir lernen, wie wir Gott finden und wie wir so zueinander kommen können. Sie haben dir Krone und Zepter, die damaligen Symbole der Herrschaft über das Land gegeben, weil sie wussten, dass dann die Macht und die Herrschaft in den rechten Händen sind – in den Händen der Mutter."[28]

Nochmals zurück ins Jahr 1987, in welchem der 70. Jahrestag der Einführung des Festes der Patrona Bavariae in den Feiern zum Beginn des Marianischen Jahres 1987/1988[29] und im Papstbesuch aufging. Denn

27 Ansprache des Heiligen Vaters, in: Apostolische Reise Seiner Heiligkeit Papst Benedikt XVI. nach München, Altötting und Regensburg 9. bis 14. September 2006. Predigten, Ansprachen und Grußworte, (VApS 174), hg. vom Sekretariat der Deutschen Bischofskonferenz, Bonn 2006, 30–33, hier 30.

28 Gebet an der Mariensäule, in: ebd., 33f, hier 33.

29 Dass aber die Patrona Bavariae im Marianischen Jahr nicht „unterging", zeigt die Tatsache, dass im Jahr 1988 das Original Naabtal-Duo (Wolf-

vom 30. April bis 4. Mai 1987 machte Papst Johannes Paul II. seinen zweiten Deutschlandbesuch und sprach unter anderem am 2. Mai in Kevelaer, wo im Herbst 1987 der X. Internationale Mariologische und XVII. Internationale Marianische Kongress zum Thema der Marienverehrung im 19. und 20. Jahrhundert tagen sollte, ein Weihegebet an Maria zum Beginn des Marianischen Jahres, das dann an Pfingsten in Rom eröffnet wurde und bis zum 15. August 1988 dauerte. Am 1. Mai hatte er in Köln Edith Stein seliggesprochen, am 3. Mai 1987 war in München die Seligsprechung von P. Rupert Mayer SJ.

In den Jahren 1992, 1997 und 2007[30] scheint es keine besonderen Erinnerungsfeiern in den bayerischen Bistümern zu 75, 80 und 90 Jahren Patrona Bavariae gegeben zu haben. Dies sollte sich zur 100-Jahr-Feier des Festes ändern.

gang Edenharder und Willi Seitz) am Grand Prix der Volksmusik in Zürich teilnahm und mit seinem Lied der Patrona Bavariae auf den ersten Platz gelangte, was eine Sensation für ein Lied religiösen Inhalts bedeutete. Dieses Lied gilt bis heute als erfolgreichstes Lied in der Geschichte des volkstümlichen Schlagers und wurde 25 Millionen mal verkauft. Vgl. https://de.wikipedia.org/wiki/Original_Naabtal_Duo. Komponist und Texter Günther Behrle unternahm gut 25 Jahre später den Versuch einer Neuauflage des Liedes Patrona Bavariae als Disco-Version, jedoch unter Beibehaltung des Textes.

30 2007 unternahm am 5. Mai allerdings die Priesterbruderschaft St. Pius X. eine Prozession mit gut 1000 Teilnehmern zur Mariensäule in München und führte eine Weihe Bayerns an das Unbefleckte Herz Mariens durch. Das Erzbischöfliche Ordinariat in München beschwerte sich, weil die Veranstalter es versäumt hatten, darauf hinzuweisen, dass die Priesterbruderschaft St. Pius X. Organisator war. Der deutsche Distriktobere der Piusbrüder, P. Franz Schmidberger, Zaitzkofen, erklärte daraufhin, man habe vor dieser Festfeier zu Ehren der Patrona Bavariae im Ordinariat München angefragt, und es habe geheißen, dass des Jubiläums der 90-jährigen Weihe des Landes in keiner Weise gedacht werde. Daraufhin habe man eben selbst der Muttergottes öffentliche Ehre erwiesen. Vgl. http://www.katholisches.info/2007/05/07/90-jahre-patrona-bavariae/
Die Priesterbruderschaft St. Pius X. hat ein 1976 in München errichtetes Priorat, das sich seit 1986 in der Johann-Clanze-Straße befindet. Die dort am 4. Adventssonntag 1987 von Erzbischof Lefebvre konsekrierte Kirche ist der Patrona Bavariae geweiht.

Nach der Frühjahrsvollversammlung der bayerischen Bischöfe im Kloster Irsee bei Kaufbeuren am 23. und 24. März 2011[31] erinnerten diese erneut an ihren in der Herbstversammlung 2010 gefassten Beschluss, die 100-Jahr-Feier der Einführung des Festtages der Muttergottes als Schutzfrau Bayerns, der Patrona Bavariae, im Jahre 2017[32] feierlich zu begehen und zur geistlichen Vorbereitung „jedes Jahr im Mai in einer der bayerischen Diözesen zusammenzukommen, um gemeinsam den Schutz der Gottesmutter zu erbitten". Als erster Termin wurde der 7. Mai 2011 in Altötting (Bistum Passau) – am Sonntag, den 1. Mai 2011, fand in Rom die Seligsprechung Papst Johannes Pauls II. statt, außerdem beging man in vielen Pfarreien traditionell an diesem Weißen Sonntag die Erstkommunion – in Aussicht genommen. An diesem Tag, an dem auch die am Vortag in Passau begonnene Diözesanwallfahrt der Jugend nach Altötting dort endete, erneuerte der Passauer Bischof Wilhelm Schraml zusammen mit seinen bischöflichen Mitbrüdern und vielen Gläubigen des Bistums Passau und aus ganz Bayern die Weihe seines Bistums an die Gottesmutter. Der Festtag endete mit einer Lichterprozession und einer Vigilfeier in der Kirche der Heilig-Kreuz-Schwestern, in deren Klosterkirche der erste Altar in ganz Bayern steht, der die „Patrona Bavariae" zum Thema hat.[33]

Unter dem Motto „Mit Maria auf dem Weg" waren die Gläubigen nun durch die Jahre hindurch alljährlich in einem anderen Bistum zum gemeinsamen Gebet eingeladen. Der Münchener Weihbischof

31 Vgl. http://www.erzbistum-muenchen.de/page007538.aspx?newsid=21484.

32 Die Protestanten in Deutschland bereiten sich in diesen Jahren parallel auf die 500-Jahr-Feier des „Thesenanschlags" Luthers und die Reformation des Jahres 1517 vor, die ebenfalls 2017 begangen werden soll. In diesem Zusammenhang sei daran erinnert, dass sich bei der Anbringung der Patrona Bavariae an der Münchner Residenz im Jahre 1616 bereits die kriegerischen Auseinandersetzungen des 30-jährigen Krieges (1618–1648) abzeichneten, der unter anderem ein Religionskrieg zwischen der Katholischen Liga und der Protestantischen Union innerhalb des Heiligen Römischen Reiches war. Glücklicherweise sind die Zeiten solcher Religionskriege vorbei.

33 Vgl. dazu http://www.bistum-passau.de/startseite/marienweihe.

Wolfgang Bischof wurde beauftragt, gemeinsam mit den Seelsorgereferenten der Diözesen die Gebetsinitiative zu gestalten. Nach Passau, wo man sich am 7. Mai 2011 im größten Marienwallfahrtsort Altötting traf, fand die Feier am 1. Mai 2012 im Erzbistum Bamberg in der Wallfahrtskirche Vierzehnheiligen unter dem Motto „Mit Maria – dem Himmel entgegen" statt. Im Bistum Regensburg trafen sich am 1. Mai 2013 die Bischöfe Bayerns und die mit ihnen pilgernden Gläubigen unter dem Thema „Mit Maria voll Hoffnung leben" auf dem Bogenberg bei Straubing, dem bekannten Marienwallfahrtsort mit dem Gnadenbild der Muttergottes in der Hoffnung am nördlichen Donauufer, wobei die Donau als Fluss mitten durch Bayern zieht, die vier bayerischen Bistümer Augsburg, Eichstätt, Regensburg und Passau durchfließt und sie so verbindet. Im Jahr 2014 folgte am 17. Mai das Bistum Würzburg mit der Wallfahrtskirche Maria im Grünen Tal in Retzbach („Mit Maria unterwegs – einmütig im Gebet"). Im Bistum Augsburg stand die Feier am 9. Mai 2015 unter dem Thema „Mit Maria auf dem Weg – ein JA, das befreit", wo man an einem regnerischen Tag nach der Feier im Hohen Dom, der ja der Patrona Bavariae geweiht ist, in Prozession zur Kirche St. Peter in Perlach mit dem Bild der „Knotenlöserin" zog. Am 7. Mai 2016 konnte in Eichstätt die Feier wieder bei herrlichem Sonnenschein am Residenzplatz stattfinden (Thema: „Mit Maria auf dem Weg – offen für Gottes Wort"), wobei das Gnadenbild der „Dreimal wunderbaren Mutter" im Mittelpunkt stand.

Am Ende der Herbsttagung 2016 gab der Vorsitzende der Freisinger Bischofskonferenz folgende Erklärung ab:

> „Mit einem großen zweitägigen Marienfest an mehreren Schauplätzen in der Münchner Innenstadt erreicht die 100-Jahrfeier Patrona Bavariae im kommenden Jahr ihren Höhepunkt und Abschluss. Die Bischöfe laden die Gläubigen für den 12. und 13. Mai unter dem Motto ‚Mit Maria unterwegs – mitten im Leben' dazu in die Landeshauptstadt ein. Bereits seit dem Jahr 2010 haben Pilgergruppen jeweils im Marienmonat Mai Bistumsstädte und Wallfahrtsorte in einer der sieben bayerischen Diözesen besucht, um den Schutz der Gottesmutter zu erbitten. Höhepunkt ist 2017

eine Eucharistiefeier auf dem Marienplatz, auf den am Samstag, 13. Mai, sternförmig sieben Prozessionszüge einziehen werden. Ein ganztägiges Rahmenprogramm auf dem Rindermarkt, am Richard-Strauss-Brunnen und am Odeonsplatz mit Musikkonzerten für Jugendliche ergänzt die Veranstaltung, die als weitere geistliche Höhepunkte ein alpenländisches Marienoratorium im Dom, eine Marienweihe an der Mariensäule oder eine Anbetung in der Heilig-Geist-Kirche am Viktualienmarkt beinhaltet. Bereits am Vorabend wird eine Jugendmaiandacht im Kirchlichen Zentrum im Stadtteil Haidhausen gehalten, die ebenfalls durch ein Rahmenprogramm ergänzt wird. Es werden Ministranten aus ganz Bayern eingeladen, auf dem Odeonsplatz findet ein Jugendzeltlager der Pfadfinder statt."[34]

Somit führte 2011 bis 2017 der Weg vom Herzen Bayerns in Altötting aus hin zur Mariensäule in München, von der aus alle Wege Bayerns vermessen sind. Das Treffen aller bayerischen Diözesen in München am 13. Mai 2017 aber fällt auch zusammen mit dem 100. Jahrestag der Erscheinungen der Muttergottes in Fátima.

Der Blick in die Geschichte der Entstehung des Hochfestes der Patrona Bavariae hat gezeigt, wie gerade im leidvollen, durch schreckliche Kriege geprägten 20. Jahrhundert die Liebe des bayerischen Volkes und seiner Regierenden zu Maria der über 1000-jährigen Verehrung der Gottesmutter in Bayern durch das Zutun der geistlichen Hirten und besonders auch des Papstes zu einem besonderen bayerischen Fest verhalf, das auch im 21. Jahrhundert die Fürbitte zu Maria, der Königin des Friedens, im gläubigen Volk immer wach halten möge.

34 Vgl. https://www.erzbistum-muenchen.de/news/bistum/Erklaerung-der-Freisinger-Bischofskonferenz-30172.news

Kurfürst Maximilian I.

Florian Trenner

Maximilian I., der Sohn Wilhelms V. und Renatas von Lothringen, wurde am 17. April 1573 in München geboren. 1597 wurde er Herzog, 1623 Kurfürst von Bayern; am 27. September 1651 starb er in Ingolstadt.[1] Die tiefe Religiosität des Vaters, die stille Frömmigkeit der Mutter und der jesuitische Humanismus seiner Lehrer und Erzieher lassen den katholischen Glauben und besonders die Marienverehrung für Maximilian I. zum Grundprinzip seines politischen und persönlichen Tuns werden. Die in Bayern verwurzelte Marienverehrung wird unter Maximilians Herrschaft im Zuge der katholischen Erneuerung weiter vorangetragen. Schon früh gehören das Ave Maria, der Rosenkranz und das Offizium Beatae Virginis Mariae zu Maximilians täglichen Gebeten. Auch der tägliche Besuch der hl. Messe ist für den jungen Prinzen eine Selbstverständlichkeit, wobei jeder Wochentag auf ein besonderes Gebetsziel hin ausgerichtet ist. So ist der Samstag der Marientag, an dem Maximilian mit seinen Geschwistern

1 Siehe Florian Trenner, Art. Maximilian I., in: Remigius Bäumer / Leo Scheffczyk (Hg.), Marienlexikon. Bd. 4, St. Ottilien 1992, 369f; vgl. außerdem Hubert Glaser (Hg.), Um Glauben und Reich. Kurfürst Maximilian I., 2 Bände, München 1980; Benno Hubensteiner, Bayerische Geschichte. Staat und Volk, Kunst und Kultur, München 1980, 168–182; Benno Hubensteiner / Karl Hausberger, Bayerische Kirchengeschichte, München 1985, 210–234; Andreas Kraus, Maximilian I. Bayerns großer Kurfürst, Graz 1990; Dieter Albrecht, Maximilian I. von Bayern 1573–1651, München 1998; Hans-Michael Körner, Die Wittelsbacher. Vom Mittelalter bis zur Gegenwart, München 2009 und Peter Claus Hartmann / Florian Schuller (Hg.), Der Dreißigjährige Krieg. Facetten einer folgenreichen Epoche, Regensburg 2010.

stets auch die Lauretanische Litanei betet. Zu den Frömmigkeitsübungen gehören auch regelmäßige Wallfahrten, vor allem zu den Mariengnadenstätten Thalkirchen und Ramersdorf, Tuntenhausen und Altötting, Loreto und Einsiedeln. Mit elf Jahren tritt Maximilian der Marianischen Kongregation bei und wird zum Generalpräfekten aller Marien-Sodalitäten in Deutschland ernannt.

Die ererbte Treue zum Christentum und das konsequente Festhalten am alten Glauben werden während der Studienzeit (1587–1590) in Ingolstadt weiter vertieft. Hier haben die Jesuiten Alfons Salmeron, Claudius Jajus und Petrus Canisius (letzterer besonders durch seine „De Maria Virgine incomparabili et Dei Genitrice sacrosancta libri quinque“)[2] die Universität zur Vormauer der katholischen Reform gemacht.[3] Der berühmte Gregor von Valencia SJ[4] wird Maximilians Lehrer, Reisebegleiter und Beichtvater.

Mit 21 Jahren wird Maximilian von seinem Vater als Mitregent berufen. 1597 zieht sich Wilhelm V. – noch keine 50 Jahre alt – zugunsten seines Sohnes völlig von der Politik zurück, um in Schleißheim und Neudeck ganz dem Gebet und der inneren Einkehr zu leben. Aber er übergibt seinem Sohn einen finanziell erschöpften Staat, den Maximilian nur mit absolutistischer Strenge, eiserner Sparsamkeit und mit unermüdlichem Fleiß vor dem Bankrott bewahren kann. Wichtige Entscheidungen verlegt er dabei möglichst auf Marientage. Schon um 4 Uhr morgens sitzt er immer über den Akten; auf dem Weg zur Frühmesse nimmt er die ersten Bittschriften entgegen und kümmert sich noch um die Sor-

2 Vgl. Leo Scheffczyk, Art. Canisius, Petrus, in: R. Bäumer / ders. (Hg.), Marienlexikon. Bd. 1, St. Ottilien 1988, 647f. – Dieses Werk des Petrus Canisius („Fünf Bücher über Maria, die unvergleichliche Jungfrau und hochheilige Gottesgebärerin“) bietet „eine inhaltsreiche Zusammenfassung der traditionellen katholischen Marienlehre“ (ebd., 648), die im mariologisch armen 16. Jahrhundert eine Ausnahmestellung einnimmt.

3 Vgl. Remigius Bäumer, Art. Katholische Reform, in: ders. / L. Scheffczyk (Hg.), Marienlexikon. Bd. 3, St. Ottilien 1991, 537–539.

4 Grundlegende Informationen bietet: Philipp Schäfer, Art. Gregor von Valencia, in: R. Bäumer / L. Scheffczyk (Hg.), Marienlexikon. Bd. 3, St. Ottilien 1991, 18f.

gen des kleinsten Bauern. Maximilian verwirklicht bei sich, was er von „eifrigen, arbeitsamen Potentaten und Fürsten" gefordert hat: *„Aliis lucendo consumor."* („Ich verbrauche mich im Leuchten für andere.") Dabei ist sein ganzes Wirken von einer tiefen, besonders marianischen Frömmigkeit durchdrungen, die er auch von seinen Untertanen verlangt, etwa wenn er 1601 verordnet, dass jeder einen Rosenkranz bei sich zu tragen habe und beim Gebetläuten – auch auf offener Straße – innehalten müsse, um den „Engel des Herrn" zu beten. Maximilian erhebt die Marienverehrung praktisch zum Staatskult. Als äußeres Zeichen dafür, gleichsam als Weihe des ganzen Landes an Maria, lässt Maximilian 1616 in einer Fassadennische seiner neuerbauten Residenz in München die mächtige Bronzestatue der „Patrona Boiariae"[5] des Bildhauers Hans Krumper aufstellen. 1623 tragen dann auch die sogenannten Marientaler das Bild der Gottesmutter und die Umschrift *„Clipeus omnibus in te sperantibus"* („ein Schild für alle, die auf dich hoffen").

Maximilian, der sich selber nur als Statthalter Marias, der eigentlichen Herrscherin über Bayern, fühlt, will sein Land ganz bewusst zu einer Hochburg der Marienverehrung machen. Dazu fördert er die alten Orden und holt neue nach München: die Paulaner, die Karmeliter, v. a. die Kapuziner, wobei ihm die sogenannten Kapuzinerdiplomaten zum unentbehrlichen politischen Instrument werden. Am meisten aber ist Maximilian der Gesellschaft Jesu zugetan, die damals mit dem Münchener „Dreigestirn", dem Lyriker Jacob Balde[6], dem Dramatiker Jakob Bidermann und dem Prediger Jeremias Drexel,[7] den Höhepunkt der Jesuitendichtung erreicht. Dazu kommt noch der Historiker Matthäus Rader, den Maximilian mit der *„Bavaria sancta et pia"* beauftragt – einem umfassenden Werk über die baye-

5 Vgl. etwa Emmeram H. Ritter, Art. Patrona Bavariae, in: R. Bäumer / L. Scheffczyk (Hg.), Marienlexikon. Bd. 5, St. Ottilien 1993, 122–124.

6 Siehe Max Wehrli, Art. Balde, Jacob, in: R. Bäumer / L. Scheffczyk (Hg.), Marienlexikon. Bd. 1, St. Ottilien 1988, 338f.

7 Vgl. Karl Pörnbacher, Art. Drexel, Jeremias, in: R. Bäumer / L. Scheffczyk (Hg.), Marienlexikon. Bd. 2, St. Ottilien 1989, 245f.

rischen Heiligen, das Rader der „Mutter Gottes und Jungfrau Maria" widmet.

Bei Maximilians tiefem religiösen Eifer wird er dann zwangsläufig die führende Gestalt der Katholischen Liga im Dreißigjährigen Krieg, in den er seine bayerischen Truppen mit Marienfahnen und dem Schlachtruf „Jesus Maria!" – zwar besorgt, aber doch vom religiösen Anliegen des Krieges überzeugt – hineinschickt.

Als Anfang 1635 Maximilians Frau Elisabeth von Lothringen kinderlos stirbt, heiratet der Kurfürst Maria Anna von Österreich, die ihm 1636 den ersehnten Thronfolger schenkt: Ferdinand Maria – der erste Altbayer mit dem Mariennamen als Weihe an die Gottesmutter.

Nach anfänglichen Erfolgen der ligistischen Truppen im Dreißigjährigen Krieg wird die Lage für Maximilians Herrschaftsbereich – v. a. seit dem Eingreifen der Schweden – immer bedrohlicher. Deshalb gelobt Maximilian 1635, „ein gottgefälliges Werk anzustellen, wenn die hiesige Stadt München und die Stadt Landshut von des Feindes endlichem Ruin und Zerstörung erhalten werden". In Erfüllung dieses Gelübdes lässt Maximilian – noch mitten im Krieg – die Mariensäule auf dem Schrannenplatz, dem heutigen Marienplatz, errichten, die am 7. November 1638 vom Freisinger Fürsterzbischof Veit Adam von Gebeckh feierlich geweiht wird: auf einem quadratischen Sockel und einer Marmorsäule Hubert Gerhards[8] Madonna mit Kind von 1594 als Patronin Bayerns, die wegweisend wird für zahlreiche Mariensäulen weit über die Grenzen des Landes hinaus. Zu ihr gehört jenes prägnante Distichon, das vielleicht von Maximilian selber stammt, wahrscheinlicher aber doch von Jacob Balde: *„Rem, Regem, Regimen, Regionem, Religionem / Conserva Bavaris, virgo Maria, tuis."*[9] Das ganz persönliche Bekenntnis Maximilians

8 Vgl. Sabine Heym, Art. Gerhard, Hubert, in: R. Bäumer / L. Scheffczyk (Hg.), Marienlexikon. Bd. 2, St. Ottilien 1989, 624f.

9 Man könnte diese an Maria gerichtete Bitte heute – etwas frei – so übersetzen: „Jungfrau Maria, erhalte deinen Bayern das Sach' und den Herrn, die Ordnung, das Land und den Glauben!" – Vgl. auch das Gebet, das Papst Benedikt XVI. am 9. September 2006 an der Mariensäule gesprochen hat (in: Apostolische Reise Seiner Heiligkeit Papst Benedikt XVI. nach München, Altötting und Regensburg 9. bis 14. September 2006. Predigten, An-

zu Maria aber ist sein Weihebrief an die Gottesmutter von Altötting, den er als 72-Jähriger mit dem eigenen Blut geschrieben hat: *„In mancipium tuum me tibi dedico consacroque Virgo Maria hoc teste cruore atque chyrographo, Maximilianus peccatorum coryphaeus"*.[10] Wenn auch Maximilians Marienverehrung nicht ganz frei ist von Extremen und Überspitzungen, so ist sie doch wesentlich bestimmend für jenen einzigartigen bayerischen Kirchenbarock, der die Frömmigkeit in Bayern über Jahrhunderte hin beeinflusst hat und das Erscheinungsbild des Landes bis heute prägt.

sprachen und Grußworte, [VApS 174], hg. vom Sekretariat der Deutschen Bischofskonferenz, Bonn 2006, 33f).

10 Ins Deutsche übersetzt: „Dir gebe ich mich ganz zu eigen, dir weihe ich mich, o Jungfrau Maria, wie ich es mit meiner Blutunterschrift bezeuge: Maximilian, der oberste der Sünder." – Dieser 1645 verfasste Weihebrief des Kurfürsten ist als Faksimile an folgender Stelle abgedruckt: Ludwig Böer, Art. Briefe, in: R. Bäumer / L. Scheffczyk (Hg.), Marienlexikon. Bd. 1, St. Ottilien 1998, 584–589, hier 586. – Auch Maximilians Sohn Ferdinand Maria hat an die Gottesmutter von Altötting, die Schutzfrau des Hauses Wittelsbach, einen Blutweihebrief geschrieben. Vom 2. Dezember 1658 datiert ein langer, eigenhändig in italienischer Sprache verfasster Blutweihebrief der Prinzessin Henriette Maria Adelaida, der Gemahlin Ferdinands, an die Madonna von Altötting (vgl. ebd., 586).

Siegesmotivik im Kontext der Patrona Bavariae

Julia Wächter

1. Maria, siegreiche Herrscherin

Wenn Papst Pius XII. in seinem Weltweihegebet an das Unbefleckte Herz Mariens 1942 die Muttergottes mit den Titeln „Königin des heiligen Rosenkranzes, Hilfe der Christen, Zuflucht des menschlichen Geschlechts, Siegerin in allen Schlachten Gottes"[1] angerufen hat, dann hat er zugleich auf wesentliche Siege der Geschichte zurückgeblickt, die man der Hilfe Marias zugesprochen hatte.[2] Prototypisch für die Verehrung Marias als „siegreiche Herrscherin"[3] in der Schlacht wurde der Sieg der päpstlichen Liga über die osmanische Flotte bei Lepanto am 7. Oktober 1571,[4] der durch das Eingreifen und die Fürbitte der Gottesmutter erwirkt worden sei.[5] Papst Pius V. verband daraufhin das Rosenkranzfest, das am ersten

1 Pius XII., Weltweihe an das Unbefleckte Herz Mariens, 1942, in: Rudolf Graber / Anton Ziegenaus (Hg.), Die Marianischen Weltrundschreiben der Päpste von Pius IX. bis Johannes Paul II. (1849–1988), Regensburg 1997, 165–167, hier 166.

2 Vgl. Rudolf Graber, Maria im Gestern und Heute. Festpredigt anläßlich des 25. Geburtstages des Rosenkranz-Sühnekreuzzugs, in: ders. (Hg.), Maria. Jungfrau – Mutter – Königin, St. Augustin ^{2}1976, 7–18, hier 7.

3 Gregor Martin Lechner, Marienverehrung und Bildende Kunst, in: Wolfgang Beinert / Heinrich Petri (Hg.), Handbuch der Marienkunde. Bd. 2, Regensburg 1997, 109–172, hier 156.

4 Vgl. Gertrud Schiller, Ikonographie der christlichen Kunst. Bd. 4.2, Gütersloh 1980, 175.

5 Vgl. Louis Carlen, Maria im Recht, Freiburg/Schweiz 1997, 89.

Sonntag im Oktober gefeiert wurde, mit einer Gedenkfeier für den Sieg bei Lepanto. 1716 erweiterte Clemens XI. das Fest, das auch „Maria vom Siege" genannt wird, auf die gesamte Kirche.[6] Auch in der Geschichte Bayerns wurde Maria als Helferin in kriegerischen Auseinandersetzungen verehrt. Der Sieg der Katholischen Liga über die protestantische Union am Weißen Berg bei Prag am 8. November 1620 unter der Führung Maximilians I. von Bayern sei durch ihre Fürbitte erwirkt worden.[7] Die Soldaten waren mit dem Ruf *„sancta Maria"* ins Feld gezogen.[8]

2. Die Errichtung der Münchener Mariensäule

Wenig später, zur Zeit des Dreißigjährigen Krieges, setzte Kurfürst Maximilian I. von Bayern erneut seine Hoffnung auf die Gottesmutter. Insbesondere die Jahre von 1632 bis 1635 zählten zu den dunklen Zeiten Bayerns. Krieg und religionspolitische Auseinandersetzungen, Hunger und schließlich die Pest – die großen Plagen der Menschheit hatten in Bayern Einzug gehalten. In dieser Zeit, konkret während des Schwedeneinfalls 1632, leistete Maximilian ein Gelöbnis. Er wolle ein gottgefälliges Werk verrichten, sollten München und Landshut vor der Zerstörung verschont bleiben. Als der Sieg über den Schwedenkönig Gustav Adolf errungen und die Pest[9] besiegt wurde, die von August 1634 bis Februar 1635 tausende Opfer gefordert hatte, stand es für den Kurfürsten an, sein Gelöbnis

6 Vgl. Clemens Kieser, Die Memorialmonstranzen von Ingolstadt und Klosterneuburg, Tübingen 1998, 76.

7 Vgl. Lechner, Marienverehrung und Bildende Kunst (Anm. 3), 156.

8 Vgl. Anton Ziegenaus, Der Patronatsgedanke auf europäischen Marienmünzen, in: Manfred Hauke (Hg.), Maria als Patronin Europas. Geschichtliche Besinnung und Vorschläge für die Zukunft, (Mariologische Studien 20), Regensburg 2009, 161–171, hier 170.

9 Aufgrund der Pest kehrte Kurfürst Maximilian nach dreijähriger Abwesenheit erst 1635 in seine Residenzstadt München zurück, also später, als es die Kriegslage erlaubt hätte (vgl. Michael Schattenhofer, Die Mariensäule in München, München / Zürich 1970, 3, 6).

in die Tat umzusetzen. Er beschränkte sich nicht auf konventionell-kirchliche Vorschläge seiner Berater, beispielsweise ein jährliches Lobamt am Fest Mariä Heimsuchung zu feiern, einen Altar zu Ehren Mariä Verkündigung zu errichten oder ein Messbenefizium zu stiften. Vielmehr sollte 1638[10] eine Mariensäule *„in loco conspicuo"* aufgestellt werden, an einer „ansehnlichen Stelle",[11] auf dem damaligen Münchener Schrannenplatz, heute Marienplatz.[12] Als ein frühes Zeugnis der nach dem Konzil von Trient aufblühenden marianischen Frömmigkeit im Zuge der katholischen Erneuerung[13] fand sie in der Folgezeit zahlreiche Nachahmer. Mariensäulen entwickelten sich zu Sinnbildern für die Endgültigkeit des Sieges und Triumphes Marias über alle Heimsuchungen.[14] Die Madonna auf der Münchener Säule, eine überlebensgroße, vergoldete Bronzedarstellung,[15] wurde zum Inbegriff der Gottesmutter als Schutzfrau Bayerns, der Patrona Bavariae.[16]

10 Baubeginn war der 14. Dezember 1637. Vgl. dazu Schattenhofer, Die Mariensäule in München (Anm. 9), 9.

11 Friedrich Wilhelm Bruckbräu, Geschichte der Mariensäule in München. 1638–1855, München 1855, 33.

12 Zur Entstehung der Mariensäule vgl. Schattenhofer, Die Mariensäule in München (Anm. 9), 5–9, 16.

13 Vgl. ebd., 16.

14 Vgl. Lechner, Marienverehrung und Bildende Kunst (Anm. 3), 157; auch Emmeram H. Ritter, Art. Patrona Bavariae, in: Remigius Bäumer / Leo Scheffczyk (Hg.), Marienlexikon. Bd. 5, St. Ottilien 1993, 122–124, hier 123.

15 Vgl. Sabine John, Art. Säule, in: Remigius Bäumer / Leo Scheffczyk (Hg.), Marienlexikon. Bd. 5, St. Ottilien 1993, 620–626, hier 623f (Mariensäulen in der Gegenreformation).

16 Bereits 1615/16 ließ Maximilian an der Außenfassade der Münchener Residenz ein Bronzestandbild der Maria mit Kind anbringen. Durch die Inschrift auf dem Prunksockel „Patrona Boiariae" proklamierte Maximilian Maria zur Schutzfrau Bayerns (vgl. Emmeram H. Ritter, Patrona Bavariae! Unter Deinen Schutz und Schirm, Regensburg 1987, 30).

3. Genese der Sieges- und Mariensäulen

Mariensäulen gehen formal auf antike Triumph-, Ehren-, Gedenk- und Votivsäulen zurück, für die die Trajanssäule oder die Säule des Marc Aurel in Rom Beispiele sind. Antike Siegessäulen galten als höchste Form des öffentlichen Ehrenmals. Im Unterschied dazu ist es als Besonderheit der Münchener Säule zu betrachten, dass sie nicht zu Ehren eines Heeresführers oder Machthabers errichtet wurde, sondern zu Ehren der Gottesmutter, eben als Mariensäule.[17] Anfänge der Mariensäulen sind in Italien zu suchen, wo man seit dem 14. Jahrhundert mit Ortsheiligen gekrönte Säulen als Markt- und Stadtsymbol kennt.[18] 1329 wurde beispielsweise die zweite der Piazzettasäulen in Venedig mit einem Standbild des heiligen Georg gekrönt.[19] Die Übernahme dieser Form in der Mariensäule ist plausibel. Unter allen Heiligen kommt Maria der Vorrang und die höchstmögliche Verehrung eines geschöpflichen Wesens zu.[20] Sie ist die Königin aller Heiligen.[21] Die erste Säule mit Marienstandbild wurde 1487 in Udine errichtet. Als unmittelbares Vorbild für die Münchener Mariensäule gilt die Säule, die Papst Paul V. 1614 auf der Piazza Santa Maria Maggiore in Rom errichten ließ.[22] Sie ist mit einer aus Bronze gefertigten Mondsichelmadonna mit Kind versehen.[23]

17 Vgl. Werner Haftmann, Das italienische Säulenmonument, Hildesheim 1972, 153; auch Esther Maier, Handbuch der Heiligen, Darmstadt 2010, 323 und John, Art. Säule (Anm. 15), 623 (Mariensäulen in der Gegenreformation).

18 Vgl. John, Art. Säule (Anm. 15), 623.

19 Vgl. Haftmann, Das italienische Säulenmonument (Anm. 17), 135.

20 Vgl. Emmeram H. Ritter, Zeugen des Glaubens. Heilige, Selige und Diener Gottes im Bistum Regensburg, Regensburg 1989, XII.

21 Vgl. Ritter, Patrona Bavariae! (Anm. 16), 17.

22 Vgl. Schattenhofer, Die Mariensäule in München (Anm. 9), 18.

23 Vgl. John, Art. Säule (Anm. 15), 623.

4. Die Münchener Mariensäule: zwischen Kriegsdenkmal und Votivsäule

Es kann vermutet werden, dass die Genese der Mariensäulen von den antiken Sieges- und Triumphsäulen her die Forschungsmeinung beflügelt hat, die Münchener Säule sei eine Art Kriegsdenkmal, insbesondere zur Erinnerung an die Schlacht am Weißen Berg am 8. November 1620.[24] Besondere Untermauerung fand diese These durch das Datum der Säuleneinweihung. Der Kurfürst hatte den 7. November 1638, den ersten Sonntag nach Allerheiligen, gewählt, an dem traditionell die Dankesfeier für den Sieg am Weißen Berg stattfand.[25] Dieser Umstand hat – so Friedrich Wilhelm Bruckbräu – die „irrige Meinung veranlasst“[26], Maximilian habe die Säule zum Andenken an den Sieg am Weißen Berg errichten lassen, „obgleich die Inschriften der Säule kein Wort davon enthalten“[27]. Auch Michael Schattenhofer betont, die Mariensäule sei „keine Triumph- oder Siegessäule“[28]. Ihre Errichtung stehe „in keinerlei Beziehung zur ‚Prager Schlacht‘“[29]. Als Begründung nennt er die Zeitspanne von 18 Jahren zwischen dem Sieg am Weißen Berg und der Errichtung der Münchener Säule. Sie sei ausschließlich *ex voto* errichtet worden, als Votivsäule.[30] Auch wenn die Münchener Säule nicht in einem Zusammenhang mit der Schlacht am Weißen Berg betrachtet wird und der Blick vor allem auf ihren Votivcharakter gelegt wird, kann die Siegesmotivik nicht vollends ausgeblendet werden. Als Dankesmonument für Schutz und Bewahrung der Städte München und Landshut verweist sie zugleich auf das vorausgehende siegrei-

24 Einen knappen Forschungsüberblick hierzu liefert Monique Scheer, Rosenkranz und Kriegsvisionen. Marienerscheinungskulte im 20. Jahrhundert, Tübingen 2006, 323f.

25 Vgl. Schattenhofer, Die Mariensäule in München (Anm. 9), 11.

26 Bruckbräu, Geschichte der Mariensäule in München (Anm. 11), 30.

27 Ebd., 31.

28 Schattenhofer, Die Mariensäule in München (Anm. 9), 6.

29 Ebd.

30 Vgl. ebd.

che Wirken der Gottesmutter. Diese Siegesmetaphorik spiegelt sich ebenso in der Bauweise und Ikonographie der Säule wie auch in ihrem Marienstandbild.

5. Ikonographische Einordnung der Münchener Mariensäule sowie verwandter Darstellungen der Patrona Bavariae

Wie ihr Vorbild, die Säule vor Santa Maria Maggiore in Rom, so wird auch die Münchener Säule von einer Madonna gekrönt, die über der Mondsichel steht und das Christuskind auf dem Arm trägt. Durch diese ikonographische Ausstattung kann das Standbild grundlegend dem Feld der Immaculata-Darstellungen zugerechnet werden. Die einzelnen Unterkategorien des Feldes greifen die Motivik des Sieges Marias in unterschiedlicher Intensität auf.

Genoveva Nitz unterscheidet zwei Varianten der Immaculata-Darstellungen. Einer mädchenhaft gezeichneten Braut des Heiligen Geistes steht die triumphale Maria vom Siege gegenüber.[31] Gertrud Schiller unterscheidet aus kunsthistorischer Perspektive drei Einzeltypen der Immaculata-Darstellungen: a) Maria als Tempeljungfrau bzw. Maria im Ährenkleid, b) Maria Immaculata als *Tota Pulchra* sowie c) Maria Immaculata als Schlangentreterin bzw. Maria vom Siege.[32] Gregor Martin Lechner vollzieht einen Dreischritt: a) Maria als Immaculata trägt mädchenhaft-jugendliche Züge, ist ohne Kind dargestellt, schwebt über der Mondsichel und wird seit 1708, seit der Einführung des Immaculata-Festes in der Gesamtkirche, hinzukommend als Schlangentreterin gezeichnet. b) Der Typus der Maria vom Siege hingegen ist mehr von der „Dramatik und [dem, d. V.] Pathos des Barock“[33] geprägt. Maria steht auf der Weltkugel. Das Kind, das sie auf dem Arm hält, tötet in Anlehnung an Gen 3,15 die

31 Vgl. G. Nitz, Art. Maria, Mutter Jesu. Ikonographie, in: Lexikon für Theologie und Kirche. Bd. 6, Freiburg i. Br. ^{3}2009, Sp. 1331f.

32 Vgl. Schiller, Ikonographie der christlichen Kunst (Anm. 4), 165–176.

33 Lechner, Marienverehrung und Bildende Kunst (Anm. 3), 157.

Schlange mit dem Kreuzstab. c) Die „Endgültigkeit des Sieges und Triumphes Mariens“[34] sieht Lechner in einer weiteren Steigerung versinnbildlicht: in Mariensäulen, die Maria als Himmelskönigin zeigen.[35]

Ikonographische Elemente aus dem Immaculata-Bereich, die auf die Darstellung des siegreichen Wirkens der Gottesmutter abzielen, sollen im Folgenden exemplarisch vorgestellt werden. Dabei gilt es zu beachten, dass die Madonna auf der Säule nicht primär für die Verwendung als Säulenstandbild gefertigt worden war. Sie war zunächst Teil des Hochaltares der Frauenkirche, bis sie 1620 durch die von Maximilian gestiftete Darstellung „Himmelfahrt Mariens“ von Peter Candid verdrängt wurde und von da an zur Verfügung stand.[36] Es erscheint deshalb lohnenswert, die Säulenmadonna in Verbindung mit weiteren Münchener Mariendarstellungen zu setzen, die im Zusammenspiel das Bild der Patrona Bavariae geprägt haben. Dazu zählt vor allem das überlebensgroße Bronzestandbild der Maria mit Kind, geschaffen von Hans Krumper, das der Herzog von Bayern und spätere[37] Kurfürst Maximilian I. im Jahr 1616 an der Außenfassade des Neubaus der Münchener Residenz, als zentralen Punkt der Westfassade, anbringen ließ.[38] Auf dem Prunksockel ist die Inschrift „Patrona Boiariae“ zu lesen.[39] Zum anderen zählt hierzu ein Kupferstich des Künstlers Raphael Sadeler, der Maria als die Schutzfrau Bayerns zeigt. Er ist in der zwischen 1615 und 1628 erschienenen „Bavaria Sancta“ von Matthäus Rader SJ enthalten.[40]

34 Ebd.

35 Vgl. ebd., 156f.

36 Vgl. Schattenhofer, Die Mariensäule in München (Anm. 9), 20.

37 Kurfürst von Bayern seit 1623.

38 Vgl. Ritter, Zeugen des Glaubens (Anm. 20), XXIV.

39 Vgl. Ritter, Patrona Bavariae! (Anm. 16), 30.

40 Abgebildet in: Georg Franz X. Schwager (Hg.), Maria. Schutzfrau Bayerns. Gedanken und Erwägungen zur Verehrung der Patrona Bavariae von Emmeram H. Ritter. Ehrengabe für Emmeram H. Ritter, Regensburg 2002, 84.

a) Sieg über die teuflische Schlange

Zentrales Motiv der Immaculata-Darstellungen ist die teuflische Schlange. Sie wird besonders von den Typen der Maria als Schlangentreterin und der Maria vom Siege aufgegriffen. Als Ausgangspunkt für das Schlangenmotiv kann das Protoevangelium angesehen werden. Maria, die unbefleckt Empfangene, ist die in Gen 3,15 vorausgesagte Schlangentreterin, die neue Eva und die Mutter der neuen erlösten Menschheit.[41] Das Motiv wird erneut in der Offenbarung des Johannes (Offb 12) aufgegriffen, in der die apokalyptische Frau[42] von einem Drachen, der „alte[n] Schlange, die Teufel oder Satan heißt" (Offb 12,9), verfolgt wird. Der schwangeren Frau gelingt die Flucht in die Wüste (vgl. Offb 12,6). Durch das Zusammenspiel der Siegesmetaphorik aus Protoevangelium und Johannesapokalypse erhält der Sieg Marias über die Schlange bzw. den Drachen insgesamt

41 Vgl. Rudolf Graber, Maria, die Mutter des Herrn, im Glaubenssinn der Kirche, in: ders. (Hg.), Maria. Jungfrau – Mutter – Königin, St. Augustin [2]1976, 68–82, hier 80.

42 Ekklesiologisch gesehen ist es möglich, die Frau aus der Offenbarung auf die Gottesmutter hin zu deuten, auch wenn es nicht die primäre Intention des Verfassers war, in ihr die Geschichte Marias aufzuzeigen. Die Johannesapokalypse, die in das erste Jahrhundert hineingeschrieben worden ist, sollte als Erbauung für die unter Kaiser Diokletian verfolgten Christen dienen. Die römische Staatsmacht wird in Tiergestalt dargestellt, geleitet von Satan, der als Drache erscheint. Er bedient sich der römischen Macht, um gegen Gottes Herrschaft vorzugehen und die Christenheit auszulöschen. In einer ähnlichen Situation der Bedrängnis befand sich während des Dreißigjährigen Krieges auch das bayerische Volk, das sein Vertrauen auf die Macht Gottes und den Schutz Marias setzte, die Bayern zum Sieg und damit zum Erhalt des katholischen Glaubens führen sollten (vgl. Manfred Hauke, Maria und die Zukunft Europas. Eine marianische Aktualisierung des Nachsynodalen Apostolischen Schreibens Johannes Pauls II. *Ecclesia in Europa*, in: ders. [Hg.], Maria als Patronin Europas. Geschichtliche Besinnung und Vorschläge für die Zukunft, [Mariologische Studien 20], Regensburg 2009, 262–274, hier 264; auch Otto Knoch, Maria in der Heiligen Schrift, in: Wolfgang Beinert / Heinrich Petri [Hg.], Handbuch der Marienkunde, Bd. 1, Regensburg 1996, 15–98, hier 82f und Anton Ziegenaus, Maria in der Heilsgeschichte. Mariologie, Aachen 1998, 133–136).

eine zweifache Ausrichtung: vor dem Hintergrund der Eva-Maria-Parallele spiegelt sich in ihm zum einen die Bewahrung Marias vor der Erbschuld,[43] zum anderen, mit Blick auf die Verfolgung der Christenheit in der Johannesapokalypse, spiegelt sich in ihm die Verteidigung des katholischen Glaubens und der zugleich leidenden und hoffenden Kirche. Maria ist Urbild und Abbild der Kirche und hat am Endsieg Christi über das Böse teil.[44]

Bei den drei Münchener Patrona-Madonnen fehlt zunächst das Motiv des Sieges über Schlange bzw. Drachen. Im Falle der Mariensäule wurde es durch die vier Bronzegruppen am quadratischen Unterbau der Säule, der das Postament trägt,[45] nachträglich hinzugefügt.[46] Sie sind thematisch auf das theologische Programm der Mariensäule hin abgestimmt und zeigen vier bewaffnete Heldenputten, Engel in Rüstung. Auf ihren Schilden, die sie jeweils gegen ein Tierungeheuer richten, ist in Abschnitten der Psalm des Mose 90,13 zu lesen:[47] *„Super aspidem"*, *„et basiliscum [ambulabis]"*, *„et leonem"*, *„et draconem [concalcabis]"* – „Über die Schlange und den Basilisken wirst Du schreiten und den Löwen und den Drachen wirst Du zertreten." Allegorisch betrachtet können die Untiere als die großen Plagen der Menschheit gedeutet werden. Die

43 Vgl. Wolfgang Beinert, Die mariologischen Dogmen und ihre Entfaltung, in: ders. / Heinrich Petri (Hg.), Handbuch der Marienkunde. Bd. 1, Regensburg 1996, 267–363, hier 334.

44 Vgl. Beinert, Die mariologischen Dogmen und ihre Entfaltung (Anm. 43), 347; auch Bertrand Buby, Das große Zeichen – Offenbarung 12 unter Berücksichtigung der Auslegung seit der Aufklärung, in: Anton Ziegenaus (Hg.), Das Marianische Zeitalter. Entstehung – Gehalt – bleibende Bedeutung, (Mariologische Studien 14), Regensburg 2002, 257–272, hier 264, 266f, 271f und Knoch, Maria in der Heiligen Schrift (Anm. 42), 85.

45 Vgl. Schattenhofer, Die Mariensäule in München (Anm. 9), 13, 22.

46 1639/40 gießt der kurfürstliche Stück- und Glockengießer Bernhard Ernst die vier Bronzegruppen (vgl. Ritter, Patrona Bavariae! [Anm. 16], 32).

47 Vgl. Joachim Schmiedl, Dynastische Marienfrömmigkeit. Die Wittelsbacher in der Frühen Neuzeit, in: Manfred Hauke (Hg.), Maria als Patronin Europas. Geschichtliche Besinnung und Vorschläge für die Zukunft, (Mariologische Studien 20), Regensburg 2009, 119–138, hier 130.

Schlange versinnbildlicht Unglaube und Häresie, der Basilisk, hier dargestellt als Hahn mit Drachenschwanz, versinnbildlicht die Pest, der Löwe den Krieg, der Drache den Hunger. Damit beschreibt der hier marianisch ausgelegte Vers eben jene Plagen, von denen Bayern während des Dreißigjährigen Krieges, insbesondere 1632 bis 1635, heimgesucht worden war.[48]

b) Astrale Zeichen

Neben dem Motiv der Schlange sind Immaculata-Darstellungen geprägt von astralen Zeichen, die die Gottesmutter umgeben. Sie sind Attribute der apokalyptischen Frau in der Offenbarung des Johannes. Die apokalyptische Frau sei „mit der Sonne bekleidet; der Mond war unter ihren Füßen und ein Kranz von zwölf Sternen auf ihrem Haupt" (Offb 12,1). In Bezug auf die Säulenmadonna wird vor allem das Symbol des Mondes aufgegriffen. Maria steht mit dem linken Fuß über der Mondsichel, der rechte ist leicht angehoben.[49] Die Haltung kann als Tritt auf die Mondsichel interpretiert werden. Wegen seiner sich wandelnden Erscheinungsform ist der Mond Symbol der Vergänglichkeit. Maria, die über dem Mond steht, übersteigt die vergängliche, der Sünde verfallene Welt.[50] Die Säulenmadonna ist darüber hinaus zwar nicht direkt mit Sternen oder der Sonne ausgestattet, kann aber dennoch als von ihnen umgeben interpretiert werden. Durch die erhöhte Position der Figur auf der freistehenden Säule richtet der Betrachter seinen Blick zum Himmel und zu den Gestirnen.[51] Bis ins 18. Jahrhundert trugen zudem die vier Bronzelaternen auf der die Säule umgebenden Marmorbalustrade, die 1639 hinzugefügt worden war, die Symbole Sonne, Mond und Sterne.[52]

48 Vgl. Schattenhofer, Die Mariensäule in München (Anm. 9), 22f; auch John, Art. Säule (Anm. 15), 623 (Mariensäulen in der Gegenreformation).
49 Vgl. Schattenhofer, Die Mariensäule in München (Anm. 9), 22.
50 Vgl. Schiller, Ikonographie der christlichen Kunst (Anm. 4), 174f.
51 Vgl. Scheer, Rosenkranz und Kriegsvisionen (Anm. 24), 321.
52 Vgl. John, Art. Säule (Anm. 15), 623.

Auch die Patrona-Darstellungen an der Fassade der Residenz und auf dem Kupferstich in der „Bavaria Sancta" zeigen astrale Zeichen. Ein Sternenkranz umgibt das Haupt der Patrona Boiariae an der Residenzfassade. Sie tritt mit dem rechten Fuß auf die Mondsichel.[53] Das Haupt der Madonna auf dem Kupferstich in der „Bavaria Sancta" ist von der Sonne umgeben. Typisch für die Maria vom Siege ist darüber hinaus ein weiterer Himmelskörper: der Erdball zu Füßen der Gottesmutter.[54] Keine der Münchener Patrona-Darstellungen zeigt dieses Motiv direkt. In der Kugel des Reichsapfels, den das Christuskind der Säulen- und der Residenzmadonna hält, findet der Erdball aber zumindest andeutungsweise Einzug.[55]

c) Herrschaftssymbolik und das vielschichtige Motiv des Reichsapfels

Das Symbol des Reichsapfels führt zu einem weiteren Motivbereich, nämlich zur Herrschaftssymbolik. Diese zeichnet die Gottesmutter als Himmelskönigin aus. Neben der Tatsache, dass sowohl Residenz- als auch Säulenmadonna erhöht positioniert sind und die Maria auf dem Kupferstich auf den Wolken des Himmels erscheint, zählen hierzu Krönungsmantel, Zepter, Krone und eben der Reichsapfel, also die Weltkugel mit dem Kreuz als Zeichen der Herrschaft und der Erlösung.[56] Im Reichsapfel deutet sich nicht allein der Erdball an, wie bereits dargelegt wurde. Das Kreuz des Reichsapfels verkörpert darüber hinaus die Durchbrechung der universalen Schuldverknüpfung durch den Sieg des gekreuzigten Sohnes.[57] Das Kreuz kann

53 Vgl. Ritter, Patrona Bavariae! (Anm. 16), 14.

54 Vgl. Schiller, Ikonographie der christlichen Kunst (Anm. 4), 175.

55 Vgl. Heinz-Gerd Mohr, Lexikon der Symbole. Bilder und Zeichen der christlichen Kunst, Freiburg i. Br. 1991, 98.

56 Vgl. Ritter, Patrona Bavariae! (Anm. 16), 14; auch Schattenhofer, Die Mariensäule in München (Anm. 9), 22.

57 Vgl. Beinert, Die mariologischen Dogmen und ihre Entfaltung (Anm. 43), 336.

ebenso als eine Anspielung auf den Kreuzstab interpretiert werden, mit dem das Christuskind auf Darstellungen des Typus der Maria vom Siege die Schlange tötet, die sich um den Erdball zu Füßen der Gottesmutter windet. Dies verweist auf das Lanzenstoßmotiv, das an den Erzengel Michael denken lässt, der sich nach der Offenbarung des Johannes (Offb 12,7) gemeinsam mit seinen Engeln zum Kampf gegen den teuflischen Drachen erhebt.[58] In einer deutlicheren Weise als durch das Symbol des Reichsapfels wird das Lanzenstoßmotiv auf dem Kupferstich in der „Bavaria Sancta" aufgegriffen, nämlich durch die Figur des Erzengels Michael. Er hält den Kreuzstab, der in Richtung des Christuskindes deutet. Dabei ist er von vier Engeln umgeben; sie alle tragen Rüstung und weisen sich als Beschützer des Bayernlandes aus, das im Hintergrund, zu Füßen der himmlischen Anordnung, durch die Stadt München versinnbildlicht ist. Michael trägt das bayerische Wappen; die übrigen vier Engel tragen je ein Wappen der ehemaligen bayerischen Hauptstädte und Rentämter auf dem Brustpanzer: Straubing, Burghausen, Landshut und München. Gemeinsam halten die Engel eine Landkarte Bayerns, die das Christuskind segnet.[59] Auch die Inschrift des Kupferstiches stellt Michael und dessen Heer als Schützer Bayerns heraus. Das Ziel des Lanzenstoßes, die teuflische Schlange, fehlt im Bild.

Es ist zudem naheliegend, im Symbol des Reichsapfels den Apfel angedeutet zu sehen, der in Mariendarstellungen vielfältig aufgenommen wurde. Er stellt zum einen die Verbindung zu Eva und der Paradiesfrucht her. Zum anderen ist es möglich, Christus als die neue Frucht zu deuten, die durch die Gottesmutter hervorgebracht wurde.[60] Der Reichsapfel verbindet in sich somit Herrschaftssymbolik, astrale Zeichen, den Sieg über die teuflische Paradiesschlange sowie das Motiv der Erlösung durch Christus, der den Reichsapfel in der Hand hält.

58 „Da entbrannte im Himmel ein Kampf; Michael und seine Engel erhoben sich, um mit dem Drachen zu kämpfen" (Offb 12,7).

59 Vgl. die Abbildung bei: Schwager, Maria. Schutzfrau Bayerns (Anm. 40), 84.

60 Vgl. Ernst Guldan, Eva und Maria. Eine Antithese als Bildmotiv, Graz 1966, 108–116.

d) Maria mit dem Christuskind

Während für die lieblich-mädchenhaften Darstellungen der Immaculata die Madonna ohne Christuskind charakteristisch ist,[61] zeigen Bilder des Typus der Maria vom Siege und der Maria als Himmelskönigin das Kind auf dem Arm der Gottesmutter. Die Münchener Säulenmadonna trägt auf dem linken Arm das Christuskind, das die rechte Hand zum Segen erhebt und mit der linken die Weltkugel mit Kreuz hält. Maria richtet ihren Blick auf das Kind; das Kind blickt zum Betrachter herunter. Die Madonna an der Residenzfassade hält in der rechten Hand das Jesuskind mit bekreuzter Weltkugel. Das Kind setzt seinen Fuß auf das Bein der Mutter; gemeinsam treten sie auf die Mondsichel. Während das Kind gen Norden blickt, richten sich Marias Augen nach Süden, so dass Betrachter von beiden Seiten der Straße kommend in den Blick genommen werden. Die Maria auf dem Kupferstich hält mit beiden Händen das Christuskind, das eine von Engeln gehaltene Landkarte Bayerns segnet.[62] Maria präsentiert damit das segnende, heilbringende Christuskind, den alleinigen Erlöser, den Sieger über die universale Schuldverknüpfung. Wie Gott an der ohne Erbsünde empfangenen Jungfrau und Gottesmutter bewahrend gewirkt hat, so wirkt er befreiend für alle, die durch die Taufe der Gemeinschaft in Christus zugehören.[63]

61 Vgl. Gregor Martin Lechner, Art. Unbefleckte Empfängnis. IV. Kunstgeschichte, in: Remigius Bäumer / Leo Scheffczyk (Hg.), Marienlexikon. Bd. 6, St. Ottilien 1994, 527–532, hier 527; auch Schiller, Ikonographie der christlichen Kunst (Anm. 4), 175.

62 Vgl. Ritter, Patrona Bavariae! (Anm. 16), 14, 22; auch Schattenhofer, Die Mariensäule in München (Anm. 9), 22; Schiller, Ikonographie der christlichen Kunst (Anm. 4), 174; Schwager, Maria. Schutzfrau Bayerns (Anm. 40), 84.

63 Vgl. Beinert, Die mariologischen Dogmen und ihre Entfaltung (Anm. 43), 336–338; auch Rudolf Graber, Marias Stellung in der Kirche. Ansprache auf dem Katholikentag in Essen, in: ders. (Hg.), Maria. Jungfrau – Mutter – Königin, St. Augustin ^{2}1976, 54–67, hier 58.

6. Maria – siegreiche Schutzherrin, Patrona Bavariae

In seiner Gesamtheit zeigt das ikonographische Umfeld der Patrona Bavariae zahlreiche Anknüpfungspunkte für die Siegesmotivik der Gottesmutter mit Kind. Die barocken Ideen von Sieg und Triumph waren auch in den Katholizismus und seine Ausdrucksformen eingeflossen.[64] Sähe man die Siegesmotivik der Patrona aber als reinen Triumphalismus an, würde man der Sache und der persönlichen Marienfrömmigkeit Maximilians wohl nicht gerecht.[65] Wenn er inmitten der Kriegszeit, am Tag der Einweihung der Mariensäule, umringt von seinem Volk, vor der Säulenmadonna niederkniet und sein Weihegebet an die Gottesmutter spricht, dann wird deutlich, welche Ausrichtung er für die Patrona Bavariae vorgesehen hatte.[66]

Schon der Begriff und Titel „Patrona", dessen Ursprünge auf das Verhältnis zwischen dem Patronus und dem Klienten im antiken Rom zurückgehen, stellt die Gottesmutter, auf die diese Vorstellung bereits im frühen Christentum übertragen wurde, in den Kontext der Schützerfunktion. Der Patronus als Schutz- und Schirmherr trat gegenüber gerichtlichen oder politischen Instanzen für den Klienten ein, was diesen im Gegenzug zur Dankbarkeit verpflichtete. Vor diesem Hintergrund ist auch die Inschrift über der Madonna an der Münchener Residenzfassade zu betrachten: *„Sub tuum praesidium*

64 Vgl. Stefano De Fiores, Maria in der Geschichte von Theologie und Frömmigkeit, in: Wolfgang Beinert / Heinrich Petri (Hg.), Handbuch der Marienkunde. Bd. 2, Regensburg 1997, 99–266, hier 174.

65 Vgl. Dieter Albrecht, Maximilian I. von Bayern 1573–1651, München 1998, 113–158, 285–338; auch Ziegenaus, Der Patronatsgedanke auf europäischen Marienmünzen (Anm. 8), 168.

66 Weihegebet des Kurfürsten: „Gott dem Allerhöchsten, der Jungfrau und Gottesgebärerin, der mildreichsten Frau und mächtigsten Beschützerin Bayerns setzt dieses immerwährende Denkmal für die Nachkommen wegen der Erhaltung des Bayernlandes, der Städte, Heere, seiner selbst, seines Hauses und seiner Hoffnungen, dankbar und bittend ihr mindester Pflegesohn Maximilian. Herrscher und Heimat und Recht und Habe und Glauben der Väter, wahre den Bayern, die Dein, Jungfrau Patronin, allezeit!" (vgl. Ritter, Zeugen des Glaubens [Anm. 20], XXVI).

confugimus, sub quo secure laetique degimus", in Anlehnung an das *„Sub tuum praesidium"*, das älteste überlieferte Mariengebet.[67] Maria als Patrona verkörpert Schutz und (Mit-)Leiden. In anmutender Schönheit und mit langem gelocktem Haar zeichnet ihre Gestalt einen Kontrast zu den Herrschaftsattributen.[68] Sie zeigt dem Betrachter das segnende Christuskind, die Hoffnung auf Erlösung. Nicht zuletzt gibt gerade die Darstellung der Maria als Immaculata auch Anlass zur Selbstkritik der Glieder der Kirche. Weil sich der (getaufte) Mensch durch persönliche Sünde immer wieder von Gott abwendet, ist für die pilgernde Kirche das Bild der Immaculata kein Bild des Triumphes. Maria als Immaculata selbst aber deutet voraus auf das Ziel der Kirche.[69]

Mit der Gottesmutter als Patrona Bavariae stellt Maximilian I. sich, seinem Volk und allen Nachkommen Maria als Mutter der Kirche vor Augen: eine siegreiche Helferin und Fürsprecherin in der Not, nicht allein in politischen oder religiös-konfessionellen Auseinandersetzungen, sondern auch in nicht-kriegerischen Bedrohungen der Menschheit, beispielsweise im Falle von Seuchen. Sieg- und Schutzmotivik vereinen sich. Dank für Hilfe und erwirkte Siege sowie die Hoffnung auf zukünftigen Beistand fließen ineinander. Ist der Mensch in Gefahr, so ruft er zur Mutter.[70]

67 Vgl. Schattenhofer, Die Mariensäule in München (Anm. 9), 18; auch Ziegenaus, Der Patronatsgedanke auf europäischen Marienmünzen (Anm. 8), 161f.

68 Vgl. Rudolf Graber, Maria und die Kirche. Predigt im Salzburger Dom am 16. November 1974, in: ders. (Hg.), Maria. Jungfrau – Mutter – Königin (Anm. 2), 42–53, hier 50; auch Ritter, Patrona Bavariae! (Anm. 16), 22 und Schattenhofer, Die Mariensäule in München (Anm. 9), 22.

69 Gen 3,15 sagt Maria als die Frau voraus, die den Kopf der Schlange zertreten wird; die Schlange behält jedoch noch ausreichend Kraft, um ihrer Ferse nachzustellen. In der Johannesapokalypse (Offb 12) führt der teuflische Drache, nachdem die Frau in die Wüste geflohen ist, seinen Kampf gegen ihre Nachkommenschaft, gegen alle, die den Geboten Gottes gehorchen, fort (vgl. Beinert, Die mariologischen Dogmen und ihre Entfaltung [Anm. 43], 338; auch Graber, Maria im Gestern und Heute [Anm. 2], 13).

70 Vgl. Rudolf Graber, Maria und die Situation der Kirche. Ansprache in der Wiener Stadthalle am 12. September 1965, in: ders. (Hg.), Maria. Jungfrau – Mutter – Königin (Anm. 2), 31–41, hier 37.

Gott ist groß, lehrt uns Maria

Albert Schmid

Als die Bayerische Verfassung am 1. Dezember 1946 per Volksentscheid von der bayerischen Bevölkerung angenommen wurde und keine drei Jahre später am 23. Mai 1949 das Grundgesetz für die Bundesrepublik Deutschland in Kraft trat, war eines allen Verantwortlichen von Anfang an klar: Ein Unrechtsregime wie das der Nationalsozialisten darf sich nicht wiederholen. Es hatte den Tod so vieler Menschen zur Folge und zur Zerstörung von Gebäuden und Strukturen, aber auch von Kultur geführt.

Die Verfassungsväter und -mütter wollten mit ihren Entwürfen für die Verfassungen Bayerns und Deutschlands über die innerweltliche Orientierung hinausgehen. Während sich die Nationalsozialisten selbst groß gemacht haben und ihre Rassenideologie auf dem Prinzip fußte, bestimmten Gruppen die Menschenwürde zu verweigern, sprachen die neuen Verfassungen die Menschenwürde allen Menschen zu. Das konnten sie nur, indem sie den Respekt vor einem Höheren, vor Gott in der Präambel als unverzichtbare Voraussetzung formulierten.

Vielleicht ist die wahre „Verfassungsmutter" ja Maria. Warum? Sie ist die Protagonistin schlechthin für den Verweis auf das Höhere, auf Gott – und zwar über alle Konfessionsgrenzen hinweg. Der Beleg dafür ist das „Magnificat" (Lk 1,46–55), das den Lobpreis Marias während ihres Besuchs bei Elisabeth enthält: *„Magnificat anima mea Dominum"* (Meine Seele rühmt oder vergrößert den Herrn bzw. lässt den Herrn groß sein). Auch im griechischen Ursprungstext des Lukas-Evangeliums heißt es bereits *„megalynei"* (vergrößern), das dann später zum lateinischen *„magnificat"* wird.

Augenfällig wird die Grundhaltung Marias, von ihrer eigenen Person abzusehen, auch in der Szene von der Hochzeit in Kana, als sie zur Hochzeitsgesellschaft den einfachen Satz spricht: „Was er euch sagt, das tut!“ (Joh 2,5) Maria spielt, indem sie sich zurücknimmt, eine überragende Rolle. Sie ist entscheidender Teil des Geschehens und steht zugleich darüber. Sie entzieht sich somit menschlichen, aber auch hierarchischen Denkkategorien, von Struktur- und Ämterdebatten ganz abgesehen.

Die eher rhetorisch gemeinte Frage „Sagt an, wer ist doch diese?“, die in dem bekannten Kirchenlied aus dem 17. Jahrhundert gestellt wird, ist ein gelungenes Beispiel für eine behutsame Annäherung an die besondere Bedeutung Marias. Die phantasievollen und ausschmückenden Antworten auf die Frage charakterisieren auf bemerkenswerte Weise, wie tief verwurzelt die Verehrung der Gottesmutter Maria im deutschen Sprachraum, insbesondere in Bayern seit jeher ist.

So erschließt sich vielleicht auch, warum Maria vor nunmehr 100 Jahren von Papst Benedikt XV. zur „Patrona Bavariae“ erklärt wurde. Allein vier Domkirchen in Bayern sind unter das Patronat der Gottesmutter gestellt: der Freisinger Mariendom, die Münchner Frauenkirche sowie der Augsburger und der Eichstätter Dom. Bekannte Wallfahrtsorte wie Altötting, Maria Vesperbild und Bogen, aber auch kleinere Wallfahrtskirchen wie in Allersdorf, Birkenstein, Mariabrunn oder Maria Bürg sind Stein gewordene Zeugen dieser Verehrung.

Diese Verehrung ist auch in vielen Herzen lebendig, vor allem bei älteren Gläubigen. Und auch Jugendliche gehen mit bei den Wallfahrten nach Altötting. Was aber treibt sie an? Steckt mehr dahinter als die sportliche Herausforderung, einen Weg von hundert Kilometern und mehr durchzuhalten? Ist es auch mehr als das Gemeinschaftserlebnis? Und welche Botschaft kann uns Maria heute geben, vielleicht sogar zu einer neuen Begeisterung für den Glauben führen?

Marienverehrung geht zurück auf die biblischen Berichte über die Verheißung der Geburt Jesu (Lk 1,26–38), den Besuch Marias bei Elisabeth (Lk 1,39–56), die Geburt Jesu Christi im Stall von Bethlehem (Lk 2,1–20), die Darstellung Jesu im Tempel (Lk 2,21–40), die Begleitung beim Hochzeitsfest in Kana (Joh 2,1–12) bis hin zum Kreuzestod in Jerusalem, wenn Jesus sich im Angesicht des eigenen Todes noch darum kümmert, seine Mutter versorgt zu wissen (vgl. Joh 19,25–27).

Dies veranschaulicht auf je eigene Weise, dass Maria zwar unzweifelhaft als die Mutter Jesu Christi, des Sohnes Gottes, dargestellt wird. Im selben Atemzug wird jedoch stets deutlich gemacht, dass sie als Mittlerin gilt, dass sie durch das Zurücknehmen ihrer eigenen Person auf den von ihr geborenen Sohn Gottes hinweist.

Der Rosenkranz hat ebenfalls biblische Wurzeln und ist die bekannteste liturgische Form der besonderen Verehrung Marias. Er ist bis heute in der bayerischen Volksfrömmigkeit beheimatet. Das litaneiartige Gebet ermöglicht einen meditativen Zugang zu Maria. Aber auch hier wird immer wieder deutlich, dass sie auf den noch Größeren, auf Gottes Sohn, auf Gott selbst hinweist.

Wenn uns die Verwurzelung der Marienverehrung in den Zeugnissen der Heiligen Schrift bewusst wird, kann es uns gelingen, einen erneuerten Zugang zur *Theotokos* (Gottesgebärerin) zu finden: einen Zugang, der es den Menschen ermöglicht, über die eigene Person hinaus zu denken, sich selbst zurückzunehmen, mit anderen zu fühlen, zu denken und zu handeln – so wie Maria dies getan hat.

Wie geben wir von unserem Glauben Zeugnis, dass Gott Mensch geworden ist, dass er sich klein gemacht hat, dass er in eine Familie hineingeboren wurde und in ihr aufgewachsen ist, die göttliche Barmherzigkeit verkündet und gelebt hat, ja sogar unsere Sünden auf sich genommen hat bis zum Tod am Kreuz? Diese Botschaft kann befreiend sein, weil sie uns entlastet von unserem Allmachtsanspruch, alles leisten zu wollen und zu können.

Es ist nicht alles machbar, auch mit der neuesten Technologie nicht, auch mit tausend Freunden in sozialen Netzwerken nicht, auch mit der besten körperlichen Verfassung nicht und auch mit dem bestmöglichen Studium und beruflichen Können nicht. Maria könnte uns zum Vorbild werden: Sie lässt los, nimmt sich zurück, aber sie bleibt nicht stumm. Sie hat ihren ganz besonderen Platz im Heilsgeschehen, ohne ihn selbstherrlich zu beanspruchen. Von Überheblichkeit keine Spur.

Dahinter steht die Botschaft der Abkehr vom eitlen Egoismus und der Hinwendung zu Gott, der über uns steht, die Botschaft, trotzdem mitten im Geschehen zu bleiben, es aktiv mitzugestalten und nicht weltfremd zu werden. So wie Maria auf ihre besondere Weise Teil des Heilsgeschehens war, braucht Gott jeden einzelnen Gläubigen auf je unterschiedliche Art mit den ganz unterschiedlichen Begabungen und Talenten. Und die Welt braucht Gott.

Wenn es den aktiven Gläubigen gelingt, diese Mission aufzunehmen und weiterzutragen in die Pfarrgemeinden hinein, in die Jugend- und Seniorengruppen, in die Familienkreise, in alle Verbände und Organisationen, in die Gottesdienste und Wallfahrten, wären wir ein gutes Stück weiter. Wenn wir so auf Menschen zugehen, dann würden wir unseren Glauben in der heutigen Zeit nachvollziehbar, akzeptabel, ja sogar attraktiv verkünden.

Ich würde mir wünschen, dass das 100-jährige Jubiläum der „Patrona Bavariae" nicht nur eine historische Reminiszenz bleibt. Die sieben Wallfahrten von 2011 bis 2017 in Bayern sollen und dürfen ein schönes Gemeinschaftserlebnis sein – der Glaube braucht auch Gemeinschaft. Die Wallfahrten sollten aber auch eine inhaltliche, eine innere Wirkung entfalten, die lange anhält.

Pietas Bavarica im Spiegel der Jubiläumsfeiern zum Hochfest Patrona Bavariae

Adolfine Treiber

Der Ehrentitel Marias als Patrona Bavariae, der ganz bewusst vom bayerischen Herzog Maximilian (1598–1651, seit 1623 Kurfürst) geprägt wurde,[1] war schon seit mehr als 300 Jahren im Volk gebräuchlich, als der fromme König Ludwig III. von Bayern (1913–1918) von Papst Benedikt XV. im Kriegsjahr 1916 die höchste kirchliche Bestätigung dieses Titels erbat.[2] Dass man in Rom um diese lange Tradition wusste, beweist der Text des Dekrets der Ritenkongregation vom 26. April 1916 über Titel, Fest und Offizium der seligen Jungfrau Maria, Patrona Bavariae, in dem es einleitend heißt:

> „An hervorragender Liebe und treuer Andacht zur seligsten Jungfrau und Gottesmutter steht das Bayerische Volk gewiss keiner katholischen Nation nach. Von dem ausgezeichneten Eifer nämlich, womit es seit alten Zeiten die Gottesmutter inständig verehrt, zeugen sehr viele Gotteshäuser, die vom 8. und 9. Jahrhundert an zu Ehren der Gottesgebärerin in Städten und Ortschaften Bayerns

1 Vgl. Georg Schwaiger, Bavaria Sancta, Regensburg 1970, 29–37; auch Georg Franz X. Schwager (Hg.), Maria Schutzfrau Bayerns. Gedanken und Erwägungen zur Verehrung der Patrona Bavariae von Emmeram H. Ritter. Ehrengabe für Emmeram H. Ritter zum 75. Geburtstag, Regensburg 2002, 124f; auch Emmeram H. Ritter, Art. Patrona Bavariae, in: Remigius Bäumer / Leo Scheffczyk (Hg.), Marienlexikon. Bd. 5, St. Ottilien 1993, 122–124, hier 122f.

2 Vgl. ebd., 123.

errichtet wurden und vielfach durch ihren mächtigen Bau und reichen künstlerischen Schmuck hervorragen."[3]

Und bezugnehmend auf die beispielhafte Marienverehrung des bayerischen Herrscherhauses lautet der folgende Satz im Dekret:

> „Höchst beachtenswert aber ist es, dass das katholische Bayernvolk nach dem Beispiel seiner Herzöge und Kurfürsten, vor allem aber nach dem Vorgange Maximilians I. aus dem Hause Wittelsbach seit dem Jahre 1620 die Sitte aufnahm, die Mutter Gottes unter dem Titel ‚Patronin Bayerns' anzurufen und mit inniger Liebe zu verehren."

Vom König erbeten und vom Papst bestätigt, wurde das Fest Patrona Bavariae schließlich zum ersten Mal am 14. Mai 1917 in München und im ganzen Land feierlich begangen und bildete – wie Georg Schwaiger schreibt –

> „gleichsam schon die Vigil zu den Exequien für das sterbende Königreich. Mit dem Ersten Weltkrieg versank die Monarchie in Bayern. Auch im jungen republikanischen Freistaat hat man an der Feier des Festes der Schutzfrau Bayerns, wenn auch entsprechend modifiziert, festgehalten, bis zum heutigen Tag."[4]

Hier soll nun auf die Jubiläumsfeiern von 1967 und 1977 und auf die Vorbereitung der Hundertjahrfeier näher eingegangen werden.

3 Der vollständige Text ist abgedruckt in: Schwager, Maria Schutzfrau Bayerns (Anm. 1), 121.

4 Schwaiger, Bavaria Sancta (Anm. 1), 36.

50 Jahre Fest der „Patronin Bayerns" am 6. und 7. Mai 1967 in Altötting

Die vor allem im „Altöttinger Liebfrauenbote" gut dokumentierte Jubiläumsfeier[5] wurde in einer Ausgabe der Regensburger Bistumszeitung[6] vom 7. Mai besonders herausgestellt, wobei vor allem der Beitrag von Bischof Dr. Rudolf Graber[7] zu diesem Thema große Beachtung fand. Die wichtigsten Passagen daraus sollen hier zitiert werden. Nach einem kurzen Rückblick auf die Entstehung des Festes schrieb der Bischof:

> „Es ist etwas Großes um die Schutzherrschaft Mariens […] Wer weiß, ob es nicht der Schutzmantel Mariens war, der 1919 ein Übergreifen der Münchner Räteherrschaft auf ganz Bayern verhinderte, und der auch 1945 den russischen Truppen an der Nord- und Ostgrenze Bayerns Halt gebot? Hätten wir nicht allen Grund, gerade das 50-Jahr-Fest der Patrona Bavariae zu einem großen Dankesfest an unsere Schutzfrau zu gestalten? […] Wenn wir somit das Fest der Patronin Bayerns zum Anlass nehmen, dieses Schutz- und Treueverhältnis zu neuem Leben zu erwecken, so soll uns dazu nicht allein der Rückblick in die Vergangenheit ermuntern, sondern vor allem der Ausblick in die Zukunft […] Ist es nicht eigentümlich, dass das Fest Patrona Bavariae ursprünglich am 14. Mai 1917 zum ersten Male gefeiert werden sollte, also genau einen Tag nach jenem bedeutungsvollen 13. Mai 1917, an dem der für Bayern bestimmte Nuntius Pacelli[8] in Rom die Bischofs-

5 Altöttinger Liebfrauenbote Nr. 20 und Nr. 21 / 1967; der Mitarbeiterin in der Redaktion, Frau Roswitha Dorfner, sei an dieser Stelle für die rasche Übermittlung von Kopien herzlich gedankt.

6 Regensburger Bistumsblatt Nr. 19 / 7. Mai 1967, 2–4.

7 Dr. Rudolf Graber (1903–1992), von 1962 bis 1982 Bischof von Regensburg; vgl. Emmeram H. Ritter, Berufen und auserwählt, Zum Gedenken an Bischof Dr. theol., Dr. h. c. Rudolf Graber, Regensburg 1992.

8 Eugenio Pacelli (1876–1958), als Nuntius ab 1917 in München, ab 1925 in Berlin, ab 1930 Kardinalstaatssekretär unter Papst Pius XI., 1939 zum Papst gewählt: Pius XII.

> weihe empfing und an dem, wie sich erst später herausstellte, die allerseligste Jungfrau zu Fatima drei Hirtenkindern erschienen war? […] Die Bußgesinnung, die Maria in Fatima verlangt hat, ist auch für uns die Vorbedingung ihres mütterlichen Schutzes.“

Soweit der Regensburger Oberhirte, der an der Jubiläumsfeier in Altötting selbst nicht teilnahm.

Unter dem Titel „Ein großer Tag in Altötting“ berichtete der „Liebfrauenbote“ in seiner Pfingstausgabe ausführlich über den Verlauf der Feier, an der rund 20 000 Pilger, an ihrer Spitze der Passauer Oberhirte, Bischof Dr. Simon Konrad Landersdorfer,[9] und sein Koadjutor, Bischofsvikar Dr. Antonius Hofmann,[10] teilnahmen. Unter den Pilgern befand sich aber auch der bayerische Ministerpräsident Alfons Goppel[11] mit seiner Gattin.

Ein Kommentator schildert eindrucksvoll die Atmosphäre an jenen Pfingsttagen, wenn er schreibt:

> „Es war ein Erlebnis, Altötting an diesem Jubiläum der Patrona Bavariae zu sehen. Die organisierten Pilgerzüge fehlten fast völlig. Jeder, der kam, so könnte man sagen, der kam aus persönlichem Entschluss […] Keine Autorität erhob ihre Stimme, kein Pilgerbüro warb für die Fahrt […] Die sehr starke Beteiligung der Jugend war ein besonderes Charakteristikum des Altöttinger Patrona Bavariae-Jubiläums.“[12]

Die Jugendlichen waren es auch, die bei der abendlichen Lichterprozession, als ein Frühlingsgewitter über den Ort niederging, tapfer ihre Fahnen durch Wind und Wetter trugen und singend und betend

9 Simon Konrad Landersdorfer OSB (1880–1971), von 1936 bis 1968 Bischof von Passau.

10 Dr. Antonius Hofmann (1909–2000), von 1968 bis 1984 Bischof von Passau.

11 Dr. h.c. Alfons Goppel (1905–1991), von 1962 bis 1978 bayerischer Ministerpräsident.

12 Altöttinger Liebfrauenbote Nr. 20/1967.

zum Kapellplatz zogen, an ihrer Spitze wieder Ministerpräsident Goppel. In einer kurzen Ansprache würdigte er den bayerischen Kurfürsten Maximilian I. als einen Mann, der in Zeiten der Verwirrung die christliche Ordnung erstrebte, der das Bild der Patrona Bavariae an die Fassade seiner Residenz und auf den Platz mitten in der Stadt München stellte. Als väterlichen Freund seines Volkes kennzeichnete der Ministerpräsident den König von Bayern, Ludwig III., der in der Hunger- und Notzeit des Ersten Weltkrieges vom Papst die Dekretierung des Festes der Schutzfrau Bayerns erwirkte. Als Bruder unter Brüdern stehe er jetzt am Abend vor der Altöttinger Gnadenkapelle, dem ältesten Heiligtum des Bayernlandes, um die Schutzfrau Bayerns zu ehren und gemeinsam mit den Tausenden aus allen Bereichen des Landes die Sorgen des Volkes und all seine eigenen Sorgen in ihre Hände zu legen. Immer seien wir Menschen auf dieser Erde Gejagte und Preisgegebene. Immer seien wir gehalten, uns an der Wahrheit zu orientieren, wenn wir in einer Ordnung der Gerechtigkeit und der Freiheit leben wollen. Und immer fühlten wir uns in diesem Streben auf das Wort Marias verwiesen: „Was Er euch sagt, das tut!“ (Joh 2,5) Mit dem Segen und mit dem Tedeum fand die abendliche Feierstunde ihren Abschluss.

Am Morgen darauf, es war ein strahlend schöner Tag, wurde das Gnadenbild von der hl. Kapelle zur Basilika getragen, in der sich inzwischen rund 8000 Menschen versammelt hatten, um am feierlichen Pontifikalamt mit dem Passauer Bischof Simon Konrad Landersdorfer teilzunehmen. Der Guardian des Kapuzinerklosters St. Konrad, P. Engelbert, hielt die Festpredigt, in der er die Hilfe Mariens, die das Land Bayern und sein Volk im Lauf der Geschichte immer wieder erfahren habe, dankbar würdigte. Es habe eine tiefe Bedeutung, wenn der Papst vor 50 Jahren – im Jahr von Fatima und im Jahr des Beginns der kommunistischen Weltrevolution – die Gottesmutter zur Schutzfrau Bayerns erklärt habe. Das bayerische Volk werde auch weiterhin seine historische Aufgabe erfüllen, wenn es dem Dreifaltigen Gott, wenn es dem eingeborenen Gottessohn Jesus Christus und seiner Mutter Maria die Treue halte. Die Berichterstattung im „Altöttinger Liebfrauenbote“ schließt mit den Worten: „Das Patrona-Bavariae-Jubiläum war die Krönung der ersten Maiwoche, die Altötting Pilgertage von überwältigender Dichte und Schönheit gebracht hatte.“

60 Jahre Fest Patrona Bavariae am 8. Mai 1977 in Altötting

Es war nicht zu eruieren, warum gerade das goldene Jubiläum des Hochfestes Patrona Bavariae nicht in München an der Mariensäule, sondern in Altötting stattfand. Vermutlich waren Baumaßnahmen die Ursache. Am 27. November 1967 wurde nämlich die Statue von der Mariensäule abgenommen und in die Frauenkirche übertragen, während das Säulenmonument mit Rücksicht auf den U-Bahn-Bau abgetragen werden musste und erst 1970 wieder errichtet werden konnte.[13] Obwohl bei der Planung für das diamantene Jubiläum zunächst München vorgesehen war, traten auch hier wieder Umstände ein, die es geraten sein ließen, die Feiern nach Altötting zu verlegen.

In seiner gründlichen Dokumentation dieses 60-jährigen Jubiläums[14] beschreibt der Autor und Hauptorganisator der Feier, wie es unter dem Protektorat des Regensburger Bischofs, Dr. Rudolf Gra-

13 Vgl. Emmeram H. Ritter, Unter Deinen Schutz und Schirm, Regensburg 1984. – In einer chronologischen Übersicht weist der Verfasser auf einzelne Stationen in der Geschichte der Mariensäule hin. So wurde z. B. 1942 die Statue wegen zunehmender Luftangriffe auf München von der Säule abgenommen und in die Kapelle unter dem Südturm der Frauenkirche gebracht, wo sich jeden Samstag die Münchner Pfarreien abwechselnd zum Rosenkranzgebet für den Frieden trafen. Am 18. November 1945 kehrte die Statue wieder auf die Säule, die den Krieg überdauert hatte, zurück. Sowohl bei der 40-Jahr-Feier des Festes Patrona Bavariae als auch beim Eucharistischen Kongress 1960 in München fanden hier große Feiern statt. Nach dem U-Bahn-Bau konnte das Säulenmonument erst 1970 wieder aufgestellt werden und wurde am 8. Dezember von Kardinal Julius Döpfner feierlich eingeweiht.

14 Vgl. Emmeram H. Ritter, 60 Jahre Fest Patrona Bavariae 1917–1977. Dokumentation: Bayerische Sternwallfahrt nach Altötting am 8. Mai 1977, Regensburg 1977, 37–50.

ber, und im Zusammenwirken mit der „Actio Mariae“[15] zu den ersten Besprechungen und Pressemeldungen kam. Alles ließ sich zunächst gut an. Die Presseaussendungen fanden ein erstaunliches Echo und Weihbischof Ernst Tewes, zu dieser Zeit Kapitelvikar der Erzdiözese München und Freising,[16] gab im Januar 1977 seine Zustimmung zu den geplanten Feiern in der Frauenkirche und am Marienplatz, die für Samstag, den 7. Mai vorgesehen waren. Dieser Termin war auch bei den Einladungen an verschiedene Persönlichkeiten und Verbände genannt worden, als sich bei der entscheidenden Sitzung am 7. Februar in München herausstellte, dass Weihbischof Tewes seine Zustimmung zurückzog, da man in nächster Zeit mit der Ernennung eines neues Erzbischofs rechne und er dessen Entscheidungen nicht vorgreifen wollte.[17]

Für die Organisatoren bedeutete dies eine große logistische Herausforderung. Ein neuer, möglichst zeitnaher Termin, ein neuer Ort musste gefunden und das Programm darauf abgestimmt werden. Man nahm sofort Kontakt mit Bischof Dr. Graber auf, der ja für die Feier in München bereits zugesagt hatte. Er schlug nun als Termin den 8. Mai und Altötting vor. Dort freute man sich – vielleicht auch im Gedenken an die Feier vor 10 Jahren – und bot jede nur mögliche Hilfe an.

15 Vgl. Adolfine Treiber, Marianische Aktivitäten, in: Dienen in Liebe. Rudolf Graber, Bischof von Regensburg, Regensburg 1982, 417–419. – Unter dem Begriff „Actio Mariae“ verstand man den losen Zusammenschluss verschiedener marianischer Gruppen aus Bayern, Österreich, Südtirol und dem Elsass unter dem Protektorat von Bischof Dr. Graber. Zwischen 1974 und 1982 kam es jährlich zu größeren gemeinsamen Aktionen.

16 Ernst Tewes (1908–1998), von 1963 bis 1984 Weihbischof im Erzbistum München und Freising. Nach dem Tod von Kardinal Döpfner am 24. Juli 1976 wirkte er bis zur Bischofsweihe von Prof. Dr. Joseph Ratzinger am Pfingstsamstag 1977 als Kapitelvikar.

17 Joseph Ratzinger (*1927, Priesterweihe 1951, ab 1957 Professor für Dogmatik in Freising, später in Bonn, Münster, Tübingen und Regensburg, am 25. März 1977 zum Erzbischof von München und Freising ernannt, 1982 Kurienkardinal und Präfekt der Römischen Glaubenskongregation, 2005 Wahl zum Papst: Benedikt XVI.).

Bei der am 12. März 1977 in Altötting stattfindenden Besprechung nahmen alle maßgeblichen Persönlichkeiten des Wallfahrtsortes teil und einigten sich rasch bezüglich Programmablauf und Aufgabenverteilung. In den wenigen Wochen bis zum neuen Termin – der 8. Mai war übrigens auch der Muttertag – mussten neue Plakate und entsprechendes Informationsmaterial für die einzelnen Verbände gedruckt und die Einladungen an verschiedene Persönlichkeiten neu versandt werden. Die Schriftleitung des „Bote von Fatima", zu dieser Zeit auch überregionales Organ der „Actio Mariae", hatte wirklich alle Hände voll zu tun.[18] In der Aprilausgabe dieser Monatsschrift erschien schließlich eine ganzseitige Ankündigung unter dem Titel: 60 Jahre Fest Patrona Bavariae. Bayerische Sternwallfahrt am Sonntag, den 8. Mai 1977 nach Altötting.[19]

Nachdem bereits die Zusage vom Chef des Hauses Wittelsbach, dass ein Mitglied der Familie an der Feier teilnehmen werde, vorlag, kam es nach schwierigen Verhandlungen mit der Bayerischen Staatskanzlei am 15. April doch noch zu einer Zusage von Ministerpräsident Goppel, der bei der Kundgebung am Nachmittag die Festrede halten sollte. Daraufhin stellten sich ein großer Teil der Kirchenpresse, aber auch einige Tageszeitungen überaus positiv in den Dienst der Sache. Auch die einzelnen Verbände – unter ihnen vor allem der Katholikenrat der Region München – entwickelten eine erstaunliche Werbestrategie. Am 28. April erreichte Bischof Dr. Graber das erbetene Grußwort von Papst Paul VI. und am 3. Mai traf auch die Grußbotschaft von Herzog Albrecht, dem Chef des Hauses Wittelsbach, ein. In den letzten Apriltagen waren von der Schriftleitung noch 700 Einladungen an Persönlichkeiten versandt worden, von denen man annehmen konnte, dass ihnen die Feier in Altötting ein Anliegen sei.[20]

18 Von 1973 bis 1999 wirkten Emmeram H. Ritter und Dr. Adolfine Treiber als Schriftleiter des „Bote von Fatima".

19 Vgl. Bote von Fatima vom 13. April 1977, 40.

20 Vgl. Emmeram H. Ritter, 60 Jahre Fest Patrona Bavariae 1917–1977 (Anm. 14), 53.

Die Feier am 8. Mai – es war zunächst ein kühler Tag, was sich für die tausenden Teilnehmer am Kapellplatz, wo man einen Freialtar errichtet hatte, eher günstig auswirkte – begann um 10 Uhr mit dem Pontifikalgottesdienst, den Bischof Dr. Rudolf Graber in Konzelebration mit dem Regensburger Weihbischof Vinzenz Guggenberger, dem Abt des Benediktinerklosters Weltenburg, Dr. Thomas Niggl, und zahlreichen Priestern feierte. In seiner Predigt, die er unter das Thema „Wer kann Bayern von Maria trennen?"[21] gestellt hatte, ging Bischof Dr. Graber ausführlich auf die Geschichte des Festes und auf den Zusammenhang mit den Ereignissen in Fatima ein. Geradezu prophetisch wirkt jene Passage, die vor 40 Jahren wie für unsere Zeit gesprochen wurde: „Mir scheint", sagte der Bischof,

> „es ist von höchster Bedeutung, dass den Seherkindern von Fatima bei der letzten Erscheinung am 13. Oktober 1917 nach dem Sonnenwunder die heilige Familie erschien, die die Welt mit dem Kreuzzeichen segnete. Ist das nicht vielleicht ein Hinweis, dass es in der Zukunft der Kirche mehr als bisher auf die Familie ankommt? In der Sendung des Bayerischen Rundfunks vom Weißen Sonntag habe ich im Anschluss an das Konzil und einer Reihe von Äußerungen des Heiligen Vaters den Ausdruck ‚Hauskirche' umschrieben, mit dem Konzil und Papst der totalen Verweltlichung der christlichen Familie entgegentreten und sie zum Aufbauelement einer neuen christlichen Gesellschaft machen wollen. Es wird uns immer klarer, dass die Pfarrkirche am Ort allein nicht genügt, wenn nicht jede Familie selber eine kleine Kirche bildet, in der gemeinsam gebetet wird, in der die Eltern, wie es das Konzil verlangt, als erste Glaubensboten ihrer Kinder tätig sind und in der die Opfer, die ja nie ausbleiben, geistig mit dem Opfer Christi auf den Altären der Gotteshäuser verbunden werden […] Wäre das nicht die schönste Frucht dieser Jubelfeier, wenn alle Eltern und Kinder von hier nach Hause gingen mit dem festen Vorsatz: Ich will mich und mein Haus dem Herrn weihen. Und wäre das nicht die eigentliche Entsprechung des heutigen Festes von Maria der

21 Dokumentiert in: Bote von Fatima vom 13. Juni 1977, 59–63.

Patronin Bayerns: Wenn die große Gemeinschaft des Landes sich der Mutter des Herrn anheimgibt, ist es nicht selbstverständlich, dass auch die kleine Gemeinschaft der Familie sich der Mutter Gottes anvertraut und sich unter ihrem Schutzmantel birgt?“

Im Anschluss an den Gottesdienst verlas Bischof Dr. Graber das Grußtelegramm des Heiligen Vaters, Papst Paul VI., das dieser entgegen der sonst üblichen Praxis persönlich gezeichnet hatte. Es lautet:

„Verbunden in der Verehrung und Liebe zur heiligsten Mutter unseres göttlichen Erlösers und der Kirche grüßen wir von Herzen alle zur Jubiläumsfeier der Schutzpatronin Bayerns im Marienheiligtum von Altötting versammelten Gläubigen. Wir empfehlen Sie und Ihre Heimat dem mächtigen Schutz der Gottesmutter und erflehen auf deren Fürsprache für Volk und Land Gottes besonderen Gnadenbeistand für treue Bewahrung des überkommenen christlichen Erbes und ein mutiges Glaubenszeugnis zu Christus und seiner Heiligen Kirche. Als dessen Unterpfand erteilen wir den an diesem Gnadenort anwesenden Pilgern und ihren Familien in der Liebe Christi den erbetenen Apostolischen Segen!“[22]

Bischof Dr. Rudolf Graber verliest das Grußtelegramm von Papst Paul VI. Unter den Festgästen befinden sich (v. l. n. r.) Mitglieder des Hauses Wittelsbach, Ministerpräsident Dr. Alfons Goppel und Persönlichkeiten des öffentlichen Lebens. (Bildarchiv Institutum Marianum Regensburg)

22 Vgl. Bote von Fatima vom 13. Juni 1977, 63.

Bei der großen Kundgebung am Nachmittag – es herrschte inzwischen strahlendes Wetter – verlas Bischof Rudolf noch einmal das Grußtelegramm des Heiligen Vaters und anschließend auch das Danktelegramm, das er im Namen aller Anwesenden an Papst Paul VI. richtete:

„Eure Heiligkeit! Die 12 000 in Altötting, dem Herzen Bayerns, anlässlich der 60-Jahrfeier der Patrona Bavariae versammelten Gläubigen danken Eurer Heiligkeit innig für das Grußwort und den Apostolischen Segen. Sie versprechen Eurer Heiligkeit unwandelbare Treue zur heiligen Mutter Kirche und deren Oberhaupt. Im Namen der Anwesenden, des Bayerischen Ministerpräsidenten, der Bischöfe und Priester sowie der Gläubigen, Bischof Rudolf Graber, Regensburg."[23]

Um 14 Uhr wurde gemeinsam der Rosenkranz gebetet. Zwischen den Gesätzen sprachen die Mitglieder des Aktionskomitees Fürbitten.[24] Danach folgten Grußworte des Stiftspropstes und des Bürgermeisters von Altötting sowie weiterer Persönlichkeiten. Zuletzt verlas Bischof Dr. Graber die Grußbotschaft von Herzog Albrecht von Bayern, der aus gesundheitlichen Gründen an der Teilnahme verhindert war, sich aber durch Prinz Rasso, den Urenkel von König Ludwig III., vertreten ließ. Der Text lautet:

„Ich übermittle auch im Namen meines Hauses allen Teilnehmern an der Sternwallfahrt nach Altötting zum 60jährigen Jubiläum des Festes Patrona Bavariae in enger Verbundenheit meine besten Grüße. Als mitten im 30jährigen Krieg, in der Zeit höchster Not, Kurfürst Maximilian I. von Bayern 1638 auf dem Münchner Marienplatz die Mariensäule errichten und weihen ließ, wollte er damit ganz bewusst sein bayerisches Land unter den Schutz dieser mächtigen Mutter stellen: Jungfrau Maria, erhalte deinen Bayern die Sach' und den Herrn, die Ordnung, das Land und den

23 Vgl. Emmeram H. Ritter, 60 Jahre Fest Patrona Bavariae 1917–1977 (Anm. 14), 97.

> Glauben! – so war damals sein Gebet. Im Jahr 1916, wiederum in höchster Kriegsnot, wandten sich König Ludwig III. und die Königin Maria Theresia an Papst Benedikt XV. und erbaten die päpstliche Bestätigung des Titels ‚Maria Schutzfrau Bayerns' sowie die Einführung des Festes zu Ehren der Patrona Bavariae, das dann erstmals im Jahr 1917 feierlich begangen wurde. Dies geschah wiederum in dem innigen und kindlichen Vertrauen zur Gottesmutter, dessen sich auch ein Herrscher des 20. Jahrhunderts nicht zu schämen brauchte, das ihn vielmehr ehrt und auszeichnet. Seit 60 Jahren wird nun dieses Fest im ganzen Bayernland feierlich begangen. Das Jubiläum in Altötting sei ein Zeichen der Freude und der Dankbarkeit gegenüber der Schutzfrau Bayerns, aber auch Ausdruck vertiefter Hingabe und unerschütterlichen Vertrauens, dass diese unsere Fürsprecherin am himmlischen Thron unser Volk auch in den Wirrnissen der Gegenwart nicht verlassen wird. Diese Tradition bayerischer Marienverehrung soll im Hause Wittelsbach und in unserem ganzen Volk erhalten bleiben und ich erbitte für den heutigen Tag allen Teilnehmern an der Jubiläumsfeier die Kraft eines ungebrochenen Glaubens und das Glück einer frohen Geborgenheit im Schutz der himmlischen Landesmutter."[24]

Nach diesen bewegenden Worten, die von den Pilgern mit großem Beifall aufgenommen wurden, folgte die eindrucksvolle Festansprache des bayerischen Ministerpräsidenten Dr. h. c. Alfons Goppel,[25] aus der nur die folgende Stelle zitiert sei:

> „Ich habe mich gefreut, dass der derzeitige Chef des Hauses Wittelsbach in seinem Grußwort geschrieben hat, dass es auch einem Herrscher des 20. Jahrhunderts gut angestanden habe, sich betend der Schutzfrau – der Patrona Bavariae anzubieten. Das, meine lieben Landsleute, das ist das Kennzeichen dafür, dass wir alle in dieser großen Auseinandersetzung, bei aller Liberalität, bei

24 Ebd., 115.
25 Vgl. ebd., 118–124.

aller großen naturwissenschaftlichen Erkenntnis immer wieder an die Grenzen stoßen, wo wir mit unserem Tun, wo wir mit unserem Herzen, wo wir mit unserer Gesinnung gefordert sind. Da ist keine Weltformel, da hilft nicht, dass wir Atome spalten und vielleicht morgen wieder fusionieren können. Über all diesen naturwissenschaftlichen Errungenschaften gehen unsere Herzen an Hunger zugrunde. Darum lasst uns gerade in dieser Zeit zur Frau und Mutter kommen."

Zur Freude der vielen teilnehmenden Frauen dankte ihnen der Ministerpräsident an dieser Stelle und erbat für sie den Schutz der Gottesmutter an diesem Muttertag.

Dem Ortsordinarius und Passauer Bischof, Dr. Antonius Hofmann, oblag es, ein Wort des Dankes zu sprechen, das ihn in großer Herzlichkeit die rechten Worte finden ließ.[26] Nach den Bittrufen zu Maria, der Patronin Bayerns, beteten Bischöfe, Priester, die Vertreter des Hauses Wittelsbach, der Ministerpräsident und alle Anwesenden das feierliche „Mariengelöbnis", durch das Land und Volk erneut dem Schutz der Gottesmutter anempfohlen wurden. Nach dem Segen mit dem Altöttinger Gnadenbild wurde gemeinsam die Bayernhymne gesungen. Sowohl im Bayerischen Rundfunk als auch in zahlreichen Presseorganen wurde über die Feier durchaus positiv berichtet. In der in Straubing erscheinenden überregionalen Tageszeitung „Donau-Post" erschienen sogar in mehreren Ausgaben Kommentare. Außerdem druckte diese Zeitung als einziges Organ die Predigt von Bischof Graber in vollem Wortlaut ab.[27]

Vorbereitung auf das 100-jährige Jubiläum des Hochfestes Patrona Bavariae

Die Pietas Bavarica, wie sie in den geschilderten Feiern zum Ausdruck kam, ist noch immer ein bestimmender Wesenszug großer

26 Vgl. ebd., 125.
27 Vgl. ebd., 131.

Teile des bayerischen Volkes. Darauf vertrauten auch die Bischöfe der sieben bayerischen Diözesen, als sie 2011 bei ihrer Frühjahrsvollversammlung den Beschluss fassten, zur Vorbereitung auf die Hundertjahrfeier nacheinander in den einzelnen Diözesen jeweils im Mai eine gemeinsame Wallfahrt zu veranstalten. Damit starteten sie unter dem Motto „Mit Maria auf dem Weg“ eine Gebetsinitiative, die 2011 in Altötting ihren Anfang nahm. 2012 versammelten sich die Gläubigen in Vierzehnheiligen (Bistum Bamberg) und 2013 folgte die Wallfahrt auf den Bogenberg (Bistum Regensburg). Unter dem Motto „Mit Maria voll Hoffnung leben“ fanden sich hier ca. 8000 Pilger ein, um gemeinsam mit allen bayerischen Bischöfen den Schutz der Gottesmutter zu erbitten und die Weihe an die Patronin Bayerns zu erneuern. Im Jahr darauf erfolgte die Einladung in die Wallfahrtskirche Maria im Grünen Tal in Retzbach (Bistum Würzburg). 2015 stand die Feier im Augsburger Dom, der ja der Patrona Bavariae geweiht ist, unter dem Motto „Mit Maria auf dem Weg – ein JA, das befreit“. Besonders eindrucksvoll gestaltete sich die Wallfahrt 2016 auch im Bistum Eichstätt, wo sich auf dem Residenzplatz zu Füßen der Mariensäule an die 4000 Gläubige versammelt hatten. Kardinal Reinhard Marx rief in seiner Predigt zum aktiven Glaubenszeugnis auf und sprach die Einladung nach München aus, wo 2017 die große Jubiläumsfeier stattfinden wird.[28]

Der jetzige Chef des Hauses Wittelsbach, Herzog Franz von Bayern, der an der Wallfahrt in Eichstätt teilnahm, antwortete auf die Frage von Journalisten: „Wir feiern kein Ereignis von vor hundert Jahren. Diese Zusage, unter dem Schutz Marias zu leben, gilt noch wie am ersten Tag.“[29] Möge diese Glaubensüberzeugung, die aus den Worten von Herzog Franz von Bayern spricht, auch die Menschen bei der Feier im kommenden Mai in München erfüllen, damit sie mit Mut und Entschlossenheit für ihren Glauben eintreten und, wie Maria, die frohe Botschaft weitergeben.

28 Vgl. Wallfahrt der bayerischen Bistümer, hg. vom Bischöflichen Seelsorgeamt Regensburg 2013.

29 Vgl. Adolfine Treiber, Mit Maria auf dem Weg – durch alle bayerischen Bistümer, in: Bote von Fatima, Juli 2016, 72.

Maria und Massenmedien

Die sechs diözesanen Wallfahrten auf dem Weg zur 100-Jahr-Feier der Patrona Bavariae im Spiegel der Berichterstattung

Veit Neumann

1. Einführung

Zur Vorbereitung der bayerischen Diözesen auf die 100-Jahr-Feier des Festes „Patrona Bavariae" erklärte die Pressestelle der Freisinger Bischofskonferenz:

> „Im Jahr 1917 wurde von Papst Benedikt XV. der 1. Mai das (sic!) das Fest Patrona Bavariae als Festtag der Muttergottes in Bayern eingeführt. Die bayerischen Bischöfe haben beschlossen, in Vorbereitung auf die 100-Jahrfeier bis dahin jedes Jahr am Festtag in einer der bayerischen (Erz)Diözesen zusammen zu kommen, um gemeinsam den Schutz der Gottesmutter für die Kirche zu erbitten und die Weihe der Bistümer an die Gottesmutter zu erneuern."[1]

Wie wurden diese Zusammenkünfte bisher, also die Wallfahrten, die seit 2011 (erstmals nach Altötting) bis 2016 (letztmals nach Eichstätt) stattgefunden haben, in der Öffentlichkeit wahrgenommen?

1 Pressestelle der Freisinger Bischofskonferenz, Pressemitteilung, Erklärung der Freisinger Bischofskonferenz. Herbstvollversammlung der bayerischen Bischöfe in Freising am 10. und 11. November 2010, 2 („6. Patrona Bavariae").

Absicht und Vorbereitung (Möglichkeit zur Anmeldung) sowie Durchführung der Wallfahrten wurden in den öffentlichen Raum hinein kommuniziert. Während der Wallfahrten ereignet sich kirchliche Verkündigung. Ihre Wirkung wird u. a. durch die Differenz (mit-)bestimmt, wonach säkulare Massenmedien keine Instrumente der Verkündigung sind, sie aber in den öffentlichen Raum transportieren.[2] Bei diesem Transport ist die Verkündigung den Gesetzmäßigkeiten der Massenmedien unterworfen. Die konkrete Einpassung von Glaubensinhalten in Bild und Text (hier im Blick) zeigt die Entscheidungen der bearbeitenden Journalisten: Was kann gemäß ihren redaktionellen Routinen an Inhalten veröffentlicht werden und was ist aus ihrer Sicht und dahinter aus Sicht der Verlagsverantwortlichen mitteilenswert? Die in Bild und Text konstruierte Realität beeinflusst die Entwicklung des Glaubens bei seinen Trägern und seine Weitergabe von Person zu Person. Die folgende Untersuchung befasst sich mit der Wiedergabe religiöser Überzeugungen in Form und Ausrichtung hauptsächlich in säkularen Massenmedien. Sie ermöglicht Hinweise darauf, wie die Wirkung kirchlicher Verkündigung durch die Konfektionierung in Massenmedien disponiert ist. Sie kann Einblicke geben, ob und wie die intendierte Botschaft für Zeitungsleser und -leserinnen transformiert wird und welche formalen oder inhaltlichen Anknüpfungspunkte in Texten (Berichten und anderen Textformaten) gemäß journalistischer Routine gewählt werden, um sie dem Selbstverständnis des Massenmediums entsprechend veröffentlichen zu können. Somit werden Inhalte der Verkündigung neu präsentiert, was auf teilweise anders geartete Interessen der Verlage schließen lässt. Es gibt aber auch Schnittmengen, die gemeinsame Interessen – der Verantwortlichen der Medienhäuser wie auch der Verantwortlichen der kirchlichen Verkündigung – offenbaren. In diesen Schnittmengen zeigt sich, wie Inhalte der Verkündigung heute

2 Elisabeth Noelle-Neumann / Winfried Schulz / Jürgen Wilke (Hg.), Fischer Lexikon Publizistik Massenkommunikation, Frankfurt a. M. 1994, 417: „Die Presse ist das älteste publizistische *Massenmedium*.“ Ebd., 380: „Die Massenmedien sind definitionsgemäß Öffentlichkeit und demonstrieren […], was man in der Öffentlichkeit zeigen darf oder zeigen muß.“

in die Öffentlichkeit vermittelt werden können. Die Inhalte betreffen theologische Aussagen über Maria.

Wenn auch jeweils unterschiedlich formuliert, haben die Abteilungen bzw. Pressestellen der sechs (erz-)bischöflichen Ordinariate in Bayern den Auftrag, Öffentlichkeitsarbeit im Sinne der Kirche zu leisten, indem sie mit Medien kooperieren und sie beeinflussen.[3] Es ist ein normaler Vorgang, dass sich Redaktionen, die gemäß journalistischem Selbstverständnis arbeiten, von Öffentlichkeitsarbeit beeinflussen lassen. Dies geschieht häufig durch die Übernahme von Daten, Texten und Informationen. Für den vorliegenden Beitrag haben diese Abteilungen bzw. Pressestellen der Ordinariate ihre Sammlungen der veröffentlichten Berichte zu den Wallfahrten aus Printmedien zur Verfügung gestellt bzw., in einem Fall, bei der Rekonstruktion der Berichterstattung beratend mitgewirkt. Die sechs Sammlungen sind möglichst umfassend. Ein Anspruch auf Vollständigkeit kann nicht erhoben werden. Unter den Texten[4] finden sich die journalistischen Formen der Meldung, der Ankündigung, des Informationskastens, des Berichts, des angefeatureten Berichts, des Features und der Reportage. Die Presseauswertung durch Pressestellen bzw. Medienabteilungen ist professionell, routiniert und profund erfolgt. Da sie jeweils dokumentiert, inwieweit es gelungen ist, eigene Inhalte in der Öffentlichkeit zu platzieren, darf dahinter ein gewisses Eigeninteresse der Verantwortlichen angenommen werden, die Legitimität der Institution zu untermauern. Der Bestand der Texte geht deutlich über eine repräsentative Auswahl an Berichten hinaus. Im vorliegenden Beitrag geht es nicht um eine inhaltsanalytische

3 Die Pressestelle im Erzbischöflichen Ordinariat in München wurde nicht angefragt, da die zentrale Feier in der bayerischen Landeshauptstadt am 13. Mai 2017 und somit nach Drucklegung des Beitrags stattfindet.

4 Das Wort „Bericht“ ist gleichzeitig Oberbegriff – bezeichnet also jeden Text welcher journalistischen Darstellungsform auch immer, der Nachrichten oder überhaupt Informationen zu den Wallfahrtsereignissen liefert – sowie spezifischer Begriff für die Textgattung, die nach journalistischen Gesetzmäßigkeiten Nachrichten in der Reihenfolge ihrer Bedeutung, das Wichtigste zu Beginn, präsentiert.

Auswertung der Textdaten. Vielmehr werden im Sinne der Induktion typische Figuren der Berichterstattung herausgearbeitet.[5]

Untersucht wird im Folgenden, welche Printmedien über die sechs Ereignisse berichtet haben und wie sie berichtet haben. Dabei werden Schwerpunktsetzungen durch die diözesan Verantwortlichen oder durch die Medien oder durch beide Akteure betrachtet, die der Berichterstattung über die je einzelne Wallfahrt ein besonderes Gepräge geben. Aus der medialen Konstruktion bei der Berichterstattung über ein Einzelereignis ergibt sich jeweils ein Gesamtbild in der Öffentlichkeit, das von den anderen „veröffentlichten Bildern" weitgehend unabhängig ist. Der Blick auf alle sechs Bilder erlaubt die Einschätzung, welche Stellung ein Gesamtprojekt vorbereitender und doch regional bzw. diözesan selbständig organisierter Wallfahrten, wie es die Freisinger Bischofskonferenz 2010 beschlossen hat, als Teil der kirchlichen Verkündigung im Raum der Öffentlichkeit heute einnehmen kann.

2. Die Printberichterstattung über die sechs vorbereitenden Wallfahrten

a) Altötting

Das erste Treffen fand am 7. Mai 2011 in Altötting in der Diözese Passau statt. Was die Berichte betrifft, so sind vier Merkmale festzustellen: Erstens geschieht hier die Übertragung der Informationen insbesondere und vorrangig durch die „Passauer Neue Presse" (PNP). Sie erfolgt auf lokaler Ebene („Alt-Neuöttinger Anzeiger") und auf regionaler Ebene (Ausgabe Niederbayern bzw. im Bayern-

5 In einer gewissen Analogie zu den Aussagen von Lamnek und Krell („Die Generalisierung der Ergebnisse soll über das Typische, über Repräsentanz, und nicht über Repräsentativität erreicht werden") soll auch hier vorgegangen werden. Allerdings beziehen sich Lamnek und Krell auf Daten aus qualitativen Interviews. Hier bilden Medienberichte die Quelle der Texte. Vgl. dazu Siegfried Lamnek / Claudia Krell, Qualitative Sozialforschung, Weinheim u. a. [6]2016, 382.

teil der PNP).[6] Das betrifft sowohl die ankündigende wie auch die nachvollziehende Berichterstattung. Sie erfolgt zeitlich gestaffelt; den gezielten Auftakt bildet der Bericht über eine Plakataktion für die Marienweihe, wie denn auch der Titel des Vierspalters im „Alt-Neuöttinger Anzeiger" lautet. Zweitens wird in allen Berichten die Verbindung aus traditioneller Fußwallfahrt und Marienweihe der Diözese von Beginn an deutlich gemacht.[7] Drittens wird in zwei Passagen thematisiert, dass deutlich weniger Teilnehmer gekommen sind als erwartet worden waren.[8] Und viertens wird wiederholt auf

6 Plakataktion für die Marienweihe. Passauer Fußwallfahrt mit neuen Akzenten – 7. Mai: Bayerische Bischöfe in Altötting, in: Alt-Neuöttinger Anzeiger, 5. März 2011; Zu Fuß auf dem Weg zur „Patrona Bavariae". Anmeldung für Altötting-Wallfahrt läuft: 90 Kilometer in zwei Tagen. Diözese setzt neue Akzente – Alle bayerischen Bischöfe kommen, Passauer Neue Presse (PNP), Ausgabe Niederbayern, 11. April 2011. In zeitlicher Nähe erfolgt eine weitere Ankündigung in der PNP: Altötting erwartet Pilgerstrom und Bischofsschar, 10, Bayernteil, 4. Mai 2011. Am 9. Mai finden sich Bild und Text auf der Titelseite der PNP (9. Mai 2011): Tausende feiern Marienweihe in Altötting; der ausführliche Bericht dazu findet sich im Bayernteil, 10: Bistum Passau dem Schutz Mariens anvertraut. Ebenfalls am 9. Mai 2011 erfolgt die weitergehende Berichterstattung im Lokalteil der PNP, im Alt-Neuöttinger Anzeiger: Marienweihe im Licht der Gemeinschaft. Bistum Passau vertraut sich dem Schutz der Gottesmutter an – Zeichen der Verbundenheit – Vorbereitung auf Jubiläum des bayerischen Marienfests.

7 Plakataktion (Anm. 6): „Die Passauer Fußwallfahrt erhält in diesem Jahr besondere Akzente." Zu Fuß auf dem Weg (Anm. 6): „Damit ist die große Eucharistiefeier ein neuer Akzent für die Fußwallfahrt der Diözesanjugend."

8 Bistum Passau dem Schutz Mariens (Anm. 6): „Weil zahlreiche der insgesamt 6000 Fußwallfahrer noch vor Ort blieben [...], war es schließlich eine stattliche Zahl von Gläubigen [...]. Zwar blieb die Resonanz hinter den Erwartungen zurück – man hatte ursprünglich mit 15 000 Besuchern kalkuliert –, doch versammelten sich immerhin rund 8000 Menschen." Dazu auch Marienweihe im Licht (Anm. 6): „Die erwarteten Besucherströme blieben jedoch aus. Erst mit der Ankunft der 6000 Jugendfußwallfahrer aus Passau und Osterhofen füllten sich die Plätze vor dem eigens errichteten Freialtar schlagartig. Trotz zwei anstrengender Tagesmärsche über 90 Kilometer entschieden sich die meisten Wallfahrer an der Marienweihe teilzunehmen und sorgten so doch noch für die erhoffte festliche Stimmung."

die Teilnahme von Mitgliedern des Hauses Wittelsbach an dem Treffen berichtet. Dies wird mit Bedeutung versehen, insofern auf die Initiative dieses Hauses die Begründung des Brauchs der Weihe Bayerns an Maria im Dreißigjährigen Krieg zurückzuführen sei.[9] Vor allem aber erscheint gleich zu Beginn der (ankündigenden) Berichterstattung das Ziel des Treffens: „Die bayerischen Bischöfe wollen ihre Bistümer unter den besonderen Schutz der Gottesmutter Maria, der ‚Patrona Bavariae' stellen. [...] Mit der Marienweihe wollen sich die Bistümer auf das hundertjährige Bestehen des Festtages vorbereiten."[10] Die Berichterstattung erscheint passend abgestimmt: Neues trifft auf Bewährtes, wobei das Neue seinerseits eine bereits im 17. Jahrhundert verwurzelte Tradition ist. Behutsam werden die unterschiedlichen Stränge zusammengeführt und somit Marienverehrung überhaupt in einen einmaligen und neu kombinierten Zusammenhang in Altötting gestellt: Erinnert wird an den Papstbesuch,[11] an den Weltjugendtag,[12] und auch der Zusammenhang der Feiern mit dem 500-Jahr-Jubiläum der Stiftskirche findet mehrmals Erwähnung.[13]

Die Entscheidung, die Treffen zur Vorbereitung des 100-jährigen Jubiläums der Patrona Bavariae in Altötting zu starten, war somit

9 Tausende feiern (Anm. 6), 3. Spalte. Dazu auch Bistum Passau dem Schutz Mariens (Anm. 6): „Unter ihnen waren mit Prinz Christoph von Bayern und seiner Familie auch Vertreter des Haues (sic!) Wittelsbach, das bei der Begründung der Tradition eine wesentliche Rolle gespielt hat. Kurfürst Maximilian war es, der das Bayernland im Dreißigjährigen Krieg unter den besonderen Schutz Mariens stellte."

10 Plakataktion (Anm. 6).

11 Plakataktion (Anm. 6): „Und ein wenig darf man sich von der Stimmung her an den September 2006 erinnern."

12 Zu Fuß auf dem Weg (Anm. 6): „Die Passauer Fußwallfahrt 2011 steht mit Blick auf den Weltjugendtag unter dem Leitwort ‚Back to the roots'."

13 Plakataktion (Anm. 6): Am Sonntag, 8. Mai, um 10 Uhr feiert Bischof Wilhelm Schraml in der Stiftskirche ein Pontifikalamt. Anlass ist das 500-jährige Jubiläum dieses Gotteshauses." Auch in Zu Fuß auf dem Weg (Anm. 6) und Altötting erwartet Pilgerstrom (Anm. 6): „Während die anderen Bischöfe schon abgereist sein werden, wird der Passauer Oberhirte am Sonntag, 8. Mai, noch einmal in Altötting im Einsatz sein."

auch unter medialen Gesichtspunkten günstig: Hier konnte die Initiative angemessen eingeführt bzw. eröffnet werden, da sie mit bisherigen Traditionen verbunden wird. Hier, gleich zu Beginn, scheint der gesamtbayerische[14] Aspekt der Vorbereitungswallfahrten auf. Sogar der materielle Aspekt, wonach sich ein Teil der Vorgänger-Mariensäule aus München in Altötting befindet, leuchtet in der Berichterstattung auf. Dazu heißt es: „Dass ein Originalteil dieser Mariensäule heute im Wallfahrtsort Altötting steht, ist ein schönes Symbol."[15] Den präzisesten und ausführlichsten Einblick nicht nur in das Treffen selbst, was die Detailliertheit der Informationen betrifft, sondern in die Qualität der Berichterstattung sowie die Haltung, die dahintersteht, bietet der lokale Bericht „Marienweihe im Licht der Gemeinschaft". Hier wird kein Bericht mit einer gestaffelten Abfolge von Nachrichten geboten, sondern vielmehr ein namentlich gekennzeichnetes Feature, das verschiedene Perspektiven vereint. Dazu passen auch die Bilder, die anfanghaft an eine Collage erinnern. Auch wenn das Feature zunächst noch in journalistischer Manier auf die geringere Zahl an Besuchern rekurriert, wird dies doch gleich wieder aufgefangen: „[…] und sorgten so doch noch für die erhoffte festliche Stimmung."[16] Bischof Wilhelm Schraml wird wörtlich zitiert: „[…] zeigte sich ‚tief bewegt, dass so viele Pilger aus dem ganzen Bistum und darüber hinaus gekommen sind'. Für dieses ‚großartige Zeugnis des Glaubens' verdienten sie viel Respekt und Anerkennung".[17] Eine erhebliche Passage referiert im Folgenden die Aussagen des Predigers Kardinal Reinhard Marx, der über „drei wesentliche Merkmale der marianischen Frömmigkeit" spricht. Zum Ende des Features erfolgt der aus journalistischer Sicht wenig originelle Satz: „Auch er (Bischof Schraml, d. V.) betonte

14 Das geschieht deutlich akzentuiert: In zwei Berichten ist die Rede von Altötting als dem „bayerischen Nationalheiligtum" (Altötting erwartet Pilgerstrom [Anm. 6]; Bistum Passau dem Schutz Mariens [Anm. 6]).

15 Plakataktion (Anm. 6).

16 Marienweihe im Licht (Anm. 6), 1.–2. Spalte.

17 Marienweihe im Licht (Anm. 6), 2. Spalte.

noch einmal die tiefe Verbundenheit zur Gottesmutter."[18] Dass eine Kopie des Gnadenbildes und nicht das Original bei der Lichterprozession mitgeführt wurde, scheint eher die Journalistin zu stören als die Gläubigen.[19] Abschließend zeigt der Text eine Sympathie der Journalistin für das Geschehen, was nicht mehr allein mit dem Charakter eines Features zu erklären ist, das durch die bunte Kombination von Informationseinheiten um die Aufmerksamkeit des Lesers werben würde, sondern das Genre des journalistischen Textes vielmehr bereits verlässt:

> „Kaum einer blieb bei der Prozession sitzen und so erstrahlte der Kapellplatz, über dem gerade die Sonne untergegangen war, im Licht tausender Kerzen. Bei einem letzten gemeinsamen Lied erreichte die Zeremonie schließlich ihren Höhepunkt, als tausende Stimmen gleichzeitig den Platz erfüllten und so nicht nur die Verbundenheit mit der Gottesmutter zum Ausdruck brachten, sondern auch symbolisch für die Verbundenheit untereinander, für das Gefühl der Gemeinschaft waren."[20]

Die Berichterstattung ist davon geprägt, das neue Format der marianischen Feier, eine Wallfahrt in den bayerischen Diözesen zumal als Auftakt zu den 100-Jahr-Feiern, deren eigentlicher Höhepunkt 2017, also Jahre später stattfinden soll, in die Tradition der Marienverehrung, wie sie in Altötting besteht, zu integrieren. Die Diözese Passau wird als geeignet präsentiert, den Reigen der Feiern zu eröffnen, denn die Tatsache, dass deutlich weniger Gläubige zum Beginn des Wallfahrtsreigens in Bayern kommen, wird durch die Teilnehmer der traditionellen (Jugend-)Fußwallfahrt, die sich in großer Zahl entschließen, zu bleiben, problemlos wettgemacht. Maßgebliche Bestandteile der Berichte sind: Beschreibung des Ursprungs der Wallfahrt, der leicht an Altötting und seine marianischen Traditionen

18 Marienweihe im Licht (Anm. 6), 6. Spalte.

19 Marienweihe im Licht (Anm. 6), 6. Spalte: „Dass es sich dabei lediglich um eine Kopie des Originals handelte, störte die Gläubigen nicht."

20 Marienweihe im Licht (Anm. 6), 6. Spalte.

anknüpfen lässt; Stimmen der Verantwortlichen (Bischof Schraml, Kardinal Marx); Beschreibung des konkreten Ablaufs des Tages in Altötting mit Reportage-Elementen.

b) Vierzehnheiligen

Am 1. Mai 2012 wurde die Feier in der Erzdiözese Bamberg in der Wallfahrtskirche Vierzehnheiligen begangen. Eine umfassende Berichterstattung aus der Umgegend – im nahegelegenen Lichtenfels treffen die Verbreitungsgebiete dreier Regionalzeitungen zusammen – hat dem Vernehmen nach nicht stattgefunden. Das „Heinrichsblatt“, die Kirchenzeitung der Erzdiözese, berichtet kurz zuvor von der Initiative und stützt sich dabei auf einen Vorabbericht aus dem Erzbischöflichen Ordinariat Bamberg.[21] Bevor der Bericht das Programm beschreibt, wird die Initiative in inhaltlicher Hinsicht vorgestellt und begründet, weshalb die marianische Initiative in Vierzehnheiligen stattfinden kann:

> „Die Basilika in Vierzehnheiligen ist zwar bekannt für (sic!) Verehrung des Kindes von Bethlehem und der vierzehn Nothelfer, jedoch ist die Kirche der Gottesmutter geweiht. Das Patrozinium, also die Schutzheilige, der die Kirche geweiht ist, ist Mariä Himmelfahrt (sic!) (15. August).“[22]

Zuvor wird in dem Bericht das Ziel der Initiative erläutert: „Die bayerischen Bischöfe hatten deshalb beschlossen, [...] darum zu bitten (sic!) den Schutz der Gottesmutter für ganz Bayern und für das jeweilige Bistum zu erneuern.“[23] Die Aussendung aus dem Ordinariat wird auch vom „Neuen Wiesentboten. Nachrichten aus der Fränki-

21 Dem Himmel entgegen. Bayerische Bistümer wallfahrten nach Vierzehnheiligen, in: Heinrichsblatt, 29. April 2012 (Nr. 18), 16.

22 Dem Himmel entgegen (Anm. 21).

23 Dem Himmel entgegen (Anm. 21).

schen Schweiz“ bereits am 17. April veröffentlicht.[24] Die Überschrift „Mit Maria – dem Himmel entgegen“ übernimmt das Motto des Bamberger Treffens im Rahmen der vorbereitenden Wallfahrten. Es regionalisiert das übergreifende Leitwort der Initiative („Mit Maria auf dem Weg“). Wenige Tage darauf, am 6. Mai, wurde das 1000-jährige Bamberger Domjubiläum begangen. Dessen Motto lautete „Dem Himmel entgegen – 1000 Jahre Kaiserdom Bamberg“. Auch hier zeigt sich der Wunsch, die Wallfahrt in die Erzdiözese mit ihren Eigenheiten zu integrieren.

c) *Bogenberg*

Am 1. Mai 2013 fand das Treffen auf dem Bogenberg in der Diözese Regensburg statt.[25] Die Regionalzeitung an Ort und Stelle, das „Straubinger Tagblatt“ (Zeitungsgruppe Straubinger Tagblatt/Landshuter Zeitung), berichtet ausführlich über den Tag. Dies geschieht auf mehreren Ebenen: auf lokaler Ebene im „Straubinger Tagblatt“ sowie in der „Chamer Zeitung“ (mit Furth im Wald), auf regionaler Ebene („Chamer Zeitung“: Niederbayern/Oberpfalz) und auf der Titelseite der „Chamer Zeitung“.[26] Die Vielfalt der Artikel, auch

24 http://www.wiesentbote.de/2012/04/17/gemeinsame-wallfahrt-aller-bayerischen-bistuemer-am-1-mai-nach-vierzehnheiligen/ (abgerufen am 7. Januar 2017).

25 Über das Treffen im Jahr zuvor in Vierzehnheiligen berichtete die Bischöfliche Presse- und Medienabteilung Regensburg: http://www.bistum-regensburg.de/news/bayerische-bischoefe-pilgern-ins-oberfraenkische-vierzehnheiligen-am-1-mai-gebet-um-den-schutz-mariens-fuer-das-land-2013-im-bistum-regensburg-2156/ (abgerufen am 7. Januar 2017).

26 „Man kann nicht evangelisieren ohne Maria“, in: Straubinger Tagblatt, 3. Mai 2013; Gipfeltreffen Tausender (sic!) Gläubiger, Straubinger Tagblatt (Landkreis Straubing-Bogen), 3. Mai 2013; „Mit Maria auf dem Weg“. Further und Ränkamer pilgerten zum Bogenberg, Chamer Zeitung (Furth im Wald), 3. Mai 2013; Marx ruft zum Schutz des Lebens auf. Tausende Pilger bei zentraler Marienwallfahrt der bayerischen Diözesen, Chamer Zeitung (Titel), 3. Mai 2013; Die Ehe ist kein „Sonderprogramm der Kirche“. Kardinal Marx setzt sich für Schutz von Ehe, Familie und Leben ein – Riesi-

Pilger, darunter zahlreiche Mitglieder der Marianischen Männer-Kongregationen, auf dem Weg zur Wallfahrtskirche Bogenberg.

Die bayerischen Bischöfe knien vor dem Altar (mit dem Tabernakel) und vor dem Gnadenbild der Madonna.
(Fotos: Bischöfliche Presse- und Medienabteilung Regensburg)

deren zum Teil bemerkenswerte Länge macht die Unterstützung des Treffens im größeren regionalen Umfeld durch die Zeitungsgruppe deutlich. Besonders das Feature „Gipfeltreffen Tausender Gläubiger“ zeigt in der Wortwahl den Duktus der publizistischen Unterstützung des Projekts, hinter der das Verlagshaus angenommen werden darf.[27] Dazu kommt die Beobachtung, dass in der „Chamer Zeitung“ eigens Statements von Politikern publiziert wurden.[28] Ähnlich wie im Fall von Altötting wird auch in der Berichterstattung vom Bogenberg der regionale Aspekt gewürdigt: „‚Aber Bayern ist mehr als München‘, betonte Marx und erntete dafür spontanen Applaus der Zuhörer.“[29]

ger Pilgerstrom, Chamer Zeitung (Niederbayern/Oberpfalz), 3. Mai 2013. Auch der Bayerische Rundfunk (BR) stieg in die Berichterstattung ein (Online-Nachricht vom 1. Mai 2013): „Eine Besonderheit war die Anreise per Schiff. Von Straubing fuhr die ‚Kristallprinzessin‘, von Deggendorf die ‚MS Sissi‘ auf der Donau zum Anlegeplatz unterhalb des Wallfahrtsberges. […] (Quelle: Bistum Regensburg)“. Der Bericht des BR beginnt mit der neutralen sowie eher an der Hierarchie orientierten Überschrift „Alle bayerischen Bischöfe auf dem Bogenberg“, um in diesem Sinne fortzufahren: „Hauptzelebrant des Pontifikalamts war Reinhard Kardinal Marx. Im Anschluss erneuerte der Regensburger Bischof Rudolf Voderholzer die Weihe an der (sic!) Gottesmutter vor dem Gnadenbild […].“

27 Gipfeltreffen (Anm. 26). Im ersten Drittel des Textes tritt die Unterstützung deutlich hervor: Gipfeltreffen, Besucherheerscharen; „Die Heerscharen von Gläubigen, die […] aus allen sieben bayerischen Bistümern […] per Bus, Auto, Fahrrad, Schiff oder zu Fuß gekommen waren, um sich der ‚Patrona Bavariae‘ anzugeloben, übertraf alles Bisherige“; restlos, großartig, Ausnahmezustand, gesteckt voll, wimmelte nur so, alle trugen, nicht enden wollender Strom von Pilgern etc.

28 Außerordentliche Atmosphäre, Chamer Zeitung (Niederbayern/Oberpfalz), 3. Mai 2013: „‚Ich war sehr beeindruckt‘, kommentierte Regierungspräsident Heinz Grundwald […].“ Wunderschönes, bayerisches Gefühl, Chamer Zeitung (Niederbayern/Oberpfalz), 3. Mai 2013: „‚Es war ein wunderschönes, bayerisches Gefühl‘, sagte CSU MdL Philipp Graf von und zu Lerchenfeld, Vorsitzender des Diözesankomitees der Katholiken im Bistum Regensburg.“

29 Man kann nicht evangelisieren (Anm. 26), 2. Spalte. Dazu auch Die Ehe ist kein (Anm. 26): „Mehrfach spendeten ihm Gläubige spontan Applaus, etwa für die Aussage ‚Bayern besteht ja nicht nur aus München‘, mit der er (Kardinal Marx, d. V.) auf die Motivation für die Wallfahrtsreihe durch alle

Am deutlichsten zeigt sich der lokale Aspekt in der Berichterstattung, wenn es in der „Chamer Zeitung“ im Zweispalter „Mit Maria auf dem Weg“ heißt: „Mit dabei waren auch etliche Further, die mit dem Auto angereist waren. […] ‚Wer glaubt, ist nicht allein‘ – davon waren die Teilnehmer an diesem Wallfahrtstag überzeugt.“[30] Auch die „Mittelbayerische Zeitung“ (für Cham Ost) steigt deutlich lokal ein:

> „Besonders gefreut haben sich die Further und Ränkamer Ministranten über die hautnahe Begegnung auf dem Stadtplatz von Bogen mit dem neuen Regensburger Diözesanbischof Rudolf Voderholzer sowie auch mit dem Erzbischof von München und Freising, Kardinal Reinhard Marx. Das war für die Jugendlichen zweifelsohne ein ganz besonderes Erlebnis.“[31]

d) Retzbach

Das folgende Treffen ereignete sich am 17. Mai 2014 in Retzbach im Bistum Würzburg. Die Pressearbeit dafür erscheint erstmals (seit Altötting) als breit angelegte Aktion, die Themen setzt und nach verschiedenen Seiten hin mit Bedacht entfaltet. Bereits im Januar 2014 wird die bayernweite Wallfahrt als ein maßgebliches Thema in einer „Übersicht über die aktuelle Jahresplanung“ des Pilgerbüros der Diözese Würzburg gezeigt, das verbreitet und von der „Main-Post Lohr“

Bistümer verwies.“ Auch Journalist Markus Bauer im „Altöttinger Liebfrauenboten“ (Nr. 19, Mai 2013) verweist in seinem Bericht darauf: „‚Bayern ist mehr als München‘, begann Kardinal Marx unter großem Beifall seine Predigt.“

30 Mit Maria gemeinsam auf dem Weg, Chamer Zeitung, 3. Mai 2013. „Wer glaubt, ist nie allein“ ist der Titel des Liedes, das den Besuch Benedikts XVI. 2006 in Bayern, insbesondere in der Diözese Regensburg begleitete.

31 „Mit Maria auf dem Weg.“ Further und Ränkamer pilgerten zum Bogenberg, Chamer Zeitung, Furth im Wald, 3. Mai 2013.

und von der „Main-Post Bad Kissingen“ aufgegriffen wird.[32] Zwischenzeitlich hat die „Pressestelle Ordinariat Würzburg“ (POW) die Wallfahrt als „Veranstaltung mit besonderem ökumenischen Akzent“ im Interview mit Domvikar Paul Weismantel, dem Beauftragten des Bistums Würzburg für das Jubiläum, vorgestellt.[33] Das „Main-Echo“ nimmt diesen „Akkord“ in ihrem frühen Vorabbericht noch nicht auf,[34] „Die Kitzinger“ gestalten gleich den Beginn ihres ausführlicheren Dreispalters zum Thema mit diesem besonderen inhaltlichen Punkt: „Als Veranstaltung mit besonderem ökumenischen Akzent sieht Domvikar Paul Weismantel die Wallfahrt der bayerischen Bistümer [...]“. Dazu wird die Begründung nachgereicht: „‚Bischof Josef Stangl hat in den 60er Jahren in der Begeisterung des Zweiten Vatikanischen Konzils Retzbach zum Wallfahrtsort für die Einheit der Christen erklärt‘, sagte Weismantel.“[35] Die Veranstaltung sei nicht als Gegenprogramm zum Luther-Gedenkjahr 2017 zu verstehen. Einen ökumenischen Gottesdienst gebe es aber nicht.[36] Indes intensiviert auch die „Main-Post Lohr“ die Berichterstattung. Neben der Erwähnung konkreter Umstände („Weiterhin sorgen die Vereine von Retzbach für genügend Verpflegung sowie ausreichend Toiletten. Sanitäter, Polizei und Feuerwehr unterstützen die Wallfahrtsorganisatoren. Parkplätze [...] stehen ausreichend zur Verfügung“[37]) wird auf die Einmaligkeit, die einen Nachrichtenfaktor besonderer

32 Kleine und große Pilgerwege zu bekannten Wallfahrtszielen. Bayernweite Wallfahrt nach Retzbach im Mai [...], Main-Post Lohr, 17. Januar 2014; Unterwegs auf Pilgerreise mit der Diözese. Bayernweite Wallfahrt nach Retzbach im Mai, Main-Post Bad Kissingen, 18. Januar 2014.

33 Wallfahrt mit ökumenischem Akzent, POW 8,19. Februar 2014. Das Interview, in dem sich die Aussagen dazu befinden, hat das „Würzburger Katholische Sonntagsblatt“ am 16. Februar 2014 veröffentlicht („Mit Maria auf dem Weg. Domvikar Paul Weismantel zur Wallfahrt der bayerischen Bistümer am 17. Mai nach Retzbach“).

34 Wallfahrer pilgern nach Retzbach, Main-Echo, 21. Februar 2014.

35 5000 Pilger erwartet. Bayerische Bistümer wallfahren nach Retzbach, Die Kitzinger, 7. März 2014.

36 5000 Pilger (Anm. 35).

37 Ganz Bayern wallt nach Retzbach. Marienwallfahrtsort rüstet sich für Tau-

Güte darstellt, in mehrfacher Ausführung hingewiesen: „Retzbach bildet den terminlichen Mittelpunkt des Reigens und hat ein Alleinstellungsmerkmal: Es ist der einzige Wallfahrtsort in Deutschland, der als Gebetsanliegen die Einheit der Christen hat und wendet sich hierin an alle Generationen."[38] Auch der Familienaspekt wird hervorgehoben: „[…] gibt es auf dem Schiff ‚MS Franconia' mit einem Familienseelsorger ein eigenes Familienprogramm als Vorbereitung auf den Tag."[39] Überhaupt werden die Aussagen Paul Weismantels aus dem Interview gemäß journalistischer Angemessenheit aufgegriffen, zumal in emotionalisierender Hinsicht: „Wir geben uns alle Mühe und jetzt, wo die Tage gezählt sind, fängt das große Kribbeln an."[40] Die „Evangelische Nachrichtenagentur" (epd) nimmt am 7. Mai den „Ball" der Ökumene auf: „Wallfahrt der bayerischen Bistümer widmet sich der Ökumene." Allerdings dürften „speziell die orthodoxen Christen nicht vergessen" werden, wird Paul Weismantel hierbei von epd zitiert.[41] Im „Lohrer Echo" erscheint am 8. Mai ein Feature, das die praktischen Informationen umgibt und somit einladend wirkt. Der Einstieg lautet:

> „Gesperrte Brücken, Bauarbeiten auf der Bahnstrecke: Johannes Weismantel wird momentan sicher nicht langweilig. ‚Es ist täglich ein neues Abenteuer und eine Herausforderung', sagt der Geschäftsführer des Diözesanbüros Main-Spessart."[42]

Bevor die konkreten Informationen gegeben werden, lotet sogar noch der Würzburger Weihbischof Ulrich Boom den eher spezi-

sende Pilger aus allen Diözesen des Freistaats, Main-Post Lohr, 3. Mai 2014, 3. Spalte.

38 Ganz Bayern wallt (Anm. 37), 1. Spalte.

39 Ganz Bayern wallt (Anm. 37), 1. Spalte.

40 Ganz Bayern wallt (Anm. 37), 3. Spalte.

41 Wallfahrt der bayerischen Bistümer widmet sich der Ökumene, epd Landesdienste, 7. Mai 2014, 2. Spalte.

42 Retzbach erwartet bis zu 5000 Pilger, Lohrer Echo, 8. Mai 2014, 1. Spalte. In der 3. Spalte ist zu lesen, dass Johannes Weismantel der Bruder von Paul Weismantel ist.

fischen Bezug der „Patrona Bavariae" zum Frankenland aus, als dessen katholisches Kernland die Diözese Würzburg mit einigem Recht bezeichnet werden kann: „Doch er (Weihbischof Ulrich Boom, d. V.) macht ganz klar den fränkischen Aspekt deutlich: ‚Wir haben zwar eine Nähe zur Patrona Bavariae, aber eine noch größere zur Herzogin von Franken.'"[43] Am 10. Mai 2014 ist es dann Weihbischof Boom, der in der „Main-Post Lohr" nach Retzbach einlädt. Dieser Dreispalter ist die gekürzte Wiedergabe eines Interviews der POW, wie aus dem Lead (Vorspann des Textes) hervorgeht.[44] Abschließend lädt Boom Franken *und* Bayern ein: „Ich freue mich, dass da ganz, ganz viele Menschen aus dem Frankenland und aus dem Bayernland zu uns nach Retzbach kommen."[45] Das ist ein Hinweis auf die Bemühung, die Patrona-Bavariae-Verehrung diözesan zu inkulturieren.

Das „Würzburger Katholische Sonntagsblatt" veröffentlicht eine umfassende Vorberichterstattung bereits im Februar (Ausgabe 7), dann unmittelbar vor dem Ereignis (Ausgabe 19, 11. Mai 2014), d. h. am Wochenende, das dem Samstag vorausgeht. In der Woche bis dahin legen das „Lohrer Echo" („Beten für Einheit der Christen", „Pontifikalamt mit allen Bischöfen")[46] und die „Main-Post"[47] nach. Ein Hauch von inszenierter Dramatisierung liegt hierbei in der Luft: „Am kommenden Samstag wird es mit der beschaulichen Ruhe rund um die Retzbacher Wallfahrtskirche [...] vorbei sein", heißt es (was irgendwie zutrifft, irgendwie aber auch nicht, denn schließlich kommen auch zu anderen Zeiten Wallfahrer nach Retzbach). Und ebenso Engagement bedeutend und Relevanz signalisierend: „Die

43 Retzbach erwartet bis zu 5000 (Anm. 43), 1. Spalte.

44 Unterwegssein mit vielen ist ein großer Schulterschluss. Weihbischof Ulrich Boom lädt zur Wallfahrt nach Retzbach ein, Main-Post Lohr, 10. Mai 2014.

45 Unterwegssein mit vielen (Anm. 44), 3. Spalte.

46 Ganz Bayern wallt nach Retzbach, Lohrer Echo, 13. Mai 2014 (den gleichen Titel hatte bereits die „Main-Post Lohr" am 3. Mai veröffentlicht).

47 5000 Pilger in Retzbach erwartet. Wallfahrer aus allen Bistümern Bayerns kommen am Samstag nach „Maria im Grünen Tal", Main-Post, 16. Mai 2014.

Telefone im Organisationsbüro klingeln ununterbrochen."[48] Es wirkt wie ein gedehntes Oxymoron, wenn mit gegensätzlichen Vorteilen geworben wird: „[...] die besondere Lage im wunderschönen Retztal, die Nähe zu den Verkehrsadern am Main und zu den guten Weinen vom Retzbacher Benediktusberg".[49]

Die Auswertung der Berichterstattung im Nachgang lässt erahnen, dass das (mediale) Engagement erheblichen Niederschlag findet: Zwar unter „Bayern in Kürze", aber immerhin in der „Süddeutschen Zeitung" (SZ) findet sich die Meldung der Deutschen Presse-Agentur (dpa) am 19. Mai als kurzer Dreispalter.[50] Die „Donau-Post" in Regensburg berichtet ebenfalls an diesem Montag („Von Zuschauern zu Zeugen des Glaubens") sowie der „Fränkische Tag" (Ansbach, „6000 Pilger in Retzbach") wie auch die „Neue Presse Hassberge" („Pilger kommen mit dem Schiff"). Auch die „Saale-Zeitung" (Bad Neustadt an der Saale) berichtet mit dem ermutigenden Zitat-Titel: „Wir sind nicht wenige. Wir sind viele."[51] Das zu Retzbach geographisch näher liegende „Lohrer Echo" schreibt von einem „Jahrhundertereignis" („Jung und Alt im Gebet vereint"). Auch die „Main-Post" steigt nochmals mit einem Dreispalter ein („Versammelt im Gebet. 6000 Gläubige pilgerten nach Retzbach") und legt am folgenden Tag, 20. Mai 2014, mit einem Feature nach: „Unvergessliche Eindrücke. Die Retzbacher Sternwallfahrt führte Pilger aus ganz Bayern zusammen".[52] Die „Chamer Zeitung" berichtet ebenfalls am 20. Mai über Pilger, die sich aus dem Bayerischen Wald nach Retzbach begeben haben: „Nach rund dreistündiger Fahrt lachte den Wallfahrern der Himmel. Man sah die

48 5000 Pilger in Retzbach (Anm. 47), 1. Spalte.

49 5000 Pilger in Retzbach (Anm. 47), 1. Spalte.

50 Pilgern zur Schutzpatronin, SZ Landkreisausgaben, 19. Mai 2014, Bayern in Kürze. Hier ist noch die Rede von 5000 Pilgern aus ganz Bayern.

51 „Wir sind nicht wenige. Wir sind viele." Saale-Zeitung, 20. Mai 2014. Die Zeitung übernimmt den Bericht der Pressestelle Ordinariat Würzburg (POW).

52 Der Einstieg lautet: „Leuchtende Augen bei vielen der mehr als 5000 Pilger, andächtige Ergriffenheit bei Menschen, die von weit her gekommen waren [...]."

ersten Weinberge. Da die Pilgergruppe schon lange unterwegs war, wurde zunächst eine Gaststätte im nahe gelegenen Karlstadt angesteuert.“[53]

Das „Würzburger Katholische Sonntagsblatt“ hatte schon frühzeitig als Transmissionsriemen der Gebetsinitiative fungiert, die nun allmählich wie eine Kampagne erscheint. Im Februar erschienen die ausführliche Ankündigung und Beschreibung der Wallfahrt im Mai, versehen mit dem Interview mit Domvikar Paul Weismantel (Ausgabe 7); unmittelbar vor dem Ereignis nochmals umfassende Information (Ausgabe 19) sowie eine ebenso nachdrückliche Veranstaltungsberichterstattung im Nachgang (Ausgabe 21). Die Beschreibung des entsprechenden Titelbildes der Ausgabe 21 beginnt mit den positiven Worten: „Ideales Wetter, perfekte Organisation und Vorbereitung, ein gut geeigneter Ort und Tausende von begeisterten Gläubigen […] und rund 6000 Pilger waren der Einladung gefolgt.“ Auch die in Würzburg ansässige „Tagespost“ hatte vorab mit einem ausführlichen Zweispalter berichtet[54] sowie eine angemessene Nachberichterstattung gebracht.[55] Beide Male berichtet Reinhard Nixdorf, fester Mitarbeiter der katholischen Tageszeitung. Für die, auf die Abfolge der Wallfahrten gesehen, nun zunehmend überregional wahrgenommene Berichterstattung steht außerdem ein dreispaltiger Bericht in der „Neuen Bildpost“.[56] Abschließend ist anzufügen, dass die gelungene Berichterstattung in Form mehrerer Features durch die Pressestelle Ordinariat Würzburg (POW) in der gedruckten Berichterstattung, soweit dokumentiert, keinen maßgeblichen

53 „Mit Maria auf dem Weg.“ Auf dem Pilgerweg der bayerischen Bistümer zur Gottesmutter gebetet, Chamer Zeitung, 20. Mai 2014, 1. Spalte. Vgl. dazu Anm. 31: die vorausgehende Berichterstattung, die denselben Titel trägt: „Mit Maria auf dem Weg.“

54 Wallfahrt zur lächelnden Gottesmutter nach Retzbach, Die Tagespost, 5. April 2014 (Nr. 40).

55 Mit der Gottesmutter im Gebet verbunden, Die Tagespost, 20. Mai 2014 (Nr. 59).

56 „Lehrerin des Gebets“. Maria war für 6000 bayerische Pilger Vorbild und Wallfahrtsziel, Neue Bildpost, 25. Mai 2014 (Ausgabe 21). Hinter der Neuen Bildpost steht die Augsburger Mediengruppe Sankt Ulrich Verlag.

Niederschlag gefunden hat.[57] Das könnte mit der Berichterstattung durch die Nachrichtenagenturen zusammenhängen. Hauptsächlich aber stützen sich mehrere Medien auf Berichte eigener Mitarbeiter.

e) Augsburg

Am 9. Mai 2015 fand das Treffen im Reigen der bayerischen Diözesen in Augsburg statt. In der Vorabberichterstattung dominiert der Bezug zu dem Bildnis der Maria Knotenlöserin und die Verbundenheit von Papst Franziskus mit dieser besonderen Darstellung. Die Idee, das Treffen 2014 mit der Beziehung des Papstes zu dem Bildnis zu verbinden, spiegelt sich in der Unterüberschrift eines Features der „Süddeutschen Zeitung" wider, das diese überregionale Tageszeitung im „Rhythmus" von lokal, universal, regional veröffentlicht: „In der Augsburger Kirche St. Peter hängt ein Madonnenbild, das den Papst berührt hat. Am Samstag werden Menschen aus ganz Bayern dorthin pilgern."[58] Das ist nicht unzutreffend, überdeckt allerdings die Thematik der Patrona Bavariae. Damit rückt das Augsburger Original in den Mittelpunkt einer größeren Öffentlichkeit, allerdings nicht zum

57 POW 21, 21. Mai 2014: Ein frohes Glaubensfest; Auf dem Main zu Maria: „Der Himmel spielt mit!"; Schweigen im Wald, Singen im Weinberg; Wasser hilft. Allerdings ist zu bedenken, dass ein Nicht-aufgegriffen-Werden nicht automatisch bedeutet, keine Wirkung zu haben. Die Aussendungen gehören zur Informationsarbeit der POW. Hier mag sich ein gewisser Zwiespalt in der Arbeit der Presseabteilungen von Institutionen ausdrücken: Ist es nicht mindestens genauso begrüßenswert, wenn sich Medien bei der Berichterstattung auf ihre eigenen Mitarbeiter stützen?

58 Wallfahrt zur Knotenlöserin, Süddeutsche Zeitung, 6. Mai 2015, Bayern-Ressort, Landkreisausgaben, 34: „Was genau der argentinische Pater Jorge Mario Bergoglio beim Anblick der jungen Dame in der Augsburger Innenstadt dachte, ist leider nicht bekannt. Er muss jedenfalls sehr, sehr angetan gewesen sein. Die Frau hält in ihren feingliedrigen Händen ein helles Band voller Knoten. Mit geneigtem Kopf und sanftem Lächeln scheint sie eine Schleife nach der anderen aufzuschnüren. Maria Knotenlöserin. Das Gnadenbild aus dem frühen 18. Jahrhundert hängt in der Augsburger Kirche St. Peter am Perlach. Bergoglio sah dieses Bild erstmals im Jahre 1986."

ersten Mal, denn bereits früh nach der Wahl von Papst Franziskus 2013 war in der Öffentlichkeit wiederholt auf diesen Augsburger Bezug des amtierenden Papstes Franziskus aufmerksam gemacht worden.

> „‚Wir wollen ein großes Familienglaubensfest feiern', sagt Domdekan Meier vor der Patrona-Bavariae-Wallfahrt am Samstag. ‚Wir haben bewusst keinen klassischen Wallfahrtsort gewählt, wir gehen in die City.' Auf dem Rathausplatz und drum herum wird eine Art Stadtfest steigen mit Musik und Programm für Familien, Kinder und Jugendliche. Am Nachmittag findet im Dom ein Pontifikalamt mit allen Bischöfen Bayerns statt. Anschließend zieht eine Prozession zu St. Peter am Perlach. Die Patrona-Bavariae-Wallfahrt erinnert an die Erhebung Marias zur bayerischen Patronin anno 1917."[59]

Mit diesen Worten bringt Bertram Meier die verschiedenen Stränge zusammen. Auch die einflussreiche „Augsburger Allgemeine Zeitung" (AZ) hat den über die Knotenlöserin geschaffenen Bezug zu Papst Franziskus übernommen. Die Reportage, die die regionale Tageszeitung, die größte in Bayern, am Montag nach der Wallfahrt veröffentlicht, ist in erheblichen Teilen auf die Knotenlöserin zugeschnitten. Der gewünschte regionale Bezug bei gleichzeitigem universalem Bezug durch den Papst aus Lateinamerika erscheint etwa im Gespräch mit Prälat Wilhelm Imkamp, Direktor der schwäbischen Wallfahrtsstätte Maria Vesperbild:

> „Augsburg ist kein klassischer Marienwallfahrtsort – im Gegensatz zu großen Wallfahrtsorten wie Altötting oder Retzbach im Bistum Würzburg, wo die seit 2011 bestehende zentrale Wallfahrt der bayerischen Bistümer vergangenes Jahr Halt machte. Dabei hätte die Knotenlöserin so viel Potenzial. Findet jedenfalls Wilhelm Imkamp, Wallfahrtsdirektor von Maria Vesperbild im Landkreis Günzburg, Schwabens wohl bekanntestem Marienpil-

59 Wallfahrt zur Knotenlöserin (Anm. 58).

> gerort. ‚Die Knotenlöserin ist ein ideales Marienmotiv‘, sagt er im Gespräch mit unserer Zeitung.“[60]

Zur umfangreichen Berichterstattung der AZ gehören auch Sachinformationen zum Bild der Knotenlöserin[61] sowie Berichte über das Treffen, in denen es dann um die Marienweihe und die Aussagen von Kardinal Reinhard Marx geht,[62] und eine Umfrage unter Pilgern.[63] Am Tag des Treffens selbst hatte die AZ auf lokaler Ebene berichtet: „Augsburg wird heute zur Pilgerstätte“.[64] Bereits am Donnerstag zuvor hatte die AZ, diesmal in der Hauptausgabe, als Servicefunktion auf etwaige Einschränkungen durch die Veranstaltung hingewiesen: „Tausende Pilger in der Stadt. Wallfahrt am Samstag sorgt für Einschränkungen“.[65] In der Lokalausgabe Augsburg Land Nord hatte ein eigener Bericht nochmals tags zuvor darauf aufmerksam gemacht, dass eine Wallfahrtsgruppe aus Oberschöneberg zur Maria Knotenlöserin wandert: „Sie tragen Anliegen bis nach Augsburg.“[66] Zur Vorberichterstattung gehört auch ein Bericht der „Lindauer Zeitung“, der in der Überschrift den Doppelansatz aus bayerischer und weltweiter Ebene widerspiegelt: „Bayerns Katholiken pilgern nach Augsburg – Papst machte Wallfahrtsbild bekannt“.[67] Auch die „Allgäuer Zeitung – Buchloer Zeitung“ bringt einen kurzen Bericht vorab, der – sehr lokal verortet – Informationen zur Teilnahme der Pfarreiengemein-

60 Der heimliche Weltstar, Augsburger Allgemeine Zeitung, 11. Mai 2015, Hauptausgabe, 3.

61 Das Bild und seine Geschichte, Augsburger Allgemeine Zeitung, 11. Mai 2015, Hauptausgabe, 3.

62 „Keine Angst vor der Zukunft.“ 4000 Gläubige feiern Gottesdienst, Augsburger Allgemeine Zeitung, 11. Mai 2015, Hauptausgabe, 34.

63 Was Pilger mit nach Hause nehmen, Augsburger Allgemeine Zeitung, 11. Mai 2015, Hauptausgabe, 34.

64 Augsburger Allgemeine Zeitung, 9. Mai 2015, Lokales, 48.

65 Augsburger Allgemeine Zeitung, 7. Mai 2015, Hauptausgabe, 38.

66 Augsburger Allgemeine Zeitung, 6. Mai 2015, Ausgabe Augsburg Nord, 51.

67 Lindauer Zeitung, Wir im Süden (Ressort), 8. Mai 2015, 2. Der Bericht ist vom Evangelischen Pressedienst (epd) übernommen.

schaft Buchloe liefert.[68] Der „Donaukurier“ mit Sitz in Ingolstadt bringt ebenfalls Vor- wie Nachberichterstattung. Zwar dürften vor allem Leser im Westen des Einzugsgebietes dieser regionalen Tageszeitung angesprochen gewesen sein (Neuburg, Schrobenhausen, Aichach), aber der gesamtbayerische wie auch der eben durch Papst Franziskus universale Aspekte dürften dahingehend gewirkt haben, dass beide Berichte, von der „Katholischen Nachrichten-Agentur“ (KNA) übernommen, gleich im Mantelteil des Donaukurier Platz gefunden haben.[69] So ist die Berichterstattung stark von der intendierten Verflechtung mit Papst Franziskus – in Passau war im Rahmen der Berichterstattung noch der Bezug zum Besuch Papst Benedikts 2006 aufgeschienen – geprägt, die als Art Alleinstellungsmerkmal gelten kann. Das lässt an die besondere Position Augsburgs im Verhältnis zu München denken: geographisch nahe und doch mehr schwäbisch als bayerisch, wenn auch bayerisch-schwäbisch. Anderseits findet

68 Wallfahrt zur Knotenlöserin, Allgäuer Zeitung – Buchloer Zeitung, 7. Mai 2015, 33.

69 1) Ein Lieblingsgemälde des Papstes. Das Gnadenbild „Maria Knotenlöserin“ lockt am Samstag zahlreiche Pilger nach Augsburg, Donaukurier, 7. Mai 2015, Mantelteil, 14. 2) Patrona-Bavariae-Wallfahrt, Donaukurier, 7. Mai 2015, Mantelteil, 14. 3) Lieblingsbild des Papstes. Christen pilgern zu „Maria Knotenlöserin“, Donaukurier, 11. Mai 2015, Mantelteil, 12. Erweckt das Feature (1) im ersten Satz den Eindruck, dass die Wallfahrt der Aufhänger für den Bericht über P. Bergoglio und die Maria Knotenlöserin ist („Wenn an diesem Samstag tausende Gläubige zur Patrona-Bavariae-Wallfahrt nach Augsburg kommen, ist ihr Ziel eines der Lieblingsbilder von Papst Franziskus: Die barocke ‚Maria Knotenlöserin‘ hatte es dem Jesuiten vor Jahrzehnten bei einem Besuch in der Fuggerstadt angetan“), so findet sich doch auf derselben Seite auch der Bericht über das Treffen (2) beigestellt. Die unterschiedlichen Ansätze und Zugänge, die die Wallfahrt in Augsburg vereint, zeigen sich im Bericht der KNA (3) gut zusammengeführt. Hier heißt es: „Mehrere tausend Christen aus ganz Bayern sind am Samstag zum Augsburger Gnadenbild ‚Maria Knotenlöserin‘ gepilgert. Die barocke Darstellung gehört zu den Lieblingsbildern von Papst Franziskus. Der Münchner Kardinal Reinhard Marx sprach von einem ‚ermutigenden Bild für die Kirche in ihren Suchbewegungen‘. Das Glaubensfest im Rahmen der bayerischen Patrona-Bavariae-Wallfahrt stand unter dem Motto Ehe und Familie.“

sich der Direktor der westlich von Augsburg gelegenen marianischen Wallfahrt Maria Vesperbild in der Berichterstattung der AZ, als Experte befragt, eingebunden.

f) Eichstätt

Der Hinweis auf das Treffen am 7. Mai 2016 in Eichstätt erscheint in maßgeblichen regionalen Zeitungen bereits Monate vorab, teils dann auch unmittelbar im Vorfeld.[70] Bemerkenswert ist hierbei die erhebliche Streuung der Berichte in der Fläche des Bistums Eichstätt, die sich etwa im Hinweis im „Altmühlboten“ (Gunzenhausen) bereits am 29. Februar zeigt, insofern gerade Gunzenhausen, ehemalige Ansbacher Markgrafenstadt, bis heute in kultureller Sphäre erheblich protestantisch geprägt ist: „Marienwallfahrt in Eichstätt“ lautet der Titel in der Lokalpresse dort. Mithin erstrecken sich die (Vor-)Berichterstattung bzw. die Hinweise nicht allein auf die früheren katholischen Kerngebiete im Süden und Osten der Diözese. Dennoch: Stark ist eben auch „Neumarkt“, und für die Leser interessant finden die Nachricht auch die „Augsburger Allgemeine Zeitung“[71] sowie die „Neuburger“.[72] Der Kern der Berichterstattung liegt den Umständen entsprechend in Eichstätt („Eichstätter Kurier“), wo die Überschrift, die den Hauptbericht titelt, beinahe

70 So zum Beispiel: Mit Maria unterwegs, Neumarkter Tagblatt, 26. Februar 2016; Marienwallfahrt zur Patrona Bavariae, IZ regional, 2. März 2016 (kostenlose Verteilzeitung, zum Verlagshaus gehörend, in dem der Donaukurier erscheint); Bayerns Bistümer pilgern nach Eichstätt, Donaukurier, 5. März 2016; Bayerns Bistümer pilgern nach Eichstätt, Donaukurier 5./6. Mai.

71 Zur Patrona Bavariae. Kirche: Eichstätt erwartet morgen über 3000 Pilger. Der Festprediger ist sehr populär, Augsburger Allgemeine Zeitung, 6. Mai 2016.

72 Die „Neuburger Rundschau“ berichtete bereits am 8. März vorab – in der Kleinstrubrik „Telegramm“ und auch beinahe buchstäblich im Telegrammstil, insofern es zwar heißt, Anmeldungen seien ab sofort möglich, aber nicht angegeben wird, wo und wie.

martialisch wirkt: „‚Generalstabsmäßig.‘ Die Bayernwallfahrt lief reibungslos: Über 100 ehrenamtliche Helfer – Malteser melden 30 Einsätze.“[73] In diesem Bericht des „Eichstätter Kurier“ ist die lokale Verortung der Informationen deutlich: „Die Stadtlinie fährt nicht mehr, der Takt wäre nicht mehr zu halten.“ Und ein dreispaltiger Einblocker titelt das bedauerliche Kuriosum: „Ballasttanks an Bühnen beschädigt“; auch ist in Bild und Bildunterschrift zu erfahren, dass Bürgermeisterin Claudia Grund noch kurz vor der Messe Herzog Franz von Bayern begrüßte. Der Autor dieses Berichts hat selbigen Tags für die Seiten „Bayern und Region“ des Donaukurier-Mantelteils „geliefert“: „‚Dem Glauben Füße machen.‘ Pilger aus ganz Bayern ziehen zur Mariensäule auf dem Eichstätter Residenzplatz.“ Dieser Bericht auf regionaler Ebene spiegelt präzise und passgenau die Relevanzebene oberhalb der Lokalität wieder. Zunächst trägt er Elemente des Features, etwa die kurze Erwähnung des jüngsten Teilnehmers, der gerade geboren wurde. Dann werden maßgebliche Stimmen berichtet: von Bischof Gregor Maria Hanke („Maria ist unsere Fürbitterin, unser Fenster in die Zukunft“) über Herzog Franz von Bayern („Diese Zusage, unter dem Schutz Mariens zu leben, gilt noch wie am ersten Tag“) bis hin zu Kardinal Marx („Seine Barmherzigkeit gewähre Gott aber nicht von oben herab, sondern auf Augenhöhe, ‚als Bruder, der zu uns kommt‘“). Sogar das Thema Flüchtlinge wird jahresaktuell gefahren: „An dieser Stelle hätte der Kardinal auf die geöffneten Fenster der nahen Flüchtlingsunterkunft zeigen können, wo viele der aktuell 130 Bewohner standen und neugierig alles verfolgten. Aber es bleibt bei einer Randnotiz“). Insgesamt zeigte die Berichterstattung des Eichstätter Treffens in Vor- und Nachberichterstattung einen offenbar fruchtbaren Mix aus eingespielter Kooperation mit dem Leitmedium der Region (dem „Donaukurier“; das Thema hat es als Bild mit Kurztext auch auf dessen Titelseite gebracht) sowie dem Mitziehen benachbarter Printmedien. Dem kommt die Überschaubarkeit der Diözese Eichstätt womöglich entgegen sowie die

73 Eichstätter Kurier, 9. Mai 2016 (lokaler Aufmacher).

Tatsache, dass das Ereignis in der relevanten Bischofsstadt Eichstätt, anders als in der Großstadt Augsburg sowie voraussichtlich dann auch in München, ein echtes Großereignis ist. Ebenfalls bemerkenswert kommt zur Tatsache der Verankerung des Themas in den regionalen Printmedien hinzu, dass die Zahl überregionaler und gleichzeitig katholischer Medien, die das Thema aufgreifen (z. B. „Münchner Kirchennachrichten“ und KNA; auch die österreichische katholische Nachrichtenagentur „Kathpress“ ist eingestiegen sowie „katholisch.de“, das Internetportal der katholischen Kirche in Deutschland), im Verhältnis zu den Medien, die bei den Wallfahrten zuvor berichtet hatten, erheblich zunimmt.

3. Überblick

2011 erschien die Auftakt-Wallfahrt in Altötting in den Reigen der Tradition dort angemessen integriert. Der Wallfahrtsort von nationaler Bedeutung wurde in der Berichterstattung zweifach sogar – vielsagend – als „bayerisches Nationalheiligtum“ deklariert.[74] Wer geschichtlich denkt, mag die auch erwähnten Wittelsbacher sowie den dort ruhenden (nicht erwähnten) Feldherrn Tilly im Blick haben. Wer praktisch denkt, sieht die „bayerische Sache“ der Patrona Bavariae, die es in diesen Jahren zu feiern gilt, hier konkurrenzlos gut aufgehoben, zumal München mit seinem Schwergewicht als Landeshauptstadt etc. den Abschluss bilden wird. Einer wohlwollenden sowie auch praktischen (Vorab-)Berichterstattung kam das offensichtlich gute bis sehr gute Verhältnis der Verantwortlichen des Leitmediums PNP zu Altötting als Wallfahrtsort (in der Region!) und zu den geistlich und politisch Verantwortlichen dort sehr entgegen, wie aus dem Duktus der Berichte geschlossen werden kann. „Problemzonen“ („Weniger Besucher als erwartet“) werden, journalistisches Ethos widerspiegelnd, im zentralen Bericht unproblematisch

74 Siehe Anm. 14. Damit ist wohl nicht das Heiligtum einer bayerischen Nation gemeint, sondern ein „Nationalheiligtum“ in Bayern.

angesprochen. Auch eine ergriffene Schilderung der Atmosphäre ist darin problemlos möglich.[75]

– Vierzehnheiligen im Oberfränkischen kann in der Hinsicht interpretiert werden, dass das geistliche Geschehen bei einer Wallfahrt nicht von der Medienarbeit zuvor und im Nachgang abhängt. Weiterer interessanter Gesichtspunkt: Im von Kardinal Marx unterzeichneten Einladungsschreiben anlässlich der Wallfahrt nach Vierzehnheiligen lautet das Motto der Glaubensinitiative „Mit Maria auf dem Weg“. Im „Heinrichsblatt“ wird das Motto „der diesjährigen Wallfahrt nach Vierzehnheiligen […] ‚Mit Maria – dem Himmel entgegen‘“ genannt: „In diesem Motto klingt das 1000-jährige Domjubiläum an, das wenige Tage später (6. Mai) in Bamberg gefeiert wird.“[76] Somit kommt es (auch) in der Erzdiözese Bamberg zu einer „Regionalisierung“ der Feiern.

– Anhand der Wallfahrt auf den Bogenberg im Bistum Regensburg zeigt sich erneut – wie im Falle Altöttings – eine positive Einstellung der maßgeblichen Regionalzeitung dort („Straubinger Tagblatt“, Zeitungsgruppe Straubinger Tagblatt/Landshuter Zeitung), die in umfassender und detaillierter Berichterstattung ihren Ausdruck findet. Verständnis für das Zusammengehen von katholischem Glauben und Region als identitätsstiftender Faktor der Gesellschaft ermöglicht somit das friktionslose Miteinander aus säkularer Berichterstattung und kirchlicher Verkündigung. Wenn in der Berichterstattung vom Bogenberg der regionale Aspekt gewürdigt wird („‚Aber Bayern ist mehr als München‘, betonte Marx und erntete dafür spontanen Applaus der Zuhörer“[77]), ist dies gleichzeitig der Hinweis auf

75 Siehe dazu „symptomatisch“ bzw. aussagekräftig: Marienweihe im Licht (Anm. 6).

76 Dem Himmel entgegen (Anm. 21). „‚Mit Maria auf dem Weg‘ ist das übergreifende Leitwort dieser Initiative.“

77 Man kann nicht evangelisieren (Anm. 26), 2. Spalte. Dazu auch Die Ehe ist kein (Anm. 26): „Mehrfach spendeten ihm Gläubige spontan Applaus, etwa für die Aussage ‚Bayern besteht ja nicht nur aus München‘, mit der er (Kardinal Marx, d. V.) auf die Motivation für die Wallfahrtsreihe durch alle Bistümer verwies.“ Auch Journalist Markus Bauer im „Altöttinger Liebfrauenboten“ (Nr. 19, Mai 2013) verweist in seinem Bericht darauf: „‚Bay-

das Angewiesensein eines maßgeblichen mehr-regionalen Verlagshauses auf ebendiese Nähe zum Menschen „vor Ort“, wie dies auch durch die ortskirchliche Struktur der katholischen Kirche unterstützt wird. Wird in der PNP noch auf die Bedeutung Altöttings als „bayerisches Nationalheiligtum“ abgehoben, so wird hier der eminent regionale Aspekt aus dem Mund des Kardinals Reinhard Marx und vor allem der Beifall der Gläubigen in der Region zu dieser seiner Aussage eigens betont.

– In Würzburg, so scheint es, nimmt der Wallfahrtsreigen, was die mediale Präsenz betrifft, erheblich an Fahrt auf. Verschiedene Motive greifen dabei ineinander, wobei die deutlich eigene (unter-) fränkische Tradition sowie die, was den Freistaat betrifft, relative Randlage von Retzbach in diesem Punkt wohl mitspielen. Welche Faktoren hier letztlich entscheidend sind, ist aus den Texten nicht exakt zu erheben. Erwähnenswert sind allerdings die deutliche Wirkung der „Pressestelle Ordinariat Würzburg“ (POW), das Mitziehen zahlreicher säkularer Printmedien in Vor- wie auch Nachberichten, mehrere Interviews mit Domvikar Paul Weismantel und Weihbischof Ulrich Boom, eine Themensetzung, die integrierend und nicht verwirrend (oder gar abgrenzend) wirkt: anfangs vor allem zum Thema Ökumene; das verstärkte Einsteigen der „Tagespost“, die in Würzburg ansässig ist. Auch erscheint erstmals deutlicher das Thema der Emotionalisierung in vorbereiteten Medienberichten. Auch wenn davon bei weitem nicht alles abgedruckt wurde, zeigt sich durch ihr schieres Vorhandensein und damit durch den Ressourceneinsatz ein bemerkenswertes Interesse der POW.

– In Augsburg ist man den umgekehrten Weg gegangen: nicht nach außerhalb der zentralen Stadt im Bistum mit Bischofssitz, sondern gerade in die „City“ (wie die SZ Bertram Meier wiedergibt). Die mächtige „Augsburger Allgemeine Zeitung“ (AZ) ist diesen Weg mitgegangen, nicht zuletzt was das Junktim des Wallfahrtstages mit der „Maria Knotenlöserin“ von St. Peter am Perlach gleich neben dem Augsburger Rathaus betrifft. Was das Themenmanagement

ern ist mehr als München‘, begann Kardinal Marx unter großem Beifall seine Predigt.“

überhaupt betrifft, so hat die Vielfalt der Themen – immer medial betrachtet – nicht geschadet. Medialer „Aufhänger“, wenngleich längst nicht mehr unbekannt, ist diese Verbindung von Papst Franziskus zu Augsburg aus vergangenen Tagen. Damit steht im Übrigen die Verbindung zum Thema Ehe und Familie indirekt – über Papst Franziskus und seine „Agenda“ – vor Augen. Dass die SZ einen großen und vor allem sachlichen (Vor-)Bericht gebracht hat, ist eine Besonderheit, die womöglich angemessen in den Verlauf der gesamten Berichterstattung über die Wallfahrten einzuordnen ist, wobei aber Augsburgs Position als Bayerisch Schwaben und schwäbisches Bayern zu bedenken ist.

– Bei der letzten vorbereitenden Wallfahrt, in Eichstätt, leuchtet nochmals vieles wie in einem Kaleidoskop auf, das bereits zuvor von Bedeutung war: der regionale Aspekt innerhalb von Bayern – im Bericht „Generalstabsmäßig“[78] werden beinahe pfingstliche (Sprach-)Verhältnisse beschrieben: „Das Dialektgewirr ist unendlich: Neben Schwaben sitzen Franken, neben Altbayern die Niederbayern. 3000 Sitzplätze sind vorbereitet. Die Bierbänke sind aus Passau gekommen, vermittelt durch die Hofmühl-Brauerei.“ Wie schon im Falle der Berichterstattung zu Altötting wird „Wittelsbach“ zum Thema gemacht (in Eichstätt ist es Herzog Franz von Bayern). Die Bedeutung der regionalen publizistischen Einheit: des „Donaukurier“, aber auch der umliegenden sowie sporadisch ankündigenden und berichtenden Printmedien, die nicht zum Donaukurier gehören; die nun zahlreich in die Berichterstattung einstimmenden katholischen Medien, selbst die österreichische „Kathpress“.

78 Generalstabsmäßig (Anm. 73): „Das Dialektgewirr ist unendlich: Neben Schwaben sitzen Franken, neben Altbayern die Niederbayern. 3000 Sitzplätze sind vorbereitet. Die Bierbänke sind aus Passau gekommen, vermittelt durch die Hofmühl-Brauerei.“

4. Interpretation

Dass ein „Lernprozess" der Medienverantwortlichen seitens der Diözesen bezüglich der Durchsetzung ihrer Ziele vermittels der säkularen Medien bei dem Projekt „Vorbereitende Wallfahrten" stattgefunden hat, wäre eine Annahme. Darauf könnte die mit der Reihe der Jahre insgesamt breiter und intensiver werdende Berichterstattung hindeuten. Weitere Hinweise darauf ließen sich nur durch Befragungen der Verantwortlichen gewinnen. Ob es überhaupt eine abgestimmte Medienstrategie gab oder eine Medienstrategie bzw. die Medienarbeit der Diözesen nicht vielmehr die Wallfahrten medial mit jeweils diözesan ohnehin vorhandenen und vor allem erfahrungsgestützten Mitteln ausführte, wäre auch hier festzustellen. Betrachtet man die lebhafte Resonanz der regionalen Tageszeitungen auf die Wallfahrten, spricht vieles für diesen faktisch erfolgten dezentralen Rückgriff auf die Kontakte der diözesanen Pressestellen.

Für deutschlandweit verbreitete säkulare Medien werden die aus ihrer Sicht schlicht regionalen Ereignisse der vorbereitenden Wallfahrten, in der Abfolge nach Diözesen gegliedert, nicht von Interesse sein. Dazu kommt, dass sie nicht von den Nachrichtenfaktoren[79] Negativismus und Konflikt geprägt sind. Konsequent oder doch nachvollziehbar ist mit Blick auf Nachrichtenfaktoren immerhin das Einsteigen der SZ auf das Thema Knotenlöserin und Papst Franziskus – Nachrichtenfaktoren: Prominenz und Personalisierung –, allerdings, passend wiederum, dies dann auf der Ebene des Bayernteils.[80] Konsequent und ihrem regionalen Anspruch (und Interesse) gemäß haben die regionalen Abonnement-Tageszeitungen jeweils vorab- und nachberichterstattet (Passauer Neue Presse, Main-Post und Main-Echo, Straubinger Tagblatt, Augsburger Allgemeine Zeitung, Donaukurier; Ausnahme: die regionalen Tageszeitungen, die sich in Lichtenfels bei Vierzehnheiligen treffen), wobei die langjährige Kooperation der diözesanen Medienstellen mit den jeweiligen regionalen Leitmedien vorausgesetzt werden kann.

79 Noelle-Neumann u. a. (Anm. 2), 331.

80 Wallfahrt zur Knotenlöserin (Anm. 58).

Zwar wird das Ziel der Wallfahrten gemäß Beschluss der Freisinger Bischofskonferenz, zusammenzukommen, um gemeinsam den Schutz der Gottesmutter für die Kirche zu erbitten und die Weihe der Bistümer an die Gottesmutter zu erneuern, in einigen Berichten erwähnt.[81] Aber die journalistische Nachricht, wie sie die großen regionalen Tageszeitungen transportieren, ist doch von der „Chronistenpflicht" geprägt: von der Beschreibung der Veranstaltungen. Der geistliche Aspekt findet sich auf die Wiedergabe einiger Sätze reduziert, die vor allem aus der Predigt des Vorsitzenden der Freisinger Bischofskonferenz, Kardinal Marx, genommen sind; auch die gastgebenden Bischöfe werden in diesem Umfeld wiederholt zitiert. Die Problematik des Berichtens über Predigten und ihre Inhalte, die angemessene Auswahl zentraler Passagen daraus mit Bedeutung, ist hier wie so oft bei der Berichterstattung über religiöse Themen einschlägig. Wobei vieles getan wird, um die Ergebnisse der Chronistenpflicht lesbar zu machen, sie sozusagen aufzuhübschen: In allen Tageszeitungsberichten finden sich Elemente des Features, die, wie am Beispiel Retzbach deutlich zu ersehen, bis hin zu stark emotionalisierenden Aussagen (z. B. die angeblich ununterbrochen klingelnden Telefone) gehen können, die beinahe übertrieben wirken. Dass sie letztlich nicht komisch sind, hängt mit dem impliziten Wissen um die Intention der Journalisten zusammen, die wiederum im Zusammenhang mit der Generallinie der Verlagshäuser zu sehen ist: Würdigung und Hervorhebung der regionalen Bedeutung des Geschehens, um im Sinne des Konstrukts Regionalkompetenz „die Kirche in der Region zu lassen" – der eigenen Interessenlage entsprechend. Diese Interessenlage ist aber nicht allein wirtschaftlich, sondern auch weltanschaulich zu beschreiben.

An der durchgehend neutralen und phasenweise positiven bis hin zu sehr positiven Berichterstattung durch die säkularen Regionalzeitungen, auch die mächtigen (an Auflage, wie die AZ), zeigt

81 Z. B. Zu Fuß auf dem Weg (Anm. 6): „Denn die Oberhirten wollen bis 2017 ihre Bistümer unter den besonderen Schutz der Gottesmutter Maria, der ‚Patrona Bavariae', stellen und erneuern jeweils in ihren Diözesen die Weihe an Maria."

sich – wenigstens am Beispiel einer nicht politischen und auch nicht „glaubenspolitisch umstrittenen“ Thematik –, dass die Verlagsverantwortlichen bis heute bereit sind, das Anliegen der kirchlichen Verkündigung indirekt mitzutragen, ohne dabei in kirchliches Verkündigungsfahrwasser zu geraten. Auch wenn davon nicht die Rede ist, so sprechen doch die Berichte, zumal die zentralen Berichte der regionalen Tageszeitungen, wiederholt gegliedert in die lokale und in die regionale Ebene, eine eindeutige Sprache. Im Bericht des „Eichstätter Kurier“ über die Wallfahrt im Mai 2016 etwa verschwimmen die Assoziationen eines „neuen Pfingsten“ mit denen eines großen Volksfestes – wenn im selben Absatz noch die Rede davon ist, dass die Bierbänke aus Passau angeliefert wurden.[82]

Vereint sind kirchliches und mediales Interesse übrigens in der günstigen Tatsache, dass die einzelnen Wallfahrten regional gestaffelt sind. Das kommt der Bildung überschaubarer Glaubens- wie auch medialer Räume sehr entgegen. Das entspricht konstitutionell dem subsidiären ortskirchlichen Aufbau der Kirche und kommt, in ökonomischer Hinsicht, den Interessen der immer noch starken Regionalzeitungen in Bayern entgegen. Die Figur – oder auch: der Glaubensinhalt – der Patrona Bavariae, deren Festfeier vorbereitet wird, überwölbt beides. Wie schnell das Miteinander von Kirche und Medien beendet sein kann, mag sich bei anderen, konfliktiven Themen auch in Bayern zeigen. In summa ist allerdings positiv festzustellen, dass das Interesse der Verlagshäuser, die Wallfahrten zur Vorbereitung im Mai 2017 zu unterstützen, somit auch bei einem Thema gegeben ist, das des Nachrichtenfaktors Negativismus entbehrt. Gewiss, ökonomische Aspekte spielen hier erheblich mit – die Nähe zu den Menschen und Lesern in der Region. Auch diese ökonomische Gemengelage eröffnet Gestaltungsspielräume, wie das Beispiel Augsburg und seine kreative (mediale) Umsetzung – Maria Knotenlöserin! – eindrücklich gezeigt hat. Man darf gespannt sein, wie (die) Medien die zentralen Feiern am 13. Mai 2017 in München covern – in Kontinuität zur hier aufgezeichneten Linie?

82 Siehe dazu Anm. 73.

II. Theologische und pastorale Gesichtspunkte der Marienverehrung

Maria – Herz der Theologie – Theologie des Herzens

Christoph Kardinal Schönborn

Übertreibt der Titel? Kann die Theologie ein anderes „Herz“, das heißt eine andere Mitte haben als Christus, den *logos theou*? Oder, wenn man bei der Bildrede vom Herzen bleibt, ist nicht der Heilige Geist das „Herz“ der Kirche, und somit der Theologie, wie Christus ihr Haupt ist? Eine protestantische Theologin schreibt:

> „Als ich anfing, die katholische Theologie zu studieren, stieß ich jedes Mal auf Maria, wenn ich erwartete, eine Abhandlung über den Heiligen Geist zu finden: man sprach Maria das zu, was wir einhellig als das eigene Wirken des Heiligen Geistes betrachten“.[1]

Der Vorwurf ist nicht einfach unberechtigt, wie Pater Yves Congar an Beispielen gezeigt hat.[2] Und doch geht er, nimmt man an der kirchlichen Lehrtradition Maß, an der Sache vorbei. Sieht man die Theologie als den Inbegriff des „Gott spricht“, des *logos theou*, dann kann nur Christus ihre Mitte, der Heilige Geist ihr „Herz“

1 Elsie Gibson, Mary and the Protestant Mind, in: Review for Religious 24/Mai 1965; zit. bei: L. J. Suenens, Une nouvelle Pentecôte? Paris 1976, 230f; deutsche Übersetzung: Hoffen im Geist, Salzburg 1974, 192. – Der folgende Beitrag wurde erstmals publiziert in: Walter Baier u. a. (Hg.), Weisheit Gottes – Weisheit der Welt. Bd. 1. Festschrift für Joseph Kardinal Ratzinger zum 60. Geburtstag, (EOS-Verlag) St. Ottilien 1987, 575–589.

2 Je crois en l’Esprit Saint. Bd. 1: L’expérience de l’Esprit, Paris 1979, 224f; in deutscher Übersetzung (Der Heilige Geist, Freiburg 1982) fehlt dieser Abschnitt.

sein. Umfasst Theologie aber auch die geschöpfliche Antwort auf Gottes Wort, dann zeigt sich unser Titel in einem anderen Licht, dann hat Maria ihren Platz im „Herzen“ der Theologie, jener Theologie, die „alle diese Worte bewahrt und sie im Herzen erwägt“ (vgl. Lk 2,19). Theologie als Erwägen des Wortes Gottes findet in Maria ihr Richtmaß, da ihr Jawort jene geistgewirkte Antwort auf Gottes Wort darstellt, die alle geschöpflichen Antworten umgreift. Im „Herzen“ der Theologie hat Maria aber nicht nur deshalb ihren Platz, weil ihr Jawort die bleibende „Präge*form*“ aller Theologie als Nachsinnen über Gottes Wort darstellt, sondern auch deshalb, weil ihre Rolle sie mitten in die zentralen *Inhalte* der Theologie stellt. „Denn“, so sagt das 2. Vatikanische Konzil, „Maria vereinigt, da sie zuinnerst in die Heilsgeschichte eingegangen ist, gewissermaßen die größten Glaubensgeheimnisse in sich und strahlt sie wider.“[3]

Beides soll im Folgenden betrachtet werden: eine von Maria geprägte *Form der Theologie*, die nur eine Theologie des Herzens sein kann, und eine Theologie, die ihre wesentlichen Inhalte in ihrem Bezug zu Maria bedenkt, die also in Maria das Herz der (antwortenden) Theologie sieht. Hierzu ist aber noch ein Weiteres zu beachten. Die privilegierten Adressaten des Wortes Gottes sind „die Unmündigen“, denen Gott offenbart, was er „vor Weisen und Klugen verborgen hat“ (vgl. Mt 11,25). Sie sind daher auch die privilegierten Antwortenden auf Gottes Wort. Als Wort Gottes und als nachsinnende Antwort des Menschen hat Theologie daher bevorzugt ihren Ort bei den „Einfältigen“.[4] Das bedeutet aber noch einmal, dass Maria im Herzen der Theologie ihren Platz hat, als die, auf deren „Niedrigkeit“ Gott geschaut hat, und die als „seine Magd“ geantwortet hat (vgl. Lk 1,48).

Der hier skizzierte Stellung Mariens im Zentrum der Theologie soll im Folgenden nachgegangen werden. Um diesen Weg zu gehen, lassen wir uns jedoch auf eine Vorgabe ein, die in der Theologie wenig thematisiert wurde, die aber in der „Volksfrömmigkeit“

3 Dogmatische Konstitution *Lumen gentium,* Art. 65.

4 Vgl. das Büchlein von H. U. von Balthasar, Christen sind einfältig, Einsiedeln 1984, und unsere Arbeit: Einheit im Glauben, Einsiedeln 1984.

starke Wurzeln geschlagen hat: die *Verehrung des Herzens Mariens*. P. Leonardo Boff schreibt einmal:

> „In der Theologie geht es um mehr als um bloßes Wissen. In der Theologie kommt es nämlich auch darauf an, die Menschen in ihrer Frömmigkeit zu bekräftigen und das zu vertiefen, was sie bisher in ihrem Glauben ganz selbstverständlich besaßen".[5]

1. Die Herz-Marien-Verehrung als Anfrage an die Theologie

Parallel zur Herz-Jesu-Verehrung entwickelte sich, besonders seit dem 17. Jahrhundert, in der katholischen Christenheit die Verehrung des *Herzens* der Mutter Jesu. Diese Verehrung erwuchs aus der Betrachtung des Marienlebens, besonders der Schmerzensmutter; sie fand allmählich Eingang in die Liturgie; sie wurde schließlich vom kirchlichen Lehramt aufgegriffen und bestärkt. Die Botschaft von Fatima gab der Verehrung des „unbefleckten Herzens Mariens" einen starken Auftrieb. Dieser Botschaft gemäß haben Pius XII. und Johannes Paul II. die Welt dem Herzen Mariens geweiht. Der „sensus fidelium" hat diese Verehrung rezipiert und durch sein Glaubenszeugnis approbiert, zumindest in den Ländern, in denen eine ausgeprägte Volksreligiösität vorherrscht. Auch das kirchliche Lehramt hat das Anliegen rezipiert und approbiert. Nur in der Theologie hat das Thema bisher wenig Widerhall gefunden. Man mag einwenden, solcherlei Frömmigkeitsformen gehören nicht in die Theologie, sondern seien Sache der „Spiritualität". Der Einwand ist zu vorschnell,

5 Ave Maria. Das Weibliche und der Heilige Geist, Düsseldorf 1982, 27. Boff geht in diesem ansprechenden Buch wohl doch zu weit, wenn er – als persönliche Hypothese – eine quasi hypostatische Union zwischen dem Heiligen Geist und Maria vertritt (vgl. 51, 62f, 69, 74, 94, 120). Eine solche „Vergöttlichung" Mariens droht die Differenz zur Gottmenschlichkeit Christi zu übersehen. Eigenartiger „Maximalismus": „Was gebührt einer Mutter, deren Sohn Gott ist? Es ist nur recht und billig, dass sie auf derselben göttlichen Höhe steht wie er" (97).

denn auch das, was im geistlichen, religiösen Leben des Gottesvolkes aufbricht, beansprucht die Theologie. Ist es eher eine gewisse „Ungleichzeitigkeit“, dass die Theologie erst mit einiger Verzögerung aufgreift, was im Herzen der Gläubigen bereits aufgebrochen ist?

Valentin Tomberg stellt im Blick auf die Mariendogmen fest, diese Glaubenswahrheiten lebten

> „zuerst in den Herzen der Gläubigen, dann beeinflussen sie mehr und mehr das liturgische Leben der Kirche, um endlich als Dogmen verkündet zu werden. Die dogmatische Theologie ist nur die letzte Stufe des Weges zum Dogma, der in den Tiefen des Lebens der Seelen beginnt und in der feierlichen Verkündigung endet“.

Und Tomberg fügt, auf Pascal anspielend, hinzu:

> „Wie man sagt, dass das Herz seine Gründe hat, die der Verstand nicht kennt, kann man auch sagen, dass ‚das Herz seine Dogmen hat, die die theologisierende Vernunft nicht kennt‘“.[6]

Das Herz Mariens – ein „Dogma des Herzens“, dem die theologisierende Vernunft – noch – kaum Beachtung schenkt? Wenn ein Thema wie das des Herzens Marias durch lange Zeit in den Herzen der Gläubigen erwogen wird, dann darf man annehmen, dass es auch der „theologisierenden Vernunft“ etwas zu sagen hat. Ehe wir uns an den Versuch einer theologischen Deutung heranwagen, sind zuerst gewisse Einwände zu besprechen, die mehr oder weniger ausdrücklich gegen die Herz-Marien-Frömmigkeit erhoben werden.

6 In seinem anonym (Anonymus d’Outre-Tombe) veröffentlichten Werk „Die großen Arkana des Tarot“, Basel 1983, 603. Dieses seltsam anmutende Werk ist eine noch kaum erschlossene Fundgrube.

2. Solvuntur objecta

a) Eine erste, sozusagen epidermische Schwierigkeit sind die *Ausdrucksformen* dieser Frömmigkeit. Sprach- und Bildwelt wirken oft ästhetisch dürftig, werden als zu süßlich, sentimental oder einfach als geschmacklos abgelehnt. Dem Einwand ist, auf seiner Ebene, schwerlich etwas entgegenzustellen. Die Gegenfrage lautet aber, ob mit dem ästhetischen Verdikt nicht, unbewusst oder auch bewusst, etwas verworfen wird, das mehr zu sagen hat als die unbeholfenen Ausdrucksformen, in denen es uns meist begegnet. Das Thema „Herz Mariens" ist gewiss nicht mit dem Hinweis auf die volkstümlichen Nazarenerbilder abgetan.

b) Die Verlegenheit vor solchen Bildern und ihrer Volkstümlichkeit verweist auf eine tiefer liegende Schwierigkeit, die heute nicht nur weite Teile der Theologie, sondern ebenso sehr die aufgeklärte westliche Gesellschaft betrifft: *die mangelnde Integration des Affektiven.* Dietrich von Hildebrand ist diesem Mangel in seinem subtilen Werk „Über das Herz"[7] nachgegangen. Er zeigt, wie folgenschwer die Abwertung der Affektivität durch die griechische Philosophie gewirkt hat, besonders in deren neuzeitlicher Rezeption. Dem „Herzen" wird die Objektivität abgesprochen, das Affektive global als sentimental und subjektiv gegenüber der distanzierten, kühl neutralen „Sachlichkeit" abgewertet. Von Hildebrands einfühlsame phänomenologische Analyse weist auf, dass hier ein tiefsitzendes und gefährliches Missverständnis vorliegt. Gerade „die Stimme des Herzens", wie sie sich in Freude, Glück und ähnlichen Erfahrungen bekundet, ist nicht einfach eine subjektive Gefühlsäußerung, sondern eine voll und ganz menschliche, personale Antwort auf eine objektiv gültige Situation, die Grund für Freude und Glück ist.

> „Es ist nicht entscheidend, ob wir Glück fühlen, sondern ob wir den objektiven Umständen nach Grund haben, glücklich zu sein. Die großen, überströmenden affektiven Erlebnisse werden

7 Über das Herz. Zur menschlichen und gottmenschlichen Affektivität, Regensburg 1967.

geboren aus dem Ernstnehmen der Situation, aus dem Erfülltsein von der Frage, ob diese Stunde eine Antwort der Freude, des Glücks oder des Schmerzes verlangt".[8]

Von Hildebrand nennt diese Haltung „die zarte Affektivität"[9] und bestimmt sie gegenüber der Sentimentalität (die subjektiv bleibt) als die wirklich „sachliche", weil der objektiven Wirklichkeit entsprechende Antwort auf eine die Person in ihrer Mitte, in ihrem Herzen ansprechende Situation.

Im Licht dieser nur kurz skizzierten Ausführungen Dietrich von Hildebrands können wir, auf unser Thema bezogen, unterscheiden zwischen dem, was an der Herz-Marien-Frömmigkeit nur subjektives Sich-Beschäftigen mit eigenen Gefühlen und Reaktionen ist, und dem, was Ausdruck der Antwort auf die objektive, gültige Betroffenheit von der Gestalt Mariens ist (auch wenn diese beiden Aspekte sich nie ganz sauber trennen lassen). Die berechtigte Kritik an zu stark dem Individuellen oder Zeitbedingten verhafteten Gefühlsausdrücken in der Marienverehrung darf nicht dazu führen, dass die *Gültigkeit* der Gefühle in Frage gestellt wird, die durch den lebendigen Kontakt mit dem Geheimnis Mariens erwachen. Auf *diese* Stimme des Herzens sollte die Theologie horchen, wenn sie die Verehrung des Herzens Mariens theologisch reflektiert, und dabei sollte sie die zeitbedingten Nebentöne von den eigentlichen Herztönen unterscheiden.

Gerade diese Fähigkeit, mit dem Herzen zu verstehen, und dadurch ins Herz des zu Verstehenden vorzudringen, hat immer den schöpferischen Denker und Forscher gekennzeichnet, der sozusagen „der Mann mit dem Löwenhirn und dem Kinderherzen" ist.[10] Von großen Theologen gilt dasselbe. Viele Beispiele drängen sich auf. Eines sei kurz erwähnt. Matthias Joseph Scheebens erstes Werk (1860)

8 Ebd., 90.

9 Ebd., 81ff.

10 So kennzeichnet H. U. von Balthasar einmal den Philosophen Gustav Siewerth (Rechenschaft, Einsiedeln 1965, 36).

war eine Anthologie marianischer Texte aus allen Jahrhunderten,[11] von der Martin Grabmann sagte, sie sei „eine Frucht seines frommen Gemütes und seiner zarten Marienverehrung".[12] Wie sehr solche Zärtlichkeit bei Scheeben, wie bei anderen großen Theologen, in der *Objektivität* der verehrten Gestalt gründet, zeigt etwa folgender, sprachlich gewiss recht zeitgebundener Text:

> „O welch Entzücken muss nicht bei diesem Gedanken unsere Seele erfüllen und wie muss nicht unser Herz vor Freude zittern in dem erhabenen Bewusstsein, dass wir der Mutter Gottes so nahe verwandt sind und die Königin des Himmels und der Erde mit vollem Recht unsere Mutter nennen dürfen [...] Wie zärtlich müssen wir sie nicht lieben und verehren."[13]

Nicht subjektive Sentimentalität, sondern das Berührt- und Betroffensein von der Frau, die Jesu Mutter ist, sind der objektive Grund dafür, dass ihr gegenüber die *affectus cordis* erwachen und nach Ausdruck suchen. Die „Volksfrömmigkeit" hat keine andere Quellen als diese *theologia cordis*: das Bewusstsein, „dass wir der Mutter Gottes so nahe verwandt sind". Diese Nähe der „Königin des Himmels und der Erde" ist der Grund, warum seit frühester Zeit Menschen vertrauensvoll zu ihr kommen, warum ihre Gestalt seit jeher die Herzen anspricht. Diese Nähe ist es auch, die durch alle Jahrhunderte große theologische Denker zu Dichtern werden ließ, die es ihnen ermöglichte, das theologisch Durchdachte in der „Sprache des Herzens", in Hymnus und Gebet zu sagen. Diese Nähe verband daher auch immer die Theologen mit dem „Glauben der Einfachen" und ließ beide eine gemeinsame Sprache finden, ohne

11 Marienblüthen aus dem Garten der heiligen Väter und christlichen Dichter zur besonderen Verherrlichung der ohne Makel empfangenen Gottesmutter, Schaffhausen 1860; Neuauflage unter dem Titel: Marienlob in den schönsten Gebeten, Hymnen und Liedern aus zwei Jahrtausenden, Olten 1946.

12 In der Einleitung (S. XXVII) zu Scheebens Gesammelten Werken, Bd. 1.

13 Die Herrlichkeiten der göttlichen Gnade, Gesammelte Werke, Bd. 1, 53.

die Theologie und „Volksfrömmigkeit" zu beider Nachteil auseinanderdriften.

c) Gegen die hier behauptete Objektivität der „zarten Affektivität" (Hildebrand) steht freilich als gewichtiger Einwand der Verdacht, die stark affektive Beziehung zu Maria sei von *Projektionen* bestimmt, von Übertragungen eigener Wünsche und Sehnsüchte auf die zu diesem Zweck überhöhten Gestalt der einfachen Frau aus Galiläa. Den Verdacht nährt zudem die von früh an volkstümliche enge Vereinigung von Mutter und Kind, wie sie uns in der darstellenden Kunst begegnet.

Es konnte nicht ausbleiben, dass dieses Bild engster Mutter-Sohn-Bindung dem Verdacht wunschbedingter Projektion ausgesetzt wurde. Sigmund Freud hatte bereits die christliche Darstellung der Beziehung Jesu zu Gott-Vater als ödipalen Konflikt bloßzulegen versucht, in dem der Sohn den Vater durch seine Selbstaufopferung zugleich zu besänftigen und zu beseitigen trachtete. Freud sieht das Christentum als „Sohnesreligion", als rebellische Beseitigung des Vatergottes.[14] Freuds Schüler Ernest Jones unternahm es, mit der psychoanalytischen Laterne auch den „Familienroman" der Heiligen Familie auszuleuchten und die Vorstellung der jungfräulichen Empfängnis in den Rahmen des Ödipuskonfliktes zu spannen.[15] In vulgärfreudianischer Perspektive wird denn auch heute in etwa folgende These vertreten: Die Jungfrau-Mutter sei das Phantasma einer exklusiven Mutter-Sohn-Beziehung, in der die Mutter dem Sohn, der Sohn der Mutter alles bedeute, in der beide eine Symbiose – freilich neurotischer Art – eingingen, wobei Mutter und Sohn jeweils auf andere Bezugspersonen verzichten, um ganz einander zu gehören. Der Jungfrau-Mutter entspreche daher der jungfräuliche

14 Freud hatte diese Auffassung in seinen religionskritischen Schriften entwickelt („Totem und Tabu", „Der Mann Moses und die monotheistische Religion"): Bd. IX der Studienausgabe, Frankfurt a. M. 1974, 435–437.532–537.580; vgl. dagegen die Texte von Charles Péguy (Anm. 29 und 31).

15 Zur Psychoanalyse der christlichen Religion, Frankfurt a. M. 1970, bes. 44ff.

Sohn, wobei freilich diese symbiotische Beziehung um den Preis des Verzichts auf andere Beziehungen erkauft werde. Interesse an dieser Mutter-Sohn-Einheit habe vor allem eine zölibatäre und machtorientierte Priesterschaft, die sich im Bild der Jungfrau-Mutter und ihrem Sohn ein Legitimationsphantasma geschaffen habe, an dem umso emotionaler festgehalten werde, als die unbewussten Wünsche, die sich in diesem Bild verraten, verdrängt werden müssen.[16]

In dieser undifferenzierten Form wird man die These kaum ernst nehmen können. Dennoch enthält sie eine Anfrage, die nicht überhört werden sollte. Die hier beschriebene neurotische Form der exklusiven Mutter-Sohn-Bindung existiert zweifellos, mit all den oft tragischen lebensgeschichtlichen Verengungen, die sie kennzeichnen. Man wird nicht bestreiten können, dass solche symbiotische Mutterbeziehungen auch gelegentlich bei ehelos lebenden Priestern vorkommen. Kurzschlüssig wäre es freilich, einfach die Verehrung der Madonna mit dem Kind auf Projektionen zurückzuführen, die aus solchen trüben Quellen gespeist werden.

d) Ein weiterer Einwand, der dem vorgenannten nahe steht, drängt sich auf. *Die Kargheit neutestamentlicher Aussagen über Maria* steht in einem nicht zu übersehenden Kontrast zu der grenzenlos scheinenden Ausweitung der Marienverehrung in der katholischen und in der orthodoxen Tradition: Dem „de Maria numquam satis“ steht die scheue Verschwiegenheit der Evangelien entgegen. Dieser Kontrast wird noch akzentuierter, wenn auf der einen Seite festgestellt wird: „Alle Äußerungen Jesu seiner Mutter gegenüber sind aufs erste Hören von auffallend herber Zurückhaltung“,[17] auf der anderen Seite aber Ausdrücke einer nicht zu überbietenden Innigkeit zwischen der Gottesmutter und ihrem Sohn zu finden sind. Schrift und Tradition scheinen hier in Konflikt zu geraten.

16 So, kurz resumiert, die These von J. Pohier, La conception virginale de Jésus. De quoi s'agit-il? In: G. Bessière und J. P. Jossua, Dossier Jésus. Recherches nouvelles, Paris 1977, 24–27; vgl. dagegen H. U. von Balthasars Bemerkungen in seiner Theodramatik II, 2, Einsiedeln 1978, 298, Anm. 19.

17 H. Spaemann, Drei Marien. Die Gestalt des Glaubens, Freiburg 1985, 15.

e) Ein letzter Einwand ist unmittelbar dogmatischer Natur. Er radikalisiert alle vorausgehenden Einwände. Die Herz-Marien-Verehrung scheint, in ihrer Parallelentwicklung zur Herz-Jesu-Verehrung, Maria auf dieselbe Stufe zu erheben wie Christus. Erneut drängt sich, nun auf dem Hintergrund der übrigen Einwände, die eingangs gestellte Frage auf: Kann es eine andere Herzmitte der Theologie geben als Jesus Christus? In der Frage nach der rechten Verhältnisbestimmung zwischen Herz Jesu und Herz Mariens geht es um die alle Bereiche der Theologie erfassende Frage, welche Rolle dem Geschöpf im Heilsgeschehen zukommt.

Die beiden letztgenannten Einwände erheischen eine etwas ausführlichere Beantwortung. Wir wenden uns daher zuerst dem Kontrast zwischen biblischer Kargheit und späterem Überschwang zu, um schließlich, abschließend, das im Titel dieses Versuchs Gesagte zu begründen.

3. „... und aus deinem ganzen Herzen ...“

Die Betrachtung Mariens in der Marienverehrung wie in der Mariologie sieht Maria meist primär im Verhältnis zu ihrem göttlichen Sohn, die Mutter mit ihrem Kind. Diese Sichtweise ist die spontane Reaktion des Herzens. Es ist die Reaktion jener Frau aus dem Volk, die Jesus aus der Menge zuruft: „Selig der Leib, der dich getragen, und die Brust, die dich genährt hat“ (Lk 11,27). Das Bild der Mutter mit dem Kind, der Mutter unter dem Kreuz ihres Sohnes berührt unmittelbar die Herzen. Diese Bilder inspirieren das einfache Gebet („Maria mit dem Kinde lieb ...“), die mitleidende Klage („Christi Mutter stand mit Schmerzen ...“).[18] Jesu Antwort scheint diesen Ruf des Herzens abzuweisen: „Vielmehr selig, die das Wort Gottes hören und es bewahren“ (Lk 11,28). Diese scheinbar abweisende Haltung

18 Christian Murciaux hat in seiner andalusischen Novelle „Saeta für Pontius Pilatus“ meisterhaft die Identifikation einer einfachen Frau aus dem Volk mit den Freuden und Leiden Marias über ihren Sohn zum Ausdruck gebracht: Einsiedeln 1956 (Übertragung von H. U. von Balthasar).

„A l'instant de l'Incarnation, Celui qui vient pour enseigner les exigences inconnues de l'amour, elle le porte en elle. Il lui demande plus qu'a tous les autres. Et c'est ainsi qu'il fera grandir en elle l'amour [...] Il va lui-même entreprendre de le diriger. Ce ne sera pas ici premièrement, comme ailleurs, la mere qui donne, et l'enfant qui reçcoit. C'est l'Enfant qui est Maître de l'amour".[23]

„Les brisements toujours plus douloureux qui lui sont demandés n'ont pas pour fin de la purifier des imperfections de son amour: il n'y a pas eu ombre d'imperfection en elle. Ils ont pour seule fin de l'associer à la souffrance rédemptrice de son Fils".[24]

Betrachtet man die scheinbare Schroffheit mancher Worte Jesu zu oder über Maria in dieser Perspektive, dann erweisen sie sich nicht als herzlose Distanzierung, sondern als Zeichen auf dem Weg der Gestaltung ihres Herzens nach dem seinen. Diese Gleichgestaltung geschieht in verhüllter, verborgener Weise; sie umgeht nicht die Dunkelheit des Glaubens: Maria „ging den Pilgerweg des Glaubens".[25] Sie ging ihn als erste ganz, sie ging ihn am weitesten, bis zum völligen Einklang ihres Herzens mit dem Herzen ihres Sohnes, ihres Verlangens mit dem seinen: dem Verlangen nach dem Heil *aller* Menschen. Gerade darin, im Hingeben aller spontanen Herzensneigungen zum eigenen Sohn, in der völligen „Freigabe" des Sohnes an seine Sendung, ist ihr Herz ganz dem seinen vereint, wird ihr Herz weit wie seine Sendung. Am Kreuz, da er sein Leben für *alle* Menschen hingibt, wird sie zur Mutter *aller* Menschen.

Es gibt aber auch die umgekehrte Prägung: In gewisser Weise ist das Herz Jesu nach dem Herzen seiner Mutter geformt. Das 2. Vatikanische Konzil sagt über Christus:

23 Ch. Journet, ebd., 8.

24 Ebd., 68.

25 Lumen gentium, Art. 58.

> „Mit Menschenhänden hat er gearbeitet, mit menschlichem Geist gedacht, mit einem menschlichen Willen hat er gehandelt, mit einem menschlichen Herzen geliebt. Geboren aus Maria, der Jungfrau, ist er in Wahrheit einer aus uns geworden, in allem uns gleich außer der Sünde“.[26]

Das menschliche Herz, mit dem er geliebt hat, ist nach dem Herzen Mariens geformt. Von ihr hat Christus sein Menschsein empfangen. Maria ist für immer ins Geheimnis der Menschwerdung einbezogen. Diese Prägung bleibt nicht auf den Moment der Menschwerdung beschränkt. Sie wirkt weiter durch die langen verborgenen Jahre, in denen Jesus in der Unscheinbarkeit des Alltäglichen „ihnen untertan war“ (Lk 2,51). Dass Maria auf diese Weise „die menschliche Entwicklung des Sohnes Gottes tief beeinflusst hat, [...] ist einer der eindrucksvollsten Gesichtspunkte beim Geheimnis der Menschwerdung“.[27]

> „Der Gehorsam, den der Sohn nunmehr durch Jahrzehnte leisten wird, ist ein menschgewordener, in die Menschengemeinschaft hineingebundener, aber immer entfließend seinem Gehorsam zum Vater, dessen Wille ihn in diesen menschlichen Gehorsam hinein verfügt. Man darf und muss ihm befehlen. Hier in Nazareth ist dafür gesorgt, dass auch die Befehle aus der Kenntnis des göttlichen Willens heraus erfolgen“.[28]

Jesu Gehorsam den Eltern gegenüber steht nicht seinem Gehorsam dem Vater gegenüber im Weg. Dem Menschgewordenen begegnet der Wille seines Vaters in der schlichten Gestalt des vierten Gebotes.

26 Gaudium et spes, Art. 22.

27 Johannes Paul II., Generalaudienz vom 4.1.1984, in: L’Osservatore Romano (dt. Wochenausgabe) Nr. 2 / 1984, 2; vgl. auch C. Spicq, Ce que Jésus doit à sa mère selon la théologie biblique et d’après les théologiens médievaux, (Conférence Albert-le-Grand 1959), Montréal – Paris 1959.

28 H. U. von Balthasar, Der dreifache Kranz. Das Heil der Welt im Mariengebet, Einsiedeln 1976, 39.

Der Gehorsam Jesu in Nazareth wird dadurch zum greifbaren Bild („une représentation charnelle“[29]) des Gehorsams Jesu gegenüber seinem Vater; er wird zur Vorwegnahme des letzten Gehorsams in Gethsemani.

Maria hat das Herz Jesu geprägt: Weil sie in ihrem „fiat“ ihr Herz ganz dem Willen des Vaters übergeben hat, konnte sie ihrem Sohn gegenüber zur „Repräsentantin“ des Willens des Vaters werden. Kana, das erste „Zeichen“ Jesu, wird dies bezeugen. Von Maria geht, verhalten vorgebracht, die Bitte an den Sohn: „Sie haben keinen Wein mehr“ (Joh 2,3). Jesu Hinweis, seine Stunde sei noch nicht gekommen, wird von ihm selber überholt: Er erfüllt die unausgesprochene Bitte Mariens. Um ihrer Bitte willen werden „Himmel und Erde in Bewegung gesetzt“, wird die „Stunde“ Jesu gewissermaßen „vorgezogen“. Kardinal Journet kommentiert:

> „Rien n'a été dit de si grand, rien ne sera jamais dit de si grand sur la puissance d'intercession de la Vierge, que le récit évangelique du miracle de Cana. C'est l'heure de la puissance de Marie. La Vierge peut tout sur le cœur de son Fils. Elle a fait trop profondément sa volonté à lui, pour qu'en échange il ne fasse pas sa volonté à elle“.[30]

Die *theologia cordis*, der Glaube der Einfachen gehen also nicht fehl; sie gehen nicht am tieferen Sinn der kargen Worte der Schrift vorbei, wenn sie dem Herzen Mariens „Macht über Jesu Herz“ zumessen. Diese „Macht“ ist freilich etwas anderes als das verquere

29 Vgl. den großartigen Text von Charles Péguy in seinem Werk „Un nouveau théologien, M. Fernand Laudet“, § 111 (Ed. de la Pléiade, 920): „L'obéissance, la soumission de Jésus à ses père et mère nourriciers, si parfaite en elle-même et d'un si éternel enseignement, n'étaient encore qu'une image temporelle, une représentation charnelle de l'obéissance filiale éternelle, de la parfaite filiale éternelle de Jésus à son Père *qui êtes aux cieux*. L'obéissance, la soumission de tout les jours de Jésus à Joseph et à Marie annonçait, représentait, anticipait l'effrayante obéissance et soumission du Jeudi-Saint“.

30 Ch. Journet, ebd. (Anm. 21), 91f.

Herrschenwollen von Müttern über ihre Söhne. „Meine Stunde ist noch nicht gekommen“: Jesu erste Referenz ist der Wille des Vaters, dem alleine es zusteht, den Tag und die Stunde zu wissen (Mk 13,32) und festzusetzen (Apg 1,7). Maria hat für ihre Bitte keine andere Referenz als eben diesen Willen des Vaters. Deshalb gilt für sie wie für keinen anderen Menschen Jesu Wort: „Wer den Willen Gottes tut, der ist mir Bruder und Schwester *und Mutter*“ (Mk 3,35). Es ist dies das Gegenteil der ödipalen Situation, es ist deren vollständige Heilung. Wie Jesus nicht gekommen ist, den Vater zu entthronen,[31] so ist seine Haltung gegenüber seiner Mutter nicht die einer exklusiven und possessiven Mutterbeziehung. Jesu wiederholter Hinweis auf den Willen des *Vaters* zeigt die Quelle der Gemeinsamkeit zwischen Sohn und Mutter: das „fiat“ dem Vater gegenüber. Das „fiat“ des ewigen Sohnes ist der Grund seiner Menschwerdung, das „fiat“ Mariens ist der Grund ihrer Gottesmutterschaft. In diesem „fiat“ sind ihre Herzen geeint. Die „zarte Affektivität“ in der Verehrung der beiden Herzen, Jesu und Mariens, bleibt „objektiv“ und damit authentisch, wenn sie diese strikte *Theo*zentrik nicht aus den Augen verliert. Wo dies nicht übersehen wird, herrscht auch kein Gegensatz zwischen der Herbheit der Worte Jesu über oder zu Maria und der Zärtlichkeit von Mutter und Sohn, die die *theologia cordis* betrachtet und verehrt.

4. Maria – Herz der Theologie

Warum findet die Theologie ihre Herzmitte im Herzen der Frau, die Jesu Mutter ist? Die Antwort kann hier nur skizziert, das Zentrum angezeigt und die Linien, die von ihm aus in alle Bereiche der Theologie führen, nur knapp angedeutet werden.

31 Charles Péguy hat das im „Durel“ eindrücklich formuliert: „(Jésus) n'est point un fils de roi venu pour détrôner son père, mais pour lui ramener au contraire des sujets rebelles. Tout le geste et le mouvement de Jésus-Christ a été de reprendre l'homme et le péché de l'homme pour les jeter au pied du trône de son Père“ (Œuvres poétiques, Ed. de la Pléiade, 1527).

a) Maria ist der *Garant des christlichen Realismus*: In ihr wird ansichtig, dass Gottes Wort nicht nur gesprochen, sondern auch gehört wurde, dass Gott nicht nur gerufen, sondern der Mensch auch geantwortet hat, dass Heil nicht nur geschenkt, sondern auch empfangen ist. Christus ist Gottes Wort, Maria ist die Antwort: In Christus ist Gott „vom Himmel herabgestiegen", in Maria ist die Erde wieder fruchtbar geworden. Maria ist das Siegel der vollendeten Geschöpflichkeit: In ihr wird vorweg anschaulich, was Gott mit der Schöpfung gemeint hat.

b) Um Missverständnissen vorzubeugen: Dieses Menschenherz, aus dem das vollkommene geschöpfliche Ja zu Gott hervorgegangen ist, steht nicht gewissermaßen als automatisches Zentrum eigenmächtigen Willens neben dem Herzen des Gottmenschen. Gotteswort und Menschenantwort stehen nicht auf gleicher Ebene. In ihrer schlichten und realen Glaubenshaltung ist Maria, wie kein anderes Geschöpf, der *Erweis des sola gratia*. Ihre Anmut ist es, dass alles an ihr Lob der Gnade ist, und je größer das Gewicht ihrer Antwort gesehen wird, desto unübersehbarer wird, dass alles an ihr Gnade ist. Dieses unbedingte *prius* der Gnade ist auch der Sinn des Immaculata-Dogmas.[32]

c) Nun wird aber an Maria ansichtig, dass Gnade auf *Zustimmung* hin geschenkt wird. Nie war Gnade so sehr auf das zustimmende Ja „angewiesen", geht es doch um das Ja, auf das „die ganze gefangene Welt" wartet:[33] „expetebatur consensus Virginis loco totius humanae naturae".[34]

> „Das Wort soll ja Mensch werden, das ganze Heilsgeschehen ist keine innergöttliche Sache. Mensch werden heißt, Kind einer Mutter werden, die im Empfangen des Samens Gottes ihr volles menschliches Jawort sprechen muss. In keiner Weise und Hinsicht

32 Darauf weist Kardinal Ratzinger hin in: Die Tochter Zion. Betrachtungen über den Marienglauben der Kirche, Einsiedeln 1977, 61–77.

33 Ambrosius Antpert, PL 39, 2015; vgl. H. U. von Balthasar, ebd. (Anm. 16), 283.

34 Thomas von Aquin, Summa theol. III, q. 30, a. 1.

> wird der Mensch überwältigt und vergewaltigt, kann und darf ihm etwas angetan werden, mit dessen möglichen Folgen er nicht im voraus einverstanden ist, auch wenn er sie nicht kennt."[35]

Um so zustimmend antworten zu können, muss aber Maria schon Anteil erhalten an dem Ja Gottes, das sein ewiger Sohn ist, und der durch ihr Ja ihr Sohn wird. So spricht Maria ihr Jawort bereits in der Haltung ihres Sohnes, der als Gottes ewiges Wort immer auch schon Antwort ist.

> „Diese Qualität kann ihr nur im voraus von Gott geschenkt sein, nicht als ein Fremdes, sondern als Fähigkeit zur tiefsten Selbstverwirklichung. Gott ist ja die ewige Freiheit: Er kann, sich schenkend, das Geschöpf nur zur Freiheit befreien."[36]

d) So wird in Maria „prototypisch" das Verhältnis von *unendlicher und endlicher Freiheit* sichtbar, nicht als Idee, sondern real, im Herzen der Geschichte. Marias Freiheit hat

> „sich von vornherein in den gnadenhaft großoffenen Raum der unendlichen (Freiheit) hinein übereignet und damit vollendet, ein für allemal, wie sehr sie in ihrem zeitlichen Geschick immer wieder angefochten werden mag [...] Ihr freies Ja wird eingefordert von der schlechthin verfügenden absoluten Freiheit – ‚du wirst empfangen, gebären, nennen, er *wird* Sohn des Höchsten sein, der Geist *wird* dich überschatten [...]' –, es ist als freies je schon miteingeborgen in Gottes zentralen Heilsratschluss, so dass die Frage, ob Maria hätte Nein sagen können, weit zurückbleibt hinter diesem Zusammenschlag erfüllter endlicher mit unendlicher Freiheit. Keine endliche Freiheit kann in ihrem Einstimmen in die unendliche freier von Schranken sein."[37]

35 H. U. von Balthasar, ebd. (Anm. 28), 15f.

36 Ebd., 17.

37 H. U. von Balthasar, ebd. (Anm. 16), 275f.

e) Gnade eröffnet den Raum des *Mitwirkens des Geschöpfes*. Die „theologia cordis" betrachtet bevorzugt das *Mitwirken Mariens* am Heilswerk ihres Sohnes, an seinem Leben und an seiner Sendung: vom Jawort der Empfängnis bis zum Stehen beim Kreuz. Maria wird darin zum Urbild allen Mitwirkens des Geschöpfes am Wirken Gottes. Ihr Mitwirken am Werk Christi führt sie, wie kein anderes Geschöpf, mitten in das Drama von Sünde und Erlösung, in das Zentrum der Heilsgeschichte.

Umkehr, Buße, Sühne für die Sünden: Das sind die Themen, die in den „großen" Marienerscheinungen der letzten 180 Jahre immer wiederkehren. In der *Botschaft von Fatima* sind sie zudem eng verbunden mit dem Aufruf zur Verehrung des unbefleckten Herzens Mariens. Eine kurze Betrachtung dieser Botschaft kann den Sinn und die Art und Weise des geschöpflichen Mitwirkens am Erlösungswerk verdeutlichen.

„Wollt ihr euch Gott schenken?" – Diese Frage Mariens an die Kinder gibt, von der ersten Erscheinung an, den Grundton. Hingabe an Gott, ganz und bedingungslos: Es ist die Haltung, die dem Geschöpf als Geschöpf geziemt; es ist die Haltung Mariens. Es gibt dem Menschen nichts Freudvolleres als solche Hingabe. Sie ist uns völlig „konnatural", weshalb, bei allem Ernst, in der Botschaft von Fatima die Freude vorherrscht, wie auch Marias Hingabe an Gott ihr Leben in das Licht „unaussprechlicher Freude" (1 Petr 1,8) taucht.

Das Ja zur Hingabe ist aber auch ein Ja zu *allem*, was Gott schicken will. „Seid ihr bereit, jedes Opfer zu bringen und jedes Leid anzunehmen, das Er euch schicken wird?" Die zweite Frage an die Kinder führt sie ein in die Bereitschaftshaltung Mariens. Das Ja der Hingabe führt ins Dunkel des Leidens. Dieses Leiden ist nicht sinnlos. Es ist Teilnahme am Erlösungsgeschehen: „Seid ihr bereit, […] jedes Leid anzunehmen […] *als Sühne* für die vielen Sünden, durch die die göttliche Majestät beleidigt wird?" Opfer und Leiden als Sühne für die Sünden: Der theologale Kern dieser weitgehend fremd gewordenen Worte ist bleibend gültig. Vorausgesetzt ist der elementare Sinn für die Heiligkeit Gottes („die göttliche Majestät") und, damit verbunden, das tiefe Erschrecken über das Wesen der

Sünde. „Nondum considerasti quanti ponderis sit peccatum.“[38] Ist das der Sinn der Höllenvision bei der dritten Erscheinung? Kurz davor wurde den Kindern gesagt: „Opfert euch auf für die Sünder“. *Sühne* heißt hier nicht „Werkgerechtigkeit“ des Menschen; sie erwächst aus der Hingabe an den heiligen Gott, aus dem Schmerz über die Tödlichkeit der Gottferne: „Sühne“ nicht aus Angst vor Gottes Strafe, sondern als Teilhabe an der Barmherzigkeit Gottes, der nicht den Tod des Sünders will.[39] So ahnen wir auch, warum der Sühnegedanke gerade mit der Verehrung des unbefleckten Herzens Mariens verbunden ist, ja warum sogar von Sühne für die „Beleidigungen dieses Herzens“ die Rede ist: Die Sünde als Todesmacht trifft immer auch das Herz der Mutter des Lebens. Die Verehrung dieses Herzens wird zur Einübung der Hingabe, der Verherrlichung Gottes und seiner Barmherzigkeit, die in diesem Herzen ein nicht endendes Echo gefunden hat.[40] Dieses Herz wird hier als reales und personales Zeichen für die Glaubensgewissheit erfahren, dass die Gnade unwiderruflich gesiegt hat. So mündet die Botschaft von Fatima in die Verheißung: „Am Ende aber wird mein unbeflecktes Herz triumphieren.“ Wieder gilt es, auf den theologalen Kern dieser Botschaft zu achten: Der Sieg der Gnade ist in Maria „personifi-

38 Anselm von Canterbury an seinen Schüler Boso im Dialog „Cur Deus homo“, I, 21.

39 Die biblische Sicht der Sühne wurde von P. Adrian Schenker OP in einer eindrucksvollen Reihe von Untersuchungen als „Instrument“ der Barmherzigkeit Gottes aufgewiesen: Versöhnung und Sühne. Wege gewaltfreier Konfliktlösungen im Alten Testament. Mit einem Ausblick auf das Neue Testament (Biblische Beiträge 15), Freiburg (Schweiz) 1981; Das Zeichen des Blutes und die Gewissheit der Vergebung im Alten Testament, in: MThZ 34 (1983), 195–213; Substitution du châtiment ou prix de la paix? Le don de la vie du fils de l’homme en Mc 10,45 par. à la lumière de l’Ancien Testament, in: La pâque du Christ, Mystère du salut (FS F.-X. Durrwell), (LeDiv 112), Paris 1982, 75–90.

40 Das älteste Mariengebet spricht Maria bereits jene *eusplanchnía* zu, die Gottes eigenste Eigenschaft ist (vgl. Eph 4,32; 1 Petr 3,8); vgl. O. Stegmüller, Sub tuum praesidium. Bemerkungen zur ältesten Überlieferung, in: ZKTh 74 (1952), 76–82.

ziert“. Sie ist die erste der Erlösten, sie bleibt die Ersterlöste – als Mutter aller Erlösten.[41]

f) Das Bild vom „cor immaculatum“ verweist auf *die Kirche*. Die Kirchenkonstitution des 2. Vatikanischen Konzils sagt von Maria: „In der seligsten Jungfrau ist die Kirche schon zur Vollkommenheit gelangt, in der sie ohne Makel und Runzeln ist (vgl. Eph 5,27)“.[42]

Dass die Kirche das Attribut „heilig“ zu Recht trägt, nicht nur als Verheißung, als Horizont des Erhofften, sondern bereits als Gegenwart des Geschenkten, dafür ist Maria die Garantin. In ihr ist die Kirche bereits vorweg heilige, vollkommene Kirche; in ihr ist sie bereits die Braut, die mit dem Geist das Maranatha ruft (vgl. Offb 22,17). Das „Realsymbol“ dafür ist das *cor immaculatum* Mariens: In diesem Herzen hat Gott sich vorweg den Raum reinen, unbedingten Jasagens eröffnet; es ist der „Inbegriff“ der Kirche, als der geschmückten Braut (vgl. Offb 21,2) und als der Mutter (vgl. Offb 12,17). Um die Kirche lieben zu können, genügt es nicht, sie als Idee, als Organisation, als Zukunftsvision zu sehen. „Ein Abstraktum braucht keine Mutter“.[43] Die Kraft des Bildes von der Mutter-Kirche schwindet, wenn es nicht als in Maria realisiert gesehen wird.[44]

g) Als Maria-Ecclesia ist Maria „Garantin“ *der vollendeten Menschheit, der neuen Schöpfung*. Daran erinnert das *assumptio*-Dogma: „Die Mutter Jesu, im Himmel schon mit Leib und Seele verherrlicht, ist Bild und Anfang der in der kommenden Weltzeit zu verherrlichenden Kirche“.[45] Auch hierfür ist das Herz Mariens das Realsymbol: Am Schnittpunkt von Leib und Seele, von materiellem und geistigem Kosmos, ist ihr unbeflecktes Herz der Ort, an dem die neue Schöpfung bereits realisiert ist.

41 Zum Ganzen vgl. L. Scheffczyk, Verheißung des Friedens. Theologische Betrachtungen zur Botschaft von Fatima, Wien 1985.

42 Lumen gentium, Art. 65.

43 Joseph Kardinal Ratzinger, Zur Lage des Glaubens. Ein Gespräch mit Vittorio Messori, München 1985, 109.

44 Vgl. H. U. von Balthasar, Der antirömische Affekt, Freiburg 1974, 153–169; ders., Katholisch, Einsiedeln ^{2}1975, 55.

45 Lumen gentium, Art. 68.

Dürfen wir also Maria „Herz der Theologie“ nennen? *Die „theologia cordis“ täuscht sich nicht, wenn sie Maria in die Mitte der Theologie stellt, nicht um Christus aus dieser Mitte zu verdrängen, sondern um ihn umso klarer im Spiegel Mariens zu sehen.* Dies ist wohl selten eindrucksvoller besungen worden als in dem Hymnus des heiligen Ephraem, der die Mutter Jesu und den Lieblingsjünger Johannes jeweils als reinen Spiegel Christi für den anderen betrachtet. Mit diesem überragenden Zeugnis einer Theologie, die mit dem Herzen zu sehen weiß, beschließen wir unsere Überlegungen:

Selig bist du, Frau (vgl. Joh 19,26). Denn dein Herr und Sohn – hat dich gegeben und anvertraut dem nach seinem Bild Geformten. (Christus) war nicht undankbar gegen deine Liebe; als Sohn deines Schoßes – hat er dem Sohn seines Schoßes (vgl. Joh 13,23) dich gegeben und anvertraut […] Weil du seine Stimme vermisstest, gab er dir seine Harfe – die dich trösten sollte.

Der Jünger, welcher unsern Herrn sehr liebte – der ihn darstellte, sich in ihn kleidete, sich ihm anglich, – hatte eifrig danach gestrebt, ihm in allem zu gleichen, – im Sprechen, im Blilck und Schritt. – Das Geschöpf kleidete sich in den Schöpfer, – und obwohl (wesens)ungleich, war er doch wie er. – Man musste staunen, wie sehr der Lehm imstande war, den Abdruck – der Schönheit seines Formers anzunehmen.

Er verließ dich (Maria) und verließ dich nicht; denn in jenem Jünger – kam er wieder zurück, um mit dir zu sein. –

Weil er sah, dass (du dich in) deiner Liebe nicht entwöhnen könntest – jenes Kindes, das du entwöhnt hattest, – hat der Lautere sich selbst geprägt und geformt im Reinen, – damit du in seinem Jünger sehest – […]

Der Jüngling sah in der Frau – wie sehr sich jener Höchste erniedrigt hatte, – wie er eingetreten war und im schwachen Schoß gewohnt hatte, – hervorgegangen war und schlichte Milch getrunken hatte. – Und auch die Frau staunte über ihn, wie sehr er geehrt worden war, – dass er erhöht worden war, an der Brust Gottes zu ruhen. – Beide staunten gegenseitig über sich, wie sie gewürdigt worden waren – einer so großen Ehre durch die (göttliche) Güte.

Dich sahen sie in sich selber [...], – wenn sie sich gegenseitig betrachteten. – Deine Mutter sah dich in jenem Jünger, – und dieser sah dich in deiner Mutter. – O über über die Schauenden, die dich, meinen Herrn, der eine im anderen, – zu jeder Zeit schauten (wie in einem Spiegel). – Ein Beispiel gaben sie, dass auch wir, der eine im andern, – dich sehen sollen, o Erlöser.“[46]

46 Hymnen de virginitate, XXV, 2–9; Übers. E. Beck, CSCO, vol. 224, Script. Syri, tom. 95, Löwen 1962, 78–80; s. auch den Kommentar zu diesem Text bei W. Nyssen, Maria – Geisterfüllte Kirche, Mainz 1979, 64–71.

Tausend Bilder

Marienverehrung

Hanna-Barbara Gerl-Falkovitz

1. Drei Ausdrucksformen der Verehrung

Die Geschichte der Marienverehrung fächert sich auf vielerlei Weise auf: in der bildenden Kunst, der Literatur, der Theologie, aber auch einfach in den vom Volk getragenen Äußerungen.[1] All diese Formen und „tausend Bilder“, von denen Novalis sprach, wurzeln in der Kulturgeschichte, näherhin im Menschenbild einer Zeit und nicht minder in ihrer Sozialgeschichte. Die Frömmigkeit, die sich auf die Mutter Jesu richtet, ist eingewoben in die jeweiligen Fragen einer Zeit und ihre Erfahrungen über den Menschen, also in eine theologische Anthropologie; die Verehrung Marias zeigt nicht nur die Facetten ihres Antlitzes, sondern auch Nöte, Glück und Alltag derer, die sie anrufen.

Die Kirchengeschichte verzeichnet eine nicht geringe Spannung zwischen recht unterschiedlichen Ausdrucksformen der Verehrung. Drei große Grundlinien lassen sich in gegenseitiger Spannung erkennen: zuerst Maria als Urbild (Typos, Symbol) des heilen, geheiligten Menschen, also in ihrer beispielhaften Grundform für Kirche, jeden Christen, für die Schöpfung und ihre Mütterlichkeit (Materialität), ebenso für die Frau: ein Typos, an dem sich weibliche Existenz selber messen kann und messen lassen muss. Diese großangelegte Symbolik war für die frühe Kirche von hoher Bedeutung;

1 Mit freundlicher Abdruckerlaubnis der Autorin entnommen dem Buch: H.-B. Gerl-Falkovitz, Maria. Der andere Anfang, Heiligenkreuz im Wienerwald 2016, 32–48.

sie spiegelt sich in herrlichen Texten und Anrufungen der ersten Jahrhunderte und befruchtet bis heute vorrangig die orthodoxe Frömmigkeit.

Eine zweite Sicht entwickelt sich seit der Neuzeit: Nicht so sehr die Urbildlich-Heilige wird betrachtet als vielmehr die individuelle Frau, die auch im Kraftfeld des Heiligen ihre nahen, vertrauten, menschlich-bekannten Konturen behält. Eine stärkere Verwurzelung in Raum und Zeit, in Biologie und Psychologie sucht ihre Einzelkontur klarer und vor allem der Einfühlung näher zu zeichnen. Mit Sehnsucht forschten beispielsweise das späte Mittelalter und die frühe Neuzeit nach Merkmalen von Marias wirklichem und irdischem Leben – man will sich ihrer gleichsam durch Erinnerungsstücke „handgreiflich" versichern. Ein Höhepunkt dieser Neigung ist um 1500 zu verzeichnen, begründet in der allgemeinen Furcht vor dem erwarteten Weltuntergang. Dem Weltenrichter in den Arm fallen konnte nur noch die Mutter, so dass sich die Suche nach Marien-Reliquien immer mehr vergrößerte, aber auch vergröberte – ein Zusammenhang, aus dem unter anderem die Reformation erwuchs. Andererseits ist zu sagen, dass die Kunst der Renaissance zahlreiche individuelle, ja fast private Porträts Marias schuf, aus denen Frische und Eindringlichkeit, allerdings auch starke Zeitspiegelungen sprechen. Diese Art der Anverwandlung und Annäherung lässt sich bis ins 19. Jahrhundert und in die nazarenische Kunst verfolgen, welche die intime Häuslichkeit der heiligen Familie oder Mutterfreude und Mutterschmerz auszumalen suchen, jeweils stark mit den Mitteln und dem Verständnis der Zeit und von dem bereits einsetzenden Historismus mit Kolorit unterlegt.

Eine dritte Linie der Deutung und Annäherung ist seit dem 20. Jahrhundert zu verzeichnen, seit das Bibelstudium in breite Kreise eingedrungen ist: Entdeckt wird die im Neuen Testament weder nur exemplarisch noch nur historisch, sondern „biblisch" dargestellte Frau. „Biblisch" meint den besonderen Blick der Evangelisten auf die Mutter Jesu, der sie als Erbin und Einlösung der Sehnsucht Israels begreift, zugeordnet ihrem Sohn und dem Willen Gottes. In diesen besonderen Blick sind auch die beiden anderen Momente, das Exemplarische und das Individuell-Historische, eingegangen, aber nicht als erstrangige Absichten. Solche Mariendeutung richtet sich auf den ursprünglichen Text, auf die ebenso karge wie inhaltsschwere Grundlage der Bibel; daraus erwachsen veränderte Formen der Kunst und der Verehrung, etwa unserer „Schwester und Mutter im Glauben“.

Diese drei Grundlinien schließen sich keineswegs aus; sie durchdringen einander vielfach, unbeschadet ihrer unterschiedlichen Ausformung. Gerade daran lassen sich die christlichen Kirchen bis zu einem gewissen Grad unterscheiden. Wenn die orthodoxe Kirche vor allem der ersten Sehweise zuzuordnen ist, dem Reichtum der symbolischen Bezüge Marias, so die protestantischen Kirchen der dritten Sehweise, der zurückhaltenden „Armut“ des biblischen Textes, während die katholische Kirche an allen drei Ausgestaltungen Anteil nimmt und im Gang durch die Geschichte alle drei in die lebendige Verehrung eingebunden hat. So ist die Art der Marienfrömmigkeit auch von Gewicht für die Ökumene, ja sie wird deswegen besonders aufmerksam (keineswegs ängstlich) zu kultivieren sein; sie ist sogar als Prüfstein für das gegenseitig erreichte Verständnis im Auge zu behalten.

2. Prüfsteine rechter Verehrung

Die Empfindlichkeit auf diesem Gebiet ist bekanntlich groß, da hier auch eine Geschichte des unerleuchteten Überschwangs, der missleitenden Frömmigkeit vorliegt, die das Gottesbild selbst berühren kann. Daher ist entscheidende Klärung zu gewinnen über die Kriterien einer Marienverehrung, die mit dem biblischen Ansatz und der besten Tradition der Kirche übereinstimmt. Denn die Vorstellung, im Zweifelsfall könne die Verehrung der Mutter Jesu unterbleiben, weist schon Erasmus in der Frühzeit der Reformation von der Sache her zurück. Er lässt die „Jungfrau vom Stein“ in Basel zu dem bilderstürmenden Volk sagen: „Du wirst mich nur zusammen mit dem Sohn hinauswerfen können, den ich auf meinen Armen trage. Von diesem lasse ich mich nicht trennen. Entweder wirst Du diesen zusammen mit mir austreiben oder uns beide drinnen lassen, es sei denn, Du ziehst eine Kirche ohne Christus vor."[2] Wo liegt also der biblische Grund für die rechtmäßige Verehrung?

Allgemein gesprochen muss sich jede religiöse Ausdrucksform daran prüfen lassen, ob sie die Größe Gottes aufscheinen lässt, zu seinem Preis anleitet, in seinem Sohn die alles umschließende Gabe, die Gott selbst ist, erkennt. Und ob sie schließlich die Gemeinde in der geistgetragenen Liebe zueinander und zu ihrem Haupt Christus vertieft. Sind diese Bestimmungen gegenwärtig, so ist der religiöse Akt nicht verborgen selbstbezogen, sondern stimmig: geöffnet auf die jüdisch-christliche Haltung der Anerkennung Gottes, nicht auf die (der magischen Religiosität eigene) Selbstdurchsetzung und Eigenspiegelung. Dies gilt ebenso tief von der Anrufung der Heiligen und Marias: Sie können nicht für die eigenen Absichten gebraucht und „erpresst" werden, da sie nicht als eigene Instanzen „neben" Gott stehen. Wirklich, aber auch wirksam sind sie Durchsicht auf Ihn. Sie rufen die genannte Offenheit hervor, sie befreien sogar die in sich gekrümmte Seele, von der Augustinus spricht, so dass sie sich im Aufrichten nicht nur mit „oben", mit Gott selbst verbindet, sondern auch mit „außen", mit den Anliegen des Leibes Christi insgesamt. Biblische Zuwendung zu Maria ist es, sie als Tor, *ianua caeli*, zu begreifen, wie es die frühe Christenheit tat, in der doppelten Hinsicht: als Eingang und als Durchgang zu Ihm. Die Orthodoxie wendet in schöner Sicherheit über das Gemeinte den Psalm 46 auf sie an: „Gott ist in ihrer Mitte, darum wird sie niemals wanken; Gott hilft ihr, wenn der Morgen anbricht" (so die Inschrift um das Kiewer Apsismosaik). Ephräm der Syrer († 373), einer der großen Theologen der Frühzeit, wird formulieren, dass nicht die Mutter das Kind trug, sondern das Kind die Mutter (Hymnus *De nativitate*). Die Verehrung Marias ist auf diesen Kern, das unausschöpfbare Handeln Gottes selbst bezogen, oder sie missversteht die in den Evangelien gezeichnete Gestalt, deren Leben ein ungeheures Sich-öffnen-Lernen zu Gott war.

2 Erasmus von Rotterdam, Colloquia familiaria (1524); übersetzt: Die Wallfahrt, in: Auswahl aus seinen Schriften, hg. von Anton Gail, Düsseldorf 1948, 288–291, hier 291. Die Übersetzung wurde leicht verbessert.

3. Fruchtbare Berührung von Theologie und Volksfrömmigkeit

Die Verehrung selbst kann und darf sich in unterschiedliche Formen ausfalten und aus der Theologie in die Anschaulichkeit, in die „Leiblichkeit" des Glaubens übergehen. Die Kirche und die einzelnen, dazu begabten Gläubigen tun gut daran, wenn sie die in den letzten Jahrzehnten anzutreffende Scheidung von intellektueller Mariologie und mehr „volkstümlicher" Frömmigkeit schwinden lassen, auch wenn sie, sachlich gesehen, nicht ganz entfallen muss. Aber Theologie meint vorrangig nicht ein distanziertes Bescheidwissen, sondern eine gedankliche Klärung religiöser Phänomene. Nichts wäre unsinniger, als insgeheim eine Trennung von „hoher Theologie" hier und gefühlsbetontem Volksbrauch da. Dann lässt man den unterschwelligen Verdacht wuchern, es habe sich das Heidentum ins Christentum eingeschlichen. Die Theologie muss gerade hier Klärung vollziehen, die biblische Sicht Marias für alle erkennbar machen; dann ist es aber verantwortlich und intellektuell redlich, dass das Erkannte in die religiöse Alltäglichkeit überführt wird, wenn nötig korrigierend, in der Hauptsache aber so, dass aus dem Begreifen ein Sich-ergreifen-Lassen wird. Dabei muss die Marienverehrung nicht vom Gefühl getragen sein – ein Irrtum, der viele religiös trocken Empfindende blockiert –, sondern vielmehr vom Glauben und dem ihn begleitenden Willen.

> „Die Gläubigen aber sollen eingedenk sein, daß die wahre Andacht weder in unfruchtbarem und vorübergehendem Gefühl noch in irgendwelcher Leichtgläubigkeit besteht, sondern aus dem wahren Glauben hervorgeht, durch den wir zur Anerkennung der Erhabenheit der Gottesmutter geführt und zur kindlichen Liebe zu unserer Mutter und zur Nachahmung ihrer Tugenden angetrieben werden."[3]

3 *Lumen gentium*, Nr. 47.

Ein solcher Glaube kann freilich gestützt, mehr noch: von der gesamten Gemeinschaft getragen werden. Die zweitausendjährige Wanderung der Kirche durch die Zeit hat verschiedene sinnvolle, leibhafte Formen herausgebildet, in denen sich alte Erfahrung und besonderes Bedürfnis des Gläubigen treffen. So bietet die Kirche Anrufungen und Gebete an, deren Merkmal die Wiederholung einfacher Glaubenssätze oder symbolischer Preisungen ist: in den Litaneien, dem Rosenkranz, dem *Angelus* – in Fülle aufsteigende Bilder des Heils, die der Rhythmus hilfreich bindet. Für jene, denen das Gewohnte abgegriffen klingt, enthält die Schatztruhe der Überlieferung auch anderes: die Marienlitaneien der Väter und Mütter der Kirche (bei Ephräm dem Syrer, Hildegard von Bingen, Mechthild von Magdeburg), den *Hymnos Akathistos* der Ostkirche, die äthiopische Marienliturgie[4] – sie alle haben Wurzeln im kraftvollen Symboldenken der ungeteilten Urkirche. Auch die Gestaltung der Marienfeste hängt stark von der – nicht zuletzt künstlerischen – Kraft der Sprache ab; die großen liturgischen Marien-Texte, die vielfach aus dem *Hohenlied* stammen, müssen freilich wieder resonant gehört und gedeutet werden.

4. Orte der „Mittlerin"

Ein anderer leibhafter Ausdruck der Verehrung sind Wallfahrten. Sie bedürfen der Zeit und des Raumes, auf den hin sich Leib und Geist in Bewegung setzen. Im gesammelten Begehen und Er-fahren wächst die Veränderung, das langsame Sich-Öffnen der Seele. Öffnung nämlich gegenüber der erhofften Begegnung, die sich im normalerweise rasch erledigten religiösen „Vollzug" nicht entfalten kann. Auch Wallfahrten sind Heilmittel, vor allem gegen die Zerstreutheit und Schnelle des eigenen Umgangs mit Gott, auf den man nun von weit her zugeht: durch die Pforte zu ihm, die Maria ist.

4 Vgl. Hanna-Barbara Gerl-Falkovitz, Maria. Der andere Anfang, Heiligenkreuz im Wienerwald 2016, 8–31 (= Kap. I).

An manchen dieser Orte werden, abgesehen von den Erfahrungen des Trostes und der Heilung, Erscheinungen Marias verehrt, so in Lourdes und Fatima. Auch hier ist die Einstellung der Gläubigen geteilt, ebenso diejenige der reformatorischen Kirchen. Aber hier sollte ein eher gefühlsmäßiges Missverständnis überwunden werden. Die Kirche prüft derartige Erscheinungen sorgfältig, ja kritisch, bevor sie die Verehrung Marias an solchen Orten gestattet, aber ohne im geringsten die erhaltenen „Botschaften" mit Offenbarung oder Glaubensbekenntnis und Dogma der Kirche auf eine Stufe zu stellen. Hier kommt nichts Neues oder gar „Anderes" zur Sprache, was nicht dem Volk Gottes bereits anvertraut wäre. Solche Erscheinungen haben offenbar einen anderen Sinn, der durchaus biblisch einleuchtet: Sie rufen zur Umkehr der Herzen auf, zum Festhalten, Ernstnehmen der Verkündigung, zum Erbringen der geistlichen Früchte, an denen ein guter Baum erkannt wird. Solche charismatischen Früchte sind letztlich auch das überzeugende Kriterium für die Wahrheit und Tiefe einer besonderen Botschaft. Orte wie die genannten halten das Bewusstsein offen für die nie endende, im Gegenteil machtvolle Anwesenheit Gottes auch in einer seelisch besonders verschlossenen oder unsicheren Zeit wie der unseren. Und viele Pilger empfinden als tröstlich, dass Gottes Gegenwart, die ja eher abstrakt geglaubt wird, durch die Vermittlung Marias konkret, manchmal bedrängend erfahrbar wird.

Aus dem Gesagten wird deutlich, dass die Mitte der Marienverehrung gar nicht Maria selbst ist. Vielmehr umschließt sie als „unzerstörbare Mauer" eine geheimnisvolle Mitte, Jesus selbst, und in ihm liegen ihre unerschöpfliche Anziehung, ihre endlose Anrufung durch Zeiten und Generationen hindurch.

5. Insbesondere: Maria und die Frauen

Unsere Zeit empfindet Unbehagen, ja Misstrauen gegen Festlegungen eines Menschenbildes, die als ewig ausgegeben werden, besonders wenn sie die Geschlechter betreffen: Der Mann ist und tut dieses, die Frau ist und tut jenes … Zu rasch hat die Veränderung der

Lebenswelt in den letzten Generationen etwas hinweggefegt, was über Jahrhunderte als eindeutiges „Wesen“ der Geschlechter galt. Insbesondere sind es die Frauen, die in neuen Aufgaben Stand fassen und ihr eigenes Bild umzubauen oder überhaupt neu zu bestimmen lernten – was umgekehrt bei Männern Fragen an die eigene Identität auslöste. Diese Zeit neuer Selbstdeutung ist weder abgeschlossen noch vollzieht sie sich einhellig, sogar eher unter großen theoretischen und lebenspraktischen Nöten der Betroffenen, allerdings ohne dass die meisten Frauen ins Gewohnte zurückstreben möchten.

Die bisherigen christlichen Entwürfe von Frau und Mann, nach denen erzogen und gelebt wurde, waren grundsätzlich von der Schöpfungsgeschichte und der Erlösung her unterlegt. Die Theorie fand darüber hinaus eine unmittelbare Anschaulichkeit in den Heiligen, Variationen zu der einen großen Melodie, der Nachfolge Jesu. In ihnen besaß das christliche Leben Begleiter, die selbst Glück und Not bis zur Vollendung zu bestehen hatten. Natürlich hatte dieses Menschenbild auch teil an unumgänglichen Veränderungen der Lebenserfahrung, zugleich war es jedoch im Grundsätzlichen stabil, da es nicht in Wettbewerb treten musste zu anderen Entwürfen. Heute ist jedoch eine Reihe säkularisierter Entwürfe neben nichtchristlichen im „Sinnangebot“, denen gegenüber die christliche Konzeption als bekannt und wohl auch antiquiert empfunden wird. Dies gilt umso schärfer für das Selbstverständnis der Frauen, da die Frauenbewegung seit dem 19. Jahrhundert ihre Impulse in der Regel nicht aus dem Christentum ableitete und Freiheit und Gleichheit mit dem Mann vielfach außerhalb der christlichen Vorzeichen erkämpfte.

Die Mutter Jesu besaß in der christlichen Anthropologie einen besonders hohen Grad der Anschaulichkeit, als der lebendige Spiegel dafür, was der Mensch vor Gott sei. Hier wurden ihre Eigenschaften wie Demut, Dienstwilligkeit, Gehorsam als die geschöpfliche Haltung überhaupt beschrieben. Verstärkt galten diese Eigenschaften auch als bräutlich-weibliche Urhaltung des Empfangens. Gerade hier ist aber unübersehbar, dass das noch dem 19. Jahrhundert teure Bild der jungfräulichen und dienenden Magd das heutige Lebensgefühl nicht mehr erreicht, es im Gegenteil irritiert. Weiterhin gilt das Thema „jungfräuliche Mutterschaft“ vielfach als ein eigenartiges und unverständliches

Ideal. Laut ausgesprochen und viele verunsichernd steht der Verdacht im Raum, dass ein solches Vorbild die Frauen entmündigt und vielleicht unbewusst, aber mit massiver Autorität in die herkömmlichen Felder weiblichen Dienens eingewiesen habe. Gleichzeitig bliebe dabei der Mann weitgehend vom Vorbild Marias ausgeschlossen; Unterordnung wäre vornehmlich für die Frauen reserviert. Ein Großteil der Gläubigen hüllt sich daher in ein etwas verschämtes Schweigen oder reagiert gereizt auf das Thema Maria. Stattdessen tritt nicht zufällig ein anderes, „modischeres" Bild in den Vordergrund: die verantwortungsbewusste junge Frau, die selbständig herkömmliche Formen durchbricht, sogar zum Vorbild der Emanzipation wird.

Tatsächlich ist es die Aufgabe, Maria der Gegenwart neu zu verbünden, allerdings nicht modisch, sondern wiederum von der Sache her, vom biblischen und vom besten kirchlichen Boden aus. Dazu einige Hinweise, welche Elemente die christliche Anthropologie heute entfalten könnte, sie gerade an Maria entfalten müsste.

Das erste Element betrifft den kostbaren Begriff der Freiheit, der dem Judentum und Christentum ursprünglich zugehört. Dieser Begriff wird wesentlich an der Gestalt Marias sichtbar, und zwar gerade in der lukanischen Verkündigung (Lk 1,26–37). In der Regel wurde diese hauptsächlich auf das *Fiat* hin gelesen, das Maria als Antwort gibt; in diesem Brennpunkt des Gesprächs sah man aber vornehmlich ihre „magdliche" Haltung konzentriert. Lukas zeichnet die Erwählung Marias jedoch als die Geschichte Gottes mit einem freien Menschen, hervorgegangen aus einem freien und königlichen Stamm, aus einem Volk, das er selbst ausdrücklich in Freiheit geführt hatte. Manche Deutungen der Szene in Nazareth haben eine Überwältigung Marias durch die ungeheure Anfrage angenommen, gleichsam eine solche Überflutung durch einen stärkeren Willen, dass sie sich ihm nicht anders als beugen konnte. Doch wird bei Lukas keineswegs Überwältigung geschildert. Gott fragt ausdrücklich durch den Engel an, um Maria Raum zu geben. Diese Verhaltenheit ist Grundzug der Offenbarung: der Freie, der seine Geschöpfe frei antworten hören will.

Ein Zweites: Neben dem Sinn für Freiheit steht heute die Grunderfahrung von Unfreiheit: Schuld und Ungelöstheit. Der durchgängige,

Leib und Geist durchziehende Riss in der menschlichen Existenz wird keineswegs nur christlich behauptet, sondern ist sichtbar und hörbar in die Kunst und besonders in die Literatur eingegangen, in tausend bitteren Brechungen. Wer löst das Fragezeichen, das wir sind? In Maria ist genau die „verstörte Existenz des Menschen" angesprochen und einer Antwort zugeführt: der Antwort vom „unverdorbenen Konzept", *immaculata conceptio*, wie das Dogma formuliert. Es ist das Konzept des menschlichen Menschen, nach dem seit der Religionskritik des 19. Jahrhunderts, von Marx bis Bloch gefragt wird, ohne dieses Konzept gedanklich einzuholen, geschweige es leibhaft zu erfahren. Aber in Maria ist benannt die Existenz ohne Gemeinheit, ohne Irritation, der Mensch, der ganz bei sich ist und zugleich ganz durchsichtig auf Gott. Was übrigens keineswegs meint, dass ihr Krisen, Unklarheiten, Trauer erspart bleiben, vielleicht werden sie sogar bedrängender. Auch ein solcher Mensch ist endlich und hat trotzdem mit dem Unbedingten zu tun, ja das Unwiderstehliche ist, dass dieser Mensch Gott in unserer Endlichkeit aufscheinen lässt, nicht jenseits davon und später. Diese Identität ohne Makel, in der reinen Durchsicht auf Gott, hat das Christentum an Maria erfasst. Schon die Tatsache, dass es einen solchen Menschen gibt, ist übrigens ein großer Trost.

Die Aussage über Maria geht aber weiter. Wie alle Mariendogmen enthält auch dieses eine Umkehrung – die Glaubenszusage nämlich, dass wir, Glieder der Kirche, mit ihrem Konzept mitkonzipiert sind. Um dies so deutlich wie möglich zu machen: Die Aussagen über Maria, selbst die Dogmen, dürfen nicht nur „einbahnig" auf sie hin gelesen werden. Sie sind, in einer zweiten, aber nicht weniger gültigen Hinsicht, Aussagen über die erlöste Existenz. Denn was ist Taufe anderes als die reale Verheißung, wieder „ohne Makel" zu sein, die geheimnisvolle Last der Ursünde abzuladen? Nicht dass wir nicht siebenmal siebzigmal fallen ein Leben lang, aber die letzte, entscheidende Verstörung ist aufgelöst.

Die Einzigkeit Marias ist deswegen nicht eingeebnet: Sie ist nur im wirklichen und wirkenden Sinn ein Erstling, dem wir als Spätlinge uns nachbilden. Maria ist Urbild dessen, was Gott an den Menschen tat, tun will, immer erneut anbietet: Existenz zu heilen, und heil ist dasselbe wie ganz. Was bekennen wir sonntäglich im

Credo anderes als den Glauben an unsere Auferstehung von den Toten und das Leben der zukünftigen Welt – wie Maria in Gänze, „mit Leib und Seele zu Gott aufgenommen"? Anfang und Ende ihres außerordentlichen Lebens erweisen sich als wirksamer Horizont des unseren, wenn wir der Verheißung trauen. Um noch weiterzugehen: Ist nicht christliche Existenz aufgerufen, sich für die Fleischwerdung des Wortes zur Verfügung zu stellen? Wieder ist die Mutterschaft Marias einzigartig, aber ihre Einzigkeit schließt niemanden von derselben Aufgabe aus, die die Moderne unterschwellig fordert: dass Gott in dieser Welt, nicht hinter ihr in der „Hinterwelt" sich zeige, fleischgeworden und wirklich, ihre Bedingungen teilend und genau an ihren Bedingungen übrigens zugrundegehend. Maria leistet diesen ersehnten Eintritt Gottes, sie, die Bedingte, Endliche, die das unbedingte Leben, hier und jetzt, durchscheinen lässt. Und so, im Maße seiner Öffnung, hat jeder Glaubende den Eintritt Gottes darzustellen: begrenzt, und doch durchsichtig auf ihn.

Ein Drittes: Die Sinnfrage treibt heute, im Weltmaßstab so vieler Gefährdungen, auf eine Verzweiflung zu; alle vorläufigen Antworten und Befriedungen tragen nur zeitweilig. Am Boden dieses Sinnverlustes steht quälend die Erfahrung, dass Gott sich zu entziehen scheint. Gibt es ihn denn nicht? Wo war er denn, als …? Die in der Bibel gezeichnete Frau aus Nazareth kennt auch ein Doppeltes in den Begegnungen mit Gott: Sie sind lebenssteigernd, sie sind aber auch ein *excessivum*, und das heißt das Leben fordernd, sogar durchkreuzend. Die Frage nach dem unbegreiflichen Gott, nach dem einmal gewussten und empfundenen, dann verlorenen ist nicht heutig. Marias Ausgesetztheit in die Nähe Gottes hat sie nicht vor seiner Unbegreiflichkeit geschützt, sie hat das Rätsel vertieft. Das Große und heute Berührende liegt darin, dass Maria trotzdem standhielt. Wenn gegenwärtig so viel von Absurdität und Leere des Daseins die Rede ist, dann sind wir nicht eigentlich der Erfahrung der Bibel voraus. Die Frage ist, wie sich (christliche) Existenz dem Unbegreiflichen und doch Sinnvollen ausgesetzt sieht, im selben Vertrauen, das Maria die Zerreißungen aushalten ließ.

Letztlich: Marias Mütterlichkeit sollte nicht nur unter dem Maßstab von Gefühl und sogar Idylle in ein fragwürdig passives Frauenbild eingehen. Augustinus hatte bereits hellsichtig bemerkt, dass Maria den Sohn zuerst im Geist – durch den Glauben – und dann erst in ihrem Leibe empfangen hat. Hier liegt eine Berührung mit der modernen Frauenfrage vor, die sich ja gegen die ausschließlich Bindung der Frau an Muttersein und Gemüt wehrt. Wieder ist durch die Geschichte vernachlässigt worden, dass im Alten wie im Neuen Testament Frauen vom Geist erfüllt wurden, als Prophetinnen, als Mütter, als Witwen, als Mitarbeiterinnen in den Urgemeinden. Der Geist schließt Leiblichkeit und Biologie ein, nicht aus – aber er macht sie auch durchsichtig auf das, was mehr als Biologie und leibliche Anlage ist. Das letzte Buch der Schrift schließt mit der Vision vom „Geist und der Braut" (Offb 22,17) – und doch ist unsere Kulturgeschichte durchsetzt von der heidnisch-gnostischen Zweiteilung: Mann = Geistwesen, Frau = Körper (bestenfalls Gemüt). Der Geist des Pfingsttages hat sich jedoch ausdrücklich auf Frau wie Mann, auf Maria wie auf die Apostel ausgegossen und damit die Zeit der geisterfüllten Menschlichkeit eingeleitet, die mehr ist als Geschlecht. Wenn Maria das Kind empfängt, dann vom Geist – was doch die deutlichste Erklärung über die weibliche Natur ist, die nicht zum bloß biologischen Uterus oder psychischen Dulden verzeichnet werden darf. Hier kommt erneut ins Spiel, was über die Freiheit Marias in ihrer Antwort gesagt wurde – denn der Geist meint Freiheit und macht frei jeden, der in seinen Umkreis gerät.

Frauen, innerhalb wie außerhalb der Kirche, wollen heute als Trägerinnen von Geist begriffen sein. „Das Wesen der Frau ist Hingabe", so die alte Auffassung – ist es nicht auch, ja zuvor Selbstand? Jener Selbstand nämlich, den die Grundausstattung durch Taufe und Geistsendung herstellt. Maria ist ein klarer Kommentar dazu, dass die Balance zwischen Selbstand und Hingabe nicht zwischen Mann (= Freiheit) und Frau (= Selbstvergessenheit) aufgeteilt werden darf, sondern jedem und jeder von uns als Lebensspannung gegeben ist und ausgewogen werden muss.

Solche Hinweise dienen der grundsätzlichen Frage, weshalb eigentlich Maria die Bestimmungen für das Menschsein im christlichen Sinn an sich trägt, und zwar für den Mann ebenso wie für die Frau – viele Gläubige empfinden sie ja eher als Ausnahme und also uneinholbare Norm denn als wirksame Wirklichkeit. Die biblischen Antworten zeigen auf geschichtlichem, ja werktäglichem Boden, dass sie vielmehr der menschliche Mensch ist, den die Gnade ausformt, wenn er sich der Formung überlässt. In Maria ist nicht jenseitige Ferne vorgestellt, sondern Alltag: der Tag, an dem alles da ist. Und wir, die wörtlich genommene Kirche, bewegen uns auf dieselbe Konzeption zu.

> „Ahmt, meine Kinder, Maria nach, denn von ihr gilt das Wort, das da prophetisch die Kirche meint: ‚Wie sind deiner Sandalen Schritte so schön, fürstliche Tochter du!‘ Adelig schön schreitet die Kirche dahin und verkündet die Botschaft der Freude. Ja, schön schreiten dahin Maria und die Kirche.“[5]

5 Ambrosius, Commentarius in Cantica Canticorum, PL 15, 1946f.

Maria, „Mutter“ aller Menschen

Die theologische Begründung der geistlichen Mutterschaft Mariens

Manfred Hauke

„Gütiger Gott, du hast allen Menschen Maria zur Mutter gegeben; wir verehren sie in besonderer Weise als Schutzfrau unseres Landes. Bewahre uns unter ihrem mütterlichen Schutz vor jedem Angriff des Bösen und gib, dass wir ohne Furcht dir in Heiligkeit und Gerechtigkeit dienen. Darum bitten wir durch Jesus Christus […]“. Dieses Tagesgebet zum Festtag Mariens als Patronin des Landes Bayern[1] nennt als geistiges Fundament der Verehrung Mariens als Schutzheilige die Tatsache, dass Gott Maria „allen Menschen […] zur Mutter gegeben“ hat. Die universale geistliche Mutterschaft Mariens soll im Folgenden bedacht werden: ihre Kennzeichnung und ihre Bedeutung, ihre biblische Begründung, ihre Entfaltung in der Überlieferung der Kirche und ihr Stellenwert für die Marienverehrung.[2]

1 Hier zitiert aus: Schott-Messbuch der Marienmessen, Freiburg i. Br. 1994, 407.

2 Aus der einschlägigen Fachliteratur seien einige Gesamtdarstellungen des Themas genannt: Th. Koehler, Maternité spirituelle de Marie, in: H. Du Manoir, Maria I, Paris 1949, 575–600; ders., Mary's Spiritual Maternity after the Second Vatican Concil, in: Marian Studies 23 (1972), 39–68; ders., Mary, Mother and "Mediatrix" in the post-Vatican II Liturgy, in: Pontificia Academia Mariana Internationalis (ed.), De cultu mariano s. XX, vol. II, Città del Vaticano 2000,1–24; W. Sebastian, Mary's Spiritual Maternity, in: J. B. Carol (Hg.), Mariology II, Milwaukee 1961, 325–376; J. Beumer, Maria Mutter der Christenheit, in: P. Sträter (Hg.), Katholische Marienkunde II: Maria in der Glaubenswissenschaft, Paderborn [3]1962, 180–240; G. M. Roschini, Maria Santissima nella storia della salvezza: trattato completo di mariologia alla luce del Concilio Vaticano II, vol. II/1, Isola del

1. Was heißt „geistliche Mutterschaft" Marias?

Die geistliche Mutterschaft Mariens *(maternitas spiritualis)* gehört zu den Grunddaten der Marienverehrung. Schon die kleinen Kinder, die Maria anrufen, wissen, dass die Gottesmutter auch „unsere Mutter" ist, selbst wenn sie noch nichts von der erbsündenfreien Empfängnis, von der immerwährenden Jungfräulichkeit und der leiblichen Aufnahme Mariens in den Himmel gehört haben. Die geistliche Mutterschaft Mariens ist so grundlegend und (jedenfalls für den katholischen Gläubigen) so selbstverständlich, dass sie in den theologischen Lehrbüchern nur vergleichsweise selten ausdrücklich behandelt wird. Im Zentrum der Handbücher stehen meistens vier dogmatisch geklärte Glaubenswahrheiten, die das beschreiben, was Maria „in sich" ist in ihrer Verbindung mit Christus: die Gottesmutterschaft, die immerwährende Jungfräulichkeit, das Empfangensein ohne Erbsünde und die leibliche Aufnahme in den Himmel. Weniger behandelt wird in der Regel die Bedeutung Mariens in ihrer Aufgabe für die Kirche und für die gesamte Menschheit. Die soziale Funktion der Gottesmutter kommt dann am ehesten zum Zuge in Ausführungen über Maria als „Mutter der Kirche", ihre Mitwirkung am Heilswerk oder über ihre Mittlerschaft in Christus.

Liri 1969, 253–343; T. F. Ossanna – S. Cipriani, Madre nostra, in: S. de Fiores – S. Meo (Hg.), Nuovo dizionario di mariologia, Cinisello Balsamo 1985, 830–842; J.-M. Salgado, La Maternité Spirituelle de la Très Sainte Vierge Marie (Studi Tomistici 36), Città del Vaticano 1990; J. Stöhr, Zur neuzeitlichen Theologie der Gnadenmittlerschaft und geistlichen Mutterschaft Mariens, in: ders., Maria, unsere Mutter. Mariologische Studien (Marianische Schriften des IMAK), Köln 1991, 23–93; ders., Mutterschaft, geistliche, in: Marienlexikon 4 (1992), 560–563; M. O'Carroll, Mother of Divine Grace (the Spiritual Motherhood), in: ders., Theotokos. A Theological Encyclopedia of the Blessed Virgin Mary, Eugene, OR 2000, 253–256; C. M. Mangan, The Spiritual Maternity of the Blessed Virgin Mary, in: M. Miravalle (Hg.), Mariology, Goleta, CA 2007, 507–550; A. Dittrich, Mater Ecclesiae. Geschichte und Bedeutung eines umstrittenen Marientitels, Würzburg 2009, passim, v. a. 963–980; G. Ghio, La Sposa di Dio. La maternità spirituale di Maria come chiave ermeneutica dell'economia divina (Theologia 16), Roma 2015.

Während „Mittlerschaft“ ein abstrakter Begriff ist, bestimmt sich die geistliche „Mutterschaft“ Mariens von dem Vergleich mit den konkreten und vielfältigen Aufgaben einer Mutter in der Familie. „Mittlerschaft“ meint, zwei unterschiedliche Wirklichkeiten miteinander zu verbinden.[3] „Mutterschaft“ hingegen meint vor allem die Zeugung (Empfängnis) und Geburt eines Kindes; dazu gehört dann auch die Sorge für das Wachstum und die Erziehung der Nachkommen. Die Mutterschaft Mariens uns gegenüber ist keine biologische Zeugung, wie hingegen beim Ursprung der menschlichen Natur aus Maria der Jungfrau unter dem Einfluss des Heiligen Geistes. Ihre Mutterschaft ist geistiger Art: Ihre Mitwirkung am Erlösungswerk Christi zielt darauf, dass wir Adoptivkinder Gottes werden und das in der Taufe grundgelegte Leben der heilig machenden Gnade entfalten. Sie ist darum keine bloß metaphorische Mutterschaft, sondern betrifft die Grundlegung, das Wachstum und den Schutz des übernatürlichen Lebens der Gnade. Es handelt sich um eine wahre Mutterschaft; „sie ist aber nur analog verwirklicht, da das geistliche Leben bei ihr und bei uns nicht konstitutiv zu unserer Natur gehört, sondern übernatürliches Leben ist, in dem wir nach dem Willen Gottes unser letztes Ziel erreichen können“.[4] Nach dem Zisterziensermönch Ailred von Rielvaulx (12. Jahrhundert) ist Maria „mehr unsere Mutter als unsere leibliche Mutter, denn von ihr ist unsere bessere (das heißt geistliche) Geburt“.[5]

Der Begriff der Mittlerschaft umgreift die gesamte heilshafte Mitwirkung Mariens von der Verkündigung des Engels bis hin zur

3 Ausführlicher dazu J. Pohle – J. Gummersbach, Lehrbuch der Dogmatik II, Paderborn [10]1956 (Nachdruck 1968), 426f; G. L. Müller, Mittlerin der Gnade I. Katholische Theologie, in: Marienlexikon 4 (1992), 487–491; M. Hauke, Maria als mütterliche Mittlerin in Christus. Ein systematischer Durchblick, in: Sedes Sapientiae. Mariologisches Jahrbuch 12 (2/2008), 13–53 (20f); ders., Introducción a la Mariología, Madrid 2015, 209–211.

4 J. Stöhr, Mutterschaft, geistliche, in: Marienlexikon 4 (1992), 560–563 (561).

5 *Sermo II de Nativitate B. Mariae* (PL 195,323); deutsch bei: H. Graef, Maria. Eine Geschichte der Lehre und Verehrung, Freiburg i. Br. 1964, 228; Dittrich (2009), 179.

Wiederkunft Christi am Ende der Zeiten. Dabei geht es zuerst um die Mitwirkung bei der sogenannten „objektiven Erlösung“, also die Grundlegung unseres Heiles im Wirken Christi auf Erden; diese Mitwirkung reicht von der Zustimmung Mariens zur Menschwerdung des Sohnes Gottes bis hin zum Tode Jesu am Kreuz. Die einzigartige Beteiligung Mariens am Erlösungswerk Christi auf Erden findet dann ihre Weiterführung in der Mitwirkung an der „subjektiven Erlösung“, worin die vom Mensch gewordenen Sohn Gottes verdiente Gnade beim konkreten Subjekt ankommt. Dies geschieht vor allem durch die Fürbitte Mariens, die bei Gott für uns eintritt. Seit ihrer Aufnahme in den Himmel ist Maria durch die Gottesschau in der Lage, alle menschlichen Nöte wahrzunehmen und für uns einzutreten.

Ähnlich wie die Mittlerschaft Mariens die objektive und subjektive Erlösung umfasst, so bezieht sich auch ihre geistige Mutterschaft auf die Grundlegung ihrer Beziehung zu uns im Heilswerk Jesu auf Erden und auf ihre Fürsorge vom Himmel aus. Die Gottesmutterschaft findet dabei gleichsam ihre organische Fortsetzung in ihrer Mutterschaft für die Glieder des Leibes Christi, der das Haupt der Kirche ist. Dies betont das Zweite Vatikanische Konzil mit einem Zitat aus den Werken des hl. Augustinus: Maria ist „Mutter der Glieder (Christi), [...] denn sie hat in Liebe mitgewirkt, dass die Gläubigen in der Kirche geboren würden, die dieses Hauptes Glieder sind“.[6] Darum verehrt die Kirche sie, „vom Heiligen Geist belehrt, in kindlicher Liebe als geliebte Mutter“.[7]

6 Augustinus, *De sancta Virginitate* 6 (PL 40, 399), in: Zweites Vatikanisches Konzil, *Lumen gentium* 53.

7 *Lumen gentium* 53.

2. Die Beschreibung der geistigen Mutterschaft Mariens als Glaubensgut bei Papst Paul VI.

Eine übersichtliche Kennzeichnung der geistigen Mutterschaft Mariens und ihres Gewichtes für den katholischen Glauben findet sich in dem Apostolischen Schreiben Papst Pauls VI. anlässlich des 50-jährigen Jubiläums der Erscheinungen Unserer Lieben Frau von Fatima im Jahre 1967. Der Titel dieses päpstlichen Rundschreibens, *Signum magnum* („Das große Zeichen"), bezieht sich auf das zwölfte Kapitel der Offenbarung des Johannes, worin der Seher als „großes Zeichen" die himmlische Frau beschreibt, die mit der Sonne bekleidet ist; „der Mond war unter ihren Füßen und ein Kranz von zwölf Sternen auf ihrem Haupt" (Offb 12,1). Die sonnenbekleidete Frau, die als siegreiches Zeichen dem teuflischen Drachen entgegengesetzt ist, bedeutet die Gemeinschaft der Kirche, das neue Israel, das in Maria, die den Sohn Gottes gebiert, ihren Ursprung findet. Diese Bibelstelle, in der die Kirche und Maria symbolhaft zusammen geschaut werden, bildet die erste Lesung bei der Messfeier am Fest der „Patrona Bavariae" (Offb 11,19a; 12,1.3.5.9b–10.17). Die „Frau" gebiert „einen Sohn, der über alle Völker [...] herrschen wird" (Offb 12,5), hat aber auch andere „Nachkommen": Nachdem der Drache durch den Erzengel Michael auf die Erde gestürzt wurde, geriet er „in Zorn über die Frauu, [...] um Krieg zu führen mit ihren übrigen Nachkommen, die den Geboten Gottes gehorchen und an dem Zeugnis für Jesus festhalten" (Offb 12,17). Papst Paul VI. beschreibt die hier angedeutete geistige Mutterschaft Mariens folgendermaßen:

> „Folgende Wahrheit sei zuerst ins Auge gefasst: Maria ist die Mutter der Kirche, nicht nur, weil sie die Mutter Jesu Christi und die mit ihm verbundene Gehilfin in der neuen Heilsordnung ist, als der Sohn Gottes die menschliche Natur aus ihr angenommen hat, um durch die Mysterien seines Fleisches den Menschen von der Sünde zu befreien, sondern auch weil sie der ganzen Gemeinschaft der Auserwählten als Urbild der Tugenden voranleuchtet. Mit Maria ist es wie bei jeder menschlichen Mutter, die

ihre Aufgabe nicht auf die Zeugung eines neuen Menschenkindes einschränken kann, sondern auf die Pflicht der Ernährung und Erziehung ausweiten muss. Sie nahm teil am Opfer ihres Sohnes, der Ursache unserer Erlösung, und zwar in einer so innigen Verbindung, dass sie es verdient hat, von ihm als Mutter nicht nur eines einzigen Jüngers Johannes, sondern auch – wenn man es sagen darf – des ganzen Menschengeschlechts genannt zu werden, das jener gleichsam vertreten hat. Daher fährt sie nun vom Himmel aus fort, ihres mütterlichen Amtes zu walten, indem sie zur Weckung und Mehrung des göttlichen Lebens in den Herzen der Menschen, die erlöst sind, beiträgt. Diese Wahrheit bereitet sehr tiefen Trost und ist, nach dem freien Willen des weisen Gottes, eine Ergänzung im Geheimnis des menschlichen Heils. Deshalb muss sie von allen Christen im Glauben festgehalten werden *(ab omnibus christianis debet fide teneri)*".[8]

3. Die biblische Grundlegung im Neuen Testament

a) Gottes Sohn, „geboren von einer Frau" (Gal 4,4)

In einer systematischen Perspektive erscheint die geistliche Mutterschaft Mariens als eine Ausweitung der Gottesmutterschaft auf die Glieder des mystischen Leibes Christi, der Kirche. Die grundlegende Voraussetzung, die Gottesmutterschaft, zeigt sich besonders deutlich in der einzigen Stelle aus den Paulusbriefen, die Maria erwähnt. Sie findet sich in der zweiten Lesung in der Festmesse von Maria als „Patrona Bavariae" (Gal 4,4–7): „Als die Zeit erfüllt war, sandte Gott seinen Sohn, geboren von einer Frau" (Gal 4,4). Maria wird hier nicht einmal mit ihrem Namen genannt, aber gleichwohl ist

8 Paul VI., Apostolisches Mahnschreiben *Signum magnum*, 13. Mai 1967: Rudolf Graber – Anton Ziegenaus (Hg.), Die Marianischen Weltrundschreiben der Päpste von Pius IX. bis Johannes Paul II. (1849–1988), Regensburg 1997, Nr. 302 (S. 302). Lateinisches Original: AAS 59 (1967), 465–475 (467f).

dieser Text die vielleicht bedeutsamste Aussage über die Mutter Jesu im gesamten Neuen Testament: Der „Sohn" Gottes selbst wird in diese Welt „gesandt", existiert also schon vor seiner Annahme der Menschennatur; Maria gebiert nicht nur den Menschen Jesus, sondern den „Sohn" Gottes des Vaters. In Jesus finden sich also nicht zwei verschiedene Personen, der Gottessohn und der Sohn Mariens, sondern er bildet ein einziges personales Subjekt, von dem Paulus das Geborensein aus einer Frau aussagt.

Das Gleiche gilt für das spätere Apostolische Glaubensbekenntnis: Der „Sohn" Gottes wurde „empfangen durch den Heiligen Geist, geboren von der Jungfrau Maria, gelitten unter Pontius Pilatus, gekreuzigt, gestorben und begraben [...]." Das Konzil von Ephesus im Jahre 431 definierte darum den Titel der Gottesgebärerin *(Theotokos)*, weil hierin sehr deutlich die personale Einheit Jesu zum Ausdruck kommt, die seit dem hl. Cyrill von Alexandrien als „hypostatische Union" benannt wird: In der Hypostase (das „Darunter stehende", das die göttliche und die menschliche Natur „trägt"), d. h. in der Person oder dem Subjekt des ewigen Sohnes Gottes sind göttliche und menschliche Natur miteinander verbunden (sie gehen eine „Union" ein). Als Gottesgebärerin hat Maria deshalb eine einzigartige Würde, welche die jeder anderen geschaffenen Person überragt. Der hl. Thomas von Aquin kann darum betonen: Weil die heilige Jungfrau „die Mutter Gottes ist", hat „sie eine gewisse unendliche Würde von dem unendlichen Gut her, das Gott ist".[9]

b) Die Kirche als „Leib" Christi

Paulus erwähnt nicht nur die Geburt des göttlichen Sohnes aus der „Frau". Er behandelt auch eine zweite Voraussetzung der geistlichen Mutterschaft Jesu, nämlich die innige Verbindung zwischen Christus

9 *Summa theologiae* I q. 25 a. 6 ad 4; Übersetzung in: Die Deutsche Thomas-Ausgabe 2 (1934), S. 300.

als dem „Haupt" der Kirche und den „Gliedern" des „Leibes", der durch die Taufe begründet und die Eucharistie genährt wird.[10]

> „Durch die Gnade der Gottesmutterschaft ist Maria zu einem hervorragenden Glied am ekklesialen Leib Christi geworden, und zwar so, dass sich ihre Mutterschaft nicht nur auf den geschichtlichen Jesus bezieht, sondern auch auf Christus, insofern er das Haupt der Kirche ist, und auf die Kirche selbst, die aus dem Wirken Jesu als das neue Volk Gottes, Tempel des Heiligen Geistes und als Leib Christi hervorgeht".[11]

Das in der Taufe begründete Leben der Gnade und der verklärte Leib Christi in der Eucharistie verbinden die Glieder der Kirche miteinander: Sie bilden gleichsam einen Leib, in dem alle Glieder eine solidarische Gemeinschaft bilden. Von da aus können wir auf die Bibelstellen schauen, in denen die Fürsorge Mariens für die Jünger Jesu zum Ausdruck kommt.

c) Maria unter dem Kreuz (Joh 19,25–27)

Die bedeutsamste Stelle ist hier zweifellos die johanneische Szene, worin der sterbende Christus vom Kreuz aus Maria dem Lieblingsjünger als „Mutter" empfiehlt und Maria wiederum Johannes als „Sohn" annimmt: „Bei dem Kreuz Jesu standen seine Mutter [...] Als Jesus seine Mutter sah und bei ihr den Jünger, den er liebte, sagte er zu seiner Mutter: Frau, siehe, dein Sohn! Dann sagte er zu dem Jünger: Siehe, deine Mutter! Und von dieser Stunde an nahm sie der Jünger zu sich" (Joh 19,25–27).

Der Lieblingsjünger wird hier nicht mit Namen genannt, weil er – so scheint es – als Vorbild für die Jünger Jesu schlechthin erscheint. Der „Jünger, den Jesus liebte", wird vorgestellt als „‚Typus' eines je-

10 Vgl. dazu besonders 1 Kor 12,12–27; Zweites Vatikanisches Konzil, *Lumen gentium* 7.

11 G. L. Müller, Gottesmutter, in: Marienlexikon 2 (1989), 684–692 (690).

den anderen Jüngers, der aufgrund des Glaubens von Christus geliebt wird".[12] Eine symbolhafte Tiefe der geschichtlichen Ereignisse anzudeuten, ist für das Johannesevangelium typisch. Auch die Aussage, dass der Lieblingsjünger Maria „zu sich nimmt" (wörtlich: „unter die ihm eigenen Güter", *eis tà ídia*), ist nicht nur eine Information über die soziale Versorgung der Gottesmutter im Hausstand des Apostels Johannes. Maria ist eine Gabe Jesu, die der Jünger in sein Leben aufnimmt, ähnlich wie Jesu Wort (Joh 17,8), das eucharistische Brot (Joh 6,51), den Frieden (Joh 14,27), den Heiligen Geist (Joh 20,22).[13] Der Jünger „nahm sie in sein Eigenes hinein – nahm sie in seinen inneren Lebenszusammenhang auf".[14]

Wichtig als Ansatzpunkt für die geistliche Mutterschaft Mariens ist auch die ungewöhnliche Anrede „Frau", die schon im johanneischen Bericht über die Hochzeit von Kana erscheint (Joh 2,4). Zu betonen ist hierbei die gleich noch zu betrachtende Parallele zur Offenbarung des Johannes, worin die apokalyptische Frau als Gegenbild zum teuflischen „Drachen" erscheint, der als die „Schlange" bei der Verführung der Stammeltern identifiziert wird (Offb 12,9; vgl. Gen 3,1–4). Maria erscheint hier gleichsam als die „neue Eva", die über die Mächte des Bösen triumphiert.

Die bereits erwähnte Tatsache, dass die „apokalyptische Frau" als visionäres Bild für die Kirche steht, ist vorbereitet im Alten Testament: der Bund zwischen Gott und seinem Volk erscheint im Bild der Ehe zwischen Mann und Frau. Damit zeigt sich Maria als Urbild der Kirche und des erlösten Menschen. „Dem Jünger, der wahrhaft Jünger ist in der liebenden Gemeinschaft mit dem Herrn, wird die Frau anempfohlen: Maria – die Kirche".[15]

12 A. Serra, Bibbia, in: S. de Fiores – S. Meo (Hg.), Nuovo dizionario di mariologia, Cinisello Balsamo 1985, 231–311 (290). Ausführlicher zur Deutung des Kreuzestestamentes Jesu: ders., Maria presso la Croce. Solo l'Addolorata? Verso una rilettura dei contenuti di Giovanni 19, 25–27, Padova 2011.

13 Vgl. Serra, Bibbia 292; A. Valentini, Maria secondo le Scritture, Bologna 2007, 320–323.

14 J. Ratzinger, Jesus von Nazareth II, Freiburg i. Br. 2011, 244.

15 Ebd., 246.

d) Maria auf der Hochzeit zu Kana (Joh 2,1–11)

Die Bedeutung Marias im Geheimnis des Bundes zwischen Gott und seinem Volk tritt bereits beim ersten Wunder Jesu hervor, der Verwandlung von Wasser in Wein bei der Hochzeit zu Kana (Joh 2,1–11). Dieses Ereignis bildet das Evangelium des Festes der „Patrona Bavariae". Im Johannesevangelium ist die Erzählung über die Hochzeit zu Kana der Abschluss der Woche, die am Beginn des öffentlichen Wirkens Jesu steht (Joh 1,19–2,12). Im Text des Evangeliums beginnt die Erzählung nicht mit „In jener Zeit" (wie in der liturgischen Lesung), sondern mit einem zeitlichen Hinweis: „Am dritten Tag" (Joh 2,1). Nach einigen Exegeten finden wir hier eine Anspielung auf den „dritten Tag", der in der Erzählung des Alten Testamentes vom Bund Gottes mit seinem Volk am Berg Sinai zweimal erwähnt wird (Ex 19,11.26). Mit seinem ersten Wunderzeichen offenbart Jesus seine „Herrlichkeit" (Joh 2,11); die „Herrlichkeit" Gottes zeigt sich bereits am Sinai (vgl. Ex 24,17). Ein diskreter Hinweis auf das Gesetz des Mose, das am Sinai seinen Ursprung hat, findet sich bereits in den sechs steinernen Wasserkrügen, „wie es der Reinigungsvorschrift der Juden entsprach" (Joh 2,6). Ausgerechnet das Wasser aus diesen Krügen wird in Wein verwandelt, der als Zeichen der messianischen Heilsgüter erscheinen kann.[16] „Wie am Sinai Gott seine Herrlichkeit offenbarte, indem er Mose das Gesetz gab, so offenbart Jesus zu Kana seine Herrlichkeit, indem er einen besseren Wein gibt, Zeichen des neuen Gesetzes, das sein Evangelium ist".[17]

Im Lichte dieses Vergleiches mit dem Sinaibund lässt sich nun auch das Verhalten Marias betrachten. Johannes erwähnt nie ihren Namen, sondern spricht von der „Mutter" Jesu (Joh 2,1f.5.12). Maria bemerkt, dass der Wein auf der Hochzeit ausgeht, und weist ihren Sohn darauf hin. „Was willst du von mir, Frau?" (Joh 2,4) – diese Reaktion drückt einen Unterschied der Standpunkte aus. Wörtlich heißt es: „Was ist zwischen mir und Dir, Frau?" *(tì emoì kaì soì, gúnai?)*

16 Vgl. I. de la Potterie, Maria nel mistero dell'alleanza, Genova 1988, 211–213.

17 Serra, Bibbia 276.

Nach Ignace de la Potterie denkt Maria an den Wein des Festes, Jesus hingegen an seine Sendung, die nun beginnt.[18] In diesem Sinn äußert sich auch eine der Marianischen Katechesen Papst Johannes Pauls II.: „Mit dem Ausdruck ‚Was habe ich mir dir zu tun, o Frau?‘ will Jesus die Mitwirkung Mariens auf die Ebene des Heiles stellen; indem er ihren Glauben und ihre Hoffnung beansprucht, verlangt er von ihr die Überschreitung ihrer natürlichen Rolle als Mutter“.[19]

Seine eigene Mutter mit dem Wort „Frau“ anzureden, ist äußerst ungewöhnlich und findet keine Parallele in der antiken Literatur. Die Anrede passt aber zur symbolischen Rolle Mariens als Vertreterin des gläubigen Gottesvolkes und als „neue Eva“. „Was er euch sagt, das tut!“ (Joh 2,5) Diese Worte der Mutter Jesu ähneln der Antwort des Gottesvolkes am Berg Sinai: Mose legte den Ältesten des Volkes „alles vor, was der Herr ihm aufgetragen hatte. Das ganze Volk antwortete einstimmig und erklärte: Alles, was der Herr gesagt hat, wollen wir tun“ (Ex 19,7–8). Die gleiche Zustimmungsformel des Volkes „Alles, was der Herr gesagt hat, wollen wir tun“, taucht dann noch zweimal auf beim Abschluss des Bundes (Ex 24,3.7). Aristide Serra folgert daraus: „Dieses Bekenntnis der Treue war das bräutliche ‚Ja‘ des erwählten Volkes gegenüber Gott als Bräutigam […] Wir haben hier eine Gleichsetzung, wenngleich nur indirekt und andeutungsweise, zwischen *der Gemeinschaft von Israel und der Mutter Jesu*“.[20]

Wichtig ist hierbei die Verbindung des „bräutlichen“ Bundes zwischen Gott und seinem Volk mit der Beziehung zwischen Maria, der „Frau“ schlechthin, und Jesus Christus, dem „Bräutigam“ des neuen Israel (vgl. Joh 3,29). Selbst wenn eine überkritische Bibelauslegung diese symbolische Verbindung hinterfragen kann, weil sie eben nicht ausdrücklich benannt wird, so gibt es auf jeden Fall

18 De la Potterie (1988), 203f; vgl. A. Serra, Maria a Cana e presso la croce, Roma ^{3}1991, 58–60; ders., Le nozze di Cana (Gv 2,1–12). Incidenze cristologico-mariane del primo “segno” di Gesù, Padova 2009, 292–298.

19 Marianische Katechese vom 26. Februar 1997, Nr. 3 (MK = Marianische Katechese 44,3).

20 Serra, Bibbia 280.

eine Parallele zwischen der Aufgabe Mariens, der Mutter des göttlichen Wortes, und dem bräutlichen Symbolismus der Propheten des Alten Testamentes für die Antwort des Volkes auf die göttliche Offenbarung.

Durch ihr Eintreten für die Brautleute, denen der Wein ausgeht, erlangt Maria von Jesus das erste Wunder. Die Verwandlung von Wasser in Wein und das Geschehen der Hochzeit öffnen das historische Ereignis auf eine symbolhafte Tiefe, die Vollendung des Liebesbundes zwischen Gott und seinem Volk. „Jesus machte diesen Anfang *(arché)* seiner Zeichen", heißt es wörtlich bei Johannes (Joh 2,11). Das Zeichen von Kana ist das Urbild der Wunder, die noch folgen werden, und ein Schlüssel für das Verständnis des vierten Evangeliums.[21] In ihrer Fürbitte für die Brautleute zeigt sich die mütterliche Fürsorge Mariens, die sich am Kreuz auf den Lieblingsjünger Jesu ausdehnt. Hier finden wir einen Ansatzpunkt für die geistliche Mutterschaft Mariens, wie es etwa die Marienenzyklika von Johannes Paul II. hervorhebt:

> „Maria ist zu Kana in Galiläa als *Mutter Jesu* anwesend und *trägt* in bezeichnender Weise zu jenem ‚Anfang der Zeichen' *bei*, die die messianische Kraft ihres Sohnes offenbaren […] Es ist gewiss, dass sich in jenem Ereignis schon recht klar *die neue Dimension*, der neue Sinn *der Mutterschaft Marias* abzeichnet. Sie hat eine Bedeutung, die nicht ausschließlich in den Worten Jesu und in den verschiedenen Ereignissen enthalten ist, wie sie die Synoptiker berichten (*Lk* 11,27–28; 8,19–21;*Mt* 12,46–50;*Mk* 3,31–35). In diesen Texten will Jesus vor allem die Mutterschaft, die sich aus der Geburt selbst ergibt, dem gegenüberstellen, was jene ‚Mutterschaft' (wie die ‚Bruderschaft') in der Dimension des Gottesreiches, im Heilsbereich der Vaterschaft Gottes sein soll. Im johanneischen Text hingegen zeichnet sich in der Darstellung des Ereignisses von Kana ab, was sich konkret als neue Mutterschaft nach dem Geist und nicht nur aus dem Fleisch erweist, *nämlich die Sorge Marias für die Menschen*, ihre Hinwendung zu

21 Vgl. De la Potterie (1988), 194.

ihnen in der ganzen Breite ihrer Bedürfnisse und Nöte. Zu Kana in Galiläa wird nur ein konkreter Aspekt der menschlichen Bedürftigkeit gezeigt, scheinbar nur klein und von geringer Bedeutung (‚Sie haben keinen Wein mehr‘). Aber er hat symbolischen Wert: Jene Hinwendung zu den Bedürfnissen der Menschen bedeutet zugleich, sie in den Bereich der messianischen Sendung und erlösenden Macht Christi zu führen. Es liegt also eine Vermittlung vor: Maria stellt sich zwischen ihren Sohn und die Menschen in der Situation ihrer Entbehrungen, Bedürfnisse und Leiden. *Sie stellt sich ‚dazwischen‘, das heißt, sie macht die Mittlerin, nicht wie eine Fremde, sondern in ihrer Stellung als Mutter*, und ist sich bewusst, dass sie als solche dem Sohn die Nöte der Menschen vortragen kann, ja sogar das ‚Recht‘ dazu hat. Ihre Vermittlung hat also den Charakter einer Fürsprache: Maria ‚spricht für‘ die Menschen. Nicht nur das: Als Mutter möchte sie auch, *dass sich die messianische Macht des Sohnes offenbart*, nämlich seine erlösende Kraft, die darauf gerichtet ist, dem Menschen im Unglück zur Hilfe zu eilen, ihn vom Bösen zu befreien, das in verschiedenen Formen und Maßen auf seinem Leben lastet. Ganz wie es der Prophet Jesaja in dem berühmten Text, auf den sich Jesus vor seinen Landsleuten in Nazareth berufen hat, vom Messias angekündigt hatte: ‚[…] den Armen eine gute Nachricht bringen, den Gefangenen die Entlassung verkünden und den Blinden das Augenlicht […]‘ (vgl. *Lk* 4,18).

Ein anderes wesentliches Element dieser mütterlichen Aufgabe Marias kommt in den Worten an die Diener zum Ausdruck: ‚Was er euch sagt, das tut‘. *Die Mutter* Christi zeigt sich vor den Menschen als *Sprecherin für den Willen des Sohnes*, als Wegweiserin zu jenen Voraussetzungen, die erfüllt sein müssen, damit sich die erlösende Macht des Messias offenbaren kann. Wegen der Fürsprache Marias und des Gehorsams der Diener lässt Jesus in Kana ‚seine Stunde‘ beginnen. In Kana zeigt Maria *ihren Glauben an Jesus:* Ihr Glaube führt zum ersten ‚Zeichen‘ und trägt dazu bei, den Glauben der Jünger zu wecken“.[22]

22 *Redemptoris Mater* 21.

e) Die „Frau" in der Offenbarung des Johannes

Schon bei der Kennzeichnung der geistlichen Mutterschaft Mariens als Glaubensgut bei Papst Paul VI. haben wir die Bedeutung der Offenbarung des Johannes erwähnt, die im zwölften Kapitel die sonnenbekleidete Frau als „großes Zeichen" darstellt. Das letzte Buch der Bibel formuliert seine Botschaft im Blick auf die damalige Situation der Christenverfolgung. Das Kapitel 12 stellt eine Frau, die einen Sohn gebiert, einem Drachen gegenüber: Vorgestellt werden die Frau, ihr Sohn und der Drache (Offb 12,1–6); es folgt der siegreiche Kampf Michaels gegen den Drachen (Offb 12,7–13); am Ende steht die Flucht der Frau in die Wüste und das Wüten des Drachen (Offb 12,14–17).

Die apokalyptische Frau bedeutet in erster Linie das Volk Gottes, das neue Israel. Die beschriebene Situation entspricht dem gesamten Weg der Kirche in dieser Welt vor der Wiederkunft Jesu. Insofern die „Frau" den Messias gebiert, ist freilich ein marianischer Bezug nicht zu leugnen. Die Mutter des Messias ist ein Zeichen und ein Urbild der Kirche in ihrer geistlichen Mutterschaft und in ihrem Sieg über die Verfolger. Der göttliche Schutz und die Gegenüberstellung zwischen dem teuflischen Drachen und der Frau deuten die makellose Heiligkeit der neuen Eva an. Die Kirche wird gleichsam mit marianischen Farben gemalt, und Maria wiederum erscheint als Urbild der Kirche.[23]

Für die geistliche Mutterschaft Mariens wichtig ist der Verweis auf das Buch Genesis, das die „Frau" und deren Nachkommenschaft der „Schlange" gegenüberstellt (Gen 3,15): „Er wurde gestürzt, der große Drache, die alte Schlange, die Teufel oder Satan *heißt* […]" (Offb 12,9). Die Gestalt der „Frau" erinnert an die symbolische Darstellung des Volkes Israel als „Mutter" der Gläubigen im Alten Testament (worauf wir gleich zurückkommen).

Die „Schmerzen" der Geburt (Offb 12,2) sind ein Zeichen für die Prüfungen des Gottesvolkes in der Endzeit. Im Johannesevan-

23 Vgl. A. Ziegenaus, Maria in der Heilsgeschichte. Mariologie (Katholische Dogmatik V), Aachen 1998, 133–136.

gelium stehen die „Schmerzen der Geburt“ für das Kreuzesleiden (Joh 16,21f). „Der Schmerz der Gebärenden und die Entrückung ihres Neugeborenen zum Throne Gottes sind nicht auf die Geburt Jesu in Bethlehem zu beziehen, sondern *auf die Stunde des Leidens und der Auferstehung Christi*“.[24] In der Lesung zum Fest der „Patrona Bavariae“ fehlt der Hinweis auf die „Geburtswehen“, wohl um Missverständnisse zu vermeiden angesichts des Glaubens der Kirche an die „Jungfräulichkeit in der Geburt“.[25] Gleichwohl lassen sich die „Geburtswehen“ der apokalyptischen Frau durchaus marianisch deuten, allerdings mit einem Blick nicht auf die Geburt Jesu zu Bethlehem, sondern auf das Mitleiden unter dem Kreuz. Drei verschiedene Gesichtspunkte verbinden Joh 19 und Offb 12 miteinander: die Bezeichnung Mariens bzw. der Kirche als „Frau“; der Lieblingsjünger als „Sohn“ Mariens und die „übrigen Nachkommen“ im Gefolge des Messias (Offb 12,17); der Ursprung der geistlichen Mutterschaft im Kreuzesleiden. In diesem Sinne lässt sich die apokalyptische Frau auch auf Maria beziehen, die am Leiden Christi teilnimmt und (als Urbild der Kirche) die Adoptivkinder Gottes „gebiert“.

In Offb 12,17 heißt es: „Da geriet der Drache in Zorn über die Frau, und er ging fort, um Krieg zu führen mit ihren übrigen Nachkommen, die den Geboten Gottes gehorchen und an dem Zeugnis für Jesus festhalten“. Im griechischen Urtext heißt es für die „übrigen Nachkommen“ wörtlich: der „Rest ihres Samens“ *(sperma)*; angespielt wird damit auf die griechische Übersetzung von Gen 3,15, dem „Protoevangelium“, das die Schlange und ihre Nachkommenschaft der Frau und ihrem „Samen“ (ihrer Nachkommenschaft) gegenüberstellt.

In der apokalyptischen Frau geschieht also die symbolhafte Vorstellung der Kirche mit marianischen Zügen, die eine Verbindung mit dem Kreuz und der universalen Mutterschaft für alle Adoptivkinder Gottes beinhalten. Maria „ist die Frau, die in Jesus (und folglich

24 Serra, Bibbia 295.

25 Vgl. dazu M. Hauke, Die „virginitas in partu“: Akzentsetzungen in der Dogmengeschichte, in: A. Ziegenaus (Hg.), „Geboren aus der Jungfrau Maria“. Klarstellungen (Mariologische Studien 19), Regensburg 2007, 88–131.

in Bethlehem und auf Kalvaria) Gott die in der Gotteskindschaft wiedergeborene Menschheit schenkt".[26]

f) Ansatzpunkte in der lukanischen Theologie: Verkündigung, Heimsuchung, Pfingstnovene

Die offenkundigsten Hinweise auf die geistliche Mutterschaft Mariens finden sich im Johannesevangelium. Ansätze dazu lassen sich freilich auch bei Lukas festmachen. Das gilt zunächst für die Erzählung von der Verkündigung, in der Maria als Mutter des Sohnes Gottes erscheint (Lk 1,26–38). Der Gruß des Engels an Maria lässt die prophetischen Verheißungen des Alten Testamentes anklingen, die sich an die „Tochter Zion" richten. „Freu dich (oder: Sei gegrüßt), du Gnadenvolle, der Herr ist mir dir" (Lk 1,28). Der Beginn des Grußes, das griechische Wort *chaire*, entspricht der alltäglichen Begrüßung, aber ungewöhnlich ist dann, dass an die Stelle des Namens „Maria" die Bezeichnung „Gnadenvolle" tritt (das griechische *kecharitoméne* meint das „Überhäuft sein" mit Gnade). Diese außerordentliche Anrede kann auch übersetzt werden mit „Freue dich". Gemeint ist damit die endzeitliche Freude, die mit dem Kommen des messianischen Heils verbunden ist. In der Septuaginta (der wichtigsten griechischen Übersetzung des Alten Testamentes) findet sich *chaire* nur an vier Stellen, von denen drei die „Tochter Zion" betreffen, und sie ermuntert zur Freude über das Kommen Gottes. So heißt es etwa beim Propheten Sacharja: „Juble laut, Tochter Zion! Jauchze, Tochter Jerusalem! Siehe, dein König kommt zu dir" (Sach 9,9).[27] Wie gleich zu zeigen ist, erweist sich die „Tochter Zion" als geistliche Mutter vieler Kinder.

Nach der Verkündigung des Engels berichtet Lukas vom Besuch Marias bei ihrer Verwandten Elisabeth (Lk 1,39–45). Sie trägt Jesus in ihrem Schoß. „Als Elisabeth den Gruß Marias hörte, hüpfte

26 T. Koehler, Maria nella Sacra Scrittura, Vercelli 1970, 109, zitiert in: S. M. Manelli, Mariologia biblica, Frigento ^{2}2005, 450.

27 Vgl. außerdem Zefanja 3,14–17; Joel 2,21–27.

das Kind in ihrem Leib. Da wurde Elisabeth vom Heiligen Geist erfüllt" (Lk 1,41). Die Heiligung Johannes des Täufers im Schoß seiner Mutter geschieht demnach durch die Vermittlung Mariens. Wir sehen hier eine erste Betätigung der geistlichen Mutterschaft. Papst Leo XIII. unternimmt dazu einen Vergleich mit dem ersten Wunder Jesu bei der Hochzeit zu Kana: Der Sohn Gottes nahm schon „während seines verborgenen Lebens auf Erden" Mariens „Dienste für zwei Wunder in Anspruch […] Das eine war ein Wunder der Gnade, als bei der Begrüßung Mariens das Kind im Schoß der Elisabeth aufhüpfte, das andere war ein Wunder der Natur, als er auf der Hochzeit zu Kana Wasser in Wein verwandelte".[28]

Johannes Paul II. sieht in der Heimsuchung gleichsam „ein Vorspiel von Pfingsten" und eine Betätigung von Marias „Aufgabe als Mittlerin".[29] Wie am Beginn des Lukasevangeliums Maria dazu beiträgt, dass der Heilige Geist seine Wirkung vollbringt (in der Menschwerdung des Sohnes Gottes und bei der Heiligung Johannes des Täufers), so sehen wir sie am Beginn der Apostelgeschichte inmitten der betenden Urgemeinde, die das Herabkommen des Heiligen Geistes am Pfingstfest erfleht (Apg 1,14). Johannes Paul II. schlägt hier eine Brücke zur Begründung der geistlichen Mutterschaft am Kreuz:

> „Die Worte, die Jesus vom Kreuz herab spricht, bedeuten, dass *die Mutterschaft* derer, die ihn geboren hat, sich *in der Kirche und durch die Kirche* ‚neu' fortsetzt, die durch Johannes symbolisiert und dargestellt wird. Sie, die als die ‚Begnadete' in das Geheimnis Christi eingeführt worden ist, um seine Mutter zu werden und so *heilige Gottesgebärerin* zu sein, bleibt auf diese Weise durch die Kirche in jenem Geheimnis zugegen als *‚die Frau'*, die vom Buch der Genesis (3,15) am Anfang und von der Offenbarung des Johannes (12,1) am Ende der Heilsgeschichte genannt wird. Nach dem ewigen Plan der Vorsehung soll sich

28 Leo XIII., Enzyklika *Augustissimae Virginis* (1897): Graber – Ziegenaus, Nr. 120 (S. 122).

29 Marianische Katechese vom 2. Oktober 1996, Nr. 4 (MK 34,4).

die göttliche Mutterschaft Marias über die Kirche ausbreiten […] Es gibt also in der Gnadenordnung, die sich unter dem Wirken des Heiligen Geistes vollzieht, eine einzigartige Entsprechung zwischen dem Augenblick der Menschwerdung des Wortes und jenem der Geburt der Kirche. Die Person, die beide Momente vereinigt, ist Maria: *Maria in Nazaret* und *Maria im Abendmahlssaal von Jerusalem*. In beiden Fällen ist ihre zurückhaltende, aber wesentliche Gegenwart ein Hinweis auf den Weg der ‚Geburt durch den Heiligen Geist'. Die im Geheimnis Christi als Mutter gegenwärtig ist, wird so – durch den Willen des Sohnes und das Wirken des Heiligen Geistes – auch gegenwärtig im Geheimnis der Kirche. Auch in der Kirche bleibt sie *mütterlich zugegen*, wie die am Kreuz gesprochenen Worte anzeigen: ‚Frau, siehe, dein Sohn' – ‚Siehe, deine Mutter'".[30]

„Als Maria nach den Ereignissen von Auferstehung und Himmelfahrt mit den Aposteln in Erwartung des Pfingstfestes den Abendmahlssaal betrat, war sie dort zugegen als Mutter des verherrlichten Herrn. Sie war nicht nur diejenige, die ‚den Pilgerweg des Glaubens ging' und ihre Verbundenheit mit dem Sohn ‚bis zum Kreuz' in Treue bewahrte, *sondern auch die ‚Magd des Herrn', die ihr Sohn als Mutter inmitten der soeben entstehenden Kirche zurückgelassen hatte*: ‚Siehe, deine Mutter!'. So begann sich ein besonderes Band zwischen dieser Mutter und der Kirche zu bilden. Die entstehende Kirche war ja die Frucht des Kreuzes und der Auferstehung ihres Sohnes. Maria, die sich von Anfang an vorbehaltlos der Person und dem Werk des Sohnes zur Verfügung gestellt hatte, musste diese ihre mütterliche Hingabe von Beginn an auch der Kirche zuwenden. Nach dem Weggehen des Sohnes besteht ihre Mutterschaft in der Kirche fort als *mütterliche Vermittlung*: Indem sie als Mutter für alle ihre Kinder eintritt, wirkt sie mit im Heilshandeln des Sohnes, des Erlösers der Welt".[31]

30 *Redemptoris Mater* 24.

31 *Redemptoris Mater* 40.

In seiner Marianischen Katechese über „Maria und die Gabe des Geistes“ erwähnt Johannes Paul II. die „Fruchtbarkeit“ der „geistlichen Mutterschaft“, kraft derer sich das Pfingstfest auch als Frucht der Fürbitte Mariens erweist.[32]

4. Die Vorbereitung der geistlichen Mutterschaft Mariens im Alten Testament

Der Blick auf die Grundlegung der geistlichen Mutterschaft Mariens im Neuen Testament beinhaltet die Aufnahme der alttestamentlichen Vorbereitung. Das gilt vor allem für das Protoevangelium (Gen 3,15) und für die mütterliche Aufgabe der „Tochter Zion“.

a) Maria als „neue Eva" im Protoevangelium (Gen 3,15)

In Buch Genesis lesen wir die Worte Gottes an die Schlange nach dem Sündenfall der Stammeltern: „Feindschaft setze ich zwischen dich und die Frau, zwischen deinen Nachwuchs und ihren Nachwuchs. Er trifft dich am Kopf, und du triffst ihn an der Ferse“ (Gen 3,15).[33] Im ursprünglichen Zusammenhang beschreibt diese Schriftstelle den Kampf zwischen den Mächten des Bösen und der Menschheit, der Nachkommenschaft der Frau. Die Schlange greift die Ferse an, d. h. sie versucht den Menschen zu schaden. Am Ende aber wird sie am Kopf getroffen und besiegt.

Im konkreten Zusammenhang der Genesis geht es nicht nur um die Beschreibung der Auseinandersetzung zwischen den Menschen und der bedrohlichen Tierart „Schlange“. Der Bericht vom Sündenfall wird von der heutigen Bibelwissenschaft mit einer literarischen Schicht verbunden, die den Namen „Jahwe“ für Gott bevorzugt. Der sogenannte Jahwist hat sehr wahrscheinlich im 10. Jahrhundert vor

32 Marianische Katechese vom 28. Mai 1997, Nr. 3–4 (MK 52,3–4).
33 Vgl. dazu Ziegenaus, Maria in der Heilsgeschichte 167–174.

Christus gelebt im Königreich Davids und Salomos. Der Jahwist kennt die zu seiner Zeit noch „taufrische" Verheißung des Propheten Natan an David, wonach ein Nachkomme Davids für immer über das Haus Israel herrschen werde (2 Sam 7). Der Nachkomme, welcher der Schlange den Kopf zertritt, ist also der Messias. Die messianische Deutung, die sich einer isolierten Betrachtung der Stelle verschließt, wird klarer in der griechischen Übersetzung der Septuaginta: Während das Substantiv „Nachwuchs" (wörtlich: „Same") an sich mit einem sächlichen Eigenschaftswort versehen wird, wählt der Übersetzer für den Rückbezug auf das Substantiv kein sächliches, sondern ein männliches Fürwort: „Er" wird der Schlange den Kopf zertreten.

Andererseits sind die Deutung des „Nachwuchses" der Frau auf die Menschheit und auf den Messias keine Gegensätze: Weil der Messias die Menschheit vor Gott vertritt, können wir auch sagen, dass „der Mensch", die Nachkommenschaft der Frau, der Schlange den Kopf zermalmt. Wegen der in dieser Ankündigung einbeschlossenen Heilsbotschaft wird die Schriftstelle Genesis 3,15 auch „Protoevangelium" genannt, also „erste frohe Botschaft". Die Vulgata, die lateinische Übersetzung der Bibel durch Hieronymus, gibt dem Text noch einen anderen Sinn. Danach ist es nicht die Menschheit bzw. der Messias, welcher der Schlange den Kopf zertritt, sondern die Frau: *Ipsa conteret caput tuum*, „Sie wird dir den Kopf zertreten". Diese Übersetzung, die sich schon beim Juden Philo findet, ist philologisch gesehen falsch und ist berichtigt worden in der neuen Ausgabe der Vulgata. Trotzdem zeigt diese Version, dass der Messias in seiner Gegnerschaft zum Bösen nicht von seiner Mutter getrennt werden kann; der „neue Adam" hat als Gefährtin die „neue Eva". Diese Sehweise deutet sich schon im Neuen Testament an, wenn Jesus seine Mutter „Frau" nennt. Sie wird ausdrücklich dargelegt durch die Kirchenväter: Justin und Irenäus (im 2. Jahrhundert) ergänzen die Antithese von Adam und Christus mit der Gegenüberstellung von Eva und Maria. Die „Frau" der Genesis ist zunächst Eva, aber der Sinn der Verheißung erfüllt sich vollkommen in Maria, der „neuen Eva", die als Mutter des Messias der Schlange radikal entgegengesetzt ist.

Schon im Protoevangelium ist die Rede von der „Feindschaft" zwischen der Schlange und der Frau (während beide übereinkommen in der Sünde und in der von Gott verhängten Strafe). Gleichzeitig ist mit der Frau die Mutter des Messias gemeint, die am Triumph über das Böse (und den Bösen) teilhat. Alle diese Beobachtungen geben dem Text nicht nur einen christologischen, sondern auch einen marianischen Sinn. Das Protoevangelium zeigt im Lichte der späteren Rezeption[34] die radikale Feindschaft zwischen Maria und Satan und damit auch zwischen Maria und der Sünde: Wenn Maria als „neue Eva" gesehen wird, ist damit einschlussweise schon das Dogma enthalten von der Unbefleckten Empfängnis, der Freiheit von der Erbsünde also. Ebenso deutet sich die Mitwirkung Mariens bei der Erlösung an, die sogenannte „Miterlösung": das Jawort Mariens bei der Verkündigung und unter dem Kreuz. Des Weiteren ist der Weg vorbereitet (aufgrund der Freiheit von der Erbsünde) für die Aufnahme Mariens mit Leib und Seele in die himmlische Herrlichkeit. Der Triumph über die Schlange vollendet sich in der himmlischen Teilhabe an der Königsherrschaft Christi.

Der „Nachwuchs" der Frau ist gleichermaßen der kommende Messias als auch die mit dem Erlöser verbundene Menschheit, die über die Mächte des Bösen triumphiert. Maria erscheint dabei als „neue Eva", die nicht nur die Gefährtin des „neuen Adam" ist, sondern auch in einem geistlichen Sinn die „Mutter aller Lebenden" (Gen 3,20). Diese Perspektive erschließt in der späteren Betrachtung der Kirchenväter.

b) Die mütterliche Aufgabe der „Tochter Zion"

Im Licht der neueren exegetischen Forschung hat das Zweite Vatikanische Konzil die Vorbereitung Mariens durch die symbolhafte Gestalt der „Tochter Zion" betont: Mit Maria „als der erhabenen Tochter Sion ist schließlich nach langer Erwartung der Verheißung die Zeit erfüllt und die neue Heilsökonomie begonnen, als der Sohn

34 Weish 2,24; Joh 8,44; Offb 12 usw.

Gottes die Menschennatur aus ihr annahm, um durch die Mysterien seines Fleisches den Menschen von der Sünde zu befreien".[35]

„Zion" meint zunächst den kleinen Berg mit der Festung der Jebusiter, die von König David erobert wurde. Dorthin ließ David die Bundeslade bringen, die den Ort zur „Wohnung Gottes" machte (2 Sam 6). Nach dem Bau des Tempels durch Salomo steht „Zion" auch für das Heiligtum Gottes in Jerusalem. In einem weiteren Schritt bezeichnet das Wort die Heilige Stadt und das ganze Volk Israel, wobei die Bedeutung Judas betont wird. Der Bezug auf Jerusalem entspricht einem Brauch der alten semitischen Sprachen, wonach die Städtenamen als „weiblich" behandelt werden. Die „Tochter Zion" meint das Volk Gottes; der Begriff „Tochter" enthält von der Sache her die Zugehörigkeit zu Gott. Seit dem Propheten Hosea (8. Jahrhundert v. Chr.) kommt eine „bräutliche" Färbung hinein, insofern das Volk Gottes als „Braut" des Bräutigams Jahwe erscheint.[36]

Für die Vorbereitung der geistlichen Mutterschaft Mariens sind die Stellen wichtig, in denen sich die „Mütterlichkeit" der „Tochter Zion" zeigt. Besonders nachdrücklich geschieht dies im Buch Jesaja in einer Stelle, die von den Exegeten in die Zeit nach dem babylonischen Exil eingeordnet wird („Trito-Jesaja"):

> „Noch ehe die Frau ihre Wehen bekommt, hat sie schon geboren; ehe die Wehen über sie kamen, brachte sie einen Knaben zur Welt. Wer hat so etwas je gehört, wer hat je dergleichen gesehen? Wird ein Land an einem einzigen Tag geboren, kommt ein Volk auf einmal zur Welt? Doch Zion, kaum in den Wehen, hat schon ihre Kinder geboren. Hätte ich ihr etwa den Schoß öffnen sollen, ohne sie gebären zu lassen?, spricht der Herr. Sollte ich, der die Frauen gebären lässt, ihnen den Schoß verschließen?, spricht dein

35 *Lumen gentium* 55.

36 Vgl. mit weiteren Hinweisen M. Hauke, Introducción a la Mariologia, Madrid 2015, 11f; B. Schneider, Die Tochter Zion in marianischer Perspektive, in: M. Hauke (Hg.), Maria und das Alte Testament (Mariologische Studien 24), Regensburg 2015, 140–155.

Gott. Freut euch mit Jerusalem! Jubelt in der Stadt, alle, die ihr sie liebt. Seid fröhlich mit ihr, alle, die ihr über sie traurig wart. Saugt euch satt an ihrer tröstenden Brust, trinkt und labt euch an ihrem mütterlichen Reichtum!“ (Jes 66,7–11).

Bemerkenswert ist auch der Psalm 87 (86 LXX), der Zion als Mutter aller Völker beschreibt: „Herrliches sagt man von dir, du Stadt unseres Gottes. Leute aus Ägypten und Babel zähle ich zu denen, die mich kennen; auch von Leuten aus dem Philisterland, aus Tyrus und Kusch sagt man: Er ist dort geboren. Doch von Zion wird man sagen: Jeder ist dort geboren. Er, der Höchste, hat Zion gegründet. Der Herr schreibt, wenn er die Völker verzeichnet: Er ist dort geboren. Und sie werden beim Reigentanz singen: All meine Quellen entspringen in dir“ (Ps 87,3–7). Alle Völker sind demnach dazu berufen, den einzigen wahren Gott zu erkennen und sich seinem Volk anzuschließen. Die „Tochter Zion“ erscheint in diesem Psalm als „die heilige Stadt, aber insofern sie ein neues Volk hervorbringt, ein Volk, das von der Gegenwart Gottes in seinem Tempel gerettet wird“.[37] Die geistliche Mutterschaft der Kirche und Mariens, die in der „Tochter Zion“ vorbereitet sind, öffnen sich auf die ganze Menschheit und gewinnen eine universale Reichweite.

c) Der frauliche Einsatz für das Heil des Volkes

Eine geistliche Mutterschaft deutet sich auch an in den großen Frauengestalten, die ihrem Volk in größter Not zu Hilfe kommen. Johannes Paul II. widmet ihnen eine seiner Marianischen Katechesen mit der Überschrift „Frauen im Einsatz für das Heil ihres Volkes“.[38] Eine besondere Erwähnung verdienen dabei Judit und Ester. Das Buch Judit wird zitiert im Antwortpsalm der Messfeier für das Fest der „Patrona Bavariae“ (Jdt 13,18bc.19.20bc). „Gesegnet bist du,

37 E. G. Mori, Figlia di Sion, in: S. de Fiores – S. Meo (Hg.), Nuovo dizionario di mariologia, Cinisello Balsamo 1985, 580–589 (587).

38 Marianische Katechese vom 27. März 1995 (MK 15).

meine Tochter, von Gott dem Allerhöchsten, mehr als alle anderen Frauen auf der Erde. Gepriesen sei der Herr, unser Gott, der Himmel und Erde geschaffen hat“ (Jdt 13,18). Diese Worte klingen an im Lobpreis Mariens durch Elisabeth im Lukasevangelium: „Gesegnet bist du mehr als alle anderen Frauen, und gesegnet ist die Frucht deines Leibes“ (Lk 1,42). In der biblischen Erzählung wird Judit dafür gelobt, dass sie den babylonischen Heerführer Holofernes besiegt hat: „Durch seine (Gottes) Hilfe ist es dir gelungen, dem Anführer unserer Feinde den Kopf abzuschlagen“ (Jdt 13,18). Judit kann die Fürbitte Mariens und ihren Sieg über Satan veranschaulichen. Im Lichte Judits erweist sich Maria als Siegerin in den geistlichen (und mitunter auch militärischen) Kämpfen des Volkes Gottes gegen alle seine Feinde.

Auch das Buch Ester nimmt Bezug auf eine Notlage des Volkes Israel, das von der Vernichtung bedroht ist. Die Königin Ester tritt ein für ihr Volk durch ihre Fürbitte beim König, wobei sie ihr eigenes Leben aufs Spiel setzt. Vorbereitet werden hier die himmlische Fürsprache und die königliche Vollmacht der Gottesmutter.

5. Die geschichtliche Ausfaltung der geistlichen Mutterschaft Mariens

Nach der biblischen Skizze sei auch die geschichtliche Entwicklung der Lehre von der geistlichen Mutterschaft Mariens angedeutet. Vollständigkeit wird dabei nicht angestrebt. Als Beispiele für die Entwicklung im christlichen Altertum werden die Heiligen Irenäus, Augustinus und Germanus von Konstantinopel vorgestellt. Für das Mittelalter folgt Rupert von Deutz und für die frühe Neuzeit der hl. Petrus Canisius. Unter den Stellungnahmen des Lehramtes konzentrieren wir uns exemplarisch auf das Zweite Vatikanische Konzil sowie die Stellungnahmen der Päpste Paul VI. und Johannes Paul II.

a) Maria als „Knotenlöserin" beim hl. Irenäus von Lyon

Nach dem hl. Justin, Philosoph und Märtyrer, ist der hl. Irenäus von Lyon (2. Jahrhundert) der erste Kirchenvater, der Maria nachdrücklich mit Eva vergleicht:[39]

> „Gleichwie jene (Eva), da sie zwar als Mann den Adam hatte, aber doch noch Jungfrau war [...], durch ihren Ungehorsam sowohl für sich wie für das ganze Menschengeschlecht Ursache des Todes geworden ist: so ist auch Maria [...] durch ihren Gehorsam sowohl für sich wie für das ganze Menschengeschlecht Ursache des Heiles geworden *(universo generi humani causa facta est salutis)*".[40]

Im „Rückkreislauf von Maria zu Eva" wird „das Gebundene dadurch gelöst, dass die Bänder der Knoten zurückgeschlungen werden".[41]

„Was die Jungfrau Eva durch Unglauben gebunden, das hat die Jungfrau Maria durch Glauben gelöst".[42] Wie der Ungehorsam Evas als universale Ursache des „Todes" (in einem umfassenden Sinn) dargestellt wird, so der Gehorsam Mariens als Ursache des „Heiles". Eva und Maria erscheinen hier nicht nur als „Typen" von Unheil und Heil, sondern als deren bewirkender Grund *(causa)*. Die von Eva geschaffene Situation erscheint als unentwirrbarer Knoten, der von Maria zurückgeschlungen wird. Irenäus bezeichnet diese

39 Vgl. M. Hauke, Heilsverlust in Adam. Stationen griechischer Erbsündenlehre: Irenäus – Origenes – Kappadozier, Paderborn 1993, 265–267.

40 Irenäus, *Adversus haereses* III,22,4 (Sources chrétiennes 211, 440). Dass Maria „für sich" *(sibi)* „Ursache des Heils" wird, ist wahrscheinlich eine falsche Übersetzung; im griechischen Original stand wohl *ei*, „für sie", also für Eva. Diese Deutung wird bekräftigt durch Aussagen, in denen Irenäus Maria als „Fürsprecherin Evas" bezeichnet. Vgl. J. A. de Aldama, Sibi causa facta est salutis (S. Ireneo, Adv. Haereses 3,22,4), in: Ephemerides Mariologicae 16 (1966), 291–321; J. Galot, Maria. La donna nell'opera della salvezza, Roma ^{3}2005, 88f.

41 Ebd.

42 Irenäus, *Adversus haereses* III,22,4 (Sources chrétiennes 211, 442–444).

„Entwirrung“ des Knotens als „Rückkreislauf“, ähnlich wie er von einer „Rekapitulation“ Adams durch Christus spricht: Jesus Christus führt die Menschheit zu ihrem paradiesischen Ursprung zurück, bringt sie zur Vollendung und stellt sie unter ein neues Haupt, das er selber ist; Maria steht ihm mit ihrem glaubenden Gehorsam zur Seite.

Die „Geburt des Todes“ als Erbe Adams wird erst verlassen durch die „neue Geburt“ des Sohnes Gottes aus Maria, vermittelt durch den Glauben.[43] Die von Adam her kommende Generationenreihe lässt den Menschen als Unreinen entstehen. Rein sind allein Christus, der neue Adam, und Maria, die neue Eva. Irenäus beobachtet hierbei eine Parallele zwischen der Geburt Jesu aus Maria der Jungfrau und der geistlichen Neugeburt des Menschen in der Taufe. Maria und die Kirche werden dabei zusammengeschaut: Die Propheten, insbesondere die Weissagung von der Geburt des Immanuel aus der Jungfrau (Jes 7,14 LXX), „zeigten die Vereinigung des Wortes Gottes mit seinem Gebilde an: das Wort werde Fleisch sein und der Sohn Gottes Sohn des Menschen, als Reiner rein den reinen Mutterschoß öffnend, der die Menschen in Gott wiedergebiert, den er selbst als rein erschaffen hat *(purus pure puram aperiens vulvam eam quae regenerat homines in Deum)* […]“.[44]

Die jungfräuliche Geburt Jesu aus Maria erscheint hier in einer Perspektive mit der „Wiedergeburt“ des Christen aus dem „Mutterschoß“ der Kirche in der Taufe. Irenäus geht nicht näher auf die „Mutterschaft“ Mariens gegenüber den Christen ein, beschreibt aber ihren Einsatz als „Fürsprecherin Evas“: „Wie jene verführt worden ist, Gott nicht zu gehorchen, so ließ diese sich überzeugen, Gott zu gehorchen, damit die Jungfrau Maria die Fürsprecherin *(advocata)* der Jungfrau Eva würde“.[45]

„Eva“ steht dabei beispielhaft für das ganze Menschengeschlecht, für das Maria sich einsetzt. In der „neuen Eva“, wie der hl. Irenäus sie sieht, ist zweifellos ein wichtiger Ansatz gegeben für die Lehre

43 Vgl. *Adversus haereses* IV,33,4 (Sources chrétiennes 100, 810–812).

44 *Adversus haereses* IV,33,11 (Sources chrétiennes 100, 810–812).

45 *Adversus haereses* V,19,1 (Sources chrétiennes 153, 248).

von der geistlichen Mutterschaft Mariens.[46] Eine ausdrückliche Ableitung der geistlichen Mutterschaft Mariens aus dem Vergleich zwischen Eva und Maria findet sich später (im 4. Jahrhundert) beim hl. Epiphanius von Salamis, der mit dem Werk des hl. Irenäus vertraut war. Er bietet dabei eine mariologische Auslegung der Bezeichnung Evas als „Mutter der Lebendigen" (Gen 3,20). Maria hat Christus, das Leben selbst, geboren. Darum kommt die Bezeichnung „Mutter der Lebendigen" im eigentlichen Sinne ihr zu.[47]

b) Maria, die Mutter des mystischen Leibes Christi, beim hl. Augustinus

Einen wichtigen Ansatzpunkt für die geistliche Mutterschaft Mariens bietet der hl. Augustinus in seinem Werk über die Jungfräulichkeit, in dem sich alle wesentlichen Aussagen des Kirchenlehrers über die Gottesmutter wiederfinden.[48] Die geistliche Mutterschaft erscheint darin im Blick auf Maria, die Kirche und die einzelne Seele. Das Zweite Vatikanum zitiert aus diesem Werk eine bezeichnende Stelle, in der die geistliche Mutterschaft Mariens gegenüber der Kirche als Ausweitung der Gottesmutterschaft erscheint (der vom Konzil zitierte Teil ist kursiv gesetzt):

> Maria ist an Geist und Leib „Mutter und Jungfrau. Dem Geiste nach ist sie nicht unseres Hauptes, d. h. des Erlösers Mutter, von dem vielmehr sie dem Geiste nach geboren ist, denn alle, die an ihn glauben – und dazu gehört auch sie – werden mit Recht Kinder des Bräutigams genannt (Mt 9,15). Aber wohl ist sie (dem Geiste nach) *Mutter seiner Glieder, d. h. unsere Mutter; denn sie*

46 Vgl. dazu auch Dittrich (2009), 23–26; M. Hofmann, Maria, die neue Eva. Geschichtlicher Ursprung einer Typologie mit theologischem Potential (Mariologische Studien 21), Regensburg 2011, 93–101.

47 Vgl. Epiphanius, *Panarion* 78,18, 1–3 (GCS 37,468); Dittrich (2009), 26f; Hofmann (2011), 408–414.

48 Vgl. Dittrich (2009), 51, Anm. 72.

> *hat mit ihrer Liebe mitgewirkt, dass die Gläubigen in der Kirche geboren würden, die jenes Hauptes Glieder sind.* Dem Leibe nach aber ist sie Mutter des Hauptes selbst“.[49]

Die geistliche Mutterschaft Mariens gegenüber den Gläubigen wird nur angedeutet, aber nicht näher entfaltet.[50] Dies geschieht erst später im Mittelalter.

c) *Die Gottesmutter als heilsnotwendige „Mittlerin“ beim hl. Germanus von Konstantinopel*

Eine Blütezeit der Mariologie finden wir am Ende der Väterzeit in der griechischen Theologie des 8. Jahrhunderts. Es ist das „goldene Jahrhundert“ der Marienverehrung im byzantinischen Reich.[51] Deren hervorragendste Vertreter sind die Heiligen Germanus von Konstantinopel, Andreas von Kreta und Johannes Damaszenus. Diese Heiligen setzen den seit dem 5. Jahrhundert verbreiteten Glauben an die Aufnahme Mariens mit Leib und Seele in den Himmel voraus. Beispielhaft herausgehoben sei der hl. Germanus, Patriarch von Konstantinopel in den Jahren 715–730. Die größte äußere Bedrohung des Glaubens waren die muslimischen Araber, die immer wieder in das Byzantinische Reich einfielen und im Jahre 718 Konstantinopel belagerten (das aber erst 1453 unter dem Ansturm der Türken fiel). Für das bedrängte Volk war Germanus wie ein Vater. Er verehrte innig die Gottesmutter, als deren „Diener“ (oder „Sklave“) er sich bezeichnete.[52] Germanus bezeugt vor allem drei marianische Wahrheiten: die einzigartige Heiligkeit, die universale Vermittlung der Gnade und die Aufnahme in den Himmel mit Leib und Seele. Die

49 Augustinus, *De virginitate* 6 (PL 40,399). Vgl. *Lumen gentium* 53.

50 Vgl. dazu Dittrich (2009), 51–58.

51 Vgl. A. Wenger, Foi et pieté mariales à Byzance, in: H. du Manoir (Hg.), Maria V, Paris 1958, 923–984 (944).

52 Vgl. Germanus, *Hom. I in Dorm. Deiparae* (PG 98,340 B).

einzigartige Heiligkeit Mariens ist ausgerichtet auf ihre Aufgabe als Gottesmutter und zeigt sich in der Verherrlichung ihres Leibes:

> „Du bist der Sauerteig für die Neuformung Adams. Du bist die Befreiung von der Schande Evas […] Eva, die aus Erde bestand, ist zur Erde zurückgekehrt; du aber hast das Leben geboren, du bist zum Leben zurückgekehrt […] Deine Hilfe kennt keine Grenzen“.[53]

Ein starker Akzent liegt auf der Mittlerschaft Mariens. Die Mutter Gottes wird genannt die „wahrhaft gute Mittlerin für alle Sünder“.[54] Der heilige Patriarch unterstreicht, dass unser Heil in den Händen Mariens liegt und dass alle rettenden Gnaden von ihr kommen.[55] Maria ist nach Germanus für uns ebenso notwendig wie die Luft, die wir atmen.[56] Er schreibt:

> „Wenn du nicht den Weg zeigen würdest, würde niemand ein geistliches Leben führen und niemand würde Gott in Wahrheit anbeten; denn seinerzeit wurde der Mensch geistlich, als du, o Gottesgebärerin, zum Tempel des Heiligen Geistes wurdest. Niemand wird von der Erkenntnis Gottes erfüllt, wenn nicht durch dich, o Heiligste; niemand wird gerettet, wenn nicht durch dich, Jungfrau und Mutter; niemand wird erlöst, wenn nicht durch dich, Mutter Gottes“.[57]

53 *Hom. II in Dorm.* (PG 98,349 A/B).
54 *Hom. in Annunt.* (PG 98,321).
55 Vgl. *Hom. III in Dorm. Deiparae* (PG 98,371).
56 Ebd. (PG 98,365).
57 *Hom. II in Dorm.* (PG 98,349). Weiteres bei E. Perniola, La mariologia di san Germano, patriarca di Costantinopoli, Roma 1954, 135–145 (Miterlösung); 159–165 (geistliche Mutterschaft); 167–175 (Mittlerin und Austeilerin aller Gnaden); G. Gharib (Hg.), Testi mariani del primo millennio II, Roma 1989, 318–384.

d) Die universale geistliche Mutterschaft Mariens nach Rupert von Deutz

Die Zeit der Kirchenväter sieht Maria als „neue Eva“ und verbindet ihre geistliche Mutterschaft vor allem mit ihrem Jawort zur Verkündigung des Engels sowie mit ihrer Fürbitte vom Himmel her. Im Mittelalter finden wir eine stärkere Aufmerksamkeit für die Aufgabe, die Jesus seiner Mutter unter dem Kreuz anvertraut. Der erste Theologe, der deutlich eine universale geistliche Mutterschaft Mariens mit der johanneischen Kreuzesszene begründet, ist der Byzantiner Georg von Nikomedien, ein Freund des Patriarchen Photius (9. Jahrhundert).[58] Wirkungsträchtiger für die Geschichte der Theologie ist freilich der Beitrag des Rupert von Deutz († 1129),[59] eines hervorragenden Vertreters der monastischen Theologie. „Bei Rupert sehen wir die Vorstellung einer *Maternitas spiritualis Mariae* voll entfaltet“.[60] Der Beziehung zwischen Maria und der Kirche widmet er eine besondere Aufmerksamkeit, die sich auch in der Deutung der Kreuzesszene zeigt:

> Die Mutter des Herrn „hat ohne Schmerzen den Grund des Heiles aller geboren, als sie im eigenen Fleisch den Mensch gewordenen Gott zeugte. Nun aber gebiert sie mit großen Schmerzen, während sie […] bei seinem Kreuze steht.
> In der Tat hat der Herr in der Stunde seines Leidens richtig seine Apostel mit einer gebärenden Frau verglichen, als er sagte: ‚Wenn die Frau gebären soll, ist sie bekümmert, weil ihre Stunde da ist; aber wenn sie das Kind geboren hat, denkt sie nicht mehr an ihre Not über der Freude, dass ein Mensch zur Welt gekommen ist‘ (Joh 16,21f) […] Da nun die selige Jungfrau (am Kreuz)

58 Vgl. O’Carroll (2000), 154f mit Hinweis auf Georg von Nikomedien, *Hom. In „Stabant autem“* (PG 100,1476 D – 1477 D); Serra (1991), 82f, Anm. 6; Ghio (2015), 145f, 321f, 343f.

59 Vgl. u. a. D. Flores, La Virgen María al pie de la cruz (Jn. 19,25–27) en Ruperto de Deuz, Roma 1993; Dittrich (2009), 155–173.

60 Dittrich (2009), 172.

> ‚Schmerzen wie eine Gebärende‘ (Ps 47,7) gelitten hat und im Leiden ihres Eingeborenen das Heil von uns allen geboren hat, ist sie zweifellos die Mutter von uns allen. Deshalb sagte er (Jesus) über den Jünger, der in gerechter Weise den Schutz seiner Mutter übernahm: ‚Frau, siehe dein Sohn‘; und zum Jünger selbst sagte er: ‚Siehe deine Mutter‘. Dies hätte mit gutem Recht von jedem anderen Jünger gesagt werden können, wenn er dabei gewesen wäre, denn Maria […] ist die Mutter aller“.[61]

Im Sinne Ruperts lässt sich folgern: „Seit der Geburt der Kirche auf Golgotha ist Maria […] die Schutzfrau der Kirche“.[62] Als Schutzfrau der ganzen Kirche und der ganzen Menschheit, die dazu berufen ist, der Kirche anzugehören, ist sie auch Patronin des Bayernlandes.

e) Maria als „Mutter der Kirche" beim hl. Petrus Canisius

Die Reformation brachte in Deutschland für die Mehrheit der Bevölkerung einen Zusammenbruch des katholischen Glaubenslebens. Dazu gehörte auch die Marienfrömmigkeit, denn zu den Prinzipien der Reformatoren gehörte das Verbot, die Heiligen um ihre Fürbitte anzurufen. Maria war etwa für Luthers Kommentar zum Magnifikat ein Vorbild für die Nichtigkeit der menschlichen Werke, aber eine mütterliche Mitwirkung zu unserem Heil ist ihr auf gar keinen Fall zuzuschreiben. Im Gegensatz zur Lehre der katholischen Überlieferung schreibt Luther: Das „Verdienst“ Marias, die Gottesmutter zu werden, ist das gleiche wie das „Verdienst“ des Kreuzesholzes, den Erlöser zu tragen. Darum sei der österliche Marienhymnus „Regina caeli“ abzulehnen mit seiner Formulierung „den du zu tragen würdig warst“ *(quem meruisti portare)*.[63] Ein katholischer Neuaufbruch vollzieht sich hingegen mit der Ankunft der mit dem Nachfolger

61 Rupert von Deutz, *In Joh. XIII* (CCM 9,743f; PL 169,789).

62 Dittrich (2009), 163.

63 Vgl. Luther, Das Magnificat verdeutschet und ausgelegt (1521): WA 7,573; siehe dazu A. Dittrich, Protestantische Mariologiekritik. Historische Ent-

des hl. Petrus besonders verbundenen Ordensleute, vor allem der Jesuiten.

Durch die Treue der bayerischen Herrscher zum katholischen Glauben, die sich nicht von den finanziellen Vorteilen der Reformation für die Fürsten verführen ließen, wurde die Universität Ingolstadt zu einer fruchtbaren Pflanzstätte der katholischen Erneuerung. Sie wurde „zum wirkungsvollen Gegenpol von Martin Luthers Wittenberg“.[64] 1549 trafen dort die Jesuiten ein und gründeten ihr erstes Studienkolleg in Bayern. Mit den Marianischen Kongregationen verbreiteten sie eine marianisch inspirierte katholische Lebensordnung, die wesentlich zur neuen Blüte des kirchlichen Glaubens in der Barockzeit beitrug. Zu den ersten Jesuiten gehörte der aus Nijmegen stammende hl. Petrus Canisius. Papst Pius XI. ernannte ihn 1925 zum Kirchenlehrer. 1577 veröffentlichte er in Ingolstadt das wohl wichtigste mariologische Werk des 16. Jahrhunderts: *De Maria Virgine incomparabili et Dei Genetrice sacrosancta*, auf Deutsch „Maria, die unvergleichliche Jungfrau und hochheilige Gottesgebärerin“.[65] Für M. J. Scheeben ist dieses Werk „eine klassische Verteidigung der ganzen katholischen Lehre über Maria“ gegenüber dem Protestantismus.[66]

> „Im Auftrag Pius’ V. gegen die Magdeburger Zenturiatoren gewendet, trägt das Werk keinen rein polemischen Charakter, sondern bietet eine inhaltsreiche Zusammenfassung der traditionellen katholischen Lehre, die in dem mariologisch armen 16. Jahrhundert eine Ausnahmestellung einnimmt […]“.[67]

wicklung bis 1997 und dogmatische Analyse (Mariologische Studien 11), Regensburg 1998, 29–37; ders. (2009), 280–283; 1041f.

64 M. Lohrum, Ingolstadt, in: LThK³ 5 (1996), 493–495 (494).

65 Deutsche Übersetzung (leider um viele Stellen gekürzt, mit einer geänderten Struktur und einer Umverteilung des Stoffes): Warnsdorf 1933; Nachdruck Stuttgart 2013. In der Folge zitieren wir aus dem lateinischen Original, Ingolstadt 1577 (freier Download auf der Internetseite der Bayerischen Staatsbibliothek).

66 M. J. Scheeben, Handbuch der katholischen Dogmatik III, Freiburg i. Br. 1882, 478 (V. Buch, § 274, Nr. 1561).

67 L. Scheffczyk, Canisius, in: Marienlexikon 1 (1988), 647f (648); vgl. ders.,

Die Verehrung der „Patrona Bavariae" kann als Frucht des von den Jesuiten geförderten geistlichen Frühlings gesehen werden. Der bayerische Herzog (und spätere Kurfürst) Maximilian I. der Große (1573–1651), auf den die Verehrung und Proklamation Marias als Patronin Bayerns zurückgeht (1615/16), war 1587–1590 Jesuitenschüler in Ingolstadt und Mitglied der Marianischen Kongregation.[68] „[…] die Marianischen Kongregationen wurden zur wirksamsten Form der Jugenderziehung an den Jesuitenkollegien".[69]

Nach der reformatorischen Lehre gibt es keine Mitwirkung des Menschen bei seiner Rechtfertigung vor Gott und darum auch kein Verdienst. Das Konzil von Trient betont dagegen, dass die allwirksame Gnade nicht alleinwirksam ist: Es gibt durchaus ein von der Gnade ermöglichtes Verdienst des Menschen. Petrus Canisius weist Luthers Leugnung des Verdienstes Mariens zurück und zitiert Zeugnisse der Überlieferung, wonach Maria in gewisser Weise ihre Aufgabe als Gottesmutter verdient hat.[70] Die erste Gnade ist ein reines Geschenk, aber danach konnte Maria mit der Gnade mitwirken; ihr Verdienst ist freilich keine Forderung der Gerechtigkeit (wie bei Christus) *(meritum ex condigno)*, sondern gemäß dem Plane Gottes angemessen *(meritum ex congruo)*.[71]

Das Verdienst Mariens betrifft nicht nur die Gottesmutterschaft, sondern auch ihre Aufgabe als „neue Eva" zugunsten der Kirche.

Das Mariengeheimnis zwischen Apologie und Doxologie. Zum „Mariale" des Petrus Canisius, in: Sedes Sapientiae. Mariologisches Jahrbuch 1 (2/1997), 47–73.

68 Vgl. E. H. Ritter, Patrona Bavariae, in: Marienlexikon 5 (1993), 122–124 (122); F. Trenner, Maximilian I., in: Marienlexikon 4 (1992), 369f.

69 F. Holböck, Geführt von Maria. Marianische Heilige aus allen Jahrhunderten der Kirchengeschichte, Stein am Rhein 1987, 372 (zu Petrus Canisius: 370–376); vgl. U. Bleyenberg, Die Bedeutung der Marienfrömmigkeit für die Erneuerung der Kirche nach Petrus Canisius und ihre Aktualität für die Vorbereitung auf das Jahr 2000, in: Sedes Sapientiae. Mariologisches Jahrbuch 1 (2/1997), 74–99.

70 Vgl. *De Maria Virgine incomparabili et Dei Genetrice sacrosancta libri quinque*, Ingolstadt 1577, II, 15, S. 209; II, 16, S. 216–223.

71 Vgl. *De Maria* … II, 16, S. 217.

Ein eigenes Kapitel gilt der Dokumentation von Aussagen der Väter (wörtlich: der „Alten“), von Irenäus bis zu Papst Innozenz III. (12. Jahrhundert), über den Vergleich zwischen Eva und Maria. Hier begegnen uns Autoren, die bei unserem Durchgang schon erwähnt wurden: Irenäus, Epiphanius und Rupert von Deutz.[72] Im Anschluss an Rupert von Deutz fragt Petrus Canisius: „Was aber, wenn Maria durch ihre Schmerzen beim Kreuz nicht nur verdient hat, die geistliche Mutter des Apostels Johannes genannt zu werden und zu sein, sondern auch unsere und die aller Gläubigen?“[73] Selbst Luther nennt Maria „Mutter der Gläubigen“.[74] Die Frage nach dem Verdienst unter dem Kreuz wird bejaht. Maria hat nicht nur als Mutter Gottes gewirkt, sondern ist auch „Mutter der Kirche“ durch ihre Mitwirkung am Geheimnis der Erlösung:

> Sie ist „nicht nur zu Gottes, sondern auch zur Mutter der Kirche gemacht worden; und sie hat allein der Welt mehr gegeben, als alle Kinder von ihren Eltern Gutes empfangen können. Wiederum Außerordentliches und Mühen sowie Schmerzen hat jene ertragen, die das Geheimnis der menschlichen Erlösung in Christus, ihres Sohnes, gläubigsten Herzens und mit einzigartigem Mitleiden, soviel es an ihr lag, mit erlitt, zierte und beförderte“.[75]

72 *De Maria* … IV,14, S. 438–442. Vgl. schon I,2, S. 9; II,3, S. 115.

73 *De Maria* … IV,26, S. 514.

74 Ebd.; vgl. Dittrich (2009), 282.

75 *De Maria* … V,1, S. 532; zur Übersetzung vgl. Dittrich (2009), 292, Anm. 76. Zur Lehre von der Mitwirkung Mariens an der Erlösung bei Petrus Canisius vgl. J. B. Carol, De corredemptione Beatae Virginis Mariae. Disquisitio positiva, Civitas Vaticana 1950, 194, Anm. 215 (Lit.).

f) Maria als „geliebte Mutter" der Kirche nach dem Zweiten Vatikanischen Konzil[76]

Das Zweite Vatikanische Konzil widmet in seinem wichtigsten Dokument, der dogmatischen Konstitution über die Kirche, das abschließende Kapitel der Mutter Jesu: „Die selige jungfräuliche Gottesmutter Maria im Geheimnis Christi und der Kirche".[77] Maria erscheint hier als einzigartiges Glied und Urbild der Kirche, aber auch in ihrem mütterlichen Einfluss auf die übrigen Gläubigen. Die Einleitung des marianischen Kapitels geht aus von der Gottesmutterschaft, die ihre Fortsetzung findet in der geistlichen Mutterschaft für die Glieder des mystischen Leibes Christi, der Kirche. Schon erwähnt wurde das Augustinus-Zitat, wonach Maria „Mutter der Glieder (Christi)" ist, „denn sie hat in Liebe mitgewirkt, dass die Gläubigen in der Kirche geboren würden, die dieses Hauptes Glieder sind". Direkt im Anschluss an dieses Zitat heißt es:

> „Daher wird sie auch als überragendes und völlig einzigartiges Glied der Kirche wie auch als ihr Typos und klarstes Urbild im Glauben und in der Liebe gegrüßt, und die katholische Kirche verehrt sie, vom Heiligen Geist belehrt, in kindlicher Liebe als geliebte Mutter".[78]

Die Formulierung, dass die Kirche Maria als „geliebte Mutter" betrachtet, geht auf Papst Benedikt XIV. zurück, auch wenn dieses implizite Zitat in den Fußnoten nicht aufgewiesen wird.[79]

Gottesmutterschaft und geistliche Mutterschaft werden auch zusammengeschaut, als das Konzil das Ziel seiner marianischen Äuße-

76 Vgl. Dittrich (2009), 573–686.

77 *Lumen gentium*, Kap. VIII: Art. 52–69.

78 *Lumen gentium* 53.

79 Vgl. Dittrich (2009), 661f, mit Hinweis auf Benedikt XIV., Bulle *Gloriosae Dominae Genetricis* (1748). Es ist der erste Papst, der ausdrücklich den Gedanken von Maria als „Mutter der Kirche" vertritt: ebd., 368–370. Vgl. auch Ghio (2015), 206; 216f.

rungen kennzeichnet: Die „Heilige Synode“ will „sowohl die Aufgabe Marias im Geheimnis des fleischgewordenen Wortes und seines Mystischen Leibes wie auch die Pflichten des erlösten Menschen gegenüber der Gottesgebärerin, der Mutter Christi und der Mutter der Menschen, vor allem der Gläubigen, beleuchten“.[80] Es lohnt sich darum, das marianische Kapitel von *Lumen gentium* unter dem Gesichtspunkt der geistlichen Mutterschaft zu lesen.

Nach der Einleitung beschreibt das Konzil zunächst die „Aufgabe der seligen Jungfrau in der Heilsökonomie“.[81] Nach dem Hinweis auf die Vorbereitung im Alten Testament, wobei die als „prophetisch“ benannte Verheißung der Genesis (3,15) und die „Tochter Zion“ eigens hervortreten,[82] spricht der Text von der erbsündenfreien Empfängnis und von der Zustimmung Mariens zur Botschaft des Engels über die Menschwerdung Gottes. Das Konzil erinnert an die Aussagen der Kirchenväter, „dass Maria nicht bloß passiv von Gott benutzt wurde, sondern in freiem Glauben und Gehorsam zum Heil der Menschen mitgewirkt hat“. Erwähnt wird Irenäus mit seinen Aussagen über Maria als neue Eva, die für uns „Ursache des Heils“ geworden ist und den „Knoten des Ungehorsams der Eva gelöst“ hat. Die Kirchenväter nennen Maria „die Mutter der Lebendigen“ (mit dem Beispiel des Epiphanius). Sie betonen: „Der Tod kam durch Eva, das Leben durch Maria“.[83] Beschrieben wird dann die „Verbindung der Mutter mit dem Sohn im Heilswerk [...] vom Augenblick der jungfräulichen Empfängnis Christi bis zu seinem Tod“.[84] Erwähnt werden besonders die Eckpunkte des öffentlichen Lebens Jesu von seinem ersten Wunder bei der Hochzeit zu Kana, das Maria „durch ihre Fürbitte veranlasst hat“, bis zum Kreuz, von dem aus Christus seinem Jünger Maria zur Mutter gibt.[85] Danach richtet sich der Blick auf das Pfingstfest: Maria erfleht inmitten der

80 *Lumen gentium* 54.
81 *Lumen gentium* 55–59.
82 *Lumen gentium* 55.
83 *Lumen gentium* 56.
84 *Lumen gentium* 57.
85 *Lumen gentium* 58.

Urgemeinde mit ihren Gebeten die Gabe des Heiligen Geistes, „der sie schon bei der Verkündigung überschattet hatte“. Mit Leib und Seele aufgenommen in den Himmel, wird sie „als Königin des Alls erhöht“.[86]

Die wichtigsten Ausführungen zu unserem Thema findet sich in dem Abschnitt „Die selige Jungfrau und die Kirche“.[87] Der systematische Ausgangspunkt ist die einzige Mittlerschaft Christi (vgl. 1 Tim 2,5–6). „Marias mütterliche Aufgabe gegenüber den Menschen aber verdunkelt oder mindert diese einzige Mittlerschaft Christi in keiner Weise, sondern zeigt ihre Wirkkraft“. Der „heilsame Einfluss“ Marias gründet im Willen Gottes „und fließt aus dem Überfluss der Verdienste Christi, stützt sich auf seine Mittlerschaft, hängt von ihr vollständig ab und schöpft aus ihr seine ganze Wirkkraft“. Sie behindert nicht die unmittelbare Vereinigung mit Christus, sondern fördert sie.[88]

Während in der ersten Hälfte des 20. Jahrhunderts ein Teil der Theologen die Mitwirkung Mariens am Erlösungswerk Christi in Frage stellte,[89] bekennt sich das Konzil in erstaunlicher Klarheit zur einzigartigen Mitwirkung am Heilswerk Christi auf Erden von der Inkarnation bis zum Kreuzesopfer:

> „Indem sie Christus empfing, gebar und nährte, im Tempel dem Vater darstellte und mit ihrem am Kreuz sterbenden Sohn litt, hat sie am Werk des Erlösers in durchaus einzigartiger Weise in

86 *Lumen gentium* 59.

87 *Lumen gentium* 60–65.

88 *Lumen gentium* 60.

89 Vgl. dazu M. Hauke, Maria, „Mittlerin aller Gnaden“. Die universale Gnadenmittlerschaft Mariens im theologischen und seelsorglichen Schaffen von Kardinal Mercier (Mariologische Studien 17), Regensburg 2004, 141–144; ders., Maria, „Mittlerin aller Gnaden“, im Vatikanischen Geheimarchiv aus der Zeit Pius' XI. Zwischenbericht einer Spurensicherung, in: Theologisches 36 (2006), 381–392; ders., Die Lehre von der „Miterlösung“ im geschichtlichen Durchblick. Von den biblischen Ursprüngen bis zu Papst Benedikt XVI., in: Sedes Sapientiae. Mariologisches Jahrbuch 11 (1/2007), 17–64 (47–53).

> Gehorsam, Glaube, Hoffnung und brennender Liebe mitgewirkt zur Wiederherstellung des übernatürlichen Lebens der Seelen. Deshalb ist sie uns in der Ordnung der Gnade Mutter“.[90]

In dieser Formulierung ist die geistliche Mutterschaft eine Folge der Mitwirkung Mariens an der „objektiven Erlösung“ (also dem Heilswerk Jesu auf Erden, im Unterschied zu deren Auswirkung für die konkreten Menschen bei der Ankunft der Gnade in der „subjektiven Erlösung“). Die Aufgabe Mariens als Mutter und Gefährtin Christi setzt sie instand, unsere Mutter im Bereich der Gnade zu sein.

Einen weiteren Umfang gewinnt die geistliche Mutterschaft hingegen im nächsten Satz, mit dem der folgende Artikel beginnt. Danach umfasst sie nicht nur die „subjektive Erlösung“, sondern beinhaltet das gesamte Wirken Marias für das Heil der Menschheit:

> „Diese Mutterschaft Marias in der Gnadenökonomie dauert unaufhörlich fort, von der Zustimmung an, die sie bei der Verkündigung gläubig gab und unter dem Kreuz ohne Zögern festhielt, bis zur ewigen Vollendung aller Auserwählten. In den Himmel aufgenommen, hat sie diesen heilbringenden Auftrag nicht aufgegeben, sondern fährt durch ihre vielfältige Fürbitte fort, uns die Gaben des ewigen Heils zu erwirken“. Weil Maria in ihrer „mütterlichen Liebe“ Sorge trägt für die Brüder ihres Sohnes auf dem irdischen Pilgerweg, wird sie „in der Kirche unter dem Titel der Fürsprecherin, der Helferin, des Beistandes und der Mittlerin angerufen“. Es ist eine „untergeordnete Aufgabe Marias“, denn die einzige Mittlerschaft des Erlösers schließt „im geschöpflichen Bereich eine unterschiedliche Teilhabe an der einzigen Quelle in der Mitwirkung nicht aus, sondern erweckt sie“.[91]

In diesen Ausführungen erscheint die zuvor so benannte „mütterliche Aufgabe“ *(maternum munus)* Marias[92] als Oberbegriff, der die

90 *Lumen gentium* 61.
91 *Lumen gentium* 62.
92 *Lumen gentium* 60.

einzigartige Mitwirkung an der Erlösung und die Mittlerschaft einschließt. Von der Sache her fällt die „mütterliche Aufgabe“ mit der Teilnahme an der Mittlerschaft Christi zusammen.

Maria wird sodann als Urbild der Kirche vorgestellt, die in einem geistigen Sinn ebenfalls Mutter und Jungfrau genannt wird. Maria wirkt bei der „Geburt und Erziehung“ der Gläubigen „in mütterlicher Liebe“ mit.[93] Die Kirche selbst ist „Mutter“, weil sie durch „Predigt und Taufe“ „die vom Heiligen Geist empfangenen und aus Gott geborenen Kinder zum neuen und unsterblichen Leben“ gebiert. „Jungfrau“ ist sie in ihrer Treue zum Bräutigam Christus.[94] Maria „war in ihrem Leben das Beispiel jener mütterlichen Liebe, von der alle beseelt sein müssen, die in der apostolischen Sendung der Kirche zur Wiedergeburt der Menschen mitwirken“.[95]

Das marianische Kapitel schließt mit Hinweisen zur Verehrung der Gottesmutter[96] und mit einem Blick auf die Vollendung der Kirche bei der Wiederkunft Christi: „Maria als Zeichen der sicheren Hoffnung und des Trostes für das wandernde Gottesvolk“.[97] Ganz am Ende steht die Einladung, dass alle Christen (auch die von der vollen Gemeinschaft mit der Kirche getrennten) Maria als ihre geistliche Mutter annehmen:

> „Alle Christgläubigen mögen inständig zur Mutter Gottes und Mutter der Menschen flehen, dass sie […] bei ihrem Sohn Fürbitte einlege, bis alle Völkerfamilien, mögen sie den christlichen Ehrennamen tragen oder ihren Erlöser noch nicht kennen, in Friede und Eintracht glückselig zum einen Gottesvolk versammelt werden, zur Ehre der heiligsten und ungeteilten Dreifaltigkeit“.[98]

93 *Lumen gentium* 63.
94 *Lumen gentium* 64.
95 *Lumen gentium* 65.
96 *Lumen gentium* 66f.
97 *Lumen gentium* 68f.
98 *Lumen gentium* 69.

g) Die Verkündigung Mariens als „Mutter der Kirche" durch Papst Paul VI.

Das marianische Kapitel von *Lumen gentium* spricht zwar von einer „mütterlichen Aufgabe" Mariens für alle Menschen, besonders die Gläubigen, vermeidet aber den seit dem Mittelalter eingeführten und vom päpstlichen Lehramt seit Leo XIII. gebrauchten Ausdruck „Mutter der Kirche".[99] Am Ende der dritten Konzilsperiode ging der selige Papst Paul VI. ausführlich auf die marianischen Ausführungen des Konzils ein (21. November 1964). Dabei weihte er, im Sinne der Botschaft von Fatima, die Welt dem Unbefleckten Herzen Mariens[100] und griff einen Wunsch zahlreicher Konzilsväter auf, die vom Konzil die Verkündigung eines Dogma über die universale Mittlerschaft Mariens oder ihre geistliche Mutterschaft erwartet hatten oder zumindest eine lehramtliche Klärung dieser Thematik:[101]

> „Die engen Beziehungen zwischen Maria und der Kirche, die in dieser Konzilskonstitution so lichtvoll ausgeführt sind, legen Uns nahe, diesen hochfeierlichen Augenblick auch für den bestgeeigneten zu halten, um einen Wunsch zu erfüllen, den wir am Ende der vorigen Sitzungsperiode angedeutet und den sehr viele Väter mit der Bitte aufgegriffen haben, es solle auf diesem Konzil ausdrücklich das mütterliche Amt Mariens über das christliche Volk verkündet werden *(munus maternum [...] quod Beata Maria Virgo in christiano populo gerit)*. Darum möchten wir in dieser öffentlichen Sitzung feierlich den Ehrentitel der Jungfrau Maria einführen, der aus vielen Teilen der katho-

99 Zu dessen Geschichte vgl. ausführlich Dittrich (2009). Zum Zweiten Vatikanum siehe ebd., 573–686.

100 Vgl. den Text in Graber – Ziegenaus, Nr. 286 (S. 285f).

101 Vgl. dazu A. Escudero Cabello, La cuestión de la mediación mariana en la preparación del Vaticano II. Elementos para una evaluación de los trabajos preconciliares, Roma 1997; Hauke, Mercier (2004), 144–147; G. Falcão Dodd, The Virgin Mary, Mediatrix of Grace. History and Theology of the Movement for a Dogmatic Definition from 1896 to 1964, New Bedford, MA 2012, 269–294.

lischen Welt erbeten worden und der Uns in besonderer Weise willkommen ist. In eindrucksvoller Kürze drückt er die Vorzugsstellung aus, die dieses Konzil der Gottesmutter in der Kirche zuerkennt.
So erklären wir denn zum Ruhme der Heiligen Jungfrau und zu Unserem Troste die heilige Maria zur Mutter der Kirche, des ganzen christlichen Volkes, der Gläubigen wie der Hirten, die sie ihre liebevolle Mutter nennen. Und Wir legen fest, dass mit diesem holden Namen von nun an das ganze christliche Volk die Gottesmutter noch mehr ehrt und anruft".[102]

Die feierliche Proklamation des Titels „Mutter der Kirche", der sich inzwischen in Liturgie und Verkündigung weltweit durchgesetzt hat,[103] ist zusammenzusehen mit der bereits eingangs erwähnten Apostolischen Ermahnung *Signum magnum* (1967) anlässlich des 50-jährigen Jubiläums der Marienerscheinungen von Fatima. Marias Aufgabe als „Mutter der Kirche" wird gleichgesetzt mit der geistlichen Mutterschaft im göttlichen Leben der Gnade und als Glaubensgut vorgestellt. Ein Jahr später, am 30. Juni 1968, bekennt der Heilige Vater im „Credo des Gottesvolkes": „Wir glauben, dass die hochheilige Gottesgebärerin, die neue Eva, die Mutter der Kirche, im Himmel ihr mütterliches Amt fortsetzt an den Gliedern Christi, indem sie mitwirkt bei der Weckung und Vermehrung des göttlichen Lebens in den einzelnen Seelen der erlösten Menschen".[104]

102 Graber – Ziegenaus, Nr. 282f (S. 282f); AAS 56 (1964), 1015. Zur Lehre Pauls VI. über Maria als „Mutter der Kirche" vgl. Dittrich (2009), 687–713.

103 Vgl. Dittrich (2009), 834f.

104 Credo des Gottesvolkes, Art. 8: AAS 60 (1968), 339; F. Holböck, Credimus. Kommentar zum Credo Pauls VI., Salzburg-München ^{3}1973, 30f.

h) Die „mütterliche Mittlerschaft" Mariens in Christus nach Papst Johannes Paul II.

Das Zweite Vatikanische Konzil hatte aus pastoralen und ökumenischen Gründen nicht das von vielen Bischöfen seit den Bemühungen des belgischen Kardinals Mercier († 1926) gewünschte Dogma über die universale Gnadenmittlerschaft Mariens verkündet: Papst Johannes XXIII. wollte ein Pastoralkonzil, das keine neuen Dogmen definiert; ein neues marianisches Dogma wäre vor allem von den Protestanten nicht mit Wohlwollen aufgenommen worden. Die marianischen Ausführungen des Konzils, die als solche kaum gelesen wurden, wirkten dann in der öffentlichen Meinung innerhalb der Kirche wie eine Zurückweisung Mariens als „Mittlerin aller Gnaden"; die Jahre nach dem Konzil erwiesen sich an vielen Orten wie eine „marianische Eiszeit" oder wie „saurer Regen" für die Volksfrömmigkeit.[105]

Das von Kardinal Mercier gewünschte Anliegen wirkte freilich weiter. Die Konzilstexte selbst, das marianische Kapitel von *Lumen gentium*, wurden redigiert von dem belgischen Theologen Gérard Philips, einem Spezialisten für die Lehre über die Kirche, und von dem kroatischen Franziskaner Carlo Balic, dem Präsidenten der Päpstlichen Marianischen Akademie. Im Vorfeld des Konzils hatte sich Balic darum bemüht, eine dogmatische Definition der geistlichen Mutterschaft Mariens vorzubereiten, welche den Gehalt der universalen Gnadenmittlerschaft in sich aufnimmt.[106] In den Fußnoten von *Lumen gentium* 62 finden sich Texte (aus dem „goldenen Jahrhundert" der byzantinischen Theologie sowie des päpstlichen

105 Vgl. S. de Fiores, Maria nella teologia contemporanea, Roma ^{3}1991, 123–136: „Crisi postconciliare della marialogia (1964–1974)".

106 Vgl. [C. Balic], De spiritualis B. V. Mariae maternitatis definibilitate, in: Acta et documenta Concilio Oecumenico Vaticano II Apparando, Series I (Antepraeparatoria), vol. IV,1,2, Città del Vaticano 1961, 55–61 (Votum der Päpstlichen Hochschule Antonianum, Rom); S. Cecchin, L'attività mariologica del P. Carlo Balic, in: G. Calvo – S. Cecchin (Hg.), Memoria eius in benedictione. Atti del simposio internazionale per il primo centenario della nascita di Carlo Balic (1899–1999), Città del Vaticano 2001, 61–78; Hauke, Mercier (2004), 146f.

Lehramtes von Leo XIII. und Pius X.), die Maria die Vermittlung aller von Christus verdienten Gnaden zuschreiben.[107]

Die von der nachkonziliaren Theologie weitgehend verdrängte Mittlerschaft Mariens wurde neu zur Geltung gebracht durch das Lehramt des heiligen Papstes Johannes Paul II.[108] Kennzeichnend dafür ist vor allem seine Marienenzyklika *Redemptoris Mater* (1987), die oben schon bei der Deutung des biblischen Befundes zitiert wurde. Die ersten beiden Teile der Enzyklika behandeln (entsprechend dem Titel des marianischen Kapitels von *Lumen gentium*) Maria im Geheimnis Christi (I.) und der Kirche (II.). Der dritte Teil trägt hingegen den programmatischen Titel „mütterliche Vermittlung" *(mediatio materna)*. Die Mittlerschaft Mariens wird dabei eng mit dem Geheimnis Christi und der Kirche verbunden. Sie erscheint als „roter Faden" der gesamten Enzyklika. Kein anderes lehramtliches Dokument behandelt die Mittlerschaft Mariens in Christus so ausführlich.

Die Mittlerschaft Mariens, so wird zunächst betont, vollzieht sich „in Christus",[109] ist also eine Teilhabe am Wirken Christi und keine autonome Größe. Noch deutlicher wird die mütterliche Qualität unterstrichen:

> „Die Mittlerschaft Mariens ist […] *eng mit ihrer Mutterschaft verbunden* und besitzt einen ausgeprägt mütterlichen Charakter, der sie von der Mittlerschaft der anderen Geschöpfe unter-

107 Vgl. Roschini (1969), 202; P. Siano, Uno studio su Maria Santissima „Mediatrice di tutte le grazie" nel magistero pontificio fino al pontificato di Giovanni Paolo II, in: Immaculata Mediatrix 6 (2006), 299–355 (321–327); A. Apollonio, Mary Mediatrix of all Graces„ in: Miravalle, Mariology (2007), 411–465 (451–455); Hauke, Maria als mütterliche Mittlerin in Christus (2008) 53; Falcão Dodd (2012), 289–291.

108 Vgl. dazu M. Hauke, Die mütterliche Vermittlung, in A. Ziegenaus (Hg.), Totus tuus. Maria in Leben und Lehre Johannes Pauls II. (Mariologische Studien 18), Regensburg 2004, 125–175; L. Ilzo Daniel, La mediazione materna di Maria in Cristo negli insegnamenti di Giovanni Paolo II (Collana di Mariologia 9), Lugano – Gavirate (Varese) 2011.

109 *Redemptoris Mater* 38a.

> scheidet, die auf verschiedene, stets untergeordnete Weise an der einzigen Mittlerschaft Christi teilhaben, obgleich auch Marias Mittlerschaft eine teilhabende ist".[110]

Die Vermittlung Mariens bei der Hochzeit zu Kana macht deutlich, dass es hier um eine „Fürsprache" geht: „Maria ‚spricht für' die Menschen".[111] Das Apostolische Schreiben über den Rosenkranz wird später ausdrücklich hervorheben, dass die Zeugung zum neuen Leben der Gnade von Seiten Mariens durch ihre Fürsprache geschieht.[112]

Die universale geistige Mutterschaft wird grundgelegt vor allem mit dem Hinweis auf das „Kreuzestestament" Jesu:

> „Wenn die Mutterschaft Marias gegenüber den Menschen bereits früher angedeutet worden ist, wird sie nun – so kann man sagen – klar gefasst und festgelegt: Sie geht aus der endgültigen Vollendung des *österlichen Geheimnisses des Erlösers* hervor. Die Mutter Christi, die in der unmittelbaren Reichweite dieses Geheimnisses steht, das den Menschen – jeden einzelnen und alle – umfasst, wird diesem – jedem einzelnen und allen – als Mutter gegeben. Dieser Mensch zu Füßen des Kreuzes ist Johannes, ‚der Jünger, den er liebte', aber nicht er allein. In Anlehnung an die Tradition zögert das Konzil nicht, Maria ‚*Mutter Christi* und *Mutter der Menschen*' zu nennen. In der Tat ‚findet sie sich mit allen […] Menschen in der Nachkommenschaft Adams verbunden […]; ja, ‚sie ist wahrhaft Mutter der Glieder (Christi), […] denn sie hat in Liebe mitgewirkt, dass die Gläubigen in der Kirche geboren würden'".[113]

110 *Redemptoris Mater* 38c.

111 *Redemptoris Mater* 21c; vgl. 40c; 47d.

112 *Rosarium Virginis Mariae* (2002), 15; vgl. Marianische Katechese vom 24. September 1997 (MK 64); siehe dazu Hauke, Die mütterliche Vermittlung 148f.

113 *Redemptoris Mater* 23b.

Die im „Kreuzestestament“ offenbar werdende geistliche Mutterschaft ist grundgelegt in der Gottesmutterschaft und findet ihre Auswirkung im Abendmahlssaal beim Erbitten der pfingstlichen Gabe des Heiligen Geistes. Die „Mutterschaft Marias über die Kirche“ ist „der Abglanz und die Fortsetzung ihrer Mutterschaft über den Sohn Gottes“.[114]

> In der „Gnadenordnung“ „unter dem Wirken des Heiligen Geistes“ gibt es „eine einzigartige Entsprechung zwischen dem Augenblick der Menschwerdung des Wortes und jenem der Geburt der Kirche. Die Person, die beide Momente vereinigt, ist Maria: *Maria in Nazareth* und *Maria im Abendmahlssaal von Jerusalem.* […] Die im Geheimnis Christi als Mutter gegenwärtig ist, wird so […] auch gegenwärtig im Geheimnis der Kirche“.[115]

Mit ihrer neuen Mutterschaft „im Geiste“ *(in Spiritu)* umfängt Maria alle Glieder der Kirche.[116]

Die Mutterschaft im Bereich der Gnade findet ihre Antwort in der Marienweihe, die Johannes Paul II. in seinem päpstlichen Wappen dargestellt hat (*Totus tuus*, „Ganz dein“): „Die Mutterschaft, die zum Erbe des Menschen wird, ist ein *Geschenk, das Christus persönlich jedem Menschen macht.* […] Zu Füßen des Kreuzes hat jene besondere *vertrauensvolle Hingabe des Menschen an die Mutter Christi* ihren Anfang, die dann in der Geschichte der Kirche auf verschiedene Weise vollzogen […] worden ist“.[117] Zweifellos gehört auch die vertrauensvolle Anrufung der „Patrona Bavariae“ zu dieser Hingabe.

An verschiedenen Stellen der Marienenzyklika betont Johannes Paul II. die Universalität der Mittlerschaft Mariens. So heißt es etwa: „Die mütterliche Mittlerschaft der Magd hat mit dem Erlösertod ihres Sohnes eine universale Dimension erlangt, weil das Werk der

114 *Redemptoris Mater* 24b.
115 *Redemptoris Mater* 24c.
116 *Redemptoris Mater* 47b.
117 *Redemptoris Mater* 45c.

Erlösung alle Menschen umfasst".[118] Die Mutterschaft Mariens „ist ein *Geschenk, das Christus persönlich jedem Menschen macht*".[119] „Deshalb umfängt Maria mit ihrer neuen Mutterschaft im Geiste alle und jeden *in* der Kirche, sie umfängt auch alle und jeden *durch* die Kirche".[120]

Bemerkenswert ist auch die wiederholte Verwendung des Ausdrucks „Mittlerin aller Gnaden" in einer Reihe von Ansprachen[121] oder des vom hl. Bernhard inspirierten Gedanken Dantes in dem Schreiben über den Rosenkranz: „Du Herrin bist so groß und auch so mächtig, dass, wer die Gnade sucht, doch ohne dich, zum Wunsche fliegen will, doch ohne Flügel".[122]

Die universale geistliche Mutterschaft ist nach Johannes Paul II. kein Hindernis für die Ökumene mit den Protestanten. Im Gegenteil: „Warum […] nicht alle zusammen auf sie als *unsere gemeinsame Mutter* schauen, die für die Einheit der Gottesfamilie betet […]?"[123] Die 70. Marianische Katechese, der Abschluss dieser umfassenden Vortragsreihe (1995–1997), steht unter dem Titel „Mutter der Einheit und der Hoffnung": die „universale Mutterschaft Mariens, auch wenn sie die Trennungen unter den Christen noch sichtbarer erscheinen lässt, (ist) ein großes Zeichen der Hoffnung für den Weg der Ökumene".[124]

Johannes Paul II. benutzt gerne den verheißungsvollen Titel „Mutter der Einheit" *(Mater unitatis)*, der bereits auf den hl. Augustinus zurückgeht,[125] aber auf dem Zweiten Vatikanischen Konzil mit Be-

118 *Redemptoris Mater* 40a.

119 *Redemptoris Mater* 45c.

120 *Redemptoris Mater* 47b.

121 Vgl. Hauke, Die mütterliche Vermittlung 170–173. Die Formulierung ist im kirchlichen Sprachgebrauch geläufig vor allem seit der Einführung der liturgischen Texte zum Fest *Beatae Mariae Virginis omnium gratiarum mediatricis* durch Papst Benedikt XV. im Jahre 1921: vgl. Hauke, Mercier (2004), 72–78; 156–177.

122 *Rosarium Virginis Mariae* 16; vgl. Dante, Die göttliche Komödie, Paradies 33,V. 13–15.

123 *Redemptoris Mater* 30c.

124 Marianische Katechese vom 12. November 1997, Nr. 1 (MK 70,1).

125 *Sermo* 192, 2.

rufung auf ökumenische Motive (!) seltsamerweise nicht zum Zuge kam.[126] Der Papst, der selbst aktiv am Konzil teilgenommen hat, bringt in seinem Lehramt eine sinnvolle Vervollständigung der Texte des Zweiten Vatikanums. In einer Mariologischen Katechese formuliert er dieses Anliegen folgendermaßen:

> „Im Verlauf der Konzilssitzungen ergab sich der Wunsch vieler Väter, die Marienlehre zu bereichern durch weitere Aussagen über die Stellung Mariens im Heilswerk. Das besondere Umfeld, in dem sich die mariologische Debatte des Zweiten Vatikanums abspielte, erlaubte nicht die Aufnahme solcher Wünsche, obwohl sie stichhaltig *(consistenti)* und weit verbreitet waren, aber das Gesamt der konziliaren Darlegung über Maria bleibt kraftvoll und ausgewogen und die gleichen Themen, die noch nicht vollkommen umrissen waren, haben einen bedeutsamen Raum in der umfassenden Abhandlung erhalten.
> So hat das Zögern einiger Väter bezüglich des Titels der ‚Mittlerin' das Konzil nicht daran gehindert, diese Bezeichnung einmal zu gebrauchen und mit anderen Begriffen die mittlerische Funktion Mariens festzustellen: von der Zustimmung zur Verkündigung des Engels bis zur Mutterschaft in der Ordnung der Gnade (vgl. LG 62). Außerdem betont das Konzil ihre ‚einzigartige' Mitwirkung bei der Wiederherstellung des übernatürlichen Lebens der Seelen (LG 61). Und auch wenn der Text von *Lumen gentium* den Titel ‚Mutter der Kirche' vermeidet, unterstreicht er deutlich die Verehrung Mariens als geliebte Mutter von Seiten der Kirche".[127]

126 Vgl. dazu Hauke, Introducción (2015), 249f.

127 Marianische Katechese vom 13. Dezember 1995, Nr. 4 (MK 9,4). Vgl. den letzten Satz von *Lumen gentium* 53.

6. Systematische Gesichtspunkte

Im biblischen und theologiegeschichtlichen Durchgang sind bereits die entscheidenden inhaltlichen Gesichtspunkte zur geistlichen Mutterschaft Mariens deutlich geworden. Sie seien nun, mit einigen ergänzenden Bemerkungen, in eine systematische Ordnung gebracht.

a) Das Ja zur Menschwerdung Gottes als Ausgangspunkt

Die geistliche Mutterschaft Mariens beginnt mit ihrem Jawort bei der Verkündigung des Engels, indem sie der Menschwerdung des ewigen Sohnes Gottes zustimmt. Die Inkarnation ist bereits Anfang des Erlösungswerkes, an dem Maria mitwirkt. Bei dieser Mitwirkung ist typisch die frauliche Prägung der Gottesmutter, die das Lukasevangelium mit den Zügen der „Tochter Zion" zeichnet, der weiblichen Symbolgestalt des Gottesvolkes Israel.

Im Plan Gottes ist Christus das Haupt seines geheimnisvollen Leibes, der Kirche. Die Empfängnis des Hauptes ist dabei innig verbunden mit der Entstehung der einzelnen Glieder des Leibes. Dieser vom Zweiten Vatikanum aufgenommene augustinische Gedanke wird besonders anschaulich dargestellt in der Marienenzyklika Pius' X.:

> „Dadurch, dass Maria in ihrem Schoß den Erlöser umschloss, trug sie in demselben auch die, deren Leben in das Leben des Erlösers einbezogen war. Wir alle also, die wir mit Christus vereinigt […] sind, sind gleichsam aus dem Schoße Mariens hervorgegangen als ein Leib, der mit dem Haupte vereinigt ist. So heißen wir geistiger- und mystischerweise mit Recht Kinder Mariens, und sie ist unser aller Mutter […] Die allerseligste Jungfrau ist also zugleich Mutter Gottes und Mutter der Menschen".[128]

128 Enzyklika *Ad diem illum* (1904): Graber – Ziegenaus, Nr. 145 (S. 143f).

b) Maria als Mutter und Gefährtin Jesu

Maria ist nicht nur Mutter Christi, sondern auch seine „Gefährtin“ *(socia)* im Werk der Erlösung.[129] Sie wirkt im Heilsprozess mit als Urbild der „bräutlichen“ Kirche. Nach Thomas von Aquin geschah die Verkündigung des Engels an Maria, „um zu zeigen, dass zwischen dem Gottessohn und der menschlichen Natur eine Art geistiger Ehe besteht. Deshalb wird durch die Verkündigung die Zustimmung der Jungfrau als der Vertreterin der gesamten Menschheit eingeholt“.[130] Maria gibt also vor der Menschwerdung Gottes ihre Zustimmung als Vertreterin und heiliger Kern der Menschheit, die seit den Propheten des Alten Bundes in ihrer Beziehung zu Gott als „Braut“ beschrieben wird. Diese „bräutliche“ Beziehung setzt sich fort bei der Entstehung der Kirche.

c) Die Beziehung zu Gott Vater und dem Heiligen Geist

Mit der Gottesmutterschaft verbunden ist eine innige einzigartige Beziehung Mariens zu Gott Vater und zum Heiligen Geist, die auch für ihre geistliche Mutterschaft bedeutsam ist. Der hl. Grignion von Montfort beispielsweise sieht den zeitlichen Ursprung Jesu aus der Jungfrau Maria als geschöpfliche Analogie zum ewigen Ursprung des Sohnes aus dem Vater. „Wie zur natürlichen, körperlichen Zeugung ein Vater und eine Mutter notwendig sind, so gehören auch zur übernatürlichen, geistigen Zeugung ein Vater, nämlich Gott, und eine Mutter, nämlich Maria. Alle wahren Kinder Gottes haben Gott zum Vater und Maria zur Mutter. Wer Maria nicht zur Mutter hat, der hat auch Gott nicht zum Vater“.[131] Grignion formuliert hier die marianische Anwendung eines Prinzips, das im 3. Jahrhundert der

129 *Lumen gentium* 61.

130 *Summa theologiae* III q. 30 a. 1 resp.

131 L. M. Grignion von Montfort, Das Goldene Buch der vollkommenen Hingabe an Jesus durch Maria, Freiburg/Schweiz [22]1980, 55 (Die vollkommene Hingabe an Maria, Nr. 30).

Kirchenvater Cyprian von Karthago betonte: „Niemand kann Gott zum Vater haben, der die Kirche nicht zur Mutter hat“.[132]

Ähnliches lässt sich über die Beziehung zum Heiligen Geist sagen. Johannes Paul II. beobachtet: Unter dem Kreuz empfing Maria eine neue Mutterschaft gegenüber den Jüngern Jesu. Dafür brauchte sie eine erneute Gabe des Heiligen Geistes. „Wie bei der Inkarnation der Heilige Geist in ihrem jungfräulichen Schoß den physischen Leib Christi geformt hat, so steigt derselbe Geist in den Abendmahlssaal hinab, um den mystischen Leib zu beseelen“.[133]

> „Wenn der Heilige Geist [...] Maria in einer Seele findet, dann eilt er hin, geht ganz in diese Seele ein und teilt sich ihr in seiner Fülle mit, und zwar genau in dem Maße, in dem diese Seele seiner Braut Einlass gewährt. [...] denn seit er als die wesenhafte Liebe des Vaters und des Sohnes sich mit Maria vermählt hat, um Jesus Christus, das Haupt der Auserwählten, hervorzubringen, und dann Jesus Christus in den Auserwählten, seitdem hat er sie niemals verstoßen, weil sie stets treu und fruchtbar gewesen ist“.[134]

d) Die Ausrichtung der Unbefleckten Empfängnis auf die geistliche Mutterschaft

Vorbereitet wird die Zustimmung der Jungfrau Maria durch die ihr von Gott im Blick auf die Erlösung durch ihren Sohn geschenkte Gnade bei ihrem Lebensursprung, der „Unbefleckten Empfängnis“. Das 1854 von Papst Pius IX. verkündete Dogma von der Bewah-

132 *De unitate Ecclesiae* 6, zitiert in: Katechismus der Katholischen Kirche, München u. a. 1993, Nr. 183.

133 Johannes Paul II., Marianische Katechese vom 28. Mai 1997, Nr. 4 (MK 52,4).

134 L. M. Grignion von Montfort, Das Goldene Buch der vollkommenen Hingabe an Jesus durch Maria, Freiburg/Schweiz [22]1980, 61 (Die vollkommene Hingabe an Maria, Nr. 36).

rung Mariens vor der Erbsünde betont in der Tat, „dass die selige Jungfrau Maria im ersten Augenblick ihrer Empfängnis durch die einzigartige Gnade und Bevorzugung des allmächtigen Gottes *im Hinblick auf die Verdienste Christi Jesu,* des Erlösers des Menschengeschlechtes, von jeglichem Makel der Urschuld unversehrt bewahrt wurde".[135] Diese Gnade ist von vornherein auf die Heilssendung Mariens ausgerichtet, welche die Gottesmutterschaft und die geistliche Mutterschaft gegenüber der Kirche beinhaltet. Der gnadenhafte Vorzug, das Privileg der Unbefleckten Empfängnis ist ausgerichtet auf den Dienst an Christus und der Kirche.

e) Die „neue Eva" an der Seite des „neuen Adam"

Die Ausstrahlung der von Christus geschenkten Gnade beginnt bereits bei der Heimsuchung, als Maria ihre Verwandte Elisabeth besucht und die Anwesenheit des Kindes Jesus im Schoß seiner Mutter die Heiligung Johannes des Täufers hervorruft. Ein weiterer Schritt ist die Hochzeit zu Kana, bei der Jesus aufgrund der Fürsprache seiner Mutter sein erstes Wunder wirkt. Das erste der so vom Evangelisten Johannes benannten „Zeichen" ist zugleich prägend für das gesamte Heilswirken Jesu. Bei der Hochzeit zu Kana deutet sich der neue Bund zwischen Gott und seinem Volk an, den die Propheten im Bild der Ehe beschreiben. Die Anklänge des johanneischen Berichtes an den Bundesschluss am Berg Sinai legen nahe, dass Maria ihre Zustimmung gibt als Vertreterin des gläubigen Volkes. Die Anrede „Frau" weist darüber hinaus, zumal im Lichte der Offenbarung des Johannes (das „große Zeichen" in Offb 12), auf die Erfüllung der Heilsverheißung der Genesis, welche die „Frau" und ihren Nachwuchs der Schlange gegenüberstellt (Gen 3,15). Maria ist die „neue Eva" an der Seite des „neuen Adam", wie die Kirchenväter seit Justin und Irenäus betonen.

135 DH 2803. Hervorhebung von uns.

f) Die geistliche Mutterschaft als Frucht des Mitopferns Mariens unter dem Kreuz

Die Begründung der geistlichen Mutterschaft erreicht ihren Höhepunkt im Mitleiden und Mitopfern Mariens unter dem Kreuz. Johannes Paul II. hebt im Anschluss an das Zweite Vatikanum (und darüber hinausgehend) hervor, dass Marias „Zustimmung zur Darbringung des Opfers Jesu kein passives Annehmen darstellt, sondern einen wahrhaften Akt der Liebe, mit der sie ihren Sohn als ‚Opfergabe' der Sühne aufopfert für die Sünden der ganzen Menschheit".[136]

> Maria „vereinigte sich auf Kalvaria mit dem Opfer ihres Sohnes, das zur Gründung der Kirche führte; ihr mütterliches Herz nahm teil an den Tiefen des Willens Christi, ‚die zerstreuten Kinder Gottes zu sammeln' (Joh 11,52). Indem sie für die Kirche litt, verdiente es Maria, die Mutter aller Jünger ihres Sohnes zu werden, die Mutter ihrer Einheit [...]".[137]

Im Marienheiligtum der Schmerzensmutter in Castelpetroso betete Johannes Paul II.: „Liebe Brüder und Schwestern, opfert dem Herrn eure täglichen Freuden und Schmerzen auf in Gemeinschaft mit Christus und durch die Fürsprache seiner Mutter, die hier verehrt wird, wie sie dem Vater den Sohn darbringt, geopfert für unser Heil".[138]

Besonders deutlich bringt Papst Benedikt XVI. die Verbindung zwischen dem mütterlichen Opfer und der geistlichen Mutterschaft bei seiner Pilgerfahrt in Ephesus zum Ausdruck: „Wir haben die Stelle des Johannesevangeliums gehört, die uns einlädt, den Augenblick der Erlösung zu betrachten, als Maria, ihrem Sohn in der

136 Marianische Katechese vom 2. April 1997, Nr. 2 (MK 47,2).

137 Johannes Paul II., Ansprache im Marienheiligtum von Guayaquil (Ecuador), 31. Januar 1985 (Insegnamenti di Giovanni Paolo II, vol. VIII/1, Città del Vaticano 1985, 318f).

138 Predigt am Hochfest des hl. Josef, 19. März 1995 (Insegnamenti di Giovanni Paolo II, vol. XVIII/1, Città del Vaticano 1997, 542).

Darbringung des Opfers verbunden, ihre Mutterschaft auf alle Menschen ausdehnte und besonders auf die Jünger Jesu".[139] Das Leiden unter dem Kreuz bildet gleichsam die „Geburtsschmerzen", welche die Offenbarung des Johannes andeutet (Offb 12,2). Vom Kreuz herab vertraut Jesus seiner Mutter den Lieblingsjünger an und dem Lieblingsjünger seine Mutter. Insofern Johannes für alle Gläubigen steht, bildet das Kreuzestestament die Grundlage für die universale geistliche Mutterschaft Mariens. Die Annahme Mariens in das Leben des Johannes wiederum steht für die Hingabe an die „Mutter der Kirche" von Seiten der einzelnen Gläubigen.

g) Die Auswirkung der geistlichen Mutterschaft in der Fürsprache

Die geistliche Mutterschaft ist also begründet durch die Mitwirkung Mariens am Heilswerk – von der Verkündigung des Engels bis zum Opfer am Kreuz. Danach zeigt sich ihre Auswirkung, zunächst einmal in der inständigen Bitte der Gottesmutter inmitten der Urgemeinde für die Herabkunft des Heiligen Geistes am Pfingstfest. Eine universale Reichweite neuer Art erreicht die Fürsprache Mariens, als sie mit Leib und Seele in den Himmel aufgenommen wird. Kraft der seligen Gottesschau ist sie in der Lage, alle unsere Notlagen wahrzunehmen und für alle Anliegen der Menschen einzutreten.

h) Das Verdienst Mariens als „angerechnetes Gebet"

Die Universalität der geistlichen Mutterschaft ist zunächst einmal in der Mitwirkung Mariens am Heilswerk Jesu auf Erden begründet. Ähnlich wie selbst die Heiligen des Alten Bundes die Gnade empfangen im Hinblick auf das Opfer Jesu am Kreuz (das zeitlich noch in der Zukunft lag), empfangen alle von Christus erlösten Menschen

139 Benedikt XVI., Predigt in Ephesus, 29. November 2006 (Insegnamenti di Benedetto XVI, vol. II/2, Città del Vaticano 2007, 711).

das Heil auch im Hinblick auf das Mitopfern Mariens auf Kalvaria. In diesem Sinne ist Maria mütterliche „Mittlerin aller Gnaden" für die gesamte Menschheit. Schon das heilshafte Verdienst Mariens appelliert an den Willen Gottes und kann (wie die Verdienste der Heiligen im allgemeinen) als „angerechnetes Gebet" bezeichnet werden *(oratio interpretativa)*.[140] Im Licht der Gottesschau kann Maria nach ihrer Aufnahme in den Himmel auch ausdrücklich für einen jeden von uns eintreten. Wenn das Zweite Vatikanum von „mannigfacher Fürsprache" spricht,[141] ist vermutlich die Differenzierung zwischen „angerechneter" und „ausdrücklicher" Fürsprache gemeint.[142] „Die Mutterschaft Mariens uns gegenüber besteht nicht nur in einer gefühlsmäßigen Beziehung: durch ihre Verdienste und ihre Fürsprache trägt sie wirksam zu unserer geistlichen Geburt und zum Wachstum des Gnadenlebens in uns bei".[143]

i) Die universale Reichweite bei der mütterlichen Vermittlung der Gnaden

Die Fürsprache Mariens ragt über die Bedeutung der übrigen Heiligen hinaus. Als neue Eva ist Maria die geistliche Mutter der gesamten Menschheit, die zur Aufnahme in die Kirche berufen ist. Ihre Fürbitte wirkt überall, während das begrenzte Einwirken der übrigen Heiligen damit nicht vergleichbar ist. Dieser Unterschied wurde deutlich herausgestellt anlässlich der Heiligsprechung von Jeanne d'Arc im Jahre 1920. Das dazu geforderte Wunder war in Lourdes geschehen. Der Bischof von Orléans hatte Maria um das Wunder gebeten auf

140 Vgl. Thomas von Aquin, *Summa theologiae* Suppl. q. 72 art. 3 resp.

141 *Lumen gentium* 62 *(multiplici intercessione)*.

142 Vgl. den Kommentar des Hauptredaktors G. Philips, La Chiesa e il suo mistero nel Concilio Vaticano II. Storia, testo e commento della Costituzione Lumen gentium, Milano 1975 (Nachdruck 1993), 560. Anders Roschini (1969), 202.

143 Johannes Paul II., Marianische Katechese vom 25. Oktober 1995, Nr. 5 (MK 3,5).

die Fürsprache der seligen Jeanne d’Arc. Kardinal Billot wollte dieses Wunder nicht anerkennen, weil es durch Maria geschehen sei, was die Beteiligung der Jungfrau von Orléans ausschließe. Dagegen brachten die Gutachten des Dominikaners Hugon und des Serviten Lépicier zur Geltung, dass die universale Fürsprache Mariens und das partikuläre Gebet der übrigen Heiligen einander keineswegs ausschließen. In seinem Dekret zur Anerkennung des Wunders für die Heiligsprechung betonte Papst Benedikt XV., dass uns durch Maria ohnehin „jegliche Gnade und jegliche Wohltat“ zukomme; deshalb werde sie von alters her als „Mittlerin aller Gnaden“ gepriesen. Die zusätzliche Wirksamkeit der Fürbitte von Jeanne d’Arc sei darum nicht auszuschließen.[144]

j) Die Wirksamkeit der geistlichen Mutterschaft im Vorbild

Die geistliche Mutterschaft Mariens kommt dann voll zum Zug, wenn sie von ihren Kindern angenommen wird, wie dies beispielhaft beim Apostel Johannes geschehen ist, der Maria bei sich aufnahm.[145] Maria wirkt hier durch ihr Vorbild. So betont etwa der Zisterzienser Alanus von Lille (12. Jahrhundert): „Wie die Jungfrau Mutter Christi war durch die Empfängnis, so wurde sie Mutter der Gläubigen durch die Lehre und vorbildliche Unterweisung“.[146]

k) Der gebührende Dank

Die universale Reichweite der geistlichen Mutterschaft ist eine kräftige Motivation auch für die Anrufung der Gottesmutter als Schutzfrau Bayerns. In diesem Sinne sei das letzte Wort Papst Benedikt XVI. gegeben, der bei der Heiligsprechung des Franziskanerpaters Fra Galvao am 11. Mai 2007 in Brasilien betonte:

144 Vgl. Hauke, Mercier (2004), 69f. 130f.

145 Vgl. Johannes Paul II., *Redemptoris Mater* 45e.

146 *In Canticum canticorum* (PL 210,54 C); Dittrich (2009), 90.

„Es gibt in der Heilsgeschichte keine Frucht der Gnade, die nicht als notwendiges Werkzeug die Vermittlung Unserer Lieben Frau hätte. […] Danken wir Gott dem Vater, Gott dem Sohn und Gott dem Heiligen Geist, von denen uns auf die Fürsprache der Jungfrau Maria aller Segen des Himmels kommt“.[147]

147 Benedikt XVI., Predigt zur Heiligsprechung von Fra Galvao, 11. Mai 2007 (übersetzt nach www.vatican.va).

Maria, „der neue Anfang“ der Würde und Berufung der Frau

Die Mutter Christi und die Berufung der Frauen nach Johannes Paul II.

Josef Kreiml

Die Würde der Frau und ihre Berufung haben – so Johannes Paul II. in seinem Apostolischen Schreiben *Mulieris dignitatem* (1988)[1] – in jüngster Vergangenheit „eine ganz besondere Bedeutung“ gewonnen. Das beweisen u. a. die Beiträge des kirchlichen Lehramtes, die sich in den Dokumenten des Zweiten Vatikanischen Konzils wiederfinden; in seiner Schlussbotschaft sagt das Konzil:

> „Die Stunde kommt, die Stunde ist schon da, in der sich die Berufung der Frau voll entfaltet, die Stunde, in der die Frau in der Gesellschaft einen Einfluss, eine Ausstrahlung, eine bisher noch nie erreichte Stellung erlangt. In einer Zeit, in welcher die Menschheit einen so tiefgreifenden Wandel erfährt, können deshalb die vom Geist des Evangeliums erleuchteten Frauen

1 Vgl. Papst Johannes Paul II., Apostolisches Schreiben *Mulieris dignitatem* über die Würde und Berufung der Frau anlässlich des Marianischen Jahres (15. August 1988), (VApS, 86), hg. vom Sekretariat der Deutschen Bischofskonferenz, Bonn 1988. – Dieses Dokument enthält „viele neue und richtungsweisende Aussagen“ (Franz Kamphaus, Mutter Kirche und ihre Töchter. Frauen im Gespräch, Freiburg 1989, 76). Es spricht – im Vergleich zu früheren Verlautbarungen – eine „neue Sprache“ und atmet einen „neuen Geist“ (Walter Kardinal Kasper, Katholische Kirche. Wesen – Wirklichkeit – Sendung, Freiburg 2011, 308).

der Menschheit tatkräftig dabei helfen, dass sie nicht in Verfall gerät".[2]

Die Worte dieser Botschaft fassen zusammen, was insbesondere in der Pastoralkonstitution des Konzils über die Kirche in der Welt von heute *Gaudium et spes* (Nr. 8, 9 und 60) und im Dekret über das Laienapostolat *Apostolicam actuositatem* (Nr. 9) seinen Ausdruck gefunden hat.[3]

Papst Johannes Paul II. macht in seinem Apostolischen Schreiben *Mulieris dignitatem* darauf aufmerksam, dass es ähnliche Stellungnahmen in einer Reihe von Ansprachen Papst Pius' XII. und in der Enzyklika *Pacem in terris*[4] von Papst Johannes XXIII. gegeben hat. Papst Paul VI. hat die Bedeutung dieses „Zeichens der Zeit" – der Bewusstwerdung der Berufung der Frau – in besonderer Weise zum Ausdruck gebracht, als er Theresia von Avila und Katharina von Siena zu Kirchenlehrerinnen erhob[5] und – auf Ersuchen der Bischofssynode von 1971 – eine Kommission einrichtete, deren Zweck die Untersuchung der Probleme unserer Zeit im Zusammenhang mit

2 Botschaft des Konzils an die Frauen (8. Dezember 1965), in: AAS 58 (1966), 13f.

3 Zum Laienapostolat nach dem Zweiten Vatikanischen Konzil vgl. Josef Kreiml, Die Rolle der Frau in der Kirche, Illertissen 2014, 13–36; auch ders., Das Laienapostolat nach dem Zweiten Vatikanischen Konzil. Die Bedeutung des Dekretes „Apostolicam actuositatem" (1965), in: KlBl 95 (2015), 50–55.

4 Vgl. Johannes XXIII., Enzyklika *Pacem in terris* (11. April 1963), in: AAS 55 (1963), 267f. – Mit Bezug auf *Pacem in terris* vgl. auch Margit Eckholt, Ohne die Frauen ist keine Kirche zu machen. Der Aufbruch des Konzils und die Zeichen der Zeit, Ostfildern 2012.

5 Theresia von Avila wurde am 27. September 1970 zur Kirchenlehrerin erhoben, Katharina von Siena am 4. Oktober 1970. – Zu beiden Kirchenlehrerinnen vgl. Ferdinand Holböck, Die 33 Kirchenlehrer. Promoviert zum Doctor Ecclesiae, Stein am Rhein 2003, 119–129. – Am 19. Oktober 1997 hat Papst Johannes Paul II. auch Theresia von Lisieux zur Kirchenlehrerin erhoben (vgl. dazu F. Holböck, Die 33 Kirchenlehrer, 161–166), und am 7. Oktober 2012 hat Papst Benedikt XVI. Hildegard von Bingen den Titel einer Kirchenlehrerin zugesprochen.

der „Förderung der Würde und der Verantwortung der Frauen“ war. In einer Ansprache vom 6. Dezember 1976 sagte Papst Paul VI.:

> „Im Christentum besaß die Frau mehr als in jeder anderen Religion schon von den Anfängen an eine besondere Würdestellung, wofür uns das Neue Testament nicht wenige und nicht geringe Beweise bietet [...]; es erscheint ganz offenkundig, dass die Frau dazu bestimmt ist, an der lebendigen, tätigen Struktur des Christentums so stark teilzunehmen, dass vielleicht noch nicht alle Kräfte und Möglichkeiten dafür freigelegt worden sind“.[6]

Die Synodenväter der Vollversammlung der Bischofssynode vom Oktober 1987, die der „Berufung und Sendung der Laien in der Kirche und in der Welt zwanzig Jahre nach dem Zweiten Vatikanischen Konzil“ gewidmet war, haben sich ebenfalls mit der Würde und Berufung der Frau beschäftigt. Sie verlangten die Vertiefung der anthropologischen und theologischen Grundlagen, die für die Lösung der Probleme in Bezug auf die Bedeutung und Würde des Menschseins als Frau und Mann notwendig sind. „Es geht darum, den Grund und die Folgen der Entscheidung des Schöpfers zu verstehen, dass der Mensch immer nur als Frau oder als Mann existiert“.[7] Erst von diesen Grundlagen her ist es möglich, von der aktiven Stellung der Frau in Kirche und Gesellschaft zu sprechen. Die genannten Fragen behandelt Johannes Paul II. in *Mulieris dignitatem*; dabei weist er auch darauf hin, dass das – nur einige Monate später veröffentlichte – Nachsynodale Apostolische Schreiben *Christifideles laici*[8] Vorschläge pastoralen Charakters zur Stellung der Frau in Kirche und

6 Zit. nach: *Mulieris dignitatem*, Nr. 1.

7 *Mulieris dignitatem*, Nr. 1. – Zum Apostolischen Schreiben *Mulieris dignitatem* vgl. auch Josef Kreiml, Die Rolle der Frau in der Kirche, Illertissen 2014, 38–83.

8 Vgl. Nachsynodales Apostolisches Schreiben *Christifideles laici* über die Berufung und Sendung der Laien in Kirche und Welt (30. Dezember 1988), (VApS, 87), hg. vom Sekretariat der Deutschen Bischofskonferenz, Bonn 1989.

Gesellschaft vorlegt, zu denen die Synodenväter des Jahres 1987, auch unter Berücksichtigung der von Laien-Auditoren – Männern und Frauen – aus den Teilkirchen aller Kontinente vorgetragenen Zeugnisse, wichtige Überlegungen angestellt haben.

1. Die Stellung der Gottesmutter im Geheimnis Christi und der Kirche

Maria gehört eng zum Heilsgeheimnis Christi und ist daher in besonderer Weise auch im Geheimnis der Kirche gegenwärtig.[9] Jesus Christus, gleichen Wesens mit dem Vater, wird als Mensch von einer Frau geboren, „als die Zeit erfüllt war" (vgl. Gal 4,4). Dieses Geschehen führt zum „Schlüsselereignis" der als Heilsgeschichte verstandenen Geschichte des Menschen auf Erden. Die Erklärung des Zweiten Vatikanums über das Verhältnis der Kirche zu den nichtchristlichen Religionen *Nostra aetate* (Nr. 1) fragt: „Was ist jenes letzte und unsagbare Geheimnis unserer Existenz, aus dem wir kommen und wohin wir gehen?" Vor dem Hintergrund des weiten Panoramas der Suche des Menschen nach Gott macht die „Fülle der Zeit", von der Paulus spricht, die Antwort Gottes selbst offenkundig (vgl. Apg 17,27). Die Sendung des Sohnes Gottes stellt den endgültigen Höhepunkt der Selbstoffenbarung Gottes an die Menschheit dar.[10] Maria befindet sich „am Herzen dieses Heilsereig-

9 Vgl. das 8. Kapitel der Kirchenkonstitution des Zweiten Vatikanums *Lumen gentium*, das den Titel trägt: „Die selige jungfräuliche Gottesmutter Maria im Geheimnis Christi und der Kirche"; auch Papst Johannes Paul II., Enzyklika *Redemptoris Mater* über die selige Jungfrau Maria im Leben der pilgernden Kirche (25. März 1987), (VApS, 75), hg. vom Sekretariat der Deutschen Bischofskonferenz, Bonn 1987. – Vgl. auch Gerhard Ludwig Müller, Maria – Die Frau im Heilsplan Gottes, (Mariologische Studien, 15), Regensburg 2002 und ders., Die Mutter Jesu Christi – Urbild christlicher Existenz und Typus der Kirche, in: ders., Katholische Dogmatik. Für Studium und Praxis der Theologie, Freiburg ^{8}2010, 477–514.

10 Vgl. Josef Kreiml, „Am Ende dieser Tage sprach Gott zu uns durch seinen Sohn" (Hebr 1,2). Die Endgültigkeit der Offenbarung, in: FKTh 29 (2013), 126–135.

nisses".[11] Die Selbstoffenbarung Gottes, der unerforschlichen Einheit in Dreifaltigkeit, ist in ihren wesentlichen Zügen in der Verkündigung in Nazareth enthalten. Durch die Fleischwerdung des Wortes (vgl. Joh 1,14) erlangt Maria eine solche Verbundenheit mit Gott, „dass sämtliche Erwartungen des menschlichen Geistes übertroffen werden".[12] Dieses Ereignis übertrifft sogar die Erwartungen ganz Israels und insbesondere der Töchter dieses auserwählten Volkes, die aufgrund der Verheißung „hoffen konnten, eine von ihnen würde eines Tages Mutter des Messias werden".[13] Wer von ihnen konnte ahnen, dass der verheißene Messias der „Sohn des Höchsten" sein würde? Vom alttestamentlichen Monotheismus her gesehen, war diese Möglichkeit kaum vorstellbar.

So macht die „Fülle der Zeit", die mit dem Leben Marias aufs engste verbunden ist, die außerordentliche Würde Marias offenbar. Diese Würde besteht einerseits in der übernatürlichen Erhebung zur Verbundenheit mit Gott in Jesus Christus, „die das tiefste Ziel der Existenz jedes Menschen sowohl auf Erden wie in der Ewigkeit ausmacht".[14] In diesem Sinn ist Maria „Vertreterin und Urbild der ganzen Menschheit": Sie vertritt das Menschsein, das zu allen Menschenwesen, Männern wie Frauen, gehört. Andererseits jedoch stellt das Ereignis von Nazareth eine Form der Verbundenheit mit dem lebendigen Gott dar, die nur der „Frau" – Maria – zukommen kann: die Verbundenheit zwischen Mutter und Sohn. Die Jungfrau aus Nazareth wird tatsächlich die „Mutter Gottes". Der Name *theotókos* („Gottesgebärerin", Gottesmutter) wurde zum „eigentlichen Namen" für die der Jungfrau Maria gewährte Verbundenheit mit Gott.

Die besondere Verbundenheit der Gottesmutter mit Gott, welche die jedem Menschen geschenkte übernatürliche Bestimmung zur Verbundenheit mit dem Vater in überragendster Weise verwirklicht, ist reine Gnade und als solche ein Geschenk des Geistes. Gleichzeitig jedoch bringt Maria „durch ihre im Glauben gesprochene Antwort

11 *Mulieris dignitatem*, Nr. 3.

12 Ebd.

13 Ebd.

14 Ebd., Nr. 4.

ihren freien Willen zum Ausdruck und damit die volle Teilnahme ihres personalen, fraulichen ‚Ich' am Ereignis der Menschwerdung".[15] Mit ihrem Jawort wird Maria zum wahren Subjekt jener Verbundenheit mit Gott, die sich im Geheimnis der Menschwerdung des mit dem Vater wesensgleichen Wortes verwirklicht hat. Der in der Geschichte der Menschen handelnde Gott achtet immer den freien Willen des menschlichen Ich.

Die „Gnadenfülle", die der Jungfrau aus Nazareth im Hinblick darauf, dass sie *theotókos* werden sollte, gewährt worden ist, bedeutet zugleich die Fülle der Vollkommenheit all dessen, was kennzeichnend ist für die Frau, was „das typisch Frauliche ist". Wir befinden uns hier „am Höhepunkt und beim Urbild der personalen Würde der Frau".[16] Im Ausdruck „Magd des Herrn" wird deutlich, dass sich Maria voll bewusst ist, vor Gott ein Geschöpf zu sein. Doch das Wort „Magd" vom Ende des Verkündigungsdialogs wird später in die Gesamtperspektive der Geschichte der Mutter und des Sohnes einbezogen. Jesus Christus wird oft von sich sagen: „[…] der Menschensohn ist nicht gekommen, um sich dienen zu lassen, sondern um zu dienen" (Mk 10,45).

Christus trägt immer das Bewusstsein in sich, der „Gottesknecht" nach der Prophezeiung des Jesaja zu sein (vgl. Jes 42,1; 49,3.6; 52,13); hierin ist der Inhalt seiner messianischen Sendung im Wesentlichen schon enthalten: das Bewusstsein, der Erlöser der Welt zu sein. Maria fügt sich vom ersten Augenblick ihrer Gottesmutterschaft, ihrer Verbundenheit mit dem Sohn, in den messianischen Dienst Christi ein. Die hier deutlich gewordene Wirklichkeit „Frau – Gottesmutter" bestimmt den wesentlichen Horizont der Betrachtung Johannes Pauls II. über die Würde und Berufung der Frau.

> „Wenn etwas zur Würde und Berufung der Frau gedacht, gesagt oder getan werden soll, dürfen sich Geist, Herz und Handeln nicht von diesem Horizont abwenden. Die Würde jedes Menschen und die ihr entsprechende Berufung finden ihr entscheidendes Maß

15 Ebd.

16 Ebd., Nr. 5.

in der *Verbundenheit mit Gott.* Maria […] ist der vollkommenste Ausdruck dieser Würde und dieser Berufung."[17]

2. Maria, „der neue Anfang" der Würde und Berufung der Frau

Das Buch Genesis gibt Zeugnis von der Sünde, die das Böse des menschlichen Anfangs ist, und von den Folgen, die seither die ganze Menschheit belasten; es enthält zugleich die erste Verkündigung des Sieges über das Böse (vgl. das sogenannte *Protoevangelium* in Gen 3,15). Die Worte des *Protoevangeliums* bringen – im Licht des Neuen Testamentes gelesen – in angemessener Weise die Sendung der Frau im heilbringenden Kampf des Erlösers gegen den Urheber des Bösen in der Geschichte des Menschen zum Ausdruck. Die Gegenüberstellung Eva – Maria kehrt in der Betrachtung über das in der göttlichen Offenbarung empfangene Glaubensgut immer wieder. Für gewöhnlich meinen wir, auf den ersten Blick in diesem Vergleich einen Unterschied oder gar einen Gegensatz zu erkennen. Eva ist als „Mutter aller Lebendigen" (Gen 3,20) Zeugin des biblischen „Anfangs", in dem die Wahrheit über die Erschaffung des Menschen und über die Erbsünde enthalten sind. Maria ist Zeugin des neuen „Anfangs" und der „neuen Schöpfung" (vgl. 2 Kor 5,17). Sie selbst ist, als die Ersterlöste in der Heilsgeschichte, eine „neue Kreatur"; sie ist die „Begnadete". Es wäre kaum zu verstehen, warum das *Protoevangelium* die „Frau" so nachdrücklich hervorhebt, wenn nicht in ihr der neue und endgültige Bund Gottes mit der Menschheit, der Bund im erlösenden Blut Christi, seinen Anfang hätte. Der neue Bund beginnt mit einer Frau – *der* „Frau" – bei der Verkündigung in Nazareth. Das ist das absolut Neue des Evangeliums.

17 Ebd. – Das Alte Testament kennt herausragende Frauengestalten, die in entscheidenden Momenten der Geschichte Israels „mutig eingegriffen haben und eigenständiges Subjekt in der Heilsgeschichte waren" (W. Kasper, Katholische Kirche [Anm. 1], 309): Sara, Hagar, Lea, Rebekka, Rahel, Debora, Mirjam, Hanna, Ester, Judit und andere.

Im Alten Testament hatte sich Gott verschiedene Male an Frauen gewandt, wie z. B. an die Mutter des Samuel und des Samson, um in die Geschichte seines Volkes einzugreifen; um aber seinen Bund mit der Menschheit zu schließen, hatte er sich nur an Männer gewandt, an Noach, Abraham usw. Am Anfang des „ewigen und unwiderruflichen“ Neuen Bundes steht die Jungfrau aus Nazareth. Es handelt sich dabei um ein deutliches Zeichen dafür, dass es in Jesus Christus „nicht mehr Mann und Frau gibt“ (Gal 3,28). In ihm wird der Gegensatz zwischen Mann und Frau – als Erbe der Ursünde – im Wesentlichen überwunden. Die Worte des Paulus in Gal 3,28 („denn ihr alle seid *einer* in Christus Jesus“) handeln von jener ursprünglichen „Einheit der zwei“, die zusammenhängt mit der Erschaffung des Menschen als Mann und Frau – nach dem Vorbild jener vollkommenen Personengemeinschaft, die Gott selber ist. Das Geheimnis von der Erlösung des Menschen in Jesus Christus erneuert das, was im Schöpfungsgeheimnis dem ewigen Plan des Schöpfers entsprach. So stellt die Erlösung gewissermaßen das Gute, das durch die Sünde und ihr Erbe in der Geschichte des Menschen wesentlich „gemindert“ worden ist, an seiner Wurzel selbst wieder her. Die „Frau“ des *Protoevangeliums* ist einbezogen in die Perspektive der Erlösung. Die Gegenüberstellung Eva – Maria lässt sich auch in dem Sinn verstehen, dass Maria das Geheimnis der „Frau“, dessen Anfang Eva ist, – im Geheimnis Christi – „in sich aufnimmt und umfängt“. Das Geheimnis von der Erlösung der Welt setzt voraus, dass der Sohn Gottes das Menschsein als das Erbe Adams angenommen hat, indem er ihm und jedem Menschen in allem gleich geworden ist „außer der Sünde“ (vgl. Hebr 4,15). So erschließt er dem Menschen „seine höchste Berufung“;[18] er hilft gewissermaßen, neu zu entdecken, „was der Mensch ist“ (vgl. Ps 8,5).

In der christlichen Glaubensreflexion geht der Vergleich Adam – Christus häufig Hand in Hand mit dem Vergleich Eva – Maria. Maria wird als „neue Eva“ beschrieben. Welche Sinngehalte kann eine solche Analogie haben? Man muss insbesondere jene Bedeutung im Auge behalten, die in Maria die volle Offenbarung all dessen sieht,

18 So das Zweite Vatikanum, *Gaudium et spes*, Nr. 22.

was das biblische Wort „Frau“ umfasst: eine Offenbarung, die an Tiefe dem Geheimnis der Erlösung entspricht. Maria bedeutet in gewissem Sinn das Überschreiten jener Grenze, von der das Buch Genesis (3,16) spricht, und das Zurückgehen zu jenem „Anfang“, an dem wir die „Frau“ so vorfinden, wie sie im ewigen Plan Gottes gewollt war. Maria ist „der neue Anfang“ der Würde und Berufung der Frau, aller Frauen und jeder einzelnen.[19] Ein Schlüssel zum Verständnis dieses Geheimnisses ist in besonderer Weise in folgenden Worten zu finden: „[…] der Mächtige hat Großes an mir getan“ (Lk 1,49). Diese Worte beziehen sich gewiss auf die Empfängnis des „Sohnes des Höchsten“ (Lk 1,32), aber zugleich können sie auch „die Entdeckung des eigenen Menschseins als Frau“[20] bedeuten. Das ist die Entdeckung des ganzen Reichtums, der ganzen personalen Möglichkeiten des Frauseins, der ganzen von Ewigkeit her gegebenen Eigenart der „Frau“, so wie Gott sie gewollt hat, als eigenständige Person, die zugleich „durch eine aufrichtige Hingabe“ sich selbst findet. Diese Entdeckung verbindet sich mit dem klaren Bewusstsein von der Gabe, dem Gnadengeschenk Gottes.[21] Die Sünde hatte gleich am „Anfang“ dieses Bewusstsein getrübt, es gewissermaßen unterdrückt, wie die Worte der ersten Versuchung durch den „Vater der Lüge“ (vgl. Gen 3,1–5) anzeigen. Als sich mit dem Herannahen der „Fülle der Zeit“ (vgl. Gal 4,4) in der Menschheitsgeschichte das Geheimnis der Erlösung zu vollziehen begann, floss dieses Bewusstsein mit aller Kraft in die Worte der jungen Frau aus Nazareth ein. In Maria entdeckt Eva wieder, „was die wahre Würde der Frau, des fraulichen Menschseins ist. Diese Entdeckung muss ständig das Herz

19 Vgl. Ambrosius, *De institutione virginis* V, 33 (PL 16,313). – Maria hat mit ihrem Jawort für die gesamte Menschheit gehandelt; „in ihr war die Kirche schon da, noch bevor die ersten Männer überhaupt berufen waren; sie ist bleibendes Urbild der Kirche und des Christseins“ (W. Kasper, Katholische Kirche [Anm. 1], 309). Die hingebende Frömmigkeit vieler Frauen ist – so Kardinal Kasper – auch heute für viele Männer, auch für viele Priester, „Vorbild und Halt“ (ebd., 311).

20 *Mulieris dignitatem*, Nr. 11.

21 Vgl. Michael Stickelbroeck, Das Heil des Menschen als Gnade, Regensburg 2014.

jeder Frau erreichen und ihrer Berufung und ihrem Leben Gestalt geben.“[22]

3. Jesus Christus als Förderer der Würde und Berufung der Frau

An der Person und Sendung Jesu Christi können wir erkennen, was die Wirklichkeit der Erlösung für die Würde und Berufung der Frau bedeutet. Diese Bedeutung wird noch stärker erhellt durch die Worte Christi und durch sein Verhalten zu den Frauen, das äußerst schlicht und gerade deshalb außergewöhnlich ist, wenn man es vor dem Hintergrund der damaligen Zeit sieht: „ein Verhalten, das von großer Klarheit und Tiefe gekennzeichnet ist“.[23] Auf dem Weg der Sendung Jesu treten verschiedene Frauen auf, und Jesu Begegnung mit jeder von ihnen ist eine Bestätigung des „neuen Lebens“ aus dem Geist des Evangeliums.[24] Es wird allgemein zugegeben, dass Christus seinen Zeitgenossen gegenüber zum „Förderer der wahren Würde der Frau und der dieser Würde entsprechenden Berufung“[25] geworden ist. Sein Verhalten löste bisweilen Befremden und Verwunderung aus und „ging oft bis an die Grenze eines Skandals“: „Sie wunderten sich, dass er mit einer Frau sprach“ (Joh 4,27); dieses Verhalten Jesu unterschied sich von dem seiner Zeitgenossen. Sogar seine Jünger „wunderten sich“. Der Pharisäer, in dessen Haus die Sünderin ging, um Jesus die Füße zu salben, dachte: „Wenn er wirklich ein Prophet wäre, müsste er wissen, was das für eine Frau ist, von der er sich berühren lässt; er wüsste, dass sie

22 *Mulieris dignitatem*, Nr. 11.

23 Ebd., Nr. 12. – In seinem „Brief an die Frauen“ vom 29. Juni 1995, (VApS, 122; hg. vom Sekretariat der Deutschen Bischofskonferenz, Bonn 1995) stellt Johannes Paul II. fest, dass Jesus den Frauen gegenüber „eine Haltung der Öffnung, der Achtung, der Annahme und der Zuneigung“ (Nr. 3) angenommen hat.

24 Vgl. auch Eugen Ruckstuhl, Jesus, Freund und Anwalt der Frauen. Frauenpräsenz und Frauenabwesenheit in der Geschichte Jesu, Stuttgart 1996.

25 Vgl. *Mulieris dignitatem*, Nr. 12.

eine Sünderin ist“ (Lk 7,39). Geradezu „heilige Empörung“ mussten bei den selbstzufriedenen Zuhörern folgende Worte Jesu auslösen: „Zöllner und Dirnen gelangen eher in das Reich Gottes als ihr“ (Mt 21,31).

Jesus gab damit zu verstehen, dass er „die Geheimnisse des Reiches“ zutiefst kannte. Er „wusste, was im Menschen ist“ (Joh 2,25), in seinem Herzen; er war „Zeuge“ des ewigen Planes Gottes für den von ihm nach seinem Ebenbild geschaffenen Menschen. Jesus Christus wusste auch zutiefst um die Folgen der Sünde, jenes „Geheimnisses der Bosheit“, das als bittere Frucht der Trübung der Gottebenbildlichkeit in den Menschenherzen wirksam ist. Es ist von großer Bedeutung, dass Jesus im grundlegenden Gespräch über die Ehe und ihre Unauflöslichkeit (vgl. Mt 19,3–8) gegenüber seinen Gesprächspartnern, die von Amts wegen Kenner des Gesetzes waren, auf den „Anfang“ Bezug nimmt. Der Grundsatz dieses Ethos, der von Anfang an der Wirklichkeit der Schöpfung eingeschrieben ist, wird von Christus gegen jene Tradition, welche die Diskriminierung der Frau mit sich brachte, bestätigt. In dieser Tradition „herrschte“ der Mann, ohne genügend auf die Frau und jene Würde Rücksicht zu nehmen, die das Ethos der Schöpfung den gegenseitigen Beziehungen zweier in der Ehe verbundener Personen zugrundegelegt hat. Dieses Ethos wird von Christus in Erinnerung gerufen und bekräftigt. Es ist das Ethos des Evangeliums und der Erlösung.

In den Evangelien begegnen wir einer Vielzahl von Frauen verschiedenen Alters und Standes, Frauen, die an Krankheiten und anderen Gebrechen litten. Jede dieser Frauen wurde geheilt, und jene Frau, die an Blutungen litt und „in dem Gedränge“ das Gewand Jesu berührte, wurde ihres großen Glaubens wegen von Jesus gelobt: „dein Glaube hat dir geholfen“ (Mk 5,34). Manchmal kommen Frauen in den Gleichnissen Jesu vor. Die Frauen, denen Jesus begegnete und die von ihm „große Gnaden“ empfingen, begleiteten ihn bisweilen, wenn er mit seinen Jüngern durch Stadt und Land zog und das Evangelium vom Reich Gottes verkündete; und sie unterstützten ihn „mit dem, was sie besaßen“. Das Evangelium nennt unter diesen Frauen Maria von Magdala, Johanna, die Frau eines Beamten des Herodes, Susanna und „viele andere“ (vgl. Lk 8,1–3).

In der gesamten Lehre Jesu wie auch in seinem Verhalten stoßen wir – so Johannes Paul II. – „auf nichts, was die zu seiner Zeit übliche Diskriminierung der Frau widerspiegeln würde.“[26] Im Gegenteil, seine Worte und Taten bringen immer die der Frau gebührende Achtung und Ehrfurcht zum Ausdruck. Die verkrümmte Frau nennt Jesus sogar „Tochter Abrahams“ (Lk 13,16), während dieser Titel – in der Form „Sohn Abrahams“ – in der ganzen Bibel ansonsten immer nur Männern beigelegt wird. Die Art und Weise Jesu, „von den Frauen und mit den Frauen zu sprechen, sowie die Art des Umgangs mit ihnen stellt angesichts der damals herrschenden Gepflogenheiten etwas völlig ‚Neues‘ dar.“[27] Christus ist – so Johannes Paul II. in seinem Apostolischen Schreiben – derjenige, der „wusste, was im Menschen ist“ (Joh 2,25), im Mann und der Frau. Er kennt die Würde des Menschen, seinen Wert in den Augen Gottes. Er selbst, der Erlöser, „ist die endgültige Bestätigung dieses Wertes“. Das Verhalten Jesu zu den Frauen, denen er auf den Wegen seines messianischen Dienstes begegnet, „spiegelt den ewigen Plan Gottes wider, der eine jede von ihnen erschafft und sie in Christus erwählt und liebt (vgl. Eph 1,1–5).“[28] Jede Frau erbt vom „Anfang“ her die Würde einer Person als Frau. Jesus „bestätigt diese Würde und macht sie zum Inhalt des Evangeliums und der Erlösung, um deretwillen er in die Welt gesandt wurde.“[29]

Jesus begibt sich in die konkrete, geschichtliche Situation, die von der Sünde belastet ist. Dieses Erbe kommt u. a. in den Gewohnheiten zum Ausdruck, die die Frau zugunsten des Mannes diskriminieren, und ist auch in der Frau selbst verwurzelt. Unter diesem Gesichtspunkt ist die Episode von der Frau, die beim Ehebruch ertappt wird

26 Ebd., Nr. 13.

27 Ebd. – Jesus setzte sich – so Rudolf Voderholzer (Gezeigt, bewirkt und dargestellt wird Jesus Christus selbst. Zur neu entflammten Diskussion um den Empfänger des Weihesakramentes und den Diakonat der Frau, in: Die Tagespost Nr. 153/154 / 22.12.2001, 5f, hier 5) – „souverän über diskriminierende Bräuche hinweg“.

28 *Mulieris dignitatem*, Nr. 13.

29 Ebd.

(vgl. Joh 8,3–11), besonders aufschlussreich. Zuletzt sagt Jesus zu ihr: „Sündige von jetzt an nicht mehr!“ Vorher weckt er aber das Schuldbewusstsein in den Männern, die sie anklagen, und „offenbart so seine tiefe Fähigkeit, das Gewissen und die Werke der Menschen der Wahrheit gemäß zu sehen.“[30] Jesus scheint den Anklägern sagen zu wollen: Ist diese Frau mit ihrer Sünde nicht auch vor allem eine Bestätigung eurer Übertretungen, eurer „männlichen“ Ungerechtigkeit, eurer Missbräuche?

Diese Wahrheit ist für die ganze Menschheit gültig. Die im Johannesevangelium berichtete Begebenheit kann man in vielen ähnlichen Situationen in jeder Geschichtsepoche vorfinden. Eine Frau wird allein gelassen und mit „ihrer Sünde“ der öffentlichen Meinung ausgesetzt, während sich hinter „ihrer“ Sünde ein Mann als Sünder verbirgt, der „an der Sünde anderer“ schuld, ja mitverantwortlich für sie ist. Seine Schuld entzieht sich jedoch der Aufmerksamkeit und wird stillschweigend übergangen. Für „fremde Schuld“ erscheint er nicht verantwortlich zu sein. Manchmal macht er sich auch noch zum Ankläger und vergisst dabei die eigene Schuld. Wie oft büßt in ähnlicher Weise die Frau für ihre Sünde (es kann durchaus sein, dass sie in gewissen Fällen schuld ist an der Sünde des Mannes); „doch nur sie büßt und zahlt *allein*.“[31] Wie oft bleibt sie mit ihrer Mutterschaft verlassen zurück, wenn der Vater des Kindes die Verantwortung dafür nicht übernehmen will? Wir müssen – so Johannes Paul II. – an all jene Frauen denken, die sich sehr oft unter mancherlei Druck – auch von seiten des schuldigen Mannes – von ihrem Kind noch vor der Geburt „befreien“. Sie „befreien sich“; aber um welchen Preis? Die heutige öffentliche Meinung versucht, das Übel dieser Sünde „wegzureden“; normalerweise jedoch vergisst das Gewissen der Frau nicht, dass sie dem eigenen Kind das Leben genommen hat; „denn sie ist nicht imstande, die ihrem Ethos am ‚Anfang‘ eingeschriebene Bereitschaft zur Annahme des Lebens auszulöschen.“[32]

30 Ebd., Nr. 14.
31 Ebd.
32 Ebd.

Das Verhalten Jesu bei der im Johannesevangelium (Joh 8,3–11) beschriebenen Begebenheit ist bezeichnend. Nur an wenigen Stellen wird seine Macht – die „Macht der Wahrheit“ – gegenüber dem menschlichen Gewissen so offenbar wie hier. Besteht hier – wie auch im Gespräch mit den Pharisäern (vgl. Mt 19,3–9) – nicht eine Verbindung zwischen seinem Bewusstsein und dem Geheimnis des „Anfangs“, als der Mensch als Mann und Frau erschaffen wurde und die Frau mit ihrer fraulichen Eigenart, auch mit ihrer Fähigkeit zur Mutterschaft, dem Mann anvertraut wurde? Auch der Mann wurde vom Schöpfer der Frau anvertraut; sie wurden einander als Personen anvertraut. In diesem Anvertrauen liegt das Maß der Liebe, einer bräutlichen Liebe. Um zu einer „aufrichtigen Hingabe“ füreinander zu kommen, müssen sich beide für diese Hingabe verantwortlich fühlen. Dieses Maß ist beiden – Mann und Frau – vom „Anfang“ an bestimmt. Nach der Ursünde sind im Mann und in der Frau Gegenkräfte am Werk, die aus der Tiefe des Menschen wirken. Die Worte Jesu beweisen die grundlegende Wahrheit von der Verantwortung des Mannes gegenüber der Frau: für ihre Würde, ihre Mutterschaft, ihre Berufung. Indirekt gehen diese Worte auch die Frau an.

Christus „hat sein Möglichstes getan, damit die Frauen – im Rahmen der Gewohnheiten und sozialen Verhältnisse jener Zeit – in seiner Lehre und seinem Handeln ihre eigene Selbständigkeit und Würde wiederfinden.“[33] Aufgrund der gottgewollten „Einheit der zwei“ hängt diese Würde direkt von der Frau selbst als für sich verantwortliches Subjekt ab und wird zugleich dem Mann zur Aufgabe gestellt. Im Nachdenken über die Würde und Berufung der Frau müssen wir uns – so der Papst – „unbedingt auf den Ansatz beziehen, dem wir im Evangelium begegnen“. Die Würde der Frau und ihre Berufung – wie auch jene des Mannes – „haben ihre ewige Quelle im Herzen Gottes und hängen unter den zeitlichen Bedingungen des menschlichen Daseins eng mit der ‚Einheit der zwei‘ zusammen“.[34] Jeder Mann muss sich darauf besinnen, „ob diejenige, die ihm als Schwester im selben Menschsein, als Braut und Ehefrau

33 Ebd.
34 Ebd.

anvertraut ist, nicht in seinem Herzen Objekt eines Ehebruchs, ob diejenige, die in unterschiedlicher Weise Mitträgerin seines Daseins in der Welt ist, nicht für ihn zum ‚Objekt' geworden ist: Objekt des Genusses, der Ausbeutung."[35]

Die Handlungsweise Christi – das Evangelium seiner Taten und Worte – ist ein „durchgehender Protest gegen die Verletzung der Würde der Frau". Deshalb entdecken die Frauen, die sich in der Umgebung Jesu befinden, in den Wahrheiten, die er „lehrt" und „tut", sich selbst, auch wenn es sich bei dieser Wahrheit um ihre eigene Sündhaftigkeit handelt. Sie fühlen sich durch diese Wahrheit befreit, sich selbst zurückgegeben. Sie fühlen sich geliebt mit „ewiger Liebe". Im Wirkungskreis Christi verändert sich ihre soziale Stellung. Jesus spricht mit ihnen über Fragen, die man in der damaligen Zeit nicht mit einer Frau erörterte. Das in diesem Zusammenhang bezeichnendste Beispiel ist das Gespräch mit der Samariterin am Jakobsbrunnen. Jesus erörtert mit ihr die tiefsten Geheimnisse Gottes; er spricht mit ihr vom unermesslichen Geschenk der Liebe Gottes (vgl. Joh 4,14). Diese Frau, eine „Sünderin", wird „Jüngerin" Christi; sie verkündet den Bewohnern von Samarien Christus, so dass auch diese ihn annehmen. Das Gespräch Jesu mit der Samariterin ist ein „beispielloses Geschehen", wenn man bedenkt, wie gerade die Frauen von den Lehrern in Israel allgemein behandelt wurden. In diesem Zusammenhang verdienen auch Maria und Marta, die beiden Schwestern des Lazarus, besondere Erwähnung.[36] Nach dem Tod des Lazarus wird auch Marta zur Gesprächspartnerin Christi: In jenem Gespräch geht es um die tiefsten Wahrheiten der Offenbarung und des Glaubens (vgl. Joh 11,21–27). Das Gespräch mit Marta gehört ebenfalls zu den wichtigsten des Evangeliums. Christus spricht mit den Frauen über Gott, und sie verstehen ihn: „ein echter Widerhall

35 Ebd.

36 Vgl. zu diesen beiden Frauen auch: Große Gestalten der Bibel in Bild und Text, Ostfildern 2004, 268–275. – Am Beispiel von Maria und Marta zeigt sich, dass die Frau von Jesus „als den Jüngern ebenbürtige, nachdenkliche Hörerin seines Wortes gesehen wird" (W. Kasper, Katholische Kirche [Anm. 1], 309).

des Geistes und des Herzens, eine Antwort des Glaubens.“[37] Jesus zollt dieser unverkennbar „fraulichen“ Antwort Anerkennung und Bewunderung – wie im Fall der kanaanäischen Frau (vgl. Mt 15,28).

Die Evangelien heben auch hervor, dass bei der endgültigen und für die ganze messianische Sendung Jesu „entscheidenden Prüfung“, unter dem Kreuz, sich vor allen anderen die Frauen eingefunden haben. Von den Aposteln ist nur Johannes treu geblieben. Die Frauen aber sind zahlreich (vgl. Mt 27,55). „In dieser härtesten Bewährungsprobe des Glaubens und der Treue haben sich […] die Frauen als stärker erwiesen als die Jünger; in diesen Augenblicken der Gefahr gelingt es denen, die ‚sehr lieben‘, auch, die Furcht zu besiegen.“[38] Schon zuvor auf dem Kreuzweg waren es die Frauen, „die um ihn klagten und weinten“ (Lk 23,27).

Vom Beginn der Sendung Christi an zeigt die Frau ihm und seinem Geheimnis gegenüber eine „besondere Empfänglichkeit, die einem Wesensmerkmal ihrer Fraulichkeit entspricht.“[39] Das bestätigt sich besonders beim Ostergeheimnis – nicht nur unter dem Kreuz, sondern auch am Morgen der Auferstehung. Die Frauen sind als erste am Grab; ihnen wird als ersten aufgetragen, den Jüngern die Auferstehung Christi zu verkünden. Das Johannesevangelium (vgl. auch Mk 16,9) hebt die besondere Rolle der Maria aus Magdala hervor. Sie war früher als die Apostel Augenzeugin des auferstandenen Christus und hat deshalb auch als erste den Aposteln gegenüber von ihm Zeugnis gegeben. Deshalb wurde sie auch „Apostel der Apostel“[40] genannt. Dieses Geschehen stellt gewissermaßen die „Krönung“ all dessen dar, was darüber gesagt wurde, „dass den Frauen – ebenso wie den Männern – die göttlichen Wahrheiten von Christus anvertraut worden sind.“[41] Auf diese Weise haben sich die Worte des Propheten Joel (3,1) erfüllt: „Danach aber wird es geschehen, dass ich meinen

37 *Mulieris dignitatem*, Nr. 15.

38 Ebd.

39 Ebd., Nr. 16.

40 So z. B. von Rhabanus Maurus und Thomas von Aquin (vgl. *Mulieris dignitatem*, Anm. 38).

41 *Mulieris dignitatem*, Nr. 16.

Geist ausgieße über alles Fleisch. Eure Söhne und Töchter werden Propheten sein." Am Pfingsttag finden diese Worte im Abendmahlssaal von Jerusalem noch einmal ihre Bestätigung (vgl. Apg 2,17).

Alles bisher zum Verhalten Christi gegenüber den Frauen Gesagte bestätigt und klärt im Heiligen Geist die Wahrheit über die „Gleichheit" von Mann und Frau. „Man muss von einer wesenhaften ‚Gleichberechtigung' sprechen".[42] Da beide – die Frau wie der Mann – nach dem Abbild und Gleichnis Gottes erschaffen wurden, „sind beide in gleichem Maße empfänglich für das Geschenk der göttlichen Wahrheit und der Liebe im Heiligen Geist. Beide empfangen seine heilbringenden und heiligmachenden ‚Heimsuchungen'."[43] Die Tatsache, Mann oder Frau zu sein, führt hier zu keinerlei Einschränkungen, ebenso wenig wie das Heilswirken des Geistes dadurch eingeschränkt wird, dass einer „Jude oder Grieche, Sklave oder Freier" ist: „denn ihr alle seid *einer* in Christus Jesus" (Gal 3,28). Diese Einheit hebt aber die Verschiedenheit nicht auf. Prophetsein heißt, unter Wahrung der Wahrheit und Eigenart der je eigenen Person – sei es Mann oder Frau – mit Wort und Leben „Gottes großen Taten zu verkünden" (vgl. Apg 2,11). Die „Gleichheit" nach dem Evangelium, die „Gleichberechtigung" von Frau und Mann vor den „großen Taten Gottes", wie sie im Wirken und Reden Jesu mit großer Klarheit offenkundig geworden ist, „bildet die deutlichste Grundlage für Würde und Berufung der Frau in Kirche und Welt."[44] Jede Berufung hat ihren tief persönlichen und prophetischen Sinn. In der so verstandenen Berufung erreicht das Frauliche in einer Person ein neues Maß. Es ist das Maß der „großen Taten Gottes", zu „deren lebendigem Träger und unersetzlicher Zeugin" die Frau wird.

42 Ebd.

43 Ebd.

44 Ebd. – Bischof Franz Kamphaus (Mutter Kirche und ihre Töchter [Anm. 1], 78) nennt diese grundsätzlichen Aussagen Johannes Pauls II. „befreiend".

4. Mutterschaft und Jungfräulichkeit: zwei Dimensionen der Berufung der Frau

In der Jungfräulichkeit und in der Mutterschaft sind „zwei besondere Dimensionen“ bei der Verwirklichung der Persönlichkeit einer Frau zu sehen. In Maria, die als Jungfrau Mutter des Gottessohnes geworden ist, erlangen diese beiden Dimensionen „die Fülle ihrer Bedeutung und ihres Wertes“. Jungfräulichkeit und Mutterschaft haben sich in der Frau aus Nazareth in einzigartiger Weise verbunden; in ihr hat die eine Dimension die andere „auf wunderbare Weise vervollständigt“. Die Person der Gottesmutter hilft wahrzunehmen, wie „diese beiden Wege der Berufung der Frau als Person sich gegenseitig erklären und ergänzen.“[45]

Der Mensch ist auf Erden die einzige von Gott um ihrer selbst willen gewollte Kreatur. Er ist eine Person, ein Subjekt, das über sich entscheidet. Zugleich kann der Mensch „sich selbst nur durch die aufrichtige Selbsthingabe vollkommen finden“ (*Gaudium et spes*, Nr. 24). Diese Deutung benennt im Wesentlichen den Sinn des menschlichen Daseins, indem sie den Wert der Selbsthingabe der Person betont. In diesem Verständnis der Person ist auch das Wesen jenes Ethos enthalten, das in Verbindung mit der Wahrheit der Schöpfung von den Heiligen Schriften, besonders von den Evangelien, voll entfaltet wird. Diese Wahrheit über die menschliche Person eröffnet auch den Weg zu einem vollen Verständnis der Mutterschaft der Frau. Die gegenseitige Hingabe der Personen in der Ehe öffnet sich bereits für das Geschenk eines neuen Lebens, eines neuen Menschen, der auch eine Person nach dem Abbild seiner Eltern ist. Die Mutterschaft schließt von Anfang an eine besondere Aufnahmebereitschaft für diese neue Person ein: eben das ist der Anteil der Frau.

45 *Mulieris dignitatem*, Nr. 17. – Das Wort Jesu von der Ehelosigkeit um des Himmelreiches willen entbindet – so Walter Kasper (vgl. Katholische Kirche [Anm. 1], 310) – vom Zwang des Heiratenmüssens und von der schicksalhaften Rolle der Frau als Ehefrau. Sie ist auch als unverheiratete Frau angesehen und geachtet. Das bedeutet keine Abwertung, sondern eine Aufwertung der Ehe. Die Ehe ist eine frei gewählte Möglichkeit neben der Ehelosigkeit.

In dieser Bereitschaft, im Empfangen und Gebären eines Kindes, „findet die Frau durch ihre aufrichtige Selbsthingabe sich selbst". Die Ehegatten haben teil an Gottes Schöpferkraft.

Die Mutterschaft der Frau im Zeitraum zwischen der Empfängnis und der Geburt des Kindes ist ein biophysiologischer und psychischer Prozess, über den wir heute besser Bescheid wissen als in der Vergangenheit; dieser Prozess ist Gegenstand zahlreicher tiefreichender Untersuchungen. Die Mutterschaft als menschliches Phänomen lässt sich nur auf der Grundlage der Wahrheit über die Person vollständig erklären. Mutterschaft steht im Zusammenhang mit der personalen Struktur des Frauseins und mit der personalen Dimension der Hingabe.[46] Der Schöpfer schenkt den Eltern ein Kind; die Worte Marias

46 Die Journalistin und Autorin Birgit Kelle („Die Kirche nimmt mich als Frau an." Die Autorin und Konvertitin Birgit Kelle über eine Institution, die Frauen nicht verändern will, sondern auch Vollzeit-Mütter akzeptiert. Ein Gespräch mit Katrin Krips-Schmidt, in: Die Tagespost Nr. 106 / 03.09.2013, 7) äußert sich so: Es gibt „dieses ewige Klischee – nur weil Frauen nicht Priester werden können –, dass sie in der katholischen Kirche nur Menschen zweiten Ranges sind. Ich finde, dass die katholische Kirche gerade in der Frage der Beziehung zwischen Mann und Frau auch den Frauen viel zu sagen hat. Und ich finde es sehr schön, dass es wenigstens eine Institution in Deutschland noch gibt, die mein persönliches Leben als Mutter und langjährige Hausfrau noch halbwegs zu schätzen weiß. Die Kirche versucht mich als Frau nicht zu ändern – was ich in der Gesellschaft derzeit ganz massiv erlebe, dass ich mich ständig rechtfertigen muss für das, was ich tue. Einfach nur, weil ich eben nicht eine Karrierefrau werden will, sondern weil mir meine Familie wichtiger ist. Die Kirche nimmt mich als Frau so an – auch in meiner Rolle als Mutter, die ich mir selber ausgesucht habe, und sie bestätigt mir dieses Bild. Sie sagt mir: Das ist gut, das ist wichtig, was du tust. Insofern hat die katholische Kirche den Frauen eine Menge Bestätigung zu geben. Es mag sein, dass sich manche Frauen in diesem Bild gar nicht wiederfinden, aber ich glaube, es gibt eine große Mehrheit, die es eben doch tut. [...] Ich werde angefeindet von anderen Frauen, von Feministinnen-Gruppen, ich werde angefeindet von Leuten, die mit dem Christentum nichts anfangen können, obwohl ich ja überhaupt nicht christlich argumentiere, sondern nur meine Position vertrete, die in meinen Augen auch völlig ohne das Christentum auskommen würde, aber dann doch im Christentum bestätigt wird. [...] (Es ist) einerseits schwie-

auf die Verkündigung hin bedeuten die Bereitschaft der Frau zur Hingabe und zur Annahme des neuen Lebens.

In der Mutterschaft der Frau, die an das Vatersein des Mannes gebunden ist, spiegelt sich das im dreieinigen Gott selber gelegene „ewige Geheimnis der Zeugung" wider (vgl. Eph 3,14f). Obwohl beide gemeinsam Eltern ihres Kindes sind, stellt die Mutterschaft der Frau einen besonderen Anteil dieser gemeinsamen Elternschaft, „ja deren anspruchsvolleren Teil"[47] dar. Die Elternschaft gehört zu beiden; aber sie verwirklicht sich viel mehr in der Frau, besonders in der vorgeburtlichen Phase.

> „Die Frau muss unmittelbar für dieses gemeinsame Hervorbringen neuen Lebens ‚bezahlen', das buchstäblich ihre leiblichen und seelischen Kräfte aufzehrt. Der *Mann* muss sich daher voll bewusst sein, dass ihm aus dieser gemeinsamen Elternschaft *eine besondere Schuldverpflichtung gegenüber der Frau erwächst.*"[48]

Kein Programm für die Gleichberechtigung von Frauen und Männern kann Geltung beanspruchen, wenn man diesem Umstand nicht in entscheidender Weise Rechnung trägt. Die Mutterschaft enthält eine besondere Gemeinschaft mit dem Geheimnis des Lebens, das im Schoß der Frau heranreift. „Die Mutter steht staunend vor diesem Geheimnis, und mit einzigartiger Intuition ‚erfasst' sie, was in ihr

rig, aber andererseits auch spannend […], dass Männer und Frauen unterschiedlich sind. Derzeit versuchen wir ja, das kleinzureden. Im Namen der Gleichstellung betreiben wir Gleichmacherei. Wir versuchen derzeit, politisch korrekt so zu tun, als gebe es keine Unterschiede zwischen Mann und Frau. Fakt ist, Männer und Frauen sind unterschiedlich, und sie werden es immer sein. Aber das liefert auch ständig neue Munition für Missverständnisse, für Spannungen – aber natürlich auch für schöne Spannungen zwischen Männern und Frauen." – Vgl. auch Birgit Kelle, Dann mach doch die Bluse zu. Ein Aufschrei gegen den Gleichheitswahn, München 2013, bes. die Kapitel „Diktatur des Feminismus" (48–63) und „Der Genderwahn" (84–107).

47 *Mulieris dignitatem*, Nr. 18.

48 Ebd.

vor sich geht."[49] Im Licht des „Anfangs" nimmt die Mutter das Kind, das sie im Schoß trägt, als Person an und liebt es.

> „Diese einmalige Weise des Kontaktes mit dem neuen Menschen, der sich formt, schafft seinerseits eine derartige Einstellung zum Menschen – nicht nur zum eigenen Kind, sondern zum Menschen als solchem –, dass dadurch die ganze Persönlichkeit der Frau tief geprägt wird."[50]

Es besteht die allgemeine Überzeugung, dass die Frau mehr als der Mann fähig ist, auf die konkrete Person zu achten, und dass die Mutterschaft diese Veranlagung noch stärker zur Entfaltung bringt.[51]

49 Ebd.

50 Ebd.

51 Jutta Burggraf (Berufung und Sendung der Frau in der Kirche, in: Gerhard Ludwig Müller, Von „Inter Insigniores" bis „Ordinatio Sacerdotalis". Dokumente und Studien der Glaubenskongregation. Mit einer Einleitung von Joseph Kardinal Ratzinger, Würzburg 2006, 170–174, hier 171) weist darauf hin, dass „einige Radikalfeministinnen" in der Mutterschaft ein „Unheil", eine „Bedrohung", eine „Kette der Natur", von der sich die emanzipierte Frau zu lösen habe, sehen. Viele Frauen lassen sich – so Burggraf – von dieser Sicht beeinflussen; ihre Wertehierarchie hinsichtlich „Selbstbestimmung", Kinderzahl und Erwerbstätigkeit ist davon geprägt. Bei der „Selbstbefreiung" der Frau kann es „nicht um ein billiges Angleichen an den Mann" gehen. Etwas „Lohnenderes" müsse angestrebt werden: die Selbstannahme der Frau in ihrem Anderssein, in ihrem Einmaligsein als Frau. Es bedeute eine „besondere Auszeichnung" für die Frau, als Mutter Gottes schöpferische Liebe bis in die eigene Leiblichkeit hinein spüren zu dürfen. Zwar erfahren nicht wenige Frauen die Geburt eines Kindes als Belastung, was teils am Unverständnis der Mitmenschen, teils an ungerechten Sozialstrukturen liegt (vgl. ebd., 172). Je nach ihrer persönlichen Situation werden es Frauen „als ihre Pflicht betrachten", auch andere Formen des beruflichen, ehrenamtlichen oder persönlichen Engagements in der Gesellschaft zu suchen. Die Mutterschaft ist nicht auf den physischen Bereich zu reduzieren. In seelisch-geistiger Hinsicht sind – so Burggraf – alle Frauen berufen, auf irgendeine Weise „Mutter" zu sein: den Mitmenschen ein offenes Ohr zu schenken, ihre Anliegen mitzutragen und sie für die Gnade Gottes empfänglich zu machen. Die Frau hat – gerade als Chris-

Der Mann befindet sich – trotz aller Teilhabe an der Elternschaft – immer „außerhalb" des Prozesses der Schwangerschaft und der Geburt des Kindes und muss in vielem von der Mutter seine eigene „Vaterschaft" lernen. Das gehört zum normalen menschlichen Ablauf der Elternschaft, auch in der weiteren Entwicklung nach der Geburt des Kindes, v. a. in der ersten Zeit. Zur Erziehung des Kindes sollten Mutter und Vater ihren jeweiligen Beitrag der Eltern leisten. „Doch jener der Mutter ist entscheidend für die Grundlagen einer neuen menschlichen Persönlichkeit."[52]

Die „Frau" besitzt als Mutter, als erste Erzieherin des Menschen (die Erziehung ist die geistige Dimension der Elternschaft) „einen besonderen Vorrang vor dem Mann."[53] Die Mutter drückt dem ganzen Prozess der Personwerdung der Kinder ein entscheidendes „Zeichen" auf. Die Mutterschaft drückt im personalen und ethischen Sinn eine sehr bedeutende Kreativität der Frau aus, von der das Menschsein des neuen Menschen hauptsächlich abhängt.[54]

tin – den entscheidenden Auftrag, von der Liebe Gottes zu jedem Menschen Zeugnis zu geben. Christsein bedeutet, mitten im Getriebe der Großstadt, im Supermarkt und in der Fabrik, in der Werkstatt und an der Universität, im Krankenhaus und vor allem auch zuhause mit Christus verbunden zu leben. Es bedeutet zu zeigen, dass da jemand ist, zu dem man gehen kann, wenn die Sorgen zu groß werden, jemand, der versteht, verzeiht und stärkt. „Eine Frau, die ihre kirchliche Sendung in der Welt ernst nimmt, hat ein schier unerschöpfliches Panorama vor sich" (ebd., 173). Frauen, die sich um die geistige Mutterschaft bemühen, „sind normalerweise sehr glücklich und werden geliebt" (ebd.). Da der Mann von Natur her eine größere Distanz zum konkreten Leben hat, „kann und muss er von der Frau viel lernen" (ebd., 174): von der Mutter, der Schwester, der Freundin, der Gattin oder Kollegin. Es ist den Frauen nicht verwehrt, auch im Raum der kirchlichen Institutionen Ämter und Positionen innezuhaben. „Hier stehen sie den männlichen Laien nicht nach, und sie haben längst bewiesen, dass auch sie zu Organisation und Leitung fähig sind" (ebd.).

52 *Mulieris dignitatem*, Nr. 18.

53 Ebd., Nr. 19.

54 Die Sorge, die affektive Beheimatung und die menschliche und christliche Erziehung von Kindern sind gewiss Vätern und Müttern gemeinsam anvertraut. Aber sie sind doch ein elementarer Dienst der Frau, „der kirchliche und gesellschaftliche Anerkennung verdient" (W. Kasper, Katholische

Seinen Höhepunkt findet das biblische Urbild der „Frau" in der Mutterschaft der Gottesmutter. In ihrem mütterlichen „Fiat" (Lk 1,38: „[…] mir geschehe, wie du es gesagt hast") stiftet Gott einen Neuen Bund mit der Menschheit, den ewigen und endgültigen Bund in Christus. Die „göttliche Mutterschaft" widerfährt Maria als Gnadengabe Gottes selbst. Sie ist Zeichen eschatologischer Hoffnung. In die Ordnung des Bundes, den Gott mit dem Menschen in Jesus Christus geschlossen hat, ist die Mutterschaft der Frau eingefügt.

Die Worte Christi (vgl. Joh 16,21: „Wenn die Frau gebären soll, ist sie bekümmert, weil ihre Stunde da ist; aber wenn sie das Kind geboren hat, denkt sie nicht mehr an ihre Not über der Freude, dass ein Mensch zur Welt gekommen ist") weisen auf den Zusammenhang hin, der zwischen der Mutterschaft der Frau und dem Ostergeheimnis besteht. Denn in diesem Geheimnis ist auch der Schmerz der Mutter unter dem Kreuz enthalten, der Mutter, die im Glauben am erschütternden Geheimnis der „Entäußerung" ihres Sohnes teilnimmt.[55] Beim Anblick dieser Mutter, der „ein Schwert durch die Seele drang" (vgl. Lk 2,35), gehen die Gedanken zu allen Frauen in der Welt, die leiden im physischen wie im moralischen Sinn. Bei diesem Leiden spielt auch die der Frau eigene Sensibilität eine Rolle, auch wenn sie dem Leiden oft besser zu widerstehen vermag als der Mann.[56] Es ist kaum möglich, alle diese Leiden beim Namen zu nennen: Man kann an die mütterlichen Sorgen um die Kinder denken, besonders wenn sie krank sind oder auf Abwege geraten; an den Tod geliebter Menschen; an die Einsamkeit der von ihren erwachsenen Kindern verlassenen Mütter oder an die Einsamkeit der Witwen; an die Leiden der Frauen, die im Lebenskampf alleinstehen, und der

Kirche [Anm. 1], 313). – Zum Thema „Ehe und Familie" vgl. auch Bischof Klaus Küng, Damit sie das Leben haben. Leben mit Gott – Ehe und Familie – Lebensschutz, Regensburg 2014, 101–158.

55 Vgl. Johannes Paul II., Enzyklika *Redemptoris Mater* über die selige Jungfrau Maria im Leben der Kirche (25. März 1987), (VApS, 75), hg. vom Sekretariat der Deutschen Bischofskonferenz, Bonn 1987, Nr. 18.

56 Vgl. Henri Boulad, Starkes Tun, stärkeres Sein. Leid und Sendung der Frau, übersetzt von Hidda Westenberger, Salzburg 1997.

Frauen, die Unrecht und Kränkung erlitten haben oder ausgebeutet werden. Schließlich gibt es die Leiden des Gewissens wegen der Sünde, die die menschliche oder mütterliche Würde der Frau verletzt hat, Wunden des Gewissens, die nur schwer heilen. Auch mit diesen Leiden muss man sich unter das Kreuz Christi stellen. Die Worte des Evangeliums (vgl. Joh 16,21f) stehen auch in Beziehung zum Ostergeheimnis, d. h. zu jener Freude, die den Aposteln am Tag der Auferstehung zuteil wird.

In der Lehre Christi wird die Mutterschaft mit der Jungfräulichkeit verbunden, aber auch von ihr unterschieden. Die freiwillige Ehelosigkeit um des Himmelreiches willen wird im Hinblick auf die eschatologische Berufung des Menschen zur Gemeinschaft mit Gott gewählt.[57] Die Ehelosigkeit um des Himmelreiches willen ist nicht nur Frucht einer freien Entscheidung von Seiten des Menschen, sondern auch Frucht einer besonderen Gnade von Seiten Gottes, der eine bestimmte Person zu einem Leben in Ehelosigkeit beruft. Wenn die Ehelosigkeit ein besonderes Zeichen des kommenden Reiches Gottes ist, dann dient sie zugleich dazu, schon während des Lebens auf Erden alle Kräfte der Seele und des Leibes ausschließlich für das endgültige Reich Gottes einzusetzen. Die evangelischen Räte (Keuschheit, Armut, Gehorsam[58]) unterscheiden sich von den Geboten Gottes und weisen dem Christen einen Weg evangelischer Radikalität. Seit den Anfängen des Christentums schlagen Männer und Frauen diesen Weg ein, da sich das evangelische Ideal an den Menschen – ohne Unterschied des Geschlechts – wendet.

Die Jungfräulichkeit als Weg für die Frau ist ein Weg, auf dem die Frau anders als in der Ehe ihre Persönlichkeit verwirklicht. Um diesen Weg zu verstehen, muss noch einmal auf die Grundidee der

57 Vgl. z. B. Elisabeth von Dijon, Licht, das mich führt. Geistliche Botschaft, hg. von Conrad De Meester OCD. Mit einem Vorwort von Ulrich Dobhan OCD, Freiburg 1986. – Elisabeth von Dijon (1880–1906) ist eine der großen Mystikerinnen und wurde am 16. Oktober 2016 heiliggesprochen.

58 Vgl. Kurt Kardinal Koch, Gehorsam als gereinigte Freiheit. Reflexionen über die christliche Spiritualität des Gehorsams, in: Ludger Müller / Wilhelm Rees (Hg.), Geist – Kirche – Recht. Festschrift für Libero Gerosa zur Vollendung des 65. Lebensjahres, Berlin 2014, 19–37.

christlichen Anthropologie verwiesen werden. In der freiwillig gewählten Jungfräulichkeit bestätigt sich die Frau als Person, d. h. als jenes vom Schöpfer von Anfang an um seiner selbst willen gewollte Wesen, und gleichzeitig realisiert sie den personalen Wert ihres Frauseins, indem sie zur „aufrichtigen Hingabe" an Gott wird, zu einer Hingabe an Christus, den Erlöser der Menschen und Bräutigam der Seelen: zu einer bräutlichen Hingabe. Ohne Bezug auf die bräutliche Liebe lässt sich die Jungfräulichkeit, die Weihe der Frau in der Jungfräulichkeit, nicht in angemessener Weise begreifen. Die Weihe des Mannes im priesterlichen Zölibat oder im Ordensstand ist ähnlich zu verstehen.[59] Die natürliche bräutliche Veranlagung der fraulichen Persönlichkeit findet in der so verstandenen Jungfräulichkeit eine Antwort. Die Frau, vom „Anfang" an dazu berufen, geliebt zu werden und zu lieben, findet in der Berufung zur Jungfräulichkeit vor allem Christus als den, der als Erlöser durch seine Hingabe den Menschen „seine Liebe bis zur Vollendung erwies" (Joh 13,1); die Frau erwidert dieses Geschenk mit einer „aufrichtigen Hingabe" ihres ganzen Lebens. Durch das Wirken des Heiligen Geistes wird die Frau, die in der Jungfräulichkeit lebt, „*ein* Geist" mit Christus, dem Bräutigam (vgl. 1 Kor 6,17). In diesem evangelischen Ideal der Jungfräulichkeit verwirklichen sich auf besondere Weise die Würde und die Berufung der Frau. In der so verstandenen Ehelosigkeit zeigt sich der Radikalismus des Evangeliums (vgl. Mt 19,27). Dies lässt sich „nicht mit dem einfachen Ledigsein oder Unverheiratetbleiben vergleichen; denn die Jungfräulichkeit um des Himmelreiches willen beschränkt sich nicht auf das bloße ‚Nein', sondern enthält ein tiefes ‚Ja' im bräutlichen Sinne: die vollkommene und ungeteilte Hingabe aus Liebe."[60]

59 Papst Benedikt XVI. hat in seiner Ansprache bei der Vesper in Mariazell am 8. September 2007 auf die Bedeutung eines Lebens gemäß den evangelischen Räten hingewiesen (vgl. dazu Josef Kreiml, Auf Christus schauen. Benedikt XVI. als Pilger in Österreich, in: ders. [Hg.], Neue Ansage des Glaubens. Papst Benedikt XVI. und das Projekt der Neuevangelisierung, Regensburg 2012, 169–197, hier 181–186).

60 *Mulieris dignitatem*, Nr. 20. – Vgl. auch Johanna Domek, Benediktinische Frauen bewegen die Welt. 24 Lebensbilder, Münsterschwarzach 2009 und

Die Jungfräulichkeit im Sinne des Evangeliums schließt den Verzicht auf die Ehe und damit auf die leibliche Mutterschaft ein. Doch der Verzicht auf *diese* Art der Mutterschaft, die ein großes Opfer für das Herz der Frau mit sich bringen kann, macht bereit für die Erfahrung einer Mutterschaft anderer Art: der Mutterschaft „nach dem Geist“ (vgl. Röm 8,4). Die Jungfräulichkeit nimmt der Frau nicht ihre besonderen Eigenschaften. Geistige Mutterschaft kennt vielfältige Formen.[61] Im Leben der gottgeweihten Frauen, die z. B. nach dem Charisma und den Regeln der verschiedenen Gemeinschaften apostolischen Charakters leben, wird sie sich als Sorge für die Menschen – besonders für die am meisten Bedürftigen – äußern: für Kranke, Behinderte, Ausgesetzte, Waisen, alte Menschen, Kinder, Jugendliche, Gefangene und – allgemein – Existenzen am Rand der Gesellschaft. Eine Ordensfrau findet auf diese Weise in allen und jedem einzelnen den Bräutigam Christus – den einen mit immer anderem Angesicht (vgl. Mt 25,40). In der Ehe besteht die Bereitschaft, sich anderer anzunehmen, insbesondere in der Liebe der Eltern zu ihren Kindern. In der Jungfräulichkeit ist diese Bereitschaft offen für alle Menschen, die von der Liebe des Bräutigams Christus umfangen sind. Johannes Paul II. sieht eine gewisse Parallele zwischen der Vermählung der Frau im Ehesakrament und der geistlichen Vermählung der Frau mit Christus. Im einen wie im anderen Fall zeigt die Vermählung die „aufrichtige Hingabe“ der Braut gegenüber dem Bräutigam an. Auf diese Weise ist das Profil der Ehe „geistig in der Jungfräulichkeit wiederzufinden“. Auch die leibliche Mutterschaft muss zugleich eine geistige Mutterschaft sein. Der Papst sieht „viele Gründe“, um in diesen beiden Wegen – zwei

María Luisa Öfele / Irmingard Breuer (Hg.), Geweihte Jungfräulichkeit. Eine vergessene kirchliche Lebensform, St. Ottilien 2011; außerdem Ute Leimgruber, Frauenklöster – Klosterfrauen. Leben in Ordensgemeinschaften heute, Ostfildern 2008 und dies., Avantgarde in der Krise. Eine pastoraltheologische Ortsbestimmung der Frauenorden nach dem Zweiten Vatikanischen Konzil, Freiburg 2011.

61 K. Küng (Vater sein. Die Rolle des Vaters in Erziehung und Familie, in: ders., Damit sie das Leben haben [Anm. 54], 128–138, hier 137f) verweist auch auf die geistliche Vaterschaft.

verschiedenen Lebensberufungen der Frau – „eine tiefe Komplementarität und geradezu eine tiefe Einheit im innersten Wesen der Person zu entdecken.“[62]

Hinsichtlich der Gaben des Heiligen Geistes und der „großen Taten Gottes“ (Apg 2,11) besteht zwischen Mann und Frau „vollständige Gleichheit“. Gerade im Hinblick auf „Gottes große Taten“ empfindet der Apostel – als Mann – das Bedürfnis, das, was wesenhaft zum fraulichen Sein gehört, zu Hilfe zu nehmen, um die Wahrheit über seinen apostolischen Dienst zum Ausdruck zu bringen (vgl. Gal 4,19: „[…] bei euch, meinen Kindern, für die ich von neuem Geburtswehen erleide“). Maria ist – so das Zweite Vatikanum – das „Bild“ der Kirche. „Im Geheimnis der Kirche, die ja auch selbst mit Recht Mutter und Jungfrau genannt wird, ist […] Maria vorangegangen, da sie in hervorragender und einzigartiger Weise das

62 *Mulieris dignitatem*, Nr. 21. – In seinem „Brief an die Frauen“ (Nr. 2; siehe oben Anm. 23) dankt Johannes Paul II. – in der persönlichen Form der Du-Anrede – den Frauen in ihren verschiedenen Lebenssituationen: der Frau als Braut, die ihr Schicksal „in einer Beziehung gegenseitiger Hingabe im Dienst an der Gemeinschaft und am Leben“ unwiderruflich an das eines Mannes bindet; der Frau als Tochter und als Schwester, die in der engeren Familie und im gesellschaftlichen Leben den Reichtum ihrer Sensibilität, ihrer intuitiven Wahrnehmung, ihrer Selbstlosigkeit und Beständigkeit einbringt; der berufstätigen Frau, die sich in allen Bereichen des sozialen, wirtschaftlichen, kulturellen, künstlerischen und politischen Lebens engagiert, für ihren „unverzichtbaren Beitrag zum Aufbau einer Kultur, die Vernunft und Gefühl zu verbinden vermag, zu einem Verständnis vom Leben, das stets offen ist für den Sinn des ‚Geheimnisses‘, zur Errichtung wirtschaftlicher und politischer Strukturen, die mehr Menschlichkeit aufweisen“; der Frau im Ordensstand, die sich nach dem Vorbild der Gottesmutter in Treue der Gottesliebe öffnet und so der Kirche und der ganzen Menschheit hilft, Gott gegenüber eine „bräutliche“ Antwort zu leben, die auf wunderbare Weise Ausdruck der Gemeinschaft ist, die er zu seinem Geschöpf herstellen will. – Johannes Paul II. schließt diesen Abschnitt mit folgenden Worten: „Dank sei dir, *Frau*, dafür, dass du *Frau* bist! Durch die deinem Wesen als Frau eigene Wahrnehmungsfähigkeit bereicherst du das Verständnis der Welt und trägst zur vollen Wahrheit der menschlichen Beziehungen bei.“

Urbild sowohl der Jungfrau wie der Mutter darstellt.“[63] Die Kirche wird,

> „indem sie Marias geheimnisvolle Heiligkeit betrachtet, ihre Liebe nachahmt und den Willen des Vaters getreu erfüllt, durch die gläubige Annahme des Wortes Gottes auch selbst Mutter: Durch Predigt und Taufe nämlich gebiert sie die vom Heiligen Geist empfangenen und aus Gott geborenen Kinder zum neuen und unsterblichen Leben.“[64]

Es handelt sich hierbei – in Bezug auf die Söhne und Töchter des Menschengeschlechts – um eine geistige Mutterschaft. Eine solche Mutterschaft wird – wie gesagt – der Frau auch in der Jungfräulichkeit zuteil. Auch die Kirche „ist Jungfrau, da sie das Treuewort, das sie dem Bräutigam gegeben hat, unversehrt und rein bewahrt“.[65] In Maria findet dies seine vollkommenste Erfüllung. Die Kirche bewahrt „in Nachahmung der Mutter ihres Herrn in der Kraft des Heiligen Geistes jungfräulich einen unversehrten Glauben, eine feste Hoffnung und eine aufrichtige Liebe“.[66]

Das Konzil hat bekräftigt, dass sich das Geheimnis der Kirche – ihre Wirklichkeit und ihre wesentliche Lebenskraft – ohne den Bezug auf die Gottesmutter unmöglich begreifen lässt. Die Bibel bezeugt mit aller Klarheit, dass es ohne eine entsprechende Berufung auf das „frauliche“ Element keine zutreffende Hermeneutik des Menschen und seines Menschseins geben kann. Ähnliches gilt für den Heilsplan Gottes: Wenn wir ihn für die ganze Geschichte des Menschen vollständig begreifen wollen, dürfen wir das Geheimnis der Frau – der Jungfrau, der Mutter und der Braut – nicht aus dem Blickfeld des Glaubens ausschließen.

63 Zweites Vatikanisches Konzil, *Lumen gentium*, Nr. 63.

64 Ebd., Nr. 64.

65 Ebd.

66 Ebd. – Zum Verhältnis Maria – Kirche vgl. auch Johannes Paul II., Enzyklika *Redemptoris Mater* über die selige Jungfrau Maria im Leben der pilgernden Kirche (25. März 1987). (VApS, 75), hg. vom Sekretariat der Deutschen Bischofskonferenz, Bonn 1987, Nr. 42–44.

5. Die Kirche als Braut Christi

Der Verfasser des Epheserbriefes (vgl. Eph 5,25–32) spricht die Wahrheit über die Kirche als Braut Christi aus und weist darauf hin, dass diese Wahrheit in der biblischen Wirklichkeit von der Erschaffung des Menschen als Mann und Frau ihre Wurzel hat. Christus ist der Bräutigam der Kirche; die Kirche ist die Braut Christi. Diese Analogie überträgt, was bereits im Alten Testament – besonders bei den Propheten Hosea (vgl. Hos 1,2; 2,16–18), Jeremia (vgl. Jer 2,2), Ezechiel (vgl. Ez 16,8) und Jesaja (vgl. Jes 50,1; 54,5–8.10) – enthalten war, auf das Neue Testament. Im genannten Text des Jesaja wird die Liebe Gottes auf „menschliche" Art ausgedrückt; aber die Liebe selbst ist göttlich. Als Liebe Gottes hat sie „einen in göttlicher Weise bräutlichen Charakter". Diese Frau und Braut ist Israel als das von Gott erwählte Volk, und diese Erwählung hat ihre Quelle ausschließlich in der spontanen Liebe Gottes. Eben durch diese Liebe lässt sich der oft als Ehe dargestellte Bund erklären.

Dieses Bild von der bräutlichen Liebe zusammen mit der Gestalt des göttlichen Bräutigams – ein sehr klares Bild in den Texten der Propheten – findet im Epheserbrief (5,23–32) seine „Bestätigung und Krönung". Christus wurde von Johannes dem Täufer als Bräutigam begrüßt (vgl. Joh 3,27–29), und Christus selbst wendet diesen aus den Propheten genommenen Vergleich auf sich an (vgl. Mk 2,19f). Die vollständigste Formulierung der Wahrheit über die Liebe Christi, des Erlösers, nach der Analogie einer bräutlichen Liebe findet sich im Epheserbrief (5,25). Im Text des Paulus zielt die Analogie der bräutlichen Beziehung gleichzeitig in zwei Richtungen, die zusammen das „tiefe Geheimnis" *(sacramentum magnum)* bilden. Der Bund der Eheleute „erklärt" den bräutlichen Charakter der Verbundenheit Christi mit der Kirche; und diese Verbundenheit als „tiefes Geheimnis" und „Sakrament" entscheidet ihrerseits über die Sakramentalität der Ehe als eines heiligen Bundes des Mannes und der Frau.[67]

67 Die – für seine Zeit – unerhörte „Befreiung" der Frau durch Christus erfolgt – so Hans Urs von Balthasar (Gedanken zum Frauenpriestertum [1996], in: Gerhard Ludwig Müller [Hg.], Frauen in der Kirche. Eigensein und

Der Text des Epheserbriefes wendet sich an die Eheleute als konkrete Frauen und Männer und erinnert sie an das Ethos der bräutlichen Liebe, das auf die Einsetzung der Ehe durch Gott „im Anfang“ zurückgeht. Hier ist alles aufgenommen, was den „Stil“ Christi im Umgang mit den Frauen ausmacht. Der Gatte müsste sich die Elemente dieses Stils gegenüber seiner Ehefrau zu eigen machen; und in ähnlicher Weise sollte es der Mann in jeder Situation der Frau gegenüber tun. So leben beide – Mann und Frau – die „aufrichtige Selbsthingabe“.

Der Verfasser des Epheserbriefes sieht keinen Widerspruch zwischen einer so formulierten Aufforderung und der Feststellung, dass sich die Frauen „ihren Männern unterordnen sollen wie dem Herrn (Christus); denn der Mann ist das Haupt der Frau, wie auch Christus das Haupt der Kirche ist“ (vgl. Eph 5,22f). Der Verfasser weiß, dass diese Auflage, „die so tief in der Sitte und religiösen Tradition der Zeit verwurzelt ist, in neuer Weise verstanden und verwirklicht werden muss“:[68] als ein gegenseitiges Sich-Unterordnen „in der gemeinsamen Ehrfurcht vor Christus“ (Eph 5,21) – umso mehr, da der Ehemann „Haupt“ der Frau genannt wird *wie* Christus Haupt der Kirche ist,

Mitverantwortung, Würzburg 1999, 259–266, hier 260) – auf dem Hintergrund „einer ebenso einmaligen wie bleibenden Aufwertung der Geschlechterdifferenz“, die sich von der Auszeichnung Marias als Mutter des Herrn und Mutter der Kirche durchhält bis in die inkarnatorische Beziehung Christus-Bräutigam zu Kirche-Braut und die Neubewertung der Ehe von dorther. „Dies geht weit über das alttestamentliche Verhältnis Jahwe-Israel hinaus, das noch keinen Widerhall im menschlich-geschlechtlichen Bereich gefunden hatte“. Die neutestamentliche „Aufwertung“ der Frau zur Würdegleichheit ist „untrennbar […] von der gleichzeitigen Betonung der Differenz der Geschlechter.“ Das Christentum ist „die Religion der inkarnierten Liebe, die als letzte Voraussetzung das trinitarische Gottesgeheimnis hat, worin die ‚Personen‘ so verschieden sind, dass sie unter keinen Gattungsbegriff Person subsumierbar sind und gerade so das eine und einzige Wesen Gottes bilden. Von daher kann im Anthropologischen gelten: je verschiedener die Ausprägungen von Mann und Frau in der identischen Menschennatur sind, um so vollkommener und fruchtbarer kann Einigung in der Liebe sein“ (ebd., 260).

68 *Mulieris dignitatem*, Nr. 24.

und das ist er eben, um „sich für sie" hinzugeben (vgl. Eph 5,25). Sich für sie hinzugeben bedeutet, sogar das eigene Leben hinzugeben. Während die Unterordnung in der Beziehung Christus – Kirche nur die Kirche betrifft, ist diese „Unterordnung" in der Beziehung Gatte – Gattin „nicht einseitig, sondern gegenseitig". Darin besteht die „Neuheit" des Evangeliums. Das „Neue", das Christus bringt, bildet den „eindeutigen Inhalt der evangelischen Botschaft und ist Frucht der Erlösung". Zugleich aber muss sich das Bewusstsein, dass es in der Ehe die gegenseitige „Unterordnung der Eheleute in der gemeinsamen Ehrfurcht vor Christus" gibt und nicht nur die Unterordnung der Frau gegenüber dem Mann, „den Weg in die Herzen und Gewissen, in das Verhalten und die Sitten bahnen."[69] Diesen Appell müssen die Menschen immer wieder von neuem annehmen.

Im Text des Epheserbriefes begegnen wir einer zweiten Dimension jener Analogie, die als ganze der Offenbarung des „tiefen Geheimnisses" dienen soll, nämlich ihrer symbolischen Dimension. Wenn die Liebe Gottes zum Menschen und zum auserwählten Volk Israel von den Propheten als die Liebe des Gemahls zu seiner Frau dargestellt wird, bringt eine solche Analogie die „bräutliche" Qualität und den göttlichen und nicht menschlichen Charakter von Gottes Liebe zum Ausdruck. „[…] dein Schöpfer ist dein Gemahl" (Jes 54,5). Dasselbe gilt auch von der bräutlichen Liebe Christi, des Erlösers: „Denn Gott hat die Welt so sehr geliebt, dass er seinen einzigen Sohn hingab" (Joh 3,16). Nach dem Epheserbrief ist diese Liebe der bräutlichen Liebe menschlicher Eheleute „ähnlich", aber natürlich nicht „gleich". Die Nicht-Ähnlichkeit ist leicht festzustellen, wenn wir die Gestalt der Braut betrachten. Jene Braut ist die Kirche – so wie für die Propheten die Braut Israel war: Sie ist ein kollektives Subjekt, nicht eine Einzelperson. Dieses kollektive Subjekt ist das Volk Gottes, d. h. eine aus vielen Personen – Frauen wie Männern – zusammengesetzte Gemeinschaft. „Christus hat die Kirche geliebt" – als Gemeinschaft, als Volk Gottes; und zugleich hat er in dieser Kirche, die sein „Leib" ist (vgl. Eph 5,23), jede einzelne Person geliebt. In der Erlösung gelangt der bräutliche Charakter

69 Ebd.

der Liebe Gottes in der Geschichte der Menschen und der Welt zur Vollendung. Christus bleibt in dieser Geschichte als der Bräutigam, der sich für sie hingegeben hat. „Es gibt keine größere Liebe" (Joh 15,13) als diese. So sind in der Kirche *alle Menschen* – Frauen wie Männer – berufen, „Braut" Christi zu sein. So wird das „Braut-Sein" und damit das „Frauliche" zum Symbol alles „Menschlichen" (vgl. Gal 3,28).

In sprachlicher Hinsicht kann man sagen, dass die Analogie der bräutlichen Liebe nach dem Epheserbrief das, was „männlich" ist, auf das zurückführt, was „weiblich" ist, da als Glieder der Kirche, auch die Männer, in den Begriff der „Braut" einbezogen werden. Um seine Sendung für Christus und seine Kirche zu formulieren, spricht der Apostel von den Kindern, für die er „von neuem Geburtswehen" (Gal 4,19) erleidet. In der Kirche ist jeder einzelne Mensch – Mann und Frau – die „Braut", weil diese die Liebe Christi, des Erlösers, als Hingabe erfährt und ihr durch die Hingabe der eigenen Person zu antworten sucht. Christus ist der Bräutigam. Darin drückt sich die Wahrheit über die Liebe Gottes aus, der „zuerst" geliebt hat (vgl. 1 Joh 4,19) und mit der von dieser bräutlichen Liebe zum Menschen bewirkten Hingabe alle menschlichen Erwartungen übertroffen hat: Er „erwies [...] ihnen seine Liebe bis zur Vollendung" (Joh 13,1). Dieser Bräutigam ist der Sohn Marias geworden. Das Symbol des Bräutigams ist männlichen Geschlechts. In diesem männlichen Symbol ist der menschliche Charakter jener Liebe dargestellt, in der Gott seiner göttlichen Liebe zu Israel, zur Kirche, zu allen Menschen Ausdruck gegeben hat. Aus dem, was die Evangelien über das Verhalten Christi gegenüber den Frauen berichten, können wir schließen, dass er als Mann, als Sohn Israels, die Würde der „Töchter Abrahams" (vgl. Lk 13,16), die Würde, die die Frau am „Anfang" ebenso besessen hat wie der Mann, offenbar gemacht hat. Zugleich hat Christus „die ganze Eigenart, die die Frau vom Mann unterscheidet, den ganzen Reichtum, der ihr im Schöpfungsgeheimnis geschenkt wurde, hervorgehoben."[70]

70 Ebd., Nr. 25.

6. Die Eucharistie als „Sakrament des Bräutigams und der Braut"

Vor dem Hintergrund des „tiefen Geheimnisses", das in der bräutlichen Beziehung zwischen Christus und der Kirche zum Ausdruck kommt, ist es möglich, in entsprechender Weise auch die Berufung der „Zwölf" zu begreifen. Wenn Christus nur Männer zu seinen Aposteln berief, „tat er das *völlig frei und unabhängig*. Er tat es mit derselben Freiheit, mit der er in seinem Gesamtverhalten die Würde und Berufung der Frau betonte, ohne sich nach den herrschenden Sitten und nach der auch von der Gesetzgebung der Zeit gebilligten Tradition zu richten."[71] Deshalb entspricht die Hypothese, er habe Männer zu Aposteln berufen, indem er der damals verbreiteten Mentalität folgte, „ganz und gar nicht der Handlungsweise Christi". Die in Mt 22,16 überlieferten Worte der Jünger („Meister, wir wissen, dass du immer die Wahrheit sagst und wirklich den Weg Gottes lehrst [...]; denn du siehst nicht auf die Person") beschreiben „vollständig das Verhalten Jesu". Darin liegt auch eine Erklärung für die Berufung der „Zwölf". Sie allein empfingen im Zusammenhang mit der Einsetzung der Eucharistie den sakramentalen Auftrag: „Tut dies zu meinem Gedächtnis!" (Lk 22,19; 1 Kor 11,24); sie empfingen am Abend des Ostertages den Heiligen Geist, um die Sünden zu vergeben (vgl. Joh 20,23). Das Ostergeheimnis offenbart – so Papst Johannes Paul II. in seinem Apostolischen Schreiben – „zutiefst" Gottes bräutliche Liebe. Christus ist der Bräutigam, weil er „sich hingegeben hat": Sein Leib wurde „hingegeben", sein Blut wurde „vergossen" (vgl. Lk 22,19f). So hat er den Seinen „seine Liebe bis zur Vollendung erwiesen" (Joh 13,1). Die „aufrichtige Hingabe", die im Kreuzesopfer enthalten ist, hebt „endgültig" den bräutlichen Sinn der Liebe Gottes hervor. Christus ist als Erlöser der Welt der Bräutigam der Kirche. Die Eucharistie ist das Sakrament unserer Erlösung. Sie ist „das Sakrament des Bräutigams und der Braut". Die Eucharistie vergegenwärtigt und verwirklicht auf sakramentale Weise aufs neue den Erlösungsakt Christi, der die Kirche als seinen

71 Ebd., Nr. 26.

Leib „erschafft“. Mit diesem „Leib“ ist Christus verbunden wie der Bräutigam mit der Braut.

Wenn Christus die Eucharistie bei ihrer Einsetzung so ausdrücklich mit dem priesterlichen Dienst der Apostel verbunden hat, darf man annehmen, dass er auf diese Weise die gottgewollte Beziehung zwischen Mann und Frau, zwischen dem „Männlichen“ und dem „Fraulichen“, „sowohl im Schöpfungsgeheimnis wie im Geheimnis der Erlösung ausdrücken wollte.“[72] Vor allem in der Eucharistie wird in sakramentaler Weise der Erlösungsakt Christi, des Bräutigams, gegenüber der Kirche, seiner Braut, ausgedrückt.[73] Das wird dann „durchsichtig und ganz deutlich“, wenn der sakramentale Dienst der Eucharistie, in der der Priester *in persona Christi* handelt, „vom Mann vollzogen wird.“[74]

Das Zweite Vatikanum hat in der Kirche das Bewusstsein des allgemeinen Priestertums erneuert. Im Neuen Bund gibt es „nur ein Opfer und nur einen Priester“: Christus. An diesem einen Priestertum Christi haben alle Getauften teil, denn sie sollen sich „als lebendiges und heiliges Opfer darbringen, das Gott gefällt“ (Röm 12,1), überall von Christus Zeugnis geben und allen, die es fordern, Rechenschaft ablegen von ihrer Hoffnung auf das ewige Leben (vgl. 1 Petr 3,15).[75] Die allgemeine Teilhabe am Opfer Christi, in dem der Erlöser dem Vater die ganze Welt und insbesondere die Menschheit dargebracht hat, bewirkt, dass alle in der Kirche „Könige und Priester“ sind (vgl. Offb 5,10; 1 Petr 2,9), d. h. nicht nur an der priesterlichen, son-

72 Ebd.

73 Vgl. Joseph Kardinal Ratzinger, Gott ist uns nah. Eucharistie: Mitte des Lebens, hg. von Stephan Otto Horn und Vinzenz Pfnür, Augsburg 2001; Gerhard Ludwig Müller, Die Messe. Quelle christlichen Lebens, Augsburg 2002 und Josef Kreiml, Die Feier der Eucharistie als höchster Lebensvollzug der Kirche, in: Franz Breid (Hg.), Die heilige Eucharistie, Augsburg 2005, 132–153; auch Veronika Hoffmann, Skizzen zu einer Theologie der Gabe. Rechtfertigung – Opfer – Eucharistie – Gottes- und Nächstenliebe, Freiburg 2013.

74 *Mulieris dignitatem*, Nr. 26.

75 Davon spricht die dogmatische Konstitution über die Kirche *Lumen gentium* (Nr. 10) des Zweiten Vatikanums.

dern auch an der prophetischen und königlichen Sendung des Messias teilhaben. Diese Teilhabe bestimmt die organische Verbundenheit der Kirche als Volk Gottes mit Christus. In ihr kommt das „tiefe Geheimnis" des Epheserbriefes zum Ausdruck – die mit ihrem Bräutigam vereinte Braut: vereint, weil sie sein Leben lebt; vereint, weil sie an seiner dreifachen Sendung teilhat; vereint in einer Weise, dass sie mit ihrer „aufrichtigen Hingabe" das unermessliche Geschenk der Liebe des Bräutigams, des Erlösers der Welt, erwidert. Das betrifft *alle* in der Kirche, Frauen ebenso wie Männer, und es betrifft natürlich auch jene, die am Amtspriestertum teilhaben, das Dienstcharakter besitzt.[76]

Das ist von grundlegender Bedeutung, um die Kirche „in ihrem eigentlichen Wesen" zu begreifen. Die Kirche besitzt zwar eine „hierarchische" Struktur,[77] aber diese ist „ganz für die Heiligkeit der Glieder Christi bestimmt". Diese Heiligkeit wird an dem „tiefen Geheimnis" gemessen, in dem die Braut mit der Hingabe der Liebe die Hingabe des Bräutigams erwidert, und das tut sie „im Heiligen Geist"; denn „die Liebe Gottes ist ausgegossen in unsere Herzen durch den Heiligen Geist, der uns gegeben ist" (Röm 5,5). Das Zweite Vatikanische Konzil hat daran erinnert, dass in der *Hierarchie der Heiligkeit* gerade die „Frau", die Mutter Jesu, das „Bild" der Kirche ist. „Sie geht allen auf dem Weg zur Heiligkeit voran; in ihrer Person hat die Kirche bereits ihre Vollkommenheit erreicht".[78] In diesem Sinn ist die Kirche zugleich marianisch und apostolisch-petrinisch.[79] In der Geschichte der Kirche gab es seit den frühesten Zeiten – neben den Männern – zahlreiche Frauen, in denen die Ant-

76 Vgl. *Lumen gentium*, Nr. 10.

77 Vgl. das dritte Kapitel (Die hierarchische Verfassung der Kirche, insbesondere das Bischofsamt) von *Lumen gentium* (Nr. 18–29).

78 *Mulieris dignitatem*, Nr. 27. – Vgl. auch *Lumen gentium*, Nr. 63.65 und *Redemptoris Mater*, Nr. 2–6.

79 Das marianische Profil ist ebenso grundlegend und charakteristisch für die Kirche wie das apostolische und von Petrus geprägte Profil. Die marianische Dimension der Kirche geht der Petrusdimension sogar voraus, wenn sie auch mit dieser eng verbunden ist und sie ergänzt. – Hans Urs von Balthasar (Neue Klarstellungen, Einsiedeln 1979, 114) hat es so ausgedrückt:

wort der Braut auf die erlösende Liebe des Bräutigams ihre „volle Ausdruckskraft“ erlangte. Als erste sehen wir jene Frauen, die Christus persönlich begegnet und ihm gefolgt waren und nach seinem Abschied zusammen mit den Aposteln im Abendmahlssaal „einmütig im Gebet verharrten“ bis zum Pfingsttag. Jene Frauen und später noch andere hatten durch ihre Gnadengaben und ihren vielfältigen Dienst einen „aktiven und wichtigen Anteil“ am Leben der Urkirche, an der Grundlegung der ersten und der nachfolgenden christlichen Gemeinden.[80] Die apostolischen Schriften nennen ihre Namen wie z. B. „Phöbe, die Dienerin der Gemeinde von Kenchreä“ (Röm 16,1), Priska mit ihrem Gatten Aquila (vgl. 2 Tim 4,19), Evodia und Syntyche (vgl. Phil 4,2), Maria, Tryphäna, Tryphosa und Persis (vgl. Röm 16,6.12). Der Apostel spricht von ihren „Mühen“ um Christi willen: Diese Mühen weisen auf die verschiedenen Bereiche des apostolischen Dienstes der Kirche hin, angefangen bei der „Hauskirche“. In ihr nämlich geht der „aufrichtige Glaube“ von der Mutter auf die Kinder und Enkel über (vgl. 2 Tim 1,5).

Dasselbe wiederholt sich im Laufe der Jahrhunderte von Generation zu Generation. Die Kirche hat, „indem sie für die Würde der Frau und ihre Berufung eintrat, Verehrung und Dankbarkeit für jene zum Ausdruck gebracht, die – in Treue zum Evangelium – zu allen Zeiten an der apostolischen Sendung des ganzen Gottesvolkes teilgenommen haben.“[81] Es handelt sich um heilige Märtyrerinnen,

„Maria ist ‚Königin der Apostel‘, ohne apostolische Vollmachten für sich in Anspruch zu nehmen. Sie hat anderes und mehr.“

80 Vgl. auch F. Kamphaus, Mutter Kirche und ihre Töchter (Anm. 1), 79 und W. Kasper, Katholische Kirche (Anm. 1), 310.

81 *Mulieris dignitatem*, Nr. 27. – Die Geschichte der Kirche kennt – so Johannes Paul II. in seinem „Brief an die Frauen“ (Nr. 11; vgl. oben Anm. 23) – „Frauen von erstrangiger Größe“, die „in der Zeit ihre tiefe und heilsame Prägung hinterlassen haben“. Der Papst erinnert an die lange Reihe von Märtyrerinnen, von Heiligen und von außergewöhnlichen Mystikerinnen, an die zahlreichen Frauen, die „auf Antrieb ihres Glaubens Initiativen ins Werk gesetzt haben von außerordentlicher sozialer Bedeutung im Dienst vor allem der Ärmsten“. Auch in der Kirche des dritten Jahrtausends werde es „neue und wunderbare Äußerungen des ‚Genius der Frau‘“ geben.

Jungfrauen, Mütter, die mutig ihren Glauben bezeugt und dadurch, dass sie ihre Kinder im Geist des Evangeliums erzogen, den Glauben der Kirche weitergegeben haben. In jedem Zeitalter und in jedem Land finden wir zahlreiche „tüchtige“ Frauen (vgl. Spr 31,10), die – trotz Verfolgungen, Schwierigkeiten und Diskriminierungen – an der Sendung der Kirche teilgenommen haben. Johannes Paul II. nennt dabei folgende Frauen namentlich: Monika, die Mutter des Augustinus, Makrina, Olga von Kiew, Mathilde von Toscana, Hedwig von Schlesien und Hedwig von Krakau, Elisabeth von Thüringen, Birgitta von Schweden, Jeanne d'Arc, Rosa von Lima, Elisabeth Seton und Mary Ward.[82] „Das Zeugnis und die Taten christlicher Frauen haben sich prägend auf das Leben von Kirche und Gesellschaft ausgewirkt.“[83] Selbst unter schweren gesellschaftlichen Diskriminierungen haben heilige Frauen, durch ihre Verbundenheit mit Christus gestärkt, „frei“ gehandelt. Aus einer ähnlichen Verbundenheit und in Gott verwurzelten Freiheit erklären sich z. B. das große Wirken der hl. Katharina von Siena im öffentlichen Leben der Kirche und der hl. Theresia von Avila im kontemplativen Ordensleben.[84] Auch in unseren Tagen wird – so Johannes Paul II. – die Kirche durch das Zeugnis zahlreicher Frauen bereichert, die ihre Berufung zur Heiligkeit verwirklichen. „Heiligmäßige Frauen sind eine Verkörperung des weiblichen Ideals; sie sind aber auch ein Vorbild für alle

82 Mary Ward (1585–1645), die Gründerin der „Englischen Fräulein“ (heute: *Congregatio Jesu*), wollte, dass ihre Mitschwestern nicht in klösterlicher Abgeschiedenheit, sondern nach der entsprechend angepassten Regel des Ignatius von Loyola leben. Sie begegnete deshalb vielen Widerständen – nicht zuletzt aus den Reihen der Jesuiten selbst. Mary Ward hat nicht aufgegeben; aber erst mehr als 50 Jahre nach ihrem Tod wurde der Orden kirchlich anerkannt. Inzwischen ist die Seligsprechung Mary Wards nähergerückt (vgl. W. Kasper, Katholische Kirche [Anm. 1], 314).

83 *Mulieris dignitatem*, Nr. 27. – Vgl. auch Anton Rauscher (Hg.), Die Frau in Gesellschaft und Kirche. Analysen und Perspektiven, (Soziale Ordnung, 4), Berlin 1986.

84 Vgl. auch Benedikt XVI., Heilige und Selige. Große Frauengestalten des Mittelalters. Mit einem Vorwort von Joachim Kardinal Meisner, Illertissen 2011.

Christen, ein Vorbild der ‚Nachfolge Christi', ein Beispiel dafür, wie die Braut die Liebe des Bräutigams in Liebe erwidern soll."[85]

7. Die Würde der Frau und die „Ordnung der Liebe"

Christus schenkt dem Menschen „Licht und Kraft durch seinen Geist, damit er seiner höchsten Berufung nachkommen kann".[86] Der besondere Hinweis auf die Würde der Frau und ihre Berufung in unserer heutigen Zeit kann und muss – so Papst Johannes Paul II. – in dem „Licht" und mit der „Kraft" aufgenommen werden, die der Geist Christi dem Menschen schenkt – auch dem Menschen unserer von vielfältigen Wandlungen geprägten Zeit. Die Kirche bekennt, dass „allen Wandlungen vieles Unwandelbare zugrunde liegt, was seinen letzten Grund in Christus hat, der derselbe ist gestern, heute und in Ewigkeit."[87] Mit diesen Worten weist die Pastoralkonstitution über die Kirche in der Welt von heute den Weg, der einzuschlagen ist, wenn wir uns den Aufgaben bezüglich der Würde der Frau und ihrer Berufung vor dem Hintergrund der für unsere Zeit bedeutsamen Veränderungen stellen. Wir können uns – so Johannes Paul II. – mit diesen Wandlungen nur dann auf korrekte und angemessene Weise

85 *Mulieris dignitatem*, Nr. 27. – Stephan Baier (Die Frau, die mehr als hundert Kinder taufte, in: Die Tagespost Nr. 112 / 20.09.2014, 5) berichtet – anlässlich des Besuches von Papst Franziskus in Albanien – über die 84-jährige albanische Ordensfrau Maria Kaletta: Im kommunistischen Albanien wurde jede Form von Religionsausübung schwer bestraft. Als die Kommunisten 1946 ihr Kloster schlossen, musste die Franziskanerin Maria Kaletta ihr Ordensgewand ablegen; aber von ihrer Berufung ließ sie nicht. Sie arbeitete in einer Kolchose; die Leute dort wussten um ihren religiösen Weg. Sie hat die Kinder getauft, die katholische Eltern mit der Bitte um die Taufe zu ihr brachten. „Der Heldenmut der Schwester sprach sich unter den Gläubigen rasch herum." Dass Maria Kaletta in einem Land, in dem Gläubige für geringere „Vergehen" inhaftiert, gefoltert und sogar hingerichtet wurden, nichts Schlimmeres passierte, „grenzt an ein Wunder".

86 Zweites Vatikanisches Konzil, Pastoralkonstitution über die Kirche in der Welt von heute *Gaudium et spes*, Nr. 10.

87 Ebd.

auseinandersetzen, wenn wir auf den Grund zurückgehen, der in Christus gegeben ist, zu jenen Wahrheiten und „unwandelbaren“ Werten, deren „treuer Zeuge“ (vgl. Offb 1,5) und Meister er selbst ist. Eine andere Vorgehensweise würde zu zweifelhaften oder sogar falschen Ergebnissen führen.

Der „bedeutsame“ Vergleich des Epheserbriefes, der die Wahrheit der Ehe als Sakrament des „Anfangs“ benennt, lässt vollkommen klar werden, was für die Würde der Frau sowohl in den Augen Gottes, des Schöpfers und Erlösers, als auch in den Augen des Menschen, des Mannes und der Frau, entscheidend ist. Auf der Grundlage des ewigen Planes Gottes ist „die Frau diejenige, in der die Ordnung der Liebe in der geschaffenen Welt der Personen das Erdreich für ihr erstes Wurzelfassen findet.“[88] Die „Ordnung der Liebe“ gehört zum Leben des dreifaltigen Gottes.[89] Im inneren Leben Gottes ist der Heilige Geist die personhafte Verkörperung der Liebe. Durch den Geist, die ungeschaffene Gabe, wird die Liebe zu einer Gabe für alle geschaffenen Personen. Die Liebe, die von Gott stammt, teilt sich den Geschöpfen mit. Die Berufung der Frau zur Existenz neben dem Mann in der „Einheit der zwei“ bietet in der Welt der Geschöpfe besondere Voraussetzungen, damit „die Liebe Gottes ausgegossen wird in die Herzen“ (vgl. Röm 5,5) der nach seinem Bild geschaffenen Wesen. Wenn der Epheserbrief Christus „Bräutigam“ und die Kirche „Braut“ nennt, bestätigt er mit dieser Analogie indirekt die Wahrheit über die Frau als Braut. Der Bräutigam ist der Liebende; die Braut empfängt die Liebe, um ihrerseits zu lieben.

Der im Licht der bräutlichen Symbolik neu gelesene Abschnitt des Buches Genesis lässt uns eine Wahrheit erkennen, die für die Frage nach der Würde der Frau und ihrer Berufung entscheidend ist:

88 *Mulieris dignitatem*, Nr. 29.

89 Zur Ehe als Abbild des dreifaltigen Gottes vgl. Karl Josef Wallner, Sinn und Glück im Glauben. Gedanken zur christlichen Spiritualität, Illertissen ^{2}2008, 130: In der Ehe verwirklicht sich diese „Einheit aus Verschiedenen im Füreinander“. – Zum Thema „Trinität als ewiges Ereignis des Liebens“ vgl. ders., Wie ist Gott? Die Antwort des christlichen Glaubens, Illertissen 2010, 226–230.

Die Würde der Frau wird von der „Ordnung der Liebe“ bestimmt, die im Wesentlichen eine Ordnung von Gerechtigkeit und Nächstenliebe ist.[90] Die Liebe ist ein ontologisches (seinsmäßiges) und ein ethisches Bedürfnis der Person. „Die Person muss geliebt werden; denn allein die Liebe entspricht dem, was eine Person ist.“[91] So erklärt sich das bereits im Alten Testament bekannte Liebesgebot, das Christus in den Mittelpunkt des evangelischen Ethos stellt. Ohne Anwendung dieser Ordnung und dieses Vorrangs ist eine vollständige Antwort auf die Frage nach der Würde und Berufung der Frau nicht möglich. Wenn wir sagen, die Frau empfängt Liebe, um ihrerseits zu lieben, ist nicht nur und vor allem die der Ehe eigene bräutliche Beziehung gemeint. Vielmehr ist damit etwas Universaleres gemeint, das sich auf die Tatsache des Frauseins in den interpersonalen Beziehungen gründet, die dem Zusammenleben und -wirken der Personen, von Männern und Frauen, die „verschiedenste Gestalt“ verleihen. Der Epheserbrief lässt uns an eine Art von besonderem „Prophetentum“ der Frau – in ihrer Fraulichkeit – denken. Die Analogie des Bräutigams und der Braut spricht von der Liebe, mit der jeder Mensch von Gott in Christus geliebt wird. Doch im Rahmen der biblischen Analogie und aufgrund der inneren Logik des Textes ist es „gerade die Frau“, die diese Wahrheit allen offenbar macht: die Braut. Dieses „prophetische“ Merkmal der Frau in ihrer Fraulichkeit findet seinen „erhabensten Ausdruck“ in der Jungfrau und Gottesmutter.

Die Würde der Frau ist eng verbunden mit der Liebe, die sie gerade in ihrer Fraulichkeit empfängt und ihrerseits schenkt. So wird die Wahrheit über die menschliche Person und über die Liebe bestätigt. Die Frau kann sich – wie der Mann – nicht selbst finden, wenn sie nicht den anderen ihre Liebe schenkt. Dieselbe „Frau“, die zum biblischen „Urbild“ wird, hat auch in der von der Offenbarung des Johannes zum Ausdruck gebrachten eschatologischen Perspektive der Welt und des Menschen ihren Platz (vgl. Offb 12,1ff). Wenn wir in diesem Text einen Widerschein des Kindheitsevangeliums sehen

90 Vgl. dazu Augustinus, *De trinitate* Buch VIII, VII,10 – X,14 (CCL 50, 284–291).

91 *Mulieris dignitatem*, Nr. 29.

(vgl. Mt 2,13.16), wird deutlich, dass zum biblischen „Urbild“ der Frau vom Beginn der Geschichte bis zu ihrem Ende „der Kampf gegen das Böse und den Bösen in Person“ gehört. Dies ist auch ein Kampf um den Menschen, um sein wahres Wohl, um sein Heil. Will uns die Bibel damit nicht sagen, dass die Geschichte gerade in der Frau – in Eva und Maria – einen dramatischen Kampf um jeden Menschen verzeichnet? Den Kampf um sein grundlegendes „Ja“ oder „Nein“ zu Gott und zu seinem ewigen Plan für den Menschen?

Wenn die Würde der Frau von der Liebe zeugt, die sie empfängt, um ihrerseits zu lieben, scheint das biblische „Urbild“ der Frau auch die rechte „Ordnung der Liebe“ zu enthüllen, welche die eigentliche Berufung der Frau darstellt. „Es handelt sich hier um die Berufung in ihrer fundamentalen und geradezu universalen Bedeutung, die dann konkrete Gestalt annimmt und in den vielfältigen ‚Berufungen‘ der Frau in Kirche und Welt zum Ausdruck kommt.“[92] Die moralische und die geistige Kraft der Frau verbinden sich mit dem Bewusstsein, dass Gott „ihr in einer besonderen Weise den Menschen anvertraut“. Natürlich vertraut Gott jeden Menschen allen und jedem einzelnen an. Doch dieses Anvertrauen betrifft in besonderer Weise die Frau – wegen ihrer Fraulichkeit. Die aus diesem Bewusstsein und diesem Anvertrauen geschöpfte moralische Kraft der Frau findet in zahlreichen Frauengestalten – seit den Zeiten des Alten Testaments bis herauf in unsere Tage – ihren Ausdruck. Die Frau ist stark im Bewusstsein der ihr anvertrauten Aufgabe, stark, weil Gott „ihr den Menschen anvertraut“, immer und überall, auch unter den Bedingungen gesellschaftlicher Diskriminierung, unter der sie vielleicht leben muss. Diese Berufung erinnert die Frau an die Würde, die sie von Gott selbst empfängt; das macht sie „stark“ und festigt ihre Berufung. So wird die „tüchtige Frau“ (vgl. Spr 31,10) zu einer unersetzlichen Stütze und einer Quelle geistiger Kraft für die anderen. Diesen „tüchtigen Frauen“ haben ihre Familien und oft ganze Nationen viel zu verdanken.

In unserer Zeit ermöglichen die Errungenschaften von Wissenschaft und Technik einen materiellen Wohlstand in bisher unge-

92 Ebd., Nr. 30.

ahntem Ausmaß, der einige begünstigt, andere aber an den Rand drängt. So kann dieser „einseitige Fortschritt“ auch schrittweise zu einem Verlust der Sensibilität für den Menschen, für das eigentlich Menschliche, führen. Unsere Zeit erwartet – so Johannes Paul II. –, dass jener „Genius“ der Frau zutage trete, der die Sensibilität für den Menschen, eben weil er Mensch ist, „unter allen Umständen sicherstellt“ und so bezeugt: „am größten […] ist die Liebe“ (1 Kor 13,13). Ein aufmerksames Bedenken des biblischen „Urbildes“ der Frau bestätigt, worin Würde und Berufung der Frau bestehen und was an ihnen „unwandelbar und immer aktuell“ ist.[93] Wenn der Mensch von

93 Johannes Paul II. hat – so Sara Butler (Erlöste Beziehungen, in: L’Osservatore Romano. Wochenausgabe in deutscher Sprache Nr. 36 / 05.09.2014, 11f, hier 11) – das Verständnis der Komplementarität der Geschlechter, das in der christlichen Offenbarung enthalten ist, „geklärt und weitergebracht“. Butler erwartet allerdings, sich auch über den „Genius“ des Mannes Klarheit zu verschaffen. Worin besteht der spezifisch männliche Beitrag? „Wenn das Lehramt bekräftigen will, dass die Komplementarität der Geschlechter etwas grundlegend Positives sei, wenn also Männer und Frauen jeweils einen in bestimmter Hinsicht besonderen Beitrag leisten müssen, dann ist es erforderlich, dass eine Antwort auf diese Frage erteilt wird. […] Wenn die Vordenkerinnen des Feminismus das ‚positiv Weibliche‘ dem ‚negativen Männlichen‘ gegenüberstellen, dann liegt die Abhilfe dafür in einer wie auch immer gearteten Ausformulierung des ‚positiv Männlichen‘. Wenn die Kirche sich als unfähig erweist, eine positive Definition des Mann-Seins und der Männlichkeit zu geben, dann darf man sich nicht darüber wundern, wenn wir weiterhin ambivalente Gefühle hegen im Hinblick auf die Vaterschaft Gottes, auf die theologische Bedeutung dessen, dass Jesus ein Mann war, und auf die Tatsache, dass Gott das Priestertum den Männern vorbehalten hat“ (ebd., 12). Das Beispiel Christi, eines Mannes, der sich selbst entäußert im Gehorsam bis zum Tod am Kreuz, der sich selbst in liebevollem Dienen ganz der sündigen Menschheit schenkt, „verkehrt alle Muster patriarchalischer Herrschaft. Wir sehen in ihm die Verwirklichung der Berufung eines jeden Menschen, die sich über das Geschenk des Ich an den Letzten, letztendlich aber an Gott, erfüllen muss. Dieses zutiefst gegen die Kultur gehende Beispiel eines dienenden Jesus spiegelt sich wider im Bild Marias, die aus freier Entscheidung zugestimmt hat, die Magd des Herrn zu sein, indem sie ihrem Sohn einen menschlichen Leib geschenkt und ihn bis ans Kreuz begleitet hat. Unser Glaube zeigt uns dieses Bild ‚erlöster‘ Beziehungen zwischen den Geschlechtern“ (ebd.).

Gott „in besonderer Weise“ der Frau anvertraut ist, dann erwartet Christus von ihr die Verwirklichung jenes „königlichen Priestertums“ (1 Petr 2,9), die Verwirklichung jenes Reichtums, den er den Menschen zum Geschenk gemacht hat. Christus, der oberste und einzige Priester des Neuen Bundes und Bräutigam der Kirche, hört nicht auf, dem Vater dieses Erbe im Heiligen Geist darzubringen, damit Gott „alles in allem“ (1 Kor 15,28) sei. Dann wird sich die Wahrheit, dass „die Liebe am größten“ ist, endgültig erfüllen.

8. Abschließende Bemerkungen

Jesus führt mit der Samariterin am Jakobsbrunnen eines „jener wunderbaren Gespräche, die beweisen, wie viel Achtung er der Würde jeder Frau und ihrer Berufung, die ihr die Teilnahme an seiner messianischen Sendung erlaubt, entgegenbringt.“[94] In seinem Apostolischen Schreiben *Mulieris dignitatem* ist Papst Johannes Paul II. der Frage nachgegangen, was Gott als Schöpfer und Erlöser „jeder Frau anvertraut“. Im Heiligen Geist kann jede Frau die Bedeutung ihres Frauseins entdecken, sich auf diese Weise für ihre eigene „aufrichtige Hingabe“ an die anderen bereit machen „und so auch sich selbst finden“.[95] Die Kirche möchte Gott für das „Geheimnis der Frau“ und für jede einzelne Frau Dank sagen – „für das, was das ewige Maß ihrer weiblichen Würde ausmacht, für ‚Gottes große Taten‘, die im Verlauf der Generationen von Menschen in ihr und durch sie geschehen sind.“[96]

94 *Mulieris dignitatem*, Nr. 31.

95 Verwiesen sei auch auf Claudia Auffenberg (Hg.), Frau, dein Glaube ist groß. Wie Frauen der Kirche die Dinge sehen, Paderborn 2013.

96 *Mulieris dignitatem*, Nr. 31. – Häufig wird – so Johannes Paul II. in seinem „Brief an die Frauen“ (1995; siehe oben Anm. 23) – der Fortschritt nach wissenschaftlichen und technischen Kategorien bewertet. Die wichtigste Dimension des Fortschritts ist aber die ethisch-soziale Dimension, die die menschlichen Beziehungen und die Werte des Geistes betrifft. Was diese Dimension betrifft, „die sich, angefangen von den Alltagsbeziehungen zwischen den Personen, besonders innerhalb der Familie, oft ohne alles Auf-

Die Kirche sagt – so Johannes Paul II. – Dank für jede einzelne Frau: für die Mütter, die Schwestern, die Ehefrauen; für die Frauen, die sich in der Jungfräulichkeit Gott geweiht haben; für die Frauen, die sich all jenen Menschen widmen, die die selbstlose Liebe eines anderen Menschen erwarten; für die Frauen, die in ihrer Familie – dem „grundlegenden Zeichen menschlicher Gemeinschaft“ – über das menschliche Dasein wachen; für die Frauen, die berufstätig sind und oft schwere soziale Verantwortung zu tragen haben; für die „tüchtigen“ und für die „schwachen“ Frauen – für alle:

> „so wie sie aus dem Herzen Gottes in der ganzen Schönheit und im vollen Reichtum ihres Frauseins hervorgegangen sind; wie sie von seiner ewigen Liebe umfangen werden; wie sie, zusammen mit dem Mann, Pilgerinnen auf dieser Erde sind [...]; wie sie, zusammen mit dem Mann, eine *gemeinsame Verantwortung übernehmen für das Geschick der Menschheit*, was die täglichen Bedürfnisse betrifft, wie auch hinsichtlich jener endgültigen Bestimmung, welche die Menschheitsfamilie in Gott selber [...] besitzt.“[97]

sehen, entfaltet, ist die Gesellschaft dem *‚Genius der Frau‘* gegenüber in weiten Teilen Schuldnerin“ (ebd., Nr. 9). Johannes Paul II. dankt besonders den Frauen, die in den verschiedenen Bereichen der Erziehungsarbeit tätig sind (Familie, Kindergärten, Schulen, Universitäten, Fürsorgeeinrichtungen, Pfarreien, Vereine, Bewegungen). Gerade im Bereich der Erziehungs- und Bildungsarbeit kann man „die enorme Bereitschaft der Frauen feststellen, sich in den menschlichen Beziehungen zu verausgaben, besonders für die Schwächsten und Schutzlosesten. Bei dieser Arbeit verwirklichen sie so etwas wie eine *gefühlsmäßige, kulturelle und geistige Mutterschaft*, die wegen ihrer Wirkung auf die Entwicklung der Person und die Zukunft der Gesellschaft von wahrhaft unschätzbarem Wert ist“ (ebd.). Es ist – so der heilige Papst Johannes Paul II. – wichtig, „nicht nur die großen und berühmten Frauen der Vergangenheit oder unserer Zeit“ zu berücksichtigen, sondern auch die „*einfachen* Frauen, die ihr Talent als Frau in der Normalität des Alltags im Dienst an den anderen zum Ausdruck bringen“ (ebd., Nr. 12).

97 *Mulieris dignitatem*, Nr. 31.

Die Kirche sagt Dank für alle Äußerungen der weiblichen „Begabung", die sich im Laufe der Geschichte bei allen Völkern gezeigt haben; sie sagt Dank für alle Gnadengaben, mit denen der Heilige Geist die Frauen in der Geschichte des Gottesvolkes beschenkt,[98] für alle Siege, die sie dem Glauben, der Hoffnung und der Liebe von Frauen verdankt, für alle Früchte fraulicher Heiligkeit. Während die Kirche das biblische Geheimnis der Frau betrachtet, betet sie darum, dass alle Frauen in diesem Geheimnis sich selbst und ihre „höchste Berufung" finden.[99]

98 Vgl. auch Gerhard Dautzenberg u. a. (Hg.), Die Frauen im Urchristentum, (QD, 95), Freiburg 1983; Norbert Ohler (Hg.), Frauen im Leben der Kirche. Quellen und Zeugnisse aus 2000 Jahren Kirchengeschichte, Münster 2014 und Michaela Sohn-Kronthaler / Andreas Sohn, Frauen im kirchlichen Leben. Vom 19. Jahrhundert bis heute, Innsbruck 2008.

99 Vgl. *Mulieris dignitatem*, Nr. 31.

Maria – Heimat gottgeweihten Lebens

„Den Segnenden tragend, selbst zum Segen geworden“ (Benedikt XVI.)

María Luisa Öfele

1. Einführung

Bei seinem Besuch in der bayerischen Heimat im Jahr 2006 richtete Papst Benedikt XVI. an der Mariensäule in München ein Gebet an die Gottesmutter. Tief bewegt stand er am 9. September 2006 wieder an dem Ort, der zweimal einen entscheidenden Wendepunkt in seinem Leben markiert hatte: zu Füßen der Mariensäule.[1] An

1 „Es ist für mich sehr bewegend, wieder auf diesem wunderschönen Platz zu Füßen der Mariensäule zu stehen, an einem Ort – es ist schon gesagt worden –, der für mich zweimal Zeuge entscheidender Wendepunkte in meinem Leben war. Hier haben mich – es wurde erzählt – vor dreißig Jahren die Gläubigen mit großer Herzlichkeit aufgenommen, und ich habe der Muttergottes den Weg anvertraut, den ich nun zu gehen hatte, denn der Sprung vom Professorenstuhl auf den Dienst des Erzbischofs von München und Freising war gewaltig, und nur unter einem solchen Schutz und mit der spürbaren Liebe der Münchener und der Bayern konnte ich es wagen, diesen Dienst in der Nachfolge von Kardinal Döpfner zu übernehmen. Dann war es eben wieder so 1982: Hier habe ich Abschied genommen, und damals war der Erzbischof der Glaubenskongregation, der spätere Kardinal Hamer, dabei und sagte: Die Münchener sind wie Neapolitaner, sie wollen den Erzbischof anrühren und haben ihn gern. Es hat ihn förmlich verwundert, so viel Herzlichkeit hier in München zu sehen, das bayerische Herz an diesem Ort kennenlernen zu dürfen, an dem ich mich noch einmal der Muttergottes anvertraut habe“ (Ansprache des Heiligen Vaters, in: Apos-

diesem Ort erflehte er die Fürsprache und den Segen der *Immaculata*, nicht nur für die Stadt München und auch nicht nur für das liebe Bayernland, wie er sagte, sondern für die Kirche der ganzen Welt und für alle Menschen guten Willens.[2] Gegen Ende dieses Gebetes zu Füßen der Patrona Bavariae wandte sich Papst Benedikt XVI. an die Gottesmutter mit den Worten: „Du trägst Jesus auf deinen Armen, das segnende Kind, das doch der Herr der Welt ist. So bist du, den Segnenden tragend, selbst zum Segen geworden."[3] Als der Papst zwei Tage später Altötting besuchte, erklärte er in der Predigt der Heiligen Messe die Aufgabe Marias und der Sinn der Anrufung der Gottesmutter. Vor mehr als 60 000 Gläubigen feierte der Papst auf dem Platz die Heilige Messe und sagte bei der Begrüßung in freier Rede: „Daheim sind wir bei der Mutter des Herrn, daheim sind wir bei Maria".[4] Damit drückte er den Kern seiner Botschaft in Altötting aus.

Sowohl das Gebet an der Mariensäule als auch die frei gesprochenen Begrüßungsworte in Altötting haben mich seither immer wieder im Zusammenhang mit unterschiedlichen Erfahrungen beschäftigt. Ich meine, dass sie zusammengehören. Maria ist doch die vom Vater selbst auserwählte Heimat des Gottessohnes, die Bundeslade Gottes, der erste Tabernakel, in dem wir das segnende Kind, den Herrn der Welt, anbeten. Das Wort Gottes hat in Maria Fleisch angenommen, und Maria wird dadurch zum Segen für die Welt. In ihr treffen sich Himmel und Erde in der Anbetung des göttlichen Sohnes.

Wir leben in einer Zeit, in der unzählige Menschen auf vielen Teilen unserer Erde auf der Flucht sind. Sie werden gezwungen, ihre räumliche Heimat zu verlassen; aufgrund ihres Glaubens sind

tolische Reise Seiner Heiligkeit Papst Benedikt XVI. nach München, Altötting und Regensburg 9. bis 14. September 2006. Predigten, Ansprachen und Grußworte, (VApS 174), hg. vom Sekretariat der Deutschen Bischofskonferenz, Bonn 2006, 30–33, hier 30f. – Vgl. auch: http://w2.vatican.va/content/benedict-xvi/de/speeches/2006/september/documents/hf_ben-xvi_spe_20060909_speech-mariensaeule.html

2 Vgl. ebd.

3 Gebet an der Mariensäule, in: Apostolische Reise (Anm. 1), 33f, hier 34.

4 http://kath.net/news/14647

sie Opfer von maßloser Gewalt und Terror geworden und erleiden Ausgrenzungen bis hin zum Martyrium. Für viele Kinder, Jugendliche und Erwachsene schenkt die Familie als erste Hauskirche keine Heimat mehr. In solche Erfahrungen treffen heute die Worte des emeritierten Papstes Benedikt XVI. ins Herz: in Vereinsamung, Trostlosigkeit, Zerrissenheit und Not; sie schenken wieder neue Hoffnung, wo es keine Hoffnung mehr zu geben scheint.

> „Wo immer Maria ist, da ist auch Jesus. Wer sein Herz der Mutter öffnet, begegnet dem Sohn und nimmt ihn auf und wird erfüllt von seiner Freude. Nie trübt oder mindert die wahre Marienverehrung den Glauben an unseren Erlöser Jesus Christus und die Liebe zu ihm, dem einzigen Mittler zwischen Gott und den Menschen. Im Gegenteil, die vertrauensvolle Hingabe an die Muttergottes ist der beste, von zahlreichen Heiligen erprobte Weg einer treueren Nachfolge des Herrn. Vertrauen wir uns ihr also in kindlicher Ergebenheit an!“[5]

Maria ist durch ihre Erwählung als Mutter des Erlösers ihrem Sohn innerlicher als wir selbst. Mit Leib und Seele ist sie zum Zelt des Wortes Gottes geworden, ganz durchdrungen von ihm.

Diejenigen, die durch die Befolgung der evangelischen Räte in besonderer Weise mit der Kirche und ihrem Geheimnis verbunden sind,[6] finden in der *Immaculata*, jene Mutter, die den Segnenden trägt und zum Segen für uns geworden ist, die Heimat in Gott schlechthin. Mit ihr, in ihr und durch sie lassen sich Berufung und Sendung sowohl für die Kirche als auch für jeden Einzelnen ablesen, ganz persönlich. In ihr können wir in die Schule der Nachfolge Jesu gehen: in allen Lebensphasen, die menschliches Leben durchlaufen und durchleiden kann. Dieser Weg zeichnet sich ab von der Verkündigung

5 Benedikt XVI., Ansprache beim Abschluss des Marienmonats Mai, 31. Mai 2006. http://w2.vatican.va/content/benedict-xvi/de/speeches/2006/may/documents/hf_ben-xvi_spe_20060531_mese-mariano.html

6 Vgl. Dogmatische Konstitution über die Kirche *Lumen Gentium* (LG), Nr. 44.

Mariens, vom persönlichen *Fiat* einer jeden gottgeweihten Person bis hin zum Kreuz und bis zum Tod.

> „Jesus Christus hat im Moment der äußersten Hingabe seines Lebens am Kreuz nichts für sich selbst behalten wollen, und indem er sein Leben hingab, übergab er uns auch seine Mutter. Er sagte zu Maria: Siehe, dein Sohn, siehe, deine Kinder. Und wir wollen sie in unsere Häuser aufnehmen, in unsere Familien, in unsere Gemeinschaften, in unsere Völker. Wir wollen ihrem mütterlichen Blick begegnen. Dieser Blick, der uns von der Verwaisung befreit; dieser Blick, der uns daran erinnert, dass wir Brüder und Schwestern sind: dass ich zu dir gehöre, dass du zu mir gehörst, dass wir „ein Fleisch und Blut" sind. Dieser Blick, der uns lehrt, dass wir lernen müssen, das Leben auf die gleiche Weise und mit derselben Zärtlichkeit zu umsorgen, mit der sie es umsorgt hat: indem wir Hoffnung säen, Zugehörigkeit säen und Brüderlichkeit säen."[7]

Im Sterben der einzelnen Person, im Sterben ganzer Gemeinschaften geht die letzte Wegstrecke zur Vollendung und zur Vereinigung mit Christus auf die Auferstehung zu. Hier kommt das persönliche *Fiat* jeder gottgeweihten Person, aber auch jedes Ehepartners und jedes Christgläubigen zum ewigen *„Freue dich!"* Denn „unsere Heimat ist im Himmel" (vgl. Phil 3,20).

In den folgenden Abschnitten soll ein Weg aufgezeigt werden, auf dem ansatzweise die Heimat in Maria für das gottgeweihte Leben aufstrahlt. Ausgehend von einigen Versen des Evangeliums der Verkündigung und der Begegnung Jesu mit Maria am Kreuz (nach dem Evangelisten Johannes) sollen die Worte Benedikts XVI. an der Mariensäule in München und in Altötting vertieft werden. Dieser Versuch wäre mit Verweis auf weitere Perikopen der Heiligen Schrift fortzusetzen; doch dies würde den Rahmen meines Beitrags sprengen.

7 Papst Franziskus, Homilie am Hochfest der Gottesmutter Maria, 1. Januar 2017: http://w2.vatican.va/content/francesco/de/homilies/2017/documents/papa-francesco_20170101_omelia-giornata-mondiale-pace.html

2. Anmerkungen zum Heimatbegriff

Der Begriff Heimat ist ein vielschichtiger Begriff, der weder einheitlich definiert noch in andere Sprachen in allen Dimensionen übersetzt und in ihnen erfasst werden kann. Der geistes- und kulturgeschichtliche Horizont jeder Epoche ist für die Bedeutungsgeschichte des Wortes „Heimat" aufschlussreich. Insofern stoßen wir auf eine Vielfalt unterschiedlicher Deutungsangebote, die immer wieder einen Wandel im Verständnis des Heimatbegriffs zum Ausdruck bringt.[8] Bis ins 19. Jahrhundert eignet dem Begriff Heimat eine juristische und geographische Bedeutung; er verweist auf das Land oder den Landstrich, in dem man geboren ist oder dauerhaft gewohnt hat. Mit dem Geburtsort war aber noch kein Aufenthalts- oder Bleiberecht garantiert. Unter gewissen Umständen kann auch heute in verschiedenen Ländern Heimatrecht erworben werden (z. B. nach langem Aufenthalt im besagten Land, bei Beherrschung der Landessprache usw.).

Die Beschäftigung mit Heimat hat wieder Konjunktur. Heimatmuseen und Heimatfilme, heimatliche Musik und Bräuche, die mit dem Begriff assoziiert werden – auch im religiösen Bereich –, stehen im Zeitalter der Globalisierung und Digitalisierung dem Bedürfnis nach Heimat nicht entgegen. In vielen Zeitschriften werden Speisen, Wohnungseinrichtungen und eine Lebensweise suggeriert, die eher nostalgische Gefühle auslösen, als dass sie zur Identität des Menschen und zu seiner heimatlichen Verwurzelung beitragen. Letzteres ist darin auch gar nicht beabsichtigt. Dennoch gehören Heimat und Identität zusammen; nur in dieser Verbindung können Menschen und Gemeinschaften reifen und sich entfalten. Eine Selbstentfremdung im Bedürfnis nach Heimat kann bei einem Menschen auch dann eintreten, wenn er im eigenen Land bleibt; eine erzwungene oder freiwillige Ausreise in ein anderes Land ist nicht unbedingt die

8 Vgl. Karen Joisten, Der Mensch als Heim-weg. Und der Prozess des Verheimens. Ein kleiner Streifzug durch heimatliche Gefilde, in: Hans-Gert Pöttering / Joachim Klose (Hg.), Wir sind Heimat. Annäherungen an einen schwierigen Begriff, Dresden 2012, 2.

Voraussetzung dafür.[9] Dennoch gibt es die Erfahrung, dass sich Heimatgefühle erst fernab der Heimat herausbilden. Im Nachhinein stellt man Assoziationen fest, die vorher nicht in dieser Intensität bewusst waren. Für die einen ist Heimat der Ort, wo sie herkommen; für die anderen ist es der Ort, wo sie hingehen. Die Bindung an die Heimat ist heutzutage bei vielen in sehr unterschiedlicher Weise ausgeprägt. Oft ist Heimat – so könnte man sagen – ein Beziehungsbegriff. Er beinhaltet eine räumliche und zeitliche Dimension, eine soziale und kulturelle Dimension und nicht zuletzt auch eine religiöse Dimension. Der Prozess des Heimat-Findens, des Heimisch-Werdens lässt auf ein Bezugssystem des Menschen schließen. Dieses Heimat-Raum-Bezugssystem, welches Familie, der eigene Körper, Freunde, Nachbarschaft, ein Stadtteil, das Dorf, die Region, die Nation oder der Erdteil, das Kloster bzw. die Kirche sein können, hängt von biographischen und historischen Bedingungen ab.[10] Heimat beruht auf dem Gestaltungsrecht des Menschen. Dieses Recht kann in verschiedenen Lebensphasen und Lebensbereichen erneuert bzw. an neue Gegebenheiten angepasst werden.

> „Aufgrund der Vielzahl der kleinen Heimatsetzungen ist Heimat bereits entstanden, sie steht aber dennoch immer noch aus, da die Bewegung erst mit dem Tod des Menschen ihr Ende findet und bis zu diesem Zeitpunkt weitergehen kann. Dieser Prozess, innerhalb dessen sich der Mensch vertieft, ist zugleich ein Prozess des zunehmenden Heimisch-Werdens im Unterwegssein, den man als den des Verheimens bezeichnen könnte. Heimat ist daher eine lebenslange unermüdliche Aufgabe für den Menschen, der in kleinen Heimatsetzungen seine Doppelstruktur zu verwirklichen versucht."[11]

9 Vgl. Arnold Schmieder, Anmerkungen zum Heimatbegriff, in: Wilfried Belschner u. a. (Hg.), Wem gehört Heimat? Beiträge der politischen Psychologie zu einem umstrittenen Phänomen, Wiesbaden 1995, 145.

10 Vgl. Wilfried Belschner u. a. (Hg.), Wem gehört Heimat? (Anm. 9), 95–97.

11 Karen Joisten, Der Mensch als Heim-weg. Und der Prozess des Verheimens. Ein kleiner Streifzug durch heimatliche Gefilde, in: Hans-Gert Pöt-

In diesem Prozess kommt es auch darauf an, zu einer gelingenden Transformation, sozusagen zu einer Umformung zu gelangen. Theologisch gesprochen können wir beispielsweise mit den Worten des Apostel Paulus die tiefste Dimension der Heimat in Gott zum Ausdruck bringen: „Nicht mehr ich lebe, sondern Christus lebt in mir“ (Gal 2,20). Von Christus bewohnt werden, ja von der Heiligsten Dreifaltigkeit selbst, das ist das größte Geschenk, das wir durch die Taufe empfangen haben. Wir sind Tempel des Heiligen Geistes (vgl. 1 Kor 6,19). Die Taufgnade soll sich im Laufe eines Lebens entfalten, Wurzeln schlagen, Frucht bringen. Wie die Gottesmutter sind auch wir durch die Taufe dazu berufen, den Segnenden in uns zu tragen und zum Segen für viele zu werden. Auf diesem Weg werden wir in immer neuen Situationen Heimat finden, heimisch werden, Heimsetzungen vornehmen. Heimat prägt und stiftet Identität – auch im Glauben.

In der Heiligen Schrift ist der Begriff Heimat mit einer ganzen Reihe von Erzählungen verbunden, in denen Menschen aus ihren vertrauten Lebensverhältnissen herausgerufen werden. Durch Gottes Begleitung wird ihnen ein Leben in der Fremde ermöglicht (vgl. Lev 25,17–23). Die Bindung an das Land Kanaan war diesbezüglich für das Volk Israel maßgebend. Das Land der Verheißung (Ex 3,7ff), das für Israel die neue Heimat werden sollte, und der Tempel in Jerusalem bleiben auch im Exil als fester Bezugspunkt lebendig (vgl. Ps 137,1; Dan 6,11). Die biblischen Erzählungen enthalten Bilder und Erfahrungen, mit denen Menschen ihre Lebenserfahrungen zum Ausdruck bringen und das Erlebte auf Gott hin deuten. Heimat ist nach diesen Erfahrungen nicht ein vorgegebener festgelegter Zustand, der sich nicht verändert. Vielmehr handelt es sich um ein Beziehungsgeflecht, in dem in der gegenseitigen Verantwortung füreinander Heimat entwickelt wird, auch wenn der Bund mit JHWH immer wieder gebrochen wird. Der Himmel, das Haus des Vaters, ist die wahre Heimat, nach der wir in der Hoffnung

tering / Joachim Klose (Hg.), Wir sind Heimat. Annäherungen an einen schwierigen Begriff, Dresden 2012, 29.

streben, während wir noch auf Erden sind. „Mit Christus verborgen in Gott“ (Kol 3,3), leben wir bereits im Himmel.

3. „Freue dich, du Begnadete, der Herr ist mit dir“ (Lk 1,28) – Die ewige Zusage Gottes als Beheimatung gottgeweihten Lebens

Im messianischen Freudenruf[12] des Engels bei der Verkündigung (Lk 1,28: „Freue dich!“) klingt das Prophetenwort (Zef 3,14: „Juble, Tochter Zion! Jauchze, Israel! Freu dich, und frohlocke von ganzem Herzen, Tochter Jerusalem!“) wider. Durch diesen Freudenruf wird Maria zur Wohnung Gottes erwählt, zur wahren Tochter Zion, zum Typos des glaubenden Volkes Israel. Ihr *Fiat* ermöglicht erst die Menschwerdung Gottes, die Wohnung Gottes in dieser Welt. Maria, als Ursprung der Kirche, führt uns unumgänglich zu ihrem Sohn, der uns zu seinem Leib gemacht hat.[13]

In der persönlichen Ansprache des Engels an Maria kann ein Widerhall der Berufung zum gottgeweihten Leben erkannt werden. Wie auch immer dieser leise Ruf in der Seele eines Menschen vernommen wird und reift, handelt es sich um eine unverkennbare Einladung, aus verschiedenen Möglichkeiten, die für die Lebensform eines Einzelnen zur Wahl stehen, zu wählen. Der Ruf stammt von Gott, er ergeht persönlich, nicht an ein Kollektiv. Dies kommt schließlich nach einer angemessenen Zeit der Prüfung auch bei der Zulassung zu den verschiedenen Formen gottgeweihten Lebens zum Ausdruck: in den verschiedenen Etappen der Eingliederung (Profess, Versprechen, Weihe). Die Kandidaten werden beim Namen gerufen und nach ihrer Bereitschaft gefragt – so auch die Kandidaten zum Diakonat oder zur Priesterweihe.

12 Innerhalb der Septuaginta wird der Gruß immer dann verwendet, wenn Zion eingeladen wird, den Blick auf die messianische Zukunft zu richten (Joel 2,23; Zef 3,14; Sach 9,9). Vgl. hierzu Karl-Heinz Menke, Fleisch geworden aus Maria. Die Geschichte Israels und der Marienglaube der Kirche, Regensburg 1999, 31f.

13 Vgl. *Lumen Gentium*, Nr. 7.

Mit der Erwählung Marias zur Mutter des Erlösers geht für sie eine weitere Zusage einher: „Der Herr ist mit dir.“ Von aller Ewigkeit her und für alle Ewigkeit ist ihr die Treue des Herrn zugesagt. Maria wird zur Wohnstätte für den Herrn; sie darf *dem* Heimat schenken, der in Gott wohnt, und wird zum Typos[14] der Kirche. Damit verbunden ist das bleibende, dauerhafte Heilshandeln Gottes, welches in seiner Gesamtheit vom Bundesgedanken bestimmt ist. Ausgehend von den Propheten bis hin zur Offenbarung des hl. Johannes wird dies mit dem Bild der Vermählung dargestellt. Diese jungfräulich-bräutlichen, aber auch mütterlichen Wesenselemente der Kirche finden in Maria ihre Erfüllung. Ebenso sind insbesondere seit der frühen Zeit der Kirche die geweihten Jungfrauen[15] dazu berufen, diese Wesenselemente der Kirche zeichenhaft zu repräsentieren. Die Berufung durch Christus, die Berufung zum gottgeweihten Leben eröffnet dem Menschen die Teilnahme am innertrinitarischen Leben und macht aus ihm eine „neue Schöpfung“ (2 Kor 5,17). „Denn in ihm hat er uns erwählt vor der Erschaffung der Welt, damit wir heilig und untadelig leben vor Gott“ (Eph 1,4).

> „Die selige Jungfrau, die von Ewigkeit her zusammen mit der Menschwerdung des göttlichen Wortes als Mutter Gottes vor-

14 Vgl. Karl-Heinz Menke, Fleisch geworden aus Maria. Die Geschichte Israels und der Marienglaube der Kirche, Regensburg 1999, 24–28.

15 Die geweihten Jungfrauen, die gemäß dem approbierten liturgischen Ritus durch den Diözesanbischof in der Diözese aufgenommen werden, bilden eine ständige Form des geweihten Lebens in der Kirche, den Stand der geweihten Jungfrauen (vgl. can. 604 CIC). Die Jungfrauenweihe begründet eine ekklesiale Zeichenexistenz, da die Kirche selbst in erster Linie Jungfrau *(virgo)* und Braut *(sponsa)* ist. Dieser bräutliche Aspekt hat ein biblisch-theologisches Fundament, das in den alttestamentlichen Schriften der Propheten bis hin zur Offenbarung des hl. Johannes gründet. Hierbei geht es im Bild der Liebe von Bräutigam und Braut um die Liebe Gottes zu seinem Volk sowie um die Liebe Christi zu seiner Kirche. Die geweihte Jungfrau ist dazu berufen, ein eschatologisches Zeichen zwischen der Kirche und Christus zu sein, jener Hoffnung auf Ewigkeit, durch die sie die säkulare Wirklichkeit mitten in der Welt mit ungeteilter Liebe zu Christus bejaht.

> herbestimmt wurde, war nach dem Ratschluss der göttlichen Vorsehung hier auf Erden die erhabene Mutter des göttlichen Erlösers, in einzigartiger Weise vor anderen seine großmütige Gefährtin und die demütige Magd des Herrn. Indem sie Christus empfing, gebar und nährte, im Tempel dem Vater darstellte und mit ihrem am Kreuz sterbenden Sohn litt, hat sie beim Werk des Erlösers in durchaus einzigartiger Weise in Gehorsam, Glaube, Hoffnung und brennender Liebe mitgewirkt zur Wiederherstellung des übernatürlichen Lebens der Seelen. Deshalb ist sie uns in der Ordnung der Gnade Mutter.“[16]

Sie ging der Kirche voran, da sie in hervorragender Weise das Urbild sowohl der Jungfrau wie der Mutter darstellt.[17] Auch die ersten Jünger Jesu werden in die Nachfolge des Herrn gerufen, um in seiner Liebe zu bleiben (vgl. Mt 4,18–22; Mk 1,16–20; Lk 5,1–11; Joh 1,35–51; Joh 15,9b). Nicht zuletzt schreibt der Apostel Paulus an die Thessalonicher: „Gott, der euch beruft, ist treu; er wird es tun“ (1 Thess 5,24).

Im Freudenruf des Engels bei der Verkündigung und in der damit verbundenen Verheißung („Gott ist mit dir“) ist auch die freudige Annahme einer Berufung zum gottgeweihten Leben in der Kirche beheimatet und auf Dauer, über den Tod hinaus, ausgerichtet. In dieser Freude darf das gottgeweihte Leben eines Christen mit Maria, in Maria und durch Maria reiche Früchte tragen. Gottgeweihtes Leben bleibt aber immer ein Glaubensakt, dessen Licht auch in dunkler Nacht nicht ganz erlischt, weil der Herr, der beruft, treu ist: „Der Herr ist mit dir“ (Lk 1,28; vgl. auch Ps 23).

16 *Lumen Gentium*, Nr. 61.

17 Vgl. ebd., Nr. 63.

4. „Fürchte dich nicht, Maria; denn du hast bei Gott Gnade gefunden“ (Lk 1,30) – Die Gnade göttlicher Erbarmungen im gottgeweihten Leben

Die Reaktion Marias auf den Gruß des Engels bei der Verkündigung geschieht in drei Momenten. Zunächst erschrak sie darüber und überlegte, was der Gruß zu bedeuten habe. Mit einem solchen außerordentlichen Gruß rechnete sie nicht (vgl. Lk 1,29). Vielleicht ist die Erfahrung so mancher gottgeweihter Person auch mit einer innerlichen Erschütterung oder heiligen Gottesfurcht einhergegangen, weil mit dem Ruf Gottes in eine engere Nachfolge des Sohnes nicht gerechnet wurde. Insofern können wir auch in der Tröstung des Engels an Maria (Lk 1,30: „Fürchte dich nicht“) uns selbst angesprochen wissen und in der Haltung Marias Mut und Zuversicht finden, auch nach vielen Jahren einer gelebten Berufung.

In einem zweiten Moment fragt Maria nach, wie das, was ihr der Engel verkündet hat, geschehen soll (vgl. Lk 1,34), da sie nach jüdischer Tradition schon mit Josef verheiratet war. Maria hat Gnade gefunden bei Gott, weil sie als Begnadete in einer neuen charismatischen Ordnung steht: „Der Heilige Geist wird über dich kommen, und die Kraft des Höchsten wird dich überschatten. Deshalb wird auch das Kind heilig und Sohn Gottes genannt werden“ (Lk 1,35). In der Person Marias ereignet sich die Erfüllung der Hoffnung Israels. In Maria, der Tochter Zions, ist das Symbol für Jerusalem mit allen Verheißungen, die an die Heilige Stadt gebunden sind, lebendig.[18] Maria als die *Immaculata* war vom ersten Augenblick ihrer Empfängnis an nicht nur erlöst, sondern „voll der Gnade“ (Lk 1,28). Dennoch war sie für die Dauer ihres irdischen Lebens nicht vom Schwert des Leidens (vgl. Lk 2,35) befreit. Die Vereinigung mit ihrem göttlichen Sohn musste immer wieder neu errungen werden (vgl. Lk 2,41–52). Schließlich führte sie der Weg bis zu Füßen des Kreuzes ihres Sohnes. Dort wird sie dem geliebten Sohn und uns

18 Vgl. Ernst Josef Fuchs, Maria, frauliches Vorbild christlichen Lebens, Vallendar-Schönstatt 1982, 111.

allen zur Mutter geschenkt (Joh 19,26f). In der Frage „Wie soll das geschehen?“ (Lk 1,34) liegt auch die lebenslange Spannung, in der gottgeweihtes Leben sich vollzieht, nicht nur für den Einzelnen, sondern für ganze Gemeinschaften. Die Herausforderungen, vor denen heute die meisten Gemeinschaften und auch die Kirche stehen, lassen in der Frage Marias die Suche nach dem Willen Gottes laut werden.

In einem dritten Moment spricht Maria ihre bedingungslose Bereitschaft aus, die Magd des Herrn zu sein. Danach verließ sie der Engel (vgl. Lk 1,38). In ihrem *Fiat* finden wir den Höhepunkt ihrer Hingabe an Gott, in dem sich jedes Versprechen, Gelübde und jede Weihe an Gott wiederfinden.

Es gibt keine größere Freude, als bei Gott Gnade und Erbarmen gefunden zu haben, wissend, dass seine Huld ewig währt (vgl. Ps 136). Von diesen Erbarmungen Gottes mit uns Menschen erzählen viele Erfahrungen in der Heiligen Schrift, insbesondere die Psalmen (vgl. Ps 103; 136). Bei Gott Gnade zu finden, heißt so viel wie für die ungeschuldete Liebe Gottes, die er uns im Leben erwiesen hat, dankbar zu sein. Aus diesem ewigen Bund der Liebe, der in der Taufe besiegelt wurde und im gottgeweihten Leben nochmals vertieft wird, kann der Mensch nicht entlassen werden. Wenn menschliches Versagen, Schuld und Sünde diesen Bund zu lösen drohen, bleibt Gottes barmherzige Liebe für jeden offen. Gnade und Barmherzigkeit sind Zeichen der Großmut Gottes mit seinen Geschöpfen. Zwar war Maria von der Erbsünde befreit; dennoch hat auch sie bei Gott Gnade gefunden. Mehr noch, sie war erfüllt von der Gnade Gottes. Von ihr können wir als Christen und im gottgeweihten Leben lernen, auf die empfangene Gnade stets neu zu vertrauen, um uns sozusagen in das Meer der Gnade und des Erbarmens Gottes fallen zu lassen.

> „Von den geweihten Personen ergeht an die Kirche eine überzeugende Einladung, den Primat der Gnade zu bedenken und durch eine hochherzige geistliche Anstrengung zu beantworten. Trotz der weitgreifenden Säkularisationsprozesse spüren die Gläubigen ein gewisses Bedürfnis nach Spiritualität, das sich oftmals durch ein erneuertes Bedürfnis nach Gebet äußert. In ihrer Gewöhnlich-

> keit stellen die Ereignisse des Lebens sich als Anfragen dar, die im Lichte der Umkehr zu deuten sind. Der Einsatz der Geweihten im Dienst einer evangelischen Lebensqualität trägt dazu bei, *auf viele Weise die Praxis des geistlichen Lebens im christlichen Volk wach zu halten.* Die religiösen Gemeinschaften bemühen sich immer mehr, Orte des Hörens und des Teilens des Wortes, der liturgischen Feier, der Pädagogik des Gebets, der Begleitung und der geistlichen Leitung zu sein. Ohne dies zu beabsichtigen, wird so die Hilfe, die man anderen gibt, zum gegenseitigen Nutzen."[19]

Unser Leben kennt Stunden des *Magnificat* und Stunden der Trostlosigkeit. In aller Unsicherheit und in allem Zweifel erinnern uns die Worte des Engels bei der Verkündigung, dass wir uns nicht zu fürchten brauchen. Man möchte meinen, der hl. Papst Johannes Paul II. hätte sich diese Worte zu eigen gemacht, als er bei seiner Amtseinführung am 22. Oktober 1978 zu den Gläubigen in aller Welt sprach: „Habt keine Angst! Öffnet, ja reißt die Tore weit auf für Christus!" Diese Worte sind eine Ermutigung, im Glauben, in der Hoffnung und in der Liebe zu wachsen. Darin ist Maria die *terra gratiae*, die heilige Erde Israels, die uns festen Grund und Boden unter den Füßen schenkt. In ihr findet das erbarmungswürdige menschliche Leben, das gottgeweihte Leben, Halt, Sicherheit, Geborgenheit und Heimat in allen Veränderungen.

19 Kongregation für die Institute des geweihten Lebens und die Gesellschaften apostolischen Lebens, Instruktion. Neubeginn in Christus, 19. Mai 2002, Nr. 26.

5. „Er wird groß sein" (Lk 1,32) – Von der Größe und Schönheit gottgeweihten Lebens

> „Man kann Maria nicht betrachten, ohne von Christus angezogen zu sein, und man kann Christus nicht betrachten, ohne sofort die Gegenwart Marias wahrzunehmen. Zwischen der Mutter und dem Sohn, der in ihrem Schoß durch das Wirken des Heiligen Geistes gezeugt wurde, besteht ein unauflösliches Band, und dieses Band nehmen wir auf geheimnisvolle Weise im Sakrament der Eucharistie wahr."[20]

In diesen unauflöslichen Bund ewiger Liebe ist gottgeweihtes Leben gerufen, bis es eins wird in Christus (vgl. Gal 3,26–29). Der Sohn Gottes, der sich in seiner Menschwerdung gewissermaßen mit jedem Menschen vereinigt hat, außer in der Sünde, und unser aller Bruder geworden ist (vgl. Hebr 2,11), ist die Bedingung für die personale Vereinigung des Gottessohnes mit jedem Menschen.[21]

> „Maria ist in der Tat das höchste Vorbild vollkommener Weihe in der vollen Zugehörigkeit und Ganzhingabe an Gott. Vom Herrn erwählt, der in ihr das Geheimnis der Menschwerdung vollzogen hat, erinnert sie die Personen des geweihten Lebens an den Vorrang der Initiative Gottes. Gleichzeitig stellt sich Maria, die dem göttlichen Wort, das in ihr Fleisch geworden ist, ihre Zustimmung gegeben hat, als Modell des Gnadenempfanges seitens der menschlichen Kreatur dar. Die Jungfrau, die während des verborgenen Lebens in Nazareth zusammen mit Josef Christus nahe und in den entscheidenden Augenblicken seines öffentlichen Lebens neben dem Sohn zugegen war, ist Lehrmeisterin bedingungslo-

20 Papst Benedikt XVI., Botschaft zum 16. Welttag der Kranken, 11. Januar 2008, Nr. 2. http://w2.vatican.va/content/benedict-xvi/de/messages/sick/documents/hf_ben-xvi_mes_20080111_world-day-of-the-sick-2008.html

21 Vgl. Pastoralkonstitution über die Kirche in der Welt von heute *Gaudium et Spes*, Nr. 22.

> ser Nachfolge und beständigen Dienstes. In ihr, dem ‚Heiligtum des Heiligen Geistes‘, erstrahlt so der ganze Glanz der neuen Schöpfung. Das geweihte Leben blickt auf sie als höchstes Modell der Weihe an den Vater, der Einheit mit dem Sohn und der Fügsamkeit gegenüber dem Heiligen Geist in dem Bewusstsein, dass das Befolgen ‚der jungfräulichen und armen Lebensweise‘ Christi bedeutet, sich auch die Lebensweise Mariens zu eigen zu machen.“[22]

Wer von der Gnade der ausschließlichen Liebesgemeinschaft mit Christus erfasst wurde, um sich mit Leib und Seele ihm und seiner Kirche zu verschenken, wird nicht anders können, als mit den Jüngern auf dem Berg der Verklärung zu sprechen, dass es gut ist, bei ihm sein zu dürfen, bei ihm zu bleiben, mit ihm zu gehen (vgl. Mt 17,4). Er ist „der Schönste von allen Menschen“ (Ps 45,3), der Unvergleichliche.

Im dritten Schreiben der Kongregation für die Institute des geweihten Lebens und die Gesellschaften des apostolischen Lebens zum Abschluss des Jahres des geweihten Lebens (2. Februar 2016) wird ausdrücklich auf die Schönheit des gottgeweihten Lebens Bezug genommen. Dies geschieht insbesondere durch die wiederholte Einladung, mit dem „Schönsten von allen Menschen“ in Beziehung zu treten. Dieser Einladung liegt die Betrachtung des Hohenlieds zugrunde, und es wird ebenfalls Psalm 45 eingeführt:

> „In der Vesper der Fastenzeit und der Karwoche führt die Kirche mit zwei einander scheinbar widersprechenden Bibel-Texten Psalm 45 ein. Der erste Interpretationsschlüssel erkennt Christus als den Schönsten unter den Menschen an: *Du bist der Schönste von allen Menschen, Anmut ist ausgegossen über deine Lippen; darum hat Gott dich für immer gesegnet* (Ps 45,3). Die über die Lippen ausgegossene Anmut verweist auf die innere Schönheit seines Wortes, die Herrlichkeit der Wahrheit, die Schönheit Got-

22 Johannes Paul II., Nachsynodales Apostolisches Schreiben über das geweihte Leben und seine Sendung in Kirche und Welt *Vita Consecrata* (VC), 25. März 1996, Nr. 28.

tes, die uns anzieht und uns die Wunde der Liebe zufügt. In der bräutlichen Kirche lässt sie uns auf eine Liebe zugehen, die uns ihre Form eingeprägt hat. Wir leben in der Form der Schönheit, die keine ästhetische Sehnsucht ist, sondern ein erster Bezugspunkt zu der Wahrheit, die in uns wohnt: *dein Gott, dein strahlender Glanz* (Jes 60,19; vgl. Weish 8,2). Der zweite Bibeltext lädt uns ein, denselben Psalm mit einem anderen Interpretationsschlüssel zu lesen, der auf Jesaja verweist: *Er hatte keine schöne und edle Gestalt, sodass wir ihn anschauen mochten. Er sah nicht so aus, dass wir Gefallen fanden an ihm* (Jes 53,2). Wie passt das zusammen? Der *Schönste von allen Menschen* hat ein so erbärmliches Aussehen, dass man ihn gar nicht anschauen mag. Pilatus stellt ihn der Menge mit den Worten: *Ecce homo (Seht, das ist der Mensch)* (Joh 19,5) vor, um Mitleid zu erregen für den geschundenen und geschlagenen Menschen, einen Menschen ohne Gesicht. ‚Ein hässlicher, entstellter Jesus? Ein Jesus, der schöner und anmutiger ist als jeder andere Mensch? Ja, das verkünden zwei Trompeten, die gegensätzlich tönen und doch von demselben Atem – demselben Geist – ihre Töne empfangen. Die erste Trompete sagt: *Der Schönste von allen Menschen*; die zweite, Jesaja folgend: *Wir haben ihn gesehen: er hatte keine schöne, edle Gestalt [...].* Weigere dich nicht, alle beide zu hören, versuch stattdessen, ihnen zu lauschen und sie zu verstehen‘ (Augustinus, Kommentare zum 1. Johannesbrief, 9,9). Augustinus bringt diese Gegensätze – nicht Widersprüche – miteinander in Einklang und lässt so den Glanz der wahren Schönheit zu Tage treten, „‚die Wahrheit selbst. […] Das menschgewordene Wort ist der Weg zur erhabenen Schönheit. […] Die Schönheit löst noch eine zweite Bewegung aus: die Liebe als Antwort. Sie kommt in Gang, um zu begegnen, zu betrachten; sie macht sich auf die Reise, angeregt von der Liebe, die uns als Gnade und Freiheit zuteil geworden ist.‘“[23]

23 Kongregation für die Institute des geweihten Lebens und die Gesellschaften des apostolischen Lebens, Betrachtet. An die geweihten Männer und

Wenn Schönheit die Liebe als Antwort auslöst, dann hat Schönheit etwas mit Beziehung zu tun. Die Antwort Marias kann deswegen nur eine Antwort in glaubender Liebe gewesen sein. Diese ist aber nicht statisch, sondern eine Bewegung des Herzens, die alle Kräfte des Geistes, der Seele und des Leibes ein Leben lang in Anspruch nimmt. Dies gilt auch für das gottgeweihte Leben, das dazu berufen ist, die Schönheit des Glaubens, Christus selbst, den Menschen näherzubringen. Analog zur Gottesmutter sind die Personen und Gemeinschaften des geweihten Lebens dazu berufen, mit ungeteiltem Herzen (vgl. 1 Kor 7,34) sich Christus und der Kirche hinzugeben. In ihren vielfältigen Diensten an den Menschen tragen sie dazu bei, das Geheimnis und die Sendung der Kirche offenbar zu machen durch die vielfältigen Gnadengaben geistlichen und apostolischen Lebens, die der Heilige Geist ihnen zuteilte. Folglich wirken sie dadurch auch an der Erneuerung der Gesellschaft mit.[24] Damit verbunden

Frauen auf den Spuren der Schönheit (zit. als: Betrachtet), Vatikanstadt 2016, Nr. 71–74.

24 Vgl. *Vita Consecrata*, Nr. 1; auch VC, Nr. 3: „Die weltweite Präsenz des geweihten Lebens und der evangelische Charakter seines Zeugnisses zeigen mit aller Deutlichkeit – falls notwendig – dass es keine isolierte Randerscheinung ist, sondern die ganze Kirche betrifft. Die Bischöfe auf der Synode haben dies wiederholt bestätigt: ‚*de re nostra agitur*', ‚es geht um etwas, das uns betrifft'. Tatsächlich steht das geweihte Leben als entscheidendes Element für die Sendung der Kirche in deren Herz und Mitte, da es ‚das innerste Wesen der christlichen Berufung offenbart und darstellt' und das Streben der ganzen Kirche als Braut nach der Vereinigung mit dem einen Bräutigam zum Ausdruck bringt. Auf der Synode wurde mehrmals bestätigt, dass das geweihte Leben nicht nur in der Vergangenheit eine Rolle der Hilfe und der Unterstützung für die Kirche gespielt habe, sondern dass es auch für die Gegenwart und die Zukunft des Gottesvolkes ein kostbares und unerlässliches Geschenk ist, weil es zutiefst zu dessen Leben, Heiligkeit und Sendung gehört. Die gegenwärtigen Schwierigkeiten, auf die nicht wenige Institute in einigen Gegenden der Welt stoßen, dürfen nicht zu Zweifeln daran verleiten, dass das Bekenntnis zu den evangelischen Räten wesentlicher Bestandteil des Lebens der Kirche ist, dem es einen wertvollen Impuls zu einer immer konsequenteren Verwirklichung des Evangeliums verleiht. Es wird in der Geschichte eine weitere Vielfalt an Formen geben können, aber das Wesen einer Entscheidung, die in der

ist die tägliche Aufgabe: „Er muss wachsen, ich aber muss kleiner werden" (Joh 3,30). Dann wird gottgeweihtes Leben – wie Maria – den „Segnenden tragend, zum Segen" für viele werden, zur Heimat.

6. Marias *Fiat,* ein ewiges Jawort der ganzen Person

Marias Jawort überbietet den Glauben Abrahams und zeigt uns darin die Stärke der Hoffnung und ihre bedingungslose Liebe. Ihre Antwort hilft uns ebenso, die Tiefe ihrer Demut und die Vollkommenheit ihres Gehorsams zu entdecken. Ihr *Fiat* war entscheidend für die Menschheit, wie es im Johannesevangelium zum Ausdruck kommt: „Das Wort ist Fleisch geworden und hat unter uns gewohnt" (Joh 1,14).[25] Durch ihr Jawort ist das Wort Fleisch geworden. Das uns sehr vertraute *Fiat* der Gottesmutter nimmt gewissermaßen die dritte Bitte des Vaterunsers vorweg: „Dein Wille geschehe!" Mit ihrem Jawort stellt sie ihr ganzes Leben in den Willen Gottes hinein und lässt auf diese Weise den Segnenden, ihn tragend, zum Segen für die Welt werden. Maria lädt uns ein, ebenfalls dieses Jawort auszusprechen, dieses Jawort eins werden zu lassen im Gehorsam des Sohnes gegenüber dem Vater. Wenngleich dieses ausgesprochene Jawort im Nachhinein manchmal so schwierig zu sein scheint, vielleicht zur unerträglichen Last zu werden droht, sollte der Klang des *Fiat* Marias und des persönlichen „Mir geschehe, wie du es gesagt hast" (Lk 1,38) stets Ansporn sein, uns immer wieder neu auf Christus hin auszurichten. Gottgeweihtes Leben als Weihe der ganzen Person macht die Verbindung mit der Kirche sichtbar als

Radikalität der Selbsthingabe aus Liebe zum Herrn Jesus und in ihm zu jedem Angehörigen der Menschheitsfamilie ihren Ausdruck findet, wird sich nicht ändern. Auf diese Gewissheit, die im Laufe der Jahrhunderte zahllose Menschen zu mutigem Entschluss angeregt hat, zählt das christliche Volk auch weiterhin, wohl wissend, dass es aus dem Beitrag dieser hochherzigen Seelen eine wirksame Hilfe auf seinem Weg zur himmlischen Heimat erfahren kann."

25 Vgl. Ángel Pardilla, El esplendor bíblico de María, la suprema consagrada, Ciudad del Vaticano 2015, 35–39.

Zeichen der kommenden Welt. Die eschatologischen und prophetischen Dimensionen gottgeweihten Lebens haben im Jawort Marias ihre Wurzeln. Der Dynamismus der Hingabe Mariens in den Worten „Mir geschehe“ wird durch die vorausgehende Zusage „Ich bin die Magd des Herrn“ konkretisiert. Maria hat sich ganz von Gott formen lassen; sie ist frei geworden von ihren eigenen legitimen Projekten, um „ganz“ Gott zu gehören. Marias Glaube führt sie in eine Dynamik des „An-sich-geschehen-Lassens“, wobei im „Lassen“ das entscheidend aktive Moment, das von Gott kommt, steckt, welches das geschöpfliche Passiv betont. Dennoch hat Gott auf die freie Antwort Marias gewartet. Als die Glaubende schlechthin ist Maria auch die Beschenkte schlechthin. Denn als *Virgo immaculata* stellt sie die reinste Gabe Gottes in reinster Gestalt dar. Frei-Gabe Gottes und freie Antwort des Menschen gehen bei Maria ineinander und zeigen sowohl Voraussetzung wie Antizipation der Vermählung Gottes mit der Menschheit.[26] Durch ihr Jawort gelang es Maria, ganz bei sich zu sein und gleichzeitig ganz bei Gott zu sein. In dieser inneren Sammlung vollzieht sich Intimität mit jemandem, der bereits erwartet wird. Hierin liegt auch die tiefste Sehnsucht geweihten Lebens.

Für den französisch-litauischen Philosophen Emmanuel Lévinas (1906–1995) bezieht sich die Sammlung auf einen Empfang. Für ihn ist die Frau die Bedingung für die Sammlung, für die Innerlichkeit des Hauses, für das Wohnen und für Intimität schlechthin.[27] Wer sein Haus bzw. sein Herz für einen anderen öffnet, empfängt seine Innerlichkeit auf neue Weise. Darin liegt die Mitte echter Gastfreundschaft. Hier zeigen uns die verschiedenen Blicke auf das Leben Marias, wie das gelingen kann. In der Sammlung liegt auch der Schmerz der Trennung, den sie durchlitten hat – bis hin zum Kreuz. Im *Fiat* Marias ist die freudige und dankbare Annahme der Gabe Gottes, der eigenen Berufung, in allen Situationen des Lebens

26 Vgl. Gisbert Greshake, Maria – Ecclesia. Perspektiven einer marianisch grundierten Theologie und Kirchenpraxis, Regensburg 2014, 393f.

27 Vgl. Emmanuel Lévinas, Totalität und Unendlichkeit. Versuch über die Exteriorität, Freiburg ^{5}2014, 220–223.

beheimatet. Ebenso sind alles Leid, alle Krankheit, alles Schwere und alle ungelösten Fragen im geweihten Leben in Marias Jawort aufgehoben. Nichts geht hier verloren. Indem wir des Öfteren in diese Schatzkammer ewigen Dialogs mit dem Sohn eintreten und uns besuchen lassen, können wir uns in diese Erfahrung des dynamischen *Fiat* einstimmen. Im *Magnificat* finden wir dann den ewigen Lobgesang – durch Leben und Sterben hindurch – auf das Große, das Gott auch an uns und durch uns getan hat. Jede gottgeweihte Person und jede Gemeinschaft gottgeweihten Lebens stimmen in ihr je eigenes *Fiat* und in ihr eigenes *Magnificat* ein.

7. „Siehe, deine Mutter!" (Joh 19,27) – Gottgeweihtes Leben daheim bei der Mutter

„Als Jesus seine Mutter sah und bei ihr den Jünger, den er liebte, sagte er zu seiner Mutter: Frau, siehe, dein Sohn! Dann sagte er zu dem Jünger: Siehe, deine Mutter! Und von jener Stunde an nahm sie der Jünger zu sich" (Joh 19,26f). So vollendete Jesus seine Sendung durch die Erhöhung am Kreuz und das Aushauchen seines Geistes. Damit war alles vollbracht und die Geburtsstunde der Kirche eingeleitet. Die neue Familie Gottes wird durch das Miteinander von Maria und dem Jünger, den Jesus liebte, repräsentiert. Die Realisierung vollzieht sich aber erst in der betenden Jüngergemeinschaft mit Maria, in der pfingstlichen Erwartung des Heiligen Geistes.[28]

Was wäre eine Gesellschaft ohne Mütter? Daran erinnert uns Papst Franziskus in seiner Homilie zum Hochfest der Gottesmutter Maria am 1. Januar 2017:

> „Die Mütter sind das stärkste Gegenmittel gegen unsere individualistischen und egoistischen Neigungen, gegen unsere Formen des Sich-Verschließens und der Gleichgültigkeit. Eine Gesellschaft ohne Mütter wäre nicht nur eine kalte Gesellschaft, sondern eine, die ihr Herz verloren hat, die ihre ‚heimische Atmosphäre'

28 Vgl. G. Greshake, Maria – Ecclesia (Anm. 26), 90f.

> verloren hat. Eine Gesellschaft ohne Mütter wäre eine erbarmungslose Gesellschaft, die nur noch dem Kalkül und der Spekulation Raum gelassen hat. Denn die Mütter wissen sogar in den schlimmsten Momenten Zeugnis zu geben für zärtliche Liebe, für bedingungslose Hingabe, für die Kraft der Hoffnung. Das Jahr damit zu beginnen, der Güte Gottes im mütterlichen Antlitz Marias, im mütterlichen Antlitz der Kirche, in den Gesichtern unserer Mütter zu gedenken, bewahrt uns vor der zersetzenden Krankheit der ‚spirituellen Verwaisung' – dieser Verwaisung, welche die Seele erlebt, wenn sie sich mutterlos fühlt und ihr die Zärtlichkeit Gottes fehlt. Dieser Verwaisung, die wir erleben, wenn in uns das Empfinden der Zugehörigkeit zu einer Familie, zu einem Volk, zu einem Land, zu unserem Gott erlischt. Diese Verwaisung, die im narzisstischen Herzen Raum gewinnt, das nur auf sich selbst und auf die eigenen Interessen zu schauen weiß und das wächst, wenn wir vergessen, dass das Leben ein Geschenk gewesen ist – dass wir es anderen verdanken – und dass wir aufgefordert sind, es in diesem gemeinsamen Haus miteinander zu teilen."[29]

Die Verwaisung, auf die Papst Franziskus in seiner Homilie aufmerksam macht, stellt heutzutage für das geweihte Leben eine besondere Herausforderung dar, nämlich das mütterliche Antlitz der Kirche durch das barmherzige Antlitz des Vaters sichtbar zu machen. Das vergangene außerordentliche „Jahr der Barmherzigkeit" hat dazu viele kreative Initiativen geweckt. Vor allem aber stand die persönliche Erfahrung der barmherzigen Liebe Gottes im Vordergrund. Dies geschah nicht ohne den Blick auf die Gottesmutter.

> „In der Jungfrau begegnet die geweihte Person außerdem einer Mutter mit ganz besonderem Anrecht. Denn auch wenn die

29 Papst Franziskus, Homilie am Hochfest der Gottesmutter Maria, 1. Januar 2017. http://w2.vatican.va/content/francesco/de/homilies/2017/documents/papa-francesco_20170101_omelia-giornata-mondiale-pace.html

am Kalvarienberg Maria übertragene neue Mutterschaft ein Geschenk an alle Christen ist, hat sie für denjenigen, der sein Leben vollständig Christus geweiht hat, eine besondere Bedeutung. ‚Siehe, deine Mutter' (Joh 19,27). Jesu Worte an den Jünger, ‚den er liebte' (Joh 19,26), gewinnen im Leben der geweihten Person eine besondere Tiefe. Denn sie ist mit Johannes aufgerufen, Maria zu sich zu nehmen (vgl. Joh 19,27), wobei sie diese mit der Radikalität seiner Berufung liebt und nachahmt und, als Erwiderung, eine besondere mütterliche Zärtlichkeit erfährt. Die Jungfrau vermittelt ihr jene Liebe, die sie jeden Tag das Leben für Christus darbringen lässt, indem er mit ihr für die Rettung der Welt wirkt. Darum stellt die kindliche Beziehung zu Maria den bevorzugten Weg für die Treue zu der empfangenen Berufung und eine äußerst wirksame Hilfe dar, um in dieser Berufung voranzukommen und sie in Fülle zu leben."[30]

Am 2. Februar 2013, am Tag des gottgeweihten Lebens, im letzten Monat seines Pontifikats, stellte Papst Benedikt XVI. in der Predigt zum Fest der Darstellung des Herrn einen Aspekt der Person Jesu und der Person Marias heraus. Er verbindet das Thema des Lichtes mit dem Thema des Kreuzes. Der Papst sagte damals in seiner Predigt:

„Die Freude des geweihten Lebens geht notwendigerweise über die Teilhabe am Kreuz Christi. So war es für die allerseligste Jungfrau Maria. Ihr Leiden ist das Leiden des Herzens, das ganz eins wird mit dem aus Liebe durchbohrten Herzen des Gottessohnes. Aus jener Wunde strömt das Licht Gottes, und auch aus den Leiden, Opfern, der Selbsthingabe, die die geweihten Personen aus Liebe zu Gott und zu den anderen leben, strömt dasselbe Licht, das den Völkern das Evangelium verkündet. An diesem Fest wünsche ich insbesondere euch, den Gottgeweihten, dass euer Leben immer den Geschmack der dem Evangelium gemäßen *Parrhesia* haben möge, damit die frohe Botschaft durch

30 *Vita Consecrata*, Nr. 28.

euch gelebt, bezeugt, verkündet werde und als Wort der Wahrheit erstrahle (vgl. Apostolisches Schreiben *Porta fidei*, Nr. 6).“[31]

Dadurch, dass Maria in vollkommener Weise mit Christus verbunden ist und uns unter dem Kreuz ihres Sohnes zur Mutter geschenkt wurde, gehört sie auch vollkommen zu uns. Ihre Mutterschaft ist eine Aufgabe, die ihr von Gott übertragen wurde. Ihre Macht ist die Güte; ihre Macht ist das Dienen.[32] Sich selbst entzogen, hat sie sich mit ihrem *Fiat* ganz dem Wort hingegeben. Sie folgte ihm in Freuden und im Leiden, bis unter das Kreuz. Dort erfüllt sich die Prophezeiung des Simeon (Lk 2,35). Die Mutter Christi ist nicht nur Mutter des Hauptes, sondern der ganzen Kirche.

Indem sich ein Mensch ganz Christus hingibt, findet er auch selbst zu seiner eigenen Identität; er verliert sich nicht, sondern empfängt sich als neue Schöpfung (vgl. 2 Kor 5,17). Wir sind keine Waisen im gottgeweihten Leben, denn der Himmel hat ein Herz. Wir haben eine Mutter, die für alles sorgt, der wir alles anvertrauen können; in ihr sind wir daheim. Maria, unsere Mutter, den Segnenden tragend, ist uns zum Segen geworden; sie zeigt uns das ewige Wort des Vaters. Die Frau, mit der Sonne bekleidet (vgl. Offb 12,1), ist das große Zeichen für den Sieg der Liebe; Maria ist als Mutter unter dem Kreuz auch denen zur Heimat geworden, die ihr Leben für Christus durch Verfolgung und Benachteiligungen jeglicher Art, auch mit dem Zeugnis des Martyriums, besiegelt haben.

8. Abschließende Bemerkungen

Wer um seine Heimat weiß, ist verwurzelt und befähigt, in die Welt hinauszugehen. Heimat ist mehr als Grund und Boden, mehr als der Geburtsort, mehr als Gefühle und Bräuche und mehr als senti-

31 Papst Benedikt XVI., Homilie am 2. Februar 2013. http://w2.vatican.va/content/benedict-xvi/de/homilies/2013/documents/hf_ben-xvi_hom_20130202_vita-consacrata.html

32 Vgl. Ansprache des Heiligen Vaters (Anm. 1).

mentale Rückschau in eine verklärte Vergangenheit. Heimat ist auch Auftrag in die Zukunft hinein, Heimat verpflichtet den Einzelnen und die Gesellschaft. Heimat ist ein komplexes Phänomen räumlicher, zeitlicher, religiöser, zwischenmenschlicher und kultureller Beziehungen.

Die fünf ausgewählten Schriftstellen, die für diese Überlegungen herangezogen wurden, sollten insbesondere für das gottgeweihte Leben einen Pfad der Berufung aufzeigen. Mit dem auf die Gottesmutter gerichteten Blick bzw. unter dem Blick der Gottesmutter wird die jeweilige Berufung des Einzelnen und die einer Gemeinschaft Beheimatung finden. Dies soll nicht als ein Rückzug in eine Verinnerlichung verstanden werden (wenngleich diese auch notwendig ist), sondern als Vereinigung, um sich neu senden zu lassen von Maria. „Daheim sind wir bei der Mutter des Herrn, daheim sind wir bei Maria", aber nicht um uns da ein Nest zu bauen, sondern um durch die Gottesmutter und mit der Gottesmutter den Segen in die ganze Welt hinauszutragen (vgl. Mk 16,15). Den Segnenden tragend, ist Maria zum Segen geworden. Dies gilt ebenso für das geweihte Leben. Im täglichen *Fiat,* im täglichen *totus tuus* bleibt die Hingabe gottgeweihten Lebens ein Segen für die Kirche und alle Menschen guten Willens, die diesen kostbaren Schatz der Kirche empfangen wollen.

Mit Maria Christus zur Welt bringen

Marianische Impulse zur Notwendigkeit des „gelebten Wortes“ im Kontext der Neuevangelisierung

Christian Schulz

1. Bayernland – Marienland und Missionsland zugleich

„An hervorragender Liebe und treuer Andacht zur seligsten Jungfrau und Gottesmutter steht das Bayerische Volk gewiss keiner katholischen Nation nach“.[1] Mit diesem zugleich auch begründenden Wort wird jenes denkwürdige Dekret der Ritenkongregation vom 26. April 1916 eingeleitet, kraft dessen auf Geheiß Papst Benedikts XV. der Bitte König Ludwigs III. von Bayern und seiner Gemahlin Maria Theresia entsprochen wurde, die allerseligste Jungfrau und Gottesmutter Maria seitens des Apostolischen Stuhls fortan zur Hauptpatronin der Bayern zu erklären. Zugleich mit diesem Privileg ging die Einführung eines besonderen Festes unter dem Titel der „Patrona Bavariae“ mit entsprechendem Ritus und eigenem Offizium[2] ein-

1 Zit. nach: Oberhirtliches Verordnungsblatt für die Diözese Regensburg, Nr. 9 (23. Juni 1916), 89.

2 Vgl. hierzu Clemens Blume, Patrona Bavariae. Fest und Festgebete zur Feier Mariens als Schutzfrau Bayerns, Regensburg 1917. Ursprünglich war als jährlicher Tag der Begehung dieses Festes für alle Diözesen des bayerischen Königreichs der 14. Mai festgesetzt, wobei die öffentliche Festfeier auf den Sonntag nach Christi Himmelfahrt gelegt wurde (vgl. ebd., 25).

her. Somit fand schließlich nach gut dreihundert Jahren die bereits vom bayerischen Herzog Maximilian I. (1573–1651; ab 1623 Kurfürst) initiierte Proklamation und Verehrung Mariens als Schutzfrau Bayerns,[3] die fortan nicht mehr abreißen sollte, auch eine ganz offizielle Bestätigung durch höchstkirchliche Autorität. Maximilians Bezug zur Marienverehrung mag durchaus vielschichtig motiviert gewesen sein, wobei gesellschaftliche Relevanz, politische Interessenlage, aber ganz gewiss auch echte persönliche Frömmigkeit in Zusammenhang und Wechselwirkung zueinander standen.[4] Doch zugleich steht außer Frage, dass die Initiative Maximilians I. zur Verehrung der Gottesmutter Maria als „Patrona Bavariae" ganz und gar in eine im ganzen Bayernland tief verwurzelte Marienverehrung eingebettet war, die – freilich hier auch in verschiedenen Epochen und Regionen differenziert ausgeprägt[5] – in der Gesamtschau seit den Anfängen der christlichen Missionierung durch die Jahrhunderte hindurch greifbar, ja geradezu signifikant ist.

Sichtbare Zeichen und Orte geben von dieser in Bayern bis in die Gegenwart hinein weitverbreiteten und vitalen Marienfrömmigkeit beredt Zeugnis. Neben den vielen kleinen, größeren und großen Marienwallfahrten, die das Bayernland durchziehen und deren bedeutendste gewiss Altötting darstellt, lassen zahlreiche Marienpatrozinien

Im Jahre 1970 wurde das Hochfest „Patrona Bavariae" schließlich durch Beschluss der Bayerischen Bischofskonferenz auf den 1. Mai verlegt.

3 ‚Patrona Boiariae', so die Inschrift auf dem Sockel der Marienstatue von Hans Krumper, die Maximilian I. 1615/1616 an der Außenfassade seiner neuen Residenz anbringen ließ.

4 Vgl. Alois Schmid, Die Marienverehrung Kurfürst Maximilians I. von Bayern, in: Anton Ziegenaus (Hg.), Maria in der Evangelisierung. Beiträge zur mariologischen Prägung der Verkündigung, (Mariologische Studien, 9), Regensburg 1993, 33–57, hier 47–56.

5 Vgl. Georg Schwaiger, Maria Patrona Bavariae, in: ders. (Hg.), Bavaria Sancta. Zeugen christlichen Glaubens in Bayern. Bd. 1, Regensburg 1970, 28–37; Alois Schmid, Marienverehrung (Anm. 4), 34–39. Für die Zeit des Barock vgl. auch den knappen Überblick bei Romuald Bauerreiss OSB, Kirchengeschichte Bayerns. Bd. 7: 1600–1803, Augsburg 1970, 302–309.

von Kirchen und Kapellen, „die Bilder der Gottesmutter in den Kirchen und Feldkapellen, an den Wegen und an ungezählten Häuserfronten, die Mariensäulen in Stadt und Land [...] heute noch erkennen, dass Bayern ein Marienland war und ist".[6] Historische Rosenkranzbruderschaften und vor allem Marianische Kongregationen[7] bilden immer noch einen wichtigen Aktivposten gelebter Marienverehrung in weiten Teilen der bayerischen Diözesen. Fußwallfahrten zu den verschiedensten Marienheiligtümern des Landes, hier wieder Altötting in herausragender Weise, erfreuen sich bei Jung und Alt auch gegenwärtig noch großer, gelegentlich sogar zunehmender Beliebtheit; und dies durchaus geradezu in bemerkenswertem Gegentrend zu ansonsten zweifellos erkennbaren Abwärtsentwicklungen des religiösen Lebens. Ebenso stellen marianisch geprägte Wallfahrtsfestwochen, wie z. B. jene in der Oberpfalz auf dem Mariahilfberg zu Amberg oder auf dem Frohnberg in Hahnbach, wirkliche Kristallisationspunkte und Erfahrungsorte einer fest im Bewusstsein der Gläubigen verankerten und generationenübergreifenden Marienfrömmigkeit dar. Von großer Bedeutung sind nicht zuletzt auch – dies gewiss lokal mehr oder weniger ausgebildet – Liturgien der Volksfrömmigkeit wie Rosenkranzgebet, Maiandachten und Marienvespern, die von den Gläubigen in der Regel gerne mitgetragen oder gar in Eigeninitiative, zumal in vielen kleinen Kapellengemeinschaften des Landes, selbst gestaltet werden.

Als wohl symbolträchtigster Ausdruck dieser marianischen Prägung Bayerns gilt vielen indes die durch Maximilian I. beauftragte und am 7. November 1638 geweihte Mariensäule zu München.[8] Auf dem damaligen Schrannenplatz (seit 1854 „Marienplatz") errichtet, stellte und stellt die Mariensäule mit der von Hubert Gerhard[9]

6 Georg Schwaiger, Maria Patrona Bavariae (Anm. 5), 30.

7 Siehe hierzu etwa Rudolf Graber, 400 Jahre Marianische Kongregation im deutschsprachigen Raum, in: ders. (Hg.), Froher Glaube. Predigten – Ansprachen – Vorträge, Regensburg 1976, 73–83.

8 Einen soliden Überblick zu Historie und Bildprogramm der Münchener Mariensäule bietet immer noch Michael Hartig, Patrona Bavariae. Die Schutzfrau Bayerns, München 1948.

9 Zu dessen Urheberschaft vgl. ebd., 32–35.

geschaffenen Mondsichel-Madonna mit dem segnenden Jesuskind nicht die bloß geographische Mitte der Residenzstadt und den metrischen Nullpunkt aller von ihr ausgehenden Straßen dar,[10] vielmehr ist in ihr der religiös-ideelle Mittelpunkt, gleichsam die Herzmitte des ganzen Landes bildhaft zum Ausdruck gebracht. Und es wäre letztlich weit gefehlt, hierin einzig das spezielle Lokalkolorit einer Marienverehrung bayerischer Provenienz erkennen zu wollen. Was – ungeachtet mancher Engführungen – für das Ganze der Theologie gilt, dass nämlich „Mariologie nie bloß mariologisch sein kann, sondern in der Ganzheit des Grundgefüges von Christus und Kirche steht"[11], trifft in analoger Weise sicher ebenso auf die Marienfrömmigkeit zu. Auch sie ist notwendigerweise untrennbar *verbunden mit dem* und *verweisend auf das* ganze christliche Mysterium.[12] Die Mariensäule zu München steht somit einerseits für eine historisch gewachsene, tiefe Marienfrömmigkeit und andererseits zugleich für die grundlegend christliche Prägung Bayerns überhaupt.

Was aber für vergangene Zeiten selbstverständlich gewesen sein mag, gilt heute schon längst nicht mehr in der gleichen Weise. In ihrem Rundschreiben „Zeit der Aussaat – Missionarisch Kirche sein"[13] vom 26. November 2000 hielten die deutschen Bischöfe als tendenzielle Grundbefindlichkeit im Verhältnis der Deutschen zum christlichen Glauben fest, dass „sich immer mehr Menschen schwer" tun, „die Spuren Gottes in der Welt zu lesen. Ihnen scheint die Deutung des Lebens ohne Gott realistischer und lebensnaher. Das Verlangen nach Trost im Alltag, wenn Sinnkrisen das Leben er-

10 Vgl. Emmeram H. Ritter, Art. Patrona Bavariae, in: Remigius Bäumer / Leo Scheffczyk (Hg.), Marienlexikon. Bd. 5, St. Ottilien 1993, 122–124, hier 123.

11 Joseph Cardinal Ratzinger, Erwägungen zur Stellung von Mariologie und Marienfrömmigkeit im Ganzen von Glaube und Theologie, in: ders. / Hans Urs von Balthasar, Maria – Kirche im Ursprung, Freiburg ^{4}1997, 14–30, hier 24.

12 Vgl. ebd., 29.

13 Die deutschen Bischöfe, Zeit zur Aussaat. Missionarisch Kirche sein (26.11.2000), (Die deutschen Bischöfe, 68), hg. vom Sekretariat der Deutschen Bischofskonferenz, Bonn 2000.

fassen, stillen sie zunehmend außerhalb eines Gottesglaubens, wie ihn das in unserer Kultur beheimatete Christentum anbietet. Dazu passen Beobachtungen, dass Themen, die mit Glaube und Kirche zu tun haben, immer weniger öffentliches Interesse finden. Solche Fragen, besonders die Gottesfrage, müssen vielfach erst neu zum Thema gemacht werden".[14] Dieser offensichtliche Entfremdungsprozess und der damit einhergehende Bedeutungsverlust des Christentums in der gegenwärtigen Gesellschaft scheint in den vergangenen Jahren im Verbund mit einer erkennbaren „Selbstsäkularisierung" und „Selbstnivellierung der Kirche", ja angesichts einer selbst „im Herzen der Kirche" auszumachenden „Glaubenswüste"[15] an Fahrt noch aufgenommen zu haben.[16] Zwar ist Bayern immer noch in manchen Teilen recht traditionsgebunden katholisch – nicht zuletzt auch kulturell bedeutsam und identitätsstiftend – geprägt, aber aufs Ganze gesehen stellt es doch vor dem Hintergrund der zuvor umrissenen Herausforderungen ganz sicher keine Insel der Seligen dar: Bayernland ist eben (auch) Missionsland, in dem nicht nur der Anteil der Christen an der Gesamtbevölkerung zurückgeht, sondern in dem auch im Binnenraum der Kirche – pointiert formuliert – das noch weitaus besorgniserregendere Phänomen „getaufter Nicht-Christen"[17] zu beobachten ist. Hoffnungslos ist die Situation freilich nicht, wie Kardinal Walter Kasper einmal angesichts einer notwendig differenzierteren Wahrnehmung der Lage treffend

14 Ebd., 7. – Vgl. hierzu auch Erwin Gatz, Deutschland, 3. Teil: Kirche in der säkularisierten Welt, in: ders. (Hg.), Kirche und Katholizismus seit 1945. Bd. 1, Paderborn 1998, 114–131. Statistisches Material zu den Jahren 2010–2015 bietet die Deutsche Bischofskonferenz unter der Rubrik „Katholische Kirche in Deutschland – Zahlen und Fakten": URL: http://www.dbk.de/zahlen-fakten/kirchliche-statistik/ [Stand 20.12.2016].

15 Kurt Kardinal Koch, Mission oder De-Mission der Kirche?, in: George Augustin / Klaus Krämer (Hg.), Mission als Herausforderung. Impulse zur Neuevangelisierung, Freiburg 2011, 41–79, hier 41.

16 Vgl. auch Erzbischof Rino Fisichella, Was ist Neuevangelisierung, Augsburg 2012, 35–52.

17 Vgl. Ivan Kardinal Dias, Evangelisation heute, in: G. Augustin / K. Krämer (Hg.), Mission als Herausforderung (Anm. 15), 81–91, hier 87.

bemerkte,[18] ja – so sei ausdrücklich hinzugefügt – wirklich hoffnungslose Situationen kann es im Licht des Evangeliums ohnehin nicht geben.

So soll das Jubiläum „100 Jahre Patrona Bavariae“ zugleich Anlass sein, die ganz entscheidende Frage nach der christlichen Substanz des Landes und damit auch nach der inhaltlichen Deckung dieses Festes heute in den Blick zu nehmen. Dabei wird wohl auch mit Ernst daran zu erinnern sein, dass das Marienpatronat über Bayern als wirklich gegenseitiges Treueverhältnis zum einen die Fürbitte und den Beistand der Gottesmutter und göttlichen Segen, zum anderen aber eben auch den festen Willen zu hingebungsvoller Gefolgschaft seitens der Schutzbefohlenen impliziert:[19] „Patronat ist mehr als eine Einbahnstraße des passiven Empfangens, es verlangt auch ein aktives Sichdarbringen“.[20] Mangelte es allerdings in diesem Sinne an ehrlicher Bereitschaft, handelte es sich wohl eher um ein letztlich nicht gehaltenes Versprechen; und das Gedenken der „Patrona Bavariae“ selbst liefe Gefahr, wie auch viele andere Zeugnisse der einst vitalen Prägekraft christlichen Glaubens in unserem Land, zu einem anachronistischen Relikt längst vergangener Zeiten zu geraten. Zugleich mit dieser Mahnung ist aber auch einer möglichen Fehlhaltung zu wehren, mit der Vergangenes einfachhin zurückgesehnt wird – gewissermaßen in Gestalt einer „religiösen Nostalgie“ –, ohne dabei sorgfältig zwischen wandelbaren Formen und unabdingbaren Inhalten zu unterscheiden. Auch hier ist es nicht nur hilfreich, sondern geradezu geboten, das Augenmerk vor allem auf das im wahrsten Sinne des Wortes „Wesentliche“ zu richten.

18 Vgl. Walter Kardinal Kasper, Neue Evangelisierung – eine pastorale, theologische und geistliche Herausforderung, in: G. Augustin / K. Krämer (Hg.), Mission als Herausforderung (Anm. 15), 23–39, hier 25.

19 Vgl. Leo Scheffczyk, Art. Weihe, in: Remigius Bäumer / Leo Scheffczyk (Hg.), Marienlexikon. Bd. 6, St. Ottilien 1994, 696–698.

20 Anton Ziegenaus, Der Patronatsgedanke auf europäischen Marienmünzen, in: Manfred Hauke (Hg.), Maria als Patronin Europas. Geschichtliche Besinnung und Vorschläge für die Zukunft, (Mariologische Studien, 20), Regensburg 2009, 161–171, hier 169.

Welche Perspektiven und positiven Impulse können uns nun angesichts geänderter Umstände gesellschaftlichen und kirchlichen Lebens von Maria selbst, der Schutzfrau Bayerns, neu zukommen? Dabei sei getreu dem Leitmotiv dieses Beitrages „Mit Maria Christus zur Welt bringen" der Schwerpunkt besonders auf jene Aspekte gelegt, die für das christliche Handeln als Glaubenszeugnis im Kontext der eigenen Glaubenserneuerung und der Weckung des Glaubens in anderen von herausragender Bedeutung sind. Der so eröffnete Blickwinkel ergibt sich der Sache nach offensichtlich aus dem seit Jahrzehnten immer dringlicher werdenden Auftrag zur „Neuevangelisierung."[21]

2. Maria – „Stern der Neuevangelisierung"

Gleichsam als ein bedeutsamer Widerhall des festen Willens der Konzilsväter, sich den Herausforderungen ihrer Zeit zu stellen, ist bei sorgfältiger Sichtung der Dokumente des II. Vatikanischen Konzils nachgerade eine „Allgegenwart des Missionsthemas"[22] zu erkennen. Dabei ist Evangelisation bzw. Evangelisierung als „Verkündigung der Botschaft Christi durch das Zeugnis des Lebens und das Wort" (*Lumen Gentium* 35) nicht etwa *irgendeine* Aufgabe, die der Kir-

21 Zum ersten Auftauchen des Begriffes der „Neuevangelisierung" im März 1979 im Schlussdokument der III. Generalkonferenz der lateinamerikanischen Bischöfe in Puebla und drei Monate später in einer Homilie Papst Johannes Pauls II. im polnischen Nowa Huta vgl. Erzbischof Rino Fisichella, Was ist Neuevangelisierung? (Anm. 16), 28f. – Siehe auch Leo Scheffczyk, Neu-Evangelisierung als Herausforderung der Kirche nach der Verkündigung Johannes Pauls II., in: FKTh 4 (1988), 262–281. Bereits 1990 hielt Bischof Paul Josef Cordes, damals Vizepräsident des Päpstlichen Rates für die Laien, fest: „‚Neuevangelisierung' – ein Ausdruck, der in unseren Tagen zweifellos Karriere gemacht hat. Eine weltweite Statistik dürfte ihm unter den ‚meistgenannten Worten' in der Kirche einen Spitzenplatz geben" (Paul Josef Cordes, Den Geist nicht auslöschen. Charismen und Neuevangelisierung, Freiburg 1990, 6).

22 Kurt Kardinal Koch, Mission oder De-Mission der Kirche?, in: G. Augustin / K. Krämer (Hg.), Mission als Herausforderung (Anm. 15), 52.

che zukommt. Vielmehr *ist* die Kirche getreu der Sendung Jesu selbst (vgl. Lk 4,18; Mk 1,14f) und der ihr von ihm übertragenen Bevollmächtigung und Sendung (vgl. Mk 16,15; Mt 10,7; 28,19f; Lk 9,2.6; Röm 10,14f) ihrem ganzen Wesen nach missionarische Kirche,[23] wobei das Werk der Evangelisation als „Grundpflicht des Gottesvolkes" (*Ad Gentes* 35) *allen* Getauften aufgetragen ist. Ganz selbstverständlich klingen in diesem Zusammenhang die Aspekte der eigenen Glaubensvertiefung[24] und des Zeugnischarakters einer christlichen Lebensführung an (vgl. *Ad Gentes* 36). Papst Paul VI. war es dann, der 1975 – zehn Jahre nach Beendigung des Konzils – mit seinem Apostolischen Schreiben *Evangelii nuntiandi*[25] dieses dringliche Anliegen dezidiert aufnahm und zugleich weiterführte. Als „der erste Weg der Evangelisierung" gilt ihm „das Zeugnis eines echt christlichen Lebens mit seiner Hingabe an Gott in einer Gemeinschaft, die durch nichts zerstört werden darf, und gleichzeitig mit einer Hingabe an den Nächsten in grenzenloser Einsatzbereitschaft" (*Evangelii nuntiandi* 41). Evangelisierung geschieht so ganz praktisch durch „das gelebte Zeugnis der Treue zu Jesus" und durch „das gelebte Zeugnis der Armut und inneren Loslösung und der Freiheit gegenüber den Mächten dieser Welt, kurz, der Heiligkeit" (ebd.).

Neben dem besonderen Datum der Unterzeichnung dieses Apostolischen Schreibens, so geschehen am 8. Dezember, dem Hochfest der ohne Erbsünde empfangenen Jungfrau und Gottesmutter

23 Programmatisch heißt es so auch im Missionsdekret des Zweiten Vatikanischen Konzils: „Die pilgernde Kirche ist ihrem Wesen nach ‚missionarisch' (d. h. als Gesandte unterwegs), da sie selbst ihren Ursprung aus der Sendung des Sohnes und der Sendung des Heiligen Geistes herleitet gemäß dem Plan Gottes des Vaters" (*Ad Gentes*, Nr. 2). Zur jesuanischen Verkündigung und Jüngerbevollmächtigung vgl. u. a. Thomas Söding, Das Evangelium der Gottesherrschaft. Die Verkündigung Jesu und die Sendung der Jünger, in: G. Augustin / K. Krämer (Hg.), Mission als Herausforderung (Anm. 15), 117–140.

24 Kirche ist Verkünderin des Evangeliums und zuerst selbstverständlich immer auch dessen Adressatin.

25 Papst Paul VI., Apostolisches Schreiben *Evangelii nuntiandi*, in: AAS 68 (1976), 5–76 (zit. als: EN).

Maria,[26] wird als Hinweis auf eine bewusst marianisch geprägte Evangelisierung die Gottesmutter außerdem zum ersten Mal in einem päpstlichen Dokument als ‚Leitstern der Evangelisierung' (vgl. *Evangelii nuntiandi* 82) bezeichnet. Zwar erwähnt Paul VI. in Hervorhebung der sogenannten Volksfrömmigkeit als eines weiteren Wegs der Evangelisierung[27] die Marienverehrung und ihren Niederschlag in verschiedenen Ausdrucksformen der Volksfrömmigkeit nicht, doch liegt dieser Zusammenhang ohnehin ganz selbstverständlich nahe.[28] Johannes Paul II., auf den die Etablierung des Grundbegriffs der „Neuevangelisierung" zurückgeht,[29] war es dann, der Maria bei zahlreichen Gelegenheiten als „Stern der Evangelisierung" und schließlich auch als „Stern der Neuevangelisierung" bezeichnete. Gleichermaßen griffen in der Folge Papst Benedikt XVI.[30] und Papst Franziskus diese Marientitel auf.[31] Letzterer beendet sein Aposto-

26 Auf diesen Umstand wird im Text selbst ausdrücklich eingegangen (vgl. EN 82).

27 Vgl. EN 48. Zur Thematik der Marienverehrung siehe auch Papst Paul VI., Apostolisches Mahnschreiben *Marialis cultus*, in: AAS 66 (1974), 113–168.

28 Angesichts dessen sollte das Gedenken der „Patrona Bavariae", in dem schließlich durch Jahrhunderte hindurch gewachsene, marianische Volksfrömmigkeit geradezu gebündelt begegnet, erst recht Anstoß sein, den sich daraus ergebenden Anknüpfungspunkten und Impulsen zur Neuevangelisierung nachzugehen.

29 Vgl. Anm. 21.

30 Papst Benedikt XVI. hat mit der Errichtung des Päpstlichen Rates zur Förderung der Neuevangelisierung durch sein Motu proprio *„Ubicumque et semper"* am 21. September 2010 überdies die Dringlichkeit zur Neuevangelisierung erneut wirksam zum Ausdruck gebracht. – Vgl. dazu Burkhard Josef Berkmann, Der Päpstliche Rat zur Förderung der Neuevangelisierung. Seine Errichtung durch das Motu proprio „Ubicumque et semper", in: Josef Kreiml (Hg.), Neue Ansage des Glaubens. Papst Benedikt XVI. und das Projekt der Neuevangelisierung, Regensburg 2012, 11–34.

31 Zum Gebrauch der Marientitel „Stern der Evangelisierung" bzw. „Stern der Neuevangelisierung" bei Johannes Paul II. und Benedikt XVI. siehe die hilfreiche Tabelle bei Florian Lim, Maria, Stern der Neuevangelisierung. Die Hilfe Mariens im Leben der Gläubigen und ihre Aufgabe für die Evangelisierung heute, Münster 2013, 123–142.

lisches Schreiben *Evangelii gaudium*[32] vom 24. November 2013, das ganz dem Thema der Evangelisierung und dem missionarischen Aufbruch der Kirche gewidmet ist, schließlich mit einer Anrufung der Jungfrau und Gottesmutter Maria, in der es u. a. heißt:

> Maria, „Stern der neuen Evangelisierung,
> hilf uns, dass wir leuchten
> im Zeugnis der Gemeinschaft,
> des Dienstes, des brennenden und hochherzigen Glaubens,
> der Gerechtigkeit und der Liebe zu den Armen,
> damit die Freude aus dem Evangelium
> bis an die Grenzen der Erde gelange
> und keiner Peripherie sein Licht vorenthalten werde.“[33]

Wenn die Kirche ihrem Wesen entsprechen will, kann sie gar nicht anders und nichts anderes sein als missionarische, d. h. evangelisierende Kirche, die freilich selbst unter dem Evangelium und damit zuerst in der steten Pflicht zur Selbstvergewisserung des eigenen Glaubens steht;[34] und wenn zudem die Kirche im Hinschauen auf Maria konkret erfährt, was sie ist und sein soll,[35] dann wird an ihr auch Maß zu nehmen sein angesichts der großen Aufgabe der Neuevangelisierung im Inneren und ad extra. In diesem Sinne ist die Bezeichnung Mariens als „Stern der Neuevangelisierung“ mehr als treffend und zugleich ihrem Gehalt nach richtungsweisend programmatisch.[36]

32 Papst Franziskus, Apostolisches Schreiben *Evangelii gaudium* über die Verkündigung des Evangeliums in der Welt von heute, (VApS, 194), hg. vom Sekretariat der Deutschen Bischofskonferenz, Bonn 2013.

33 Ebd., 288.

34 Vgl. George Augustin, Wege zum Gelingen der Neuevangelisierung, in: ders. / Klaus Krämer (Hg.), Mission als Herausforderung (Anm. 15), 141–167, hier 144.

35 Vgl. Joseph Cardinal Ratzinger, Du bist voll der Gnade. Element biblischer Marienfrömmigkeit, in: ders. / Hans Urs von Balthasar, Maria – Kirche im Ursprung (Anm. 11), 53–70, hier 57.

36 Ganz zu Recht formuliert Anton Ziegenaus so auch bereits im Jahre 1993

3. Christus empfangen und zu den Menschen bringen

> „Der erste Beweggrund, das Evangelium zu verkünden, ist die Liebe Jesu, die wir empfangen haben; die Erfahrung, dass wir von ihm gerettet sind, der uns dazu bewegt, ihn immer mehr zu lieben. Aber was für eine Liebe ist das, die nicht die Notwendigkeit verspürt, darüber zu sprechen, geliebt zu sein und dies zu zeigen und bekannt zu machen?“ (*Evangelii gaudium* 264).

Papst Franziskus hat hier mit einfachen und doch sehr tiefen Worten Motivation und Inhalt der Neuevangelisierung zum Ausdruck gebracht. Am Anfang steht die persönliche und lebendige Christusbeziehung, die dazu drängt, auch den anderen befähigen zu wollen, am Geheimnis der erlösenden Liebe Gottes teilzuhaben. Offensichtlich bedarf es dazu vor allem auch der unerschütterlichen Überzeugung, dass in Jesus Christus, dem menschgewordenen Gottessohn, einzigartig und unwiderruflich das universale Heil zu den Menschen kommt, „dieses große Gottesgeschenk, das in der Befreiung von der Sünde und vom Bösen, in der Freude, Gott zu erkennen und von ihm erkannt zu werden, ihn zu schauen und ihm anzugehören“ (*Evangelii nuntiandi* 9), besteht.

Christus empfangen, ihn und die Freude an Gott und seinem Rettungshandeln zu den Menschen bringen: Diese dynamischen Grunddimensionen der Evangelisierung scheinen im biblischen Zeugnis wohl nirgends verdichteter auf als in jener vom Evangelisten Lukas geschilderten Szene, die berichtet, dass Maria, nachdem sie Jesus empfangen hat, ihre ebenfalls schwangere Verwandte Elisabeth aufsucht (Lk 1,39–56). Äußerlich betrachtet vollzieht sich hier

das Grundanliegen der Tagung der Deutschen Arbeitsgemeinschaft für Mariologie (27.–29. März 1992): „Wenn heute angesichts der allgemeinen Säkularisierung immer mehr von der Notwendigkeit der Evangelisierung gesprochen wird, müsste da nicht auch die Stellung Mariens, der Königin der Apostel, im Rahmen dieser Aufgabe näher bedacht werden?“ (A. Ziegenaus, Vorwort, in: ders. (Hg.), Maria in der Evangelisierung [Anm. 4], 7f, hier 7).

die Begegnung zweier Frauen. Doch der Evangelist lässt uns tiefer blicken, und es offenbart sich, noch ehe Maria den Erlöser geboren hat, das Geheimnis ihrer Erwählung und Sendung, die mit Recht als „Urmodell jeder missionarischen Tätigkeit der Kirche“[37] zu begreifen ist. Und indem Elisabeth Maria demütig als Mutter ihres Herrn (vgl. Lk 1,43) anerkennt, formuliert sie zum einen die einzigartige Berufung Mariens, zum anderen aber erschließt sich ihr – und sogar dem Kind in ihrem eigenen Schoß wird diese Freude zuteil (vgl. Lk 1,44) – die Gegenwart des Erlösers. Maria aber, die als Glaubende selber von größter Freude über ihre Erwählung und die geistgewirkte Empfängnis des künftigen Retters Israels erfüllt ist, antwortet mit einem „Lobpreis (nach dem ersten Wort der lateinischen Übersetzung ‚Magnificat‘ genannt), in dem sie die Aufmerksamkeit von sich auf Gott lenkt“.[38] Dies mag zunächst als Ausdruck der demütigen Haltung Mariens zu verstehen sein, stellt aber in einem weiteren Sinne durchaus auch einen bleibenden Auftrag für die Kirche und ihren Verkündigungsdienst dar. Die Kirche als Werkzeug des Heils bedarf so als Ganze bis hin zu ihren einzelnen Gliedern immer wieder notwendig der demütigen, ja kritischen Selbstreflexion und der Reinigung ihrer Motive, um nicht durch sich selbst den Blick auf Gott, den sie den Menschen zu bringen hat, zu verstellen, sondern im Gegenteil ganz auf ihn hin transparent zu sein.

Treffend mahnt Papst Franziskus in diesem Sinne eine missionarische Erneuerung der Kirche an, „die fähig ist, alles zu verwandeln, damit die Gewohnheiten, die Stile, die Zeitpläne, der Sprachgebrauch und jede kirchliche Struktur ein Kanal werden, der mehr der Evangelisierung der heutigen Welt als der Selbstbewahrung dient“, und zugleich sei dafür Sorge zu tragen, „dass die gewöhnliche Seelsorge in all ihren Bereichen expansiver und offener ist, dass sie die in der Seelsorge Tätigen in eine ständige Haltung des ‚Aufbruchs‘

37 Kurt Kardinal Koch, Neue Evangelisierung im Licht des marianischen Geheimnisses, in: Harald Heinrich u. a. (Hg.), Neue Evangelisierung – Kirche konkret. Personen – Positionen – Perspektiven, Paderborn 2014, 3–19, hier 9.

38 Jacob Kremer, Lukasevangelium, (NEB.NT 3), Würzburg ^{4}2004, 30f.

versetzt und so die positive Antwort all derer begünstigt, denen Jesus seine Freundschaft anbietet" (*Evangelii gaudium* 27). Nicht Selbstbewahrung, sondern liebende Selbsthingabe, nicht Erstarrung, sondern Aufbruch, Christus nicht allein für sich selbst empfangend, sondern ihn freudig schenkend: Was in Maria tugendhaft erstrahlt und vollkommen realisiert ist, muss von der Kirche besonders auch für eine gelingende Neuevangelisierung je neu eingelöst werden. Das frei gegebene *Fiat* Mariens, von ihr gesprochen, um der Menschwerdung Gottes in dieser Welt Raum zu geben, wird zum tragenden Grundmotiv ihrer ganzen Existenz, ihres ganzen eigenen Glaubens- und Lebensweges bis hin zum Stehen unter dem Kreuz. Ihr Jawort des Anfangs leuchtet immer wieder neu in ihr und in all ihrem Tun auf, so sehr, dass Glaube und Handeln in ihr die vollkommenste Einheit bilden. Dieser Zusammenhang legt es von sich aus nahe, die herausragende Bedeutung „nicht nur des verkündeten, sondern auch des *gelebten* Wortes" (*Veritatis splendor* 108)[39] im Kontext der Neuevangelisierung in den Blick zu nehmen.

4. Keine Neuevangelisierung ohne das *gelebte* Wort

„Selig sind vielmehr die, die das Wort Gottes hören und es befolgen" (Lk 11,28). Jesus reagiert so auf den Ausruf einer Frau aus der Menge, die Maria um ihrer leiblichen Mutterschaft willen pries. Auf ganz gleicher Ebene bewegt sich ein weiteres vom Evangelisten Lukas überliefertes Wort Jesu: „Meine Mutter und meine Brüder sind die, die das Wort Gottes hören und danach handeln" (Lk 8,21). Was zunächst wie eine Zurücksetzung Mariens erscheint, eröffnet jedoch eine neue, geweitete Perspektive. Über die physische Mutterschaft hinaus gibt es eine „Mutterschaft, die immer wieder Christus geboren werden lässt" und die „auf dem Hören, Bewahren und Tun von Jesu Wort"[40] beruht. In Maria, die auch mit Recht in gewissem

39 Johannes Paul II., Enzyklika *Veritatis splendor*, in: AAS 85 (1993), 1133–1228.

40 Joseph Cardinal Ratzinger, Das Zeichen der Frau. Versuch einer Hinfüh-

Sinn als „die erste Jüngerin ihres Sohnes“ (*Redemptoris Mater* 20)[41] bezeichnet werden kann, ist schließlich vollkommen verwirklicht, was der gesamten Jüngerschaft Jesu durch die Zeiten hindurch aufgetragen ist, nämlich das Wort Gottes *aufzunehmen* und auch danach zu *handeln*. Weit davon entfernt, die christliche Verkündigung auf eine Ansammlung moralischer Forderungen reduzieren zu wollen bzw. zu können, gilt andererseits von Anfang an für die Getauften ebenso selbstverständlich, dass das „Neugeborensein“ in Christus (vgl. Joh 3,1–13) unabdingbar im Sinne echter Nachfolge auch eine Lebensweise fordert, die dem Evangelium gemäß ist. Richtschnur und Rahmen, innerhalb dessen sich die christliche Lebensführung zu bewähren hat, ist das zweipolige Liebesgebot Jesu, in dem wie nirgends sonst die innere Verknüpfung von Glaube und christlicher Ethik aufscheint:

> „Du sollst den Herrn, deinen Gott, lieben mit ganzem Herzen, mit ganzer Seele und mit all deinen Gedanken. Das ist das wichtigste und erste Gebot. Ebenso wichtig ist das zweite: Du sollst deinen Nächsten lieben wie dich selbst. An diesen beiden Geboten hängt das ganze Gesetz samt den Propheten“ (Mt 22,37–40).

Persönliche Lebensführung und gesellschaftliche Praxis der Kirche haben somit, unter Berücksichtigung der Erkenntnisquellen der Moraltheologie,[42] ihre Norm im Glauben, „der in der Liebe wirksam ist“ (Gal 5,6). Das II. Vatikanum betont deshalb auch, es sei besondere Sorge zu legen „auf die Vervollkommnung der Moraltheologie, die, reicher genährt aus der Lehre der Schrift, in wissenschaftlicher Darlegung die Erhabenheit der Berufung der Gläubigen in Christus und

rung zur Enzyklika „Redemptoris mater“, in: ders. / Hans Urs von Balthasar, Maria – Kirche im Ursprung (Anm. 11), 31–52, hier 48.

41 Johannes Paul II., Enzyklika *Redemptoris Mater* über die selige Jungfrau Maria im Leben der pilgernden Kirche (25. März 1987), (VApS, 75), hg. v. Sekretariat der Deutschen Bischofskonferenz, Bonn 1987 (zit. als RM).

42 Vgl. hierzu Anselm Günthör, Anruf und Antwort. Der Christ – gerufen zum Leben, (Allgemeine Moraltheologie. Bd. 1), Vallendar-Schönstatt 1993, 25–58.

ihre Verpflichtung, in der Liebe Frucht zu tragen für das Leben der Welt, erhellen soll“ (*Optatam totius* 16). Überall dort, wo Glaube und sittliches Leben im Widerspruch zueinander stehen, überall dort also, wo authentische Zeugenschaft in Übereinstimmung von verkündetem und gelebtem Glauben nicht gegeben ist, da wird zugleich auch die Strahl- und Anziehungskraft des Evangeliums selbst verdunkelt. Umso wichtiger scheint darum der mit der gebotenen Neuevangelisierung verbundene Auftrag, „die Grundlagen und Inhalte der christlichen Moral“ darzulegen und dadurch „ihre Authentizität“ zu bekunden und „gleichzeitig ihre ganze missionarische Kraft“ zu verströmen, „wenn sie sich durch das Geschenk nicht nur des verkündeten, sondern auch des *gelebten* Wortes vollzieht“ (*Veritatis splendor* 107).

Bedenkt man allein vor diesem Hintergrund die Situationsanalyse, die mit dem Nachsynodalen Apostolischen Schreiben *Amoris laetitia*[43] zum Themenbereich „Familie in der heutigen Zeit“ vorliegt (vgl. AL 31–56) und blendet man zudem die damit verbundene Erkenntnis, die den aufmerksamen Beobachter indes nicht sehr überraschte, nicht aus, dass es in weiten Teilen zu einem erheblichen, schon Jahrzehnte im Gang befindlichen Entfremdungsprozess zwischen kirchlicher Lehrverkündigung zu Ehe und Familie und wahrnehmbar gelebter Wirklichkeit *innerhalb* der kirchlichen Gemeinschaft selbst gekommen ist,[44] dann liegt eines ganz sicher offen: Familie als in jeder Hinsicht erstem Erfahrungs- und Lebensraum von Glaube und christlichem Handeln hat die größte Aufmerksamkeit im Rahmen jeglicher Bemühung zur Neuevangelisierung zu gelten. Und dabei wird Familie nicht nur als Adressatin, sondern eben auch als Trägerin und Multiplikatorin im Prozess der Neuevangelisierung wahrzunehmen sein. Wenn es hierbei ganz zentral auch

43 Papst Franziskus, Nachsynodales Apostolisches Schreiben *Amoris laetitia* (19. März 2016), in: URL:http://w2.vatican.va/content/francesco/de/apost_exhortations/documents/papa-francesco_esortazione-ap_30160319_amoris-laetitia.html [Stand: 30.12.2016].

44 An dieser Stelle geht es nur um das Faktum an sich, nicht um die sicher komplexe Frage nach den zugrundeliegenden Ursachen.

um materiale Inhalte einer verbindlichen Moral geht, dann ist ohne Zweifel an die kirchliche Moralunterweisung „die Erwartung zu richten, dass sie nicht nur Forderungen aufstellt, sondern sich als Ermutigung und Anleitung zum rechten Handeln versteht, wobei zwar Grenzen markiert, in erster Linie aber Zielbestimmungen und Wegweiser aufgerichtet werden, die dazu einladen, in Freiheit Verantwortung für den Nächsten zu übernehmen“.[45] Das Nachsynodale Apostolische Schreiben *Amoris laetitia* ermutigt dazu, diesen Weg der Liebe und gegenseitigen Verantwortung besonders auch in den Familien ganz mit Maria verbunden zu gehen, denn in ihrem Herzen „befinden sich auch alle Ereignisse einer jeden unserer Familien, die sie sorgsam bewahrt. Daher kann sie uns helfen, sie zu deuten, um in der Familiengeschichte die Botschaft Gottes zu erkennen“ (AL 30).

5. Maria – „voll der Gnade“

Der Anspruch der christlichen Moral, so wird immer wieder – auch von aufrichtig bemühten Gläubigen – eingewandt, sei in bestimmten Bereichen zu hoch und kaum, vielleicht gar nicht lebbar. Angesichts dessen hat sich die Neuevangelisierung auch der Herausforderung zu stellen, einer gewissen Form von „Gnadenvergessenheit“ zu begegnen, die die Versuchung mit sich bringt, jede moralische Forderung, die rein menschliche Kräfte zu übersteigen scheint, als überzogen und lebensfremd, ja als unmenschlich abzulehnen. Papst Johannes Paul II. hat dieses Phänomen sehr pointiert zum Ausdruck gebracht, indem er von der Wurzel her die Frage in den Raum stellt:

> „Und von *welchem* Menschen ist die Rede? Von dem Menschen, der von der Begierde *beherrscht* wird, oder von dem Menschen, der *von Christus erlöst wurde*? Schließlich geht es um folgendes: um die *Wirklichkeit* der Erlösung durch Christus. *Christus hat*

45 Eberhard Schockenhoff, Leben nach der Weisung Jesu. Zum Verhältnis von Evangelisierung und Ethik, in: G. Augustin / K. Krämer (Hg.), Mission als Herausforderung (Anm. 15), 185–209, hier 208.

> *uns erlöst!* Das bedeutet: Er hat uns die *Möglichkeit* geschenkt, *die ganze* Wahrheit unseres Seins zu verwirklichen [...]" (*Veritatis splendor* 103).

In einzigartiger und vollkommenster Weise ist das Zusammenspiel von göttlicher Gnade und Mitwirkung der menschlichen Freiheit in Maria verwirklicht. Darum ist „zuallererst in der Jungfrau und Gottesmutter, die ‚voll der Gnade' und ‚ganz heilig' ist, das Vorbild, die Kraft und die Freude zu suchen und zu finden, um ein Leben gemäß den Geboten Gottes und den Seligpreisungen des Evangeliums zu führen" (VS 107). Und da Maria auch mit Recht als Mutter der Barmherzigkeit geehrt wird, leidet sie, die die Sünde nicht kannte, mit jeder Schwäche mit und versteht und liebt den Sünder mit mütterlicher Liebe" (VS 120).

6. Ausblick

Diese wenigen, sicher noch der Vertiefung werten Gedanken mögen genügen, zumindest in wesentlichen Grundzügen Anstoß gegeben zu haben, im Festanlass „100 Jahre Patrona Bavariae" aus einer gesunden Marienfrömmigkeit zugleich auch Impulse für die so sehr erforderliche Neuevangelisierung in unserem Land zu empfangen. In der Vollendungsgestalt Mariens, der Jungfrau und Mutter, strahlt am klarsten auf, wozu der Mensch berufen und wozu er zugleich in der Lage ist, wenn er auf den liebenden Anruf Gottes mit einem freien und freudigen Ja Antwort gibt. Dass dieses Jawort im Vertrauen auf die göttliche Gnade immer mehr alle Lebensvollzüge in Wort *und* Tat durchprägt, das ist der Weg der Evangelisierung und zudem als Weg zur Heiligkeit das eigentliche Ziel jeder Evangelisierung.

Das Gebet

Eine pastoraltheologische Perspektive unter besonderer Berücksichtigung des Mariengebetes

Hubert Windisch

1. Das Gebet als geschöpflicher Grundakt (Ferdinand Ulrich)

Wenn wir unvoreingenommen die Menschheitsgeschichte von ihren Ursprüngen an betrachten, können wir eine aufschlussreiche Entdeckung machen: Sowohl die Kultur- als auch die Religionsgeschichte zeigen, dass der Mensch von Anfang an ein über sich hinausgreifendes, ein sich selbst übersteigendes Wesen ist, das sich darin auf dreifache Art vom tierischen Verwandten und der gesamten ihn umgebenden Schöpfung abhebt: 1.) Der Mensch ergreift das Feuer, ein unglaublicher Eingriff in den Umgang mit der Wirklichkeit. So kann der Mensch z. B. als einziges Wesen auf dieser Erde kochen. 2.) Der Mensch ergreift im Umgang mit seinesgleichen das Wort, das mehr ist als eine art- und triebgebundene Verständigung im Blick auf Fortpflanzung oder Fressen. Die ganze menschliche Kultur basiert auf dieser Fähigkeit, sich einzigartig reflektierend auszudrücken. Nicht nur jede Wissenschaft lebt in einem tiefen Sinn vom Wort – und natürlich Literatur par excellence, sondern auch Malerei, Bildhauerei, Theater und Tanz, jede Form von Kunst und vor allem die Musik sind Folgen dieses menschlichen Ausgriffs, der ihn im Miteinander von Mensch und Mensch und Mensch und Welt gleichsam transzendiert. 3.) Der Mensch greift zum Himmel. Er allein kann beten. Und er tut es von Anfang an. Er tut es als Ruf auf einen Ruf hin als Frage oder Klage, als Bitte oder Dank, als Lob oder Anbetung, in innerer Haltung und äußerer Gebärde, in Text und

Ton, ganz verborgen im stillen Kämmerlein oder in gemeinsamer öffentlicher Feier. Der Mensch ist mit dieser dritten ihn vom Tierreich unterscheidenden Qualität bei aller ihm täglich notwendigen Befassung mit Menschlich-allzu-Menschlichem herkünftig und zukünftig in einen ihn übersteigenden Horizont des Unendlichen, in den Horizont des Absoluten verwiesen – *capax infiniti*, sagten die Alten, oder etwas frömmer ausgedrückt: nach oben offen. Das Gebet ist ein geschöpflicher Grundakt des Menschen. So kann Thomas von Aquin im Artikel 3 der Quaestio 83 der *Secunda Secundae* seiner „Summa theologiae" über ein rein christliches Verständnis hinaus behaupten: *„Oratio est proprie religionis actus."* (Das Gebet ist der eigentliche Akt jeder Religion.) Ohne Gebet würde, um die Überlegungen von Karl Rahner zum Wort „Gott" etwas abwandelnd aufzugreifen, der Mensch sich restlos über dem je einzelnen an seiner Welt und in seinem Dasein vergessen. Er würde nicht mehr ratlos, schweigend und bekümmert vor das Ganze der Welt und seiner selbst geraten. Er würde nicht mehr merken, dass er nur ein einzelnes Seiendes, aber nicht das Sein überhaupt ist. Er würde nicht merken, dass er nur noch Fragen, aber nicht die Frage nach dem Fragen stellt. Er würde nicht mehr merken, dass er immer nur einzelne Momente seines Daseins je neu manipuliert, sich aber nicht mehr mit seinem Dasein als Einem und Ganzem befasst.

> „Er würde *in* der Welt und *in* sich steckenbleiben, aber nicht mehr jenen geheimnisvollen Vorgang vollziehen, der er *ist* und in dem gleichsam das Ganze des ‚Systems', das er mit seiner Welt ist, streng sich selbst als Eines und Ganzes denkt, frei übernimmt, so sich selbst überbietet und übergreift in jene schweigende, wie ein Nichts erscheinende Unheimlichkeit hinein, von der her er jetzt zu sich und seiner Welt kommt […] Der Mensch hätte das Ganze und seinen Grund vergessen, und zugleich vergessen – wenn man das noch so sagen könnte, daß er vergessen hat."[1]

1 Rahner, Karl: Grundkurs des Glaubens. Einführung in den Begriff des Christentums, Freiburg [12]1982, 58.

Er hätte vergessen, ein Mensch zu sein, der ein Geschöpf Gottes ist. *Seine* Welt würde absolut, *sein* Horizont hier und jetzt der einzige, *sein* Tun selbstgerecht. Er würde sein wollen wie Gott (vgl. Gen 3,5).

Gebet ist *memoria humanitatis* gegen alle Tendenzen der Selbstauflösung des Menschseins bis hinein in das Gedächtnis der Passion *(memoria passionis)*, die aus dem Einsatz gegen das Böse und für die Liebe folgt. Ohne diese dritte Qualität von Menschsein, ohne das Gebet, verwandeln sich die ersten beiden Qualitäten in zerstörerische Potentiale: Die Macht über das Feuer wird zur Lust an der Vernichtung (bzw. die Kunst des Kochens zu einer Anleitung zum großen Fressen), und die transzendierende Kraft des menschlichen Wortes pervertiert zur Unordnung der Lüge.

Solange dagegen die Hände des Menschen gefaltet bleiben, so wiederum Rahner, „gefaltet bleiben auch im entsetzlichsten Untergang, solange umgibt uns – unsichtbar und geheimnisvoll, aber wahrhaftig – die Huld und das Leben Gottes, und alle Abstürze in das Entsetzen und in den Tod sind nur ein Fallen in die Abgründe der ewigen Liebe“.[2] Was das konkret bedeuten kann, veranschaulichen ein paar Zeilen von Alfred Delp SJ, die er aus dem Gestapo-Gefängnis in der Lerther Straße in Berlin an seine Mitbrüder in München schrieb, als er erfahren hatte, dass einige prominente Mitgefangene aus dem Kreisauer Kreis hingerichtet worden waren:

> „Drei von uns sind den Weg gegangen, der als bittere Möglichkeit vor uns allen steht und von dem uns nur Gottes Wunder trennen und bewahren können. Innerlich habe ich viel mit dem Herrgott zu tun und zu fragen und dranzugeben. Das eine ist mir so klar und spürbar wie selten: Die Welt ist Gottes so voll. Aus allen Poren der Dinge quillt uns dies gleichsam entgegen. Wir aber sind oft so blind. Wir bleiben in den schönen und in den bösen Stunden hängen. Wir erleben sie nicht durch bis zu dem Punkt, an dem sie aus Gott hervorströmen. Das gilt für das Schöne und

2 Rahner, Karl, Von der Not und dem Segen des Gebetes. Mit einer Einführung von Rudolf Hubert (Beten mit Karl Rahner, Bd. 1), Freiburg 2004, 202.

auch für das Elend. In allem will Gott Begegnung feiern und fragt und will die anbetende, liebende Antwort.“[3]

Rahner beschwört angesichts der Möglichkeit, diese betende Haltung zu verlieren, die Gefahr, dass der Mensch aufhören könnte, ein Mensch zu sein, und sich zurückkreuzen könnte zu einem findigen Tier. Delp wurde am Mittag des 2. Februar 1945, einem katholischen, marianisch gefärbten Herrenfest (Darstellung des Herrn im Tempel bzw. Mariä Lichtmess) in Berlin-Plötzensee hingerichtet. Seine sterblichen Überreste wurden verbrannt, die Asche irgendwo verstreut. Hitler hatte es so gewollt, und so erfüllte sich Delps letzter Wille: „Um das eine will ich mich bemühen: wenigstens als fruchtbares, gesundes Saatkorn in die Erde zu fallen und in des Herrgotts Hand.“[4]

2. Das Phänomen der Gebetslosigkeit (Gerhard Ebeling)

Wer genau Bescheid weiß über den Zustand in unseren kirchlichen Gemeinden, kann das Phänomen einer zugleich eigenartigen und erschreckenden Gebetslosigkeit nicht verschweigen. Zwar gibt es keinen Mangel am auch guten Streit um das rechte Vorgehen und die rechten Weisungen dafür, was in der Gesellschaft und auch in der Kirche (bis hinein in den Altarraum) konkret zu tun sei. Vor Gott sind viele Christen, jüngere zumal, allerdings merkwürdig verstummt. Sie beten nicht mehr oder können nicht mehr beten. Zur Wirklichkeit von Christ- und Kirchesein jedoch gehört das Beten so sehr, dass aus der Praxis des Gebets auf den Zustand des Glaubens und aus der Qualität des Glaubens auf die praktische Bedeutung des Gebets geschlossen werden kann. *Lex credendi lex orandi* bzw. *lex orandi lex credendi*, sagte man in der Alten Kirche dazu (vgl. das Axiom von Prosper von Aquitanien, um 440 in Rom: *„[...] ut legem credendi*

3 Delp, Alfred: Wie die Hoffnung wächst: Botschaften aus dem Kerker, Wuppertal 1990, 54f.

4 Delp, Wie die Hoffnung, 59.

lex statuat supplicandi", DH Nr. 246). Mitten in der Bergpredigt, der Magna Charta des Neuen Bundes, steht ein Gebet: das Vaterunser, das Gebet Jesu, das Herrengebet. Diese Tatsache zeigt, dass im Beten der innerste Ort des Evangeliums erreicht wird, der Ort, an dem Gottes eigenes Wort den Menschen ermutigt, nicht nur von Gott, sondern zu ihm selbst zu sprechen (vgl. Mt 6,5–15). Doch mitten in der anspruchsvollen Mitarbeit an den drängenden Aufgaben der Zeit und mitten in der Sorge um eine zeitgemäße Verkündigung ist vielen Christen, auch den Hauptberuflichen unter ihnen, oft lautlos jene Zeit abhandengekommen, in der sie zu Gott selber sprechen.

> „Ist es […] nur die Zeit, die Christen fehlt, wenn ihnen, wie Nietzsche genau beobachtete, ‚jene zarte Gelassenheit' abgeht, ‚welche sich ›Gebet‹ nennt und eine ständige Bereitschaft für das ›Kommen‹ Gottes ist'? Fehlt den mit dem öffentlichen Anspruch des Christentums Beschäftigten die Zeit dazu oder fehlt ihnen dabei vielleicht gar – Gott selbst?"[5]

Im christlichen Sinn ist (nach dem Katechismus der Katholischen Kirche, Nr. 2564) das Gebet die lebendige Bundesbeziehung zwischen Gott in Jesus Christus und dem Menschen. Von dieser Definition her versteht man ein eindringliches Wort Jesu wieder neu, das der Weinstockrede (vgl. Joh 15,1–8) entnommen ist. Dieses Wort Jesu wird oft gelesen, oft gehört, ist jedoch kaum verinnerlicht. Dieses Wort Jesu lautet: „Getrennt von mir könnt ihr nichts vollbringen" (Joh 15,5). Wir sollten dieses Wort ernst nehmen, wörtlich ernst nehmen. Denn Jesus möchte eine aktive, eine wie der Weinstock die Reben tragende und nährende Wirklichkeit in meinem Leben sein. Das aber geschieht durch das Gebet. In meinem Gebet erfolgt nämlich die Rückbindung meiner gesamten Lebenswirklichkeit an Jesus Christus. Die Wirksamkeit Jesu in meinem Leben hat schlicht und einfach die Zeit zur Bedingung, in der ich bete. Nehme ich mir Zeit für das Gebet? Es bräuchte ja nicht viel Zeit zu sein, sagt Ignatius von Lo-

5 Windisch, Hubert: Minima Pastoralia. Orientierungshilfen für die Seelsorge, Würzburg 2001, 114.

yola einmal, ein Viertelstündchen am Tag würde genügen. In diesem Viertelstündchen, das Ignatius die wichtigste Viertelstunde seines Lebens nennt, kann die notwendige Rückbindung an die Gegenwart des Herrn erfolgen. Die Tagesereignisse werden wohlstrukturiert in das Licht des Evangeliums gestellt, in liebender Aufmerksamkeit, um zu hören, was Gott mir in der erlebten Wirklichkeit und durch das Tagesgeschehen sagen will. In Anlehnung an Willi Lambert SJ kann man dieses Gebet mit folgendem Schema üben:

Das Gebet der liebenden Aufmerksamkeit

Die (in der Regel) abendliche Gebetsübung dauert etwa 15 Minuten und besteht aus fünf Schritten:

1. Sich dankend einfinden in Gottes Gegenwart

Ich setze einen bewussten Anfang des Gebetes (etwa mit einem Kreuzzeichen, einem kurzen Gebet) und werde still und hörend.

2. Bitte um Erkenntnis und Befreiung

Ich bitte den Herrn, den zurückliegenden Tag mit wachen Augen und mit liebender Aufmerksamkeit im Licht Gottes sehen zu können.

3. Die Wirklichkeit des Tages anschauen

Ich vergegenwärtige, was ich heute erlebt habe und wem ich begegnet bin. Vor allem die erlebten Gefühle wie Freude und Friede, aber auch Schmerz, Wut, Ängste und Trauer sollen lebendig werden – ohne dies zu beurteilen und zu bewerten.

4. Den Tag vor Gott da sein lassen

Ich frage, in welchen Wahrnehmungen ich den Heiligen Geist am Werk sehe – durch einen Zuwachs an Glaube, Hoffnung und Liebe. In gleicher Weise frage ich auch, welche Regungen eher Dunkelheit in der Seele und innere Wirrungen hervorrufen, zu Unglauben bewegen, ohne Hoffnung, ohne Liebe. Ich danke Gott für das Gute, das er geschenkt hat; wo ich versagt habe, bitte ich Gott um Vergebung und Hilfe zur Besserung.

5. Auf den neuen Tag zugehen mit dem Gott der Zukunft

Was mich im Blick auf den kommenden Tag bewegt – Ereignisse, Begegnungen, Pläne, Sorgen –, überlasse ich Gott. Ich bitte ihn um Kraft zum „einen Notwendigen", um das, was mir jetzt wichtig ist, und um Entschiedenheit zum Wachsen in Glaube, Hoffnung und Liebe.

3. Die gebetsgehaltene Seelsorge (Pastoral) der Kirche

Doch nicht nur mein ganz persönliches Leben braucht diese ständige Rückbindung an Jesus Christus, auch das pfarrliche Leben lebt aus ihr. Für diese Aussage kann uns eine Übersetzung des Jesuswortes in Joh 15,5 sensibilisieren. Auf Latein heißt diese Stelle nämlich: *Sine me nihil potestis facere.* Ohne die von Jesus geforderte Rückbindung aller pastoralen Vollzüge der Kirche an ihn wird – so erschreckend diese Einsicht auch sein mag – kirchliches Tun pastoraler Nihilismus. Leider kann man sich bei unvoreingenommener Wahrnehmung der Dinge, wie sie in unseren Pfarreien und Diözesen laufen, oft des Eindrucks nicht erwehren, dass trotz größter Mühe und besten Willens aller in der Seelsorge Verantwortlichen und in der Seelsorge Tätigen diese Rückbindung fehlt. Das darf nicht sein, mahnt mit einer erschütternden Weisheit Rabbi Jizchak Meir aus den Erzählungen der Chassidim: Wenn einer in einer Synagoge Vorsteher wird, sagt er, müssen alle nötigen Dinge da sein: ein Lehrhaus und Zimmer und Tische und Stühle und eine Lampe. Und einer wird Verwalter und einer Diener usw. Und dann kommt der böse Widersacher und reißt das innerste Pünktlein heraus, aber alles andere bleibt wie zuvor, und das Rad dreht sich weiter, nur das innerste Pünktlein fehlt. Rabbi Meir hebt die Stimme und schreit: Aber Gott helfe uns, man darf es nicht geschehen lassen. Dieses innerste Pünktlein ist die Gebetsverbundenheit mit Gott in Jesus Christus, der das Heil der sündigen Welt ist, wie Johann Michael Sailer (1751–1832), der katholische (bayerische) Vater der Pastoraltheologie und Bischof von Regensburg, einmal sagte. Dieses innerste Pünktlein ist nicht nur für ein privates Christenleben, sondern für die Pastoral der Kirche in ihren

Grundvollzügen *Martyria, Leiturgia und Diakonia* unverzichtbar. Denn kirchliche Pastoral ist in einem fundamentalen Sinn Einübung in und Praxis von Gebet:

Martyria, das Zeugnis der Kirche also, lebt von der innersten Beziehung zum Bezeugten selbst. Die Kirche kann die Botschaft Jesu nur in innigster Verbindung mit dem Herrn an die jeweilige Zeit vermitteln. In 2 Kor 3,3 tituliert der Apostel Paulus die Korinther als „Brief Christi“:

> „Unverkennbar seid ihr ein Brief Christi, ausgefertigt durch unseren Dienst, geschrieben nicht mit Tinte, sondern mit dem Geist des lebendigen Gottes, nicht auf Tafeln aus Stein, sondern – wie auf Tafeln – in Herzen von Fleisch.“

Die Botschaft Jesu bleibt einer Gemeinde also nicht äußerlich, sie wird in ihr Innerstes geschrieben, ins Herz. Eine Tätowierung der Haut genügt für Kirche und Christen nicht, um Brief Christi zu sein. Kirchliche *Martyria* braucht als Kommunikationsgeschehen nach außen im Inneren eine Kirche in Kommunion mit ihrem Herrn. Da allerdings eine Institution ein Herz nur in einem sehr übertragenen Sinn besitzt, lebt die Kirche bzw. die Gemeinde vor Ort als zeugnisgebende Einrichtung letztlich von einzelnen lebendigen Bausteinen (vgl. 1 Petr 2,5), die sich ganz persönlich, sei es als Amtsträger oder als Laien, von Jesus Christus in der Kraft des Heiligen Geistes berühren lassen. Anders gesagt: Eine Gemeinde wird als Brief Christi erbaut von Menschen, die selbst Briefe Christi geworden sind.

Leiturgia, unser Gottesdienst, ist feiernde Erinnerung an Gottes Dienst in Jesus Christus und die gläubige und dankbare Annahme dieses Dienstes für unseren Pilgerweg hier und jetzt, in einem tiefen Sinn Eucharistie, dankbares Dasein in seinem Tun. Laut II. Vatikanischem Konzil ist darin die Quelle, die Mitte und der Höhepunkt des ganzen Lebens einer christlichen Gemeinde gegeben (vgl. *Christus Dominus* 30, *Lumen Gentium* 11, *Sacrosanctum Concilium* 10), das sich in der unaufhörlichen Doppelbewegung von Sammlung beim Herrn und Sendung in die Welt abspielt.

Damit ist auch schon der dritte Grundvollzug kirchlicher Pastoral, die *Diakonia*, angesprochen, die nicht fehlen darf, soll die Kirche ihren Namen zu Recht tragen: Kirche kommt von *kyriaké*, dem Herrn gehörend. Sie weiß sich der großen Gerichtsrede in Mt 25 verpflichtet, weil sie um die Doppelidentifikation des Herrn mit dem Notleidenden und dem, der dem Notleidenden begegnet, weiß. Dem heiligen Martin tritt am Stadttor von Amiens im Bettler Christus entgegen, aber auch umgekehrt wendet sich dem Bettler in Martin Christus zu. Das Liebestun der Kirche (vgl. die Enzyklika *Deus Caritas est* von Papst Benedikt XVI.) ist ein Tun, das Christus atmet. Deshalb braucht alle Caritas/Diakonie die Unterbrechung im Gebet. Schön und treffend ist dieser Zusammenhang in der geistlichen Ausrichtung des Benediktinerordens greifbar, der maßgeblich an der Christianisierung Europas und insbesondere an der Christianisierung Deutschlands beteiligt war: *„Ora et labora"* lautet das spirituelle Motto. Der inzwischen emeritierte Papst Benedikt XVI. hatte seinen Namen sicher nicht des Wohlklangs wegen, sondern vor allem aus programmatischen Gründen, gleichsam als kirchliche Botschaft in die Zeit hinein gewählt.

4. Maria – Vorbild und Hilfe im Gebet

An dieser Stelle nun kommt in der katholischen Kirche seit jeher die Erinnerung an Maria auf, die in ihrem großen Gebet, dem Magnificat (vgl. Lk 1,46–55), vom Heiligen Geist erfüllt von sich selbst sagt: „Von nun an preisen mich selig alle Geschlechter" (Lk 1,48). Nichts anderes tut die Kirche, wenn sie Maria ehrt, die nach dem II. Vatikanischen Konzil (vgl. *Lumen Gentium* 60) die *einzige* Mittlerschaft Christi in keiner Weise verdunkelt oder mindert. „Es gibt nämlich nur einen Gott und nur einen Mittler Gottes und der Menschen, den Menschen Christus Jesus, der sich selbst als Erlösung für alle gegeben hat" (1 Tim 2,5–6). Aber Maria wird „als überragendes und völlig *einzigartiges* Glied der Kirche wie auch als ihr Typus und klarstes Urbild im Glauben und in der Liebe gegrüßt, und die katholische Kirche verehrt sie, vom Heiligen Geist belehrt, in kindlicher Liebe als geliebte Mutter" (*Lumen Gentium* 53). Nicht Gott gleich und deshalb nicht mit ihrem Sohn vergleichbar, nimmt sie in der Kirche nach Christus den höchsten Platz ein (vgl. *Lumen Gentium* 54) – vor dem Papst – und ist das schönste und reinste Geschöpf Gottes, dem nicht Anbetung, sondern tiefe Verehrung zuteilwird (vgl. *Lumen Gentium* 66). Warum aber ehrt die Kirche Maria in hervorgehobener Weise? Weil sie im Blick auf Maria ihr eigenes Wesen und ihren eigenen Auftrag besser erkennt. In Maria ist ja das innerste Pünktlein der Beziehung Gottes zu seinen Menschen im wörtlichen Sinn Fleisch geworden und sie hat Gottes Sohn auf einzigartige Weise zur Welt gebracht. „Und das Wort ist Fleisch geworden und hat unter uns gewohnt, und wir haben seine Herrlichkeit gesehen, die Herrlichkeit des einzigen Sohnes vom Vater, voll Gnade und Wahrheit" (Joh 1,14). So aber ist Maria Vor-Bild für jegliche Art von Christ- und Kirchesein, da jeder, der an Christus glaubt, letztlich dazu berufen ist, Christus in sich aufzunehmen und, wie Paulus an die Epheser (Eph 4,13; vgl. auch Gal 4,19) schreibt, zur vollen Gestalt heranreifen zu lassen. Und wozu ist die Kirche denn bestimmt, wenn nicht dazu, Christus zur Welt zu bringen, wenn auch nicht mehr im fraulich-fleischlichen Sinn wie Maria, sondern in der Kraft des Heiligen Geistes?

So schließt sich die Kirche immer wieder dem Gebet Marias selber an, indem jeden Tag in der Vesper des Breviers der Priester und Ordensleute das Magnificat erklingt, zu dem Martin Luther 1521 einen eindrucksvollen, sehr existentiellen Kommentar verfasst hat. In diesem Gebet ist das wahre Verhältnis des Menschen zu Gott im Modus des Jubels und des Lobpreises beschrieben, weil Gott, seinen Verheißungen treu, auf die Niedrigkeit seiner Magd geschaut hat. *„Sola gratia"* kann man dieses Verhältnis nennen, das kein für Maria privates bleibt, sondern die vielen mit einschließt, die geknechtet sind und hungern und dürsten nach Gerechtigkeit (vgl. auch Mt 5,3–12). Gleichzeitig können wir bei Maria vorbildhaft das biblische Mitwirken des Menschen auf den Gnadenanruf Gottes hin erkennen. Es ist der Glaube, der Antwort gibt, konkret und konsequent. Gott hat Maria nicht gezwungen. Denn die göttliche Gnade hebt die menschliche Freiheit nicht auf. Maria hätte auch Nein sagen können. Welch ein Geheimnis tut sich auf, das uns erschaudern lässt!

Das Mariengebet der katholischen Kirche kennt aber neben der Übernahme des Betens Mariens in das eigene Gebet auch noch eine weitere Facette. Es ist das Gebet zu Maria, ganz im Licht der Hochzeit von Kana, wo sich Maria ihrem Sohn gegenüber als Fürsprecherin zeigt, damit das Fest nicht ende. Ein tiefer Sinn ist in dieser Erzählung enthalten im Blick auf Maria und die Kirche. Sie als unsere Fürsprecherin führt immer zu ihrem Sohn, und ihre Weisung an uns ist immer Verweis auf ihn: „Was er euch sagt, das tut" (Joh 2,5). Das Gebet zu Maria legitimiert sich auch aus der innigen Szene unter dem Kreuz, als Jesus zu seiner Mutter sagt: „Frau, siehe, dein Sohn!" (Joh 19,26) In Johannes sind wir gleichsam, wenn auch im übertragenen Sinn, Söhne und Töchter Marias, Brüder und Schwestern Jesu. Wie aber sollte ein Kind nicht zur Mutter kommen dürfen, wenn es etwas auf dem Herzen hat? Ich war über sieben Jahre in Regensburg Gefängnispfarrer im Nebenamt. Zwischen 3000 und 4000 inhaftierte Männer, Frauen und Jugendliche waren dabei pro Jahr seelsorglich zu betreuen. Nie habe ich, auch nicht bei schwersten Verbrechen, erlebt, dass die Mütter ihre Kinder verstoßen hätten.

5. Mariengebete

Maria ist nach herkömmlicher (vor allem bildlicher) Darstellung sowohl im Osten als auch im Westen Wegweiserin *(Hodegetria)* zu Christus. Mariengebete sind, recht verstanden und in rechter Weise praktiziert, Wegzeichen dieser Wegweisung zu Christus. Mariengebete sollten daher immer einen biblischen Hintergrund haben. Für gewöhnlich wechseln in ihnen zwei Bewegungen einander ab: Die eine Bewegung preist den Herrn für die großen Dinge, die er an seiner Magd Maria getan hat; die andere Bewegung vertraut Maria, der Mutter Jesu, die eine von uns ist, das Lob und die Bitten der Kinder Gottes an. Das lässt sich sehr schön an den folgenden drei Beispielen zeigen:

a) Das Ave Maria

Im Gruß des Engels Gabriel grüßt Gott selbst Maria durch seinen Boten (vgl. Lk 1,26–28). Das Ave Maria wagt den Gruß des Engels an Maria aufzunehmen, indem es gleichsam mit Gott auf die niedrige Magd schaut, um an der Freude, die Gott an Maria hat, teilzunehmen (vgl. Katechismus der Katholischen Kirche, Nr. 2676). „Du bist voll der Gnade; der Herr ist mit dir." Die beiden Teile des Engelsgrußes erhellen sich gegenseitig: Maria ist voll der Gnade, weil der Herr mit ihr ist und umgekehrt (vgl. Lk 1,28). „Freu dich und frohlocke von ganzem Herzen, Tochter Jerusalem … Der Herr, dein Gott, ist in deiner Mitte" (Zef 3,14.17a). Maria ist in Person die Tochter Zion, sie ist die Wohnung Gottes unter den Menschen (vgl. Offb 21,3). Voll der Gnade ist Maria dem hingegeben, den sie der Welt geben wird. Nach dem Gruß des Engels macht sich das Ave Maria den lauten Ruf Elisabeths zu eigen (vgl. Lk 1,41–45): „Du bist gebenedeit unter den Frauen, und gebenedeit ist die Frucht deines Leibes: Jesus." Aufgrund ihres Glaubens gehört Maria in die Reihe der Urväter und -mütter und Patriarchen, die in Hebr 11 aufgezählt sind, und doch sprengt und vollendet sie diese Reihe, weil in ihrem Glauben Gottes ewiges Wort einzigartig leibhaft sichtbar und hörbar wird.

Nun kommen wir im zweiten Teil des Ave Maria mit den wichtigsten zwei Momenten unseres Lebens zu ihr, damit sie uns damit zu ihrem Sohn führe: mit dem Jetzt und mit der Stunde unseres Todes. In beiden herausgehobenen Momenten unseres Lebens sind wir bedroht von der Sünde, die nach Paulus der Stachel des Todes ist (vgl. 1 Kor 15,55–56). „Gott aber sei Dank, der uns den Sieg geschenkt hat durch Jesus Christus, unseren Herrn" (1 Kor 15,57). So kann voll Dankbarkeit jetzt und in der Stunde unseres Todes im AVE auch schon rein optisch die gnadenhafte Rettung und Umkehr von EVA erkannt und gepriesen werden.

b) Der Engel des Herrn

Eine tiefe Verbindung mit dem Ave Maria und eine gleichzeitige Ausweitung auf das tägliche Gedächtnis der Inkarnation hin findet sich im Engel des Herrn. Dreigliedrig wird darin von der Menschwerdung Jesu erzählt, wobei der erzählte Stoff wieder der Heiligen Schrift entnommen ist: „Der Engel des Herrn brachte Maria die Botschaft, und sie empfing vom Heiligen Geist“ erinnert an Lk 1,26–37. „Maria sprach: Siehe, ich bin die Magd des Herrn; mir geschehe nach deinem Wort“ greift Lk 1,38 auf. In der dritten Sequenz wird Joh 1,14 rezitiert, nach Karl Barth *die* Spitzenaussage der gesamten Heiligen Schrift schlechthin: „Und das Wort ist Fleisch geworden und hat unter uns gewohnt.“ Gerne schlagen sich dabei die Gläubigen an die Brust oder machen eine Kniebeuge. Der Engel des Herrn wird dreimal am Tag gebetet: am Morgen, am Mittag, am Abend. Er ist so etwas wie das Breviergebet des katholischen Volkes gewesen. Als die Kirchenglocken noch per Hand geläutet wurden, war es weithin Brauch, zum Gebet des Engel des Herrn mit 33 Glockenschlägen einzuladen – in Erinnerung an die Lebensjahre Jesu auf Erden. Abgeschlossen wird der Engel des Herrn mit der Oration, die über die Menschwerdung Jesu hinaus an sein Leiden und seine Auferstehung erinnert und Gott darum bittet, dass wir daran teilhaben dürfen.

c) Der Rosenkranz

Als das katholische Mariengebet par excellence gilt der Rosenkranz. Sein Ursprung reicht freilich weit in die vorreformatorische Zeit, ja, die Art, mit Gebetsschnüren litaneimäßig göttliche Geheimnisse zu betrachten, ist über das Christentum hinaus auch in anderen Religionen zu finden. Der Rosenkranz ist aus der Marienminne des Mittelalters entstanden und so zum Psalter der Kleinen, der einfachen Gläubigen geworden. Parallel zu den 150 Psalmen, die das Breviergebet der Priester und Mönche bestimmen, werden in 150 Ave Maria eingebettet die drei Geheimnisse des Lebens und Wirkens Jesu in jeweils fünf, also insgesamt 15 Gesätzen betrachtet.

Kardinal Meisner von Köln erzählt einmal von einer Begegnung mit einer Gruppe von Wolga-Deutschen, die 1975 auf einer Reise in die damalige DDR auch Erfurt besuchten. Diese Begebenheit kann uns sehr anschaulich den Sinn des Rosenkranzgebetes nahebringen. Ein Reiseteilnehmer fragte ihn: Welche Glaubenswahrheiten müssen wir unseren Kindern und Kindeskindern weitergeben, damit sie das ewige Leben erlangen? Meisner wollte ihm eine Bibel und einen Katechismus schenken. Doch der Gast wies das mit dem Hinweis darauf zurück, dass keine religiösen Bücher in die Sowjetunion eingeführt werden dürften. Daraufhin schenkte er ihm einen Rosenkranz und sagte: Am Anfang des Rosenkranzes hängt das Kreuz. Damit beten wir das Glaubensbekenntnis. Das ist unsere Glaubenslehre. Der heilige Thomas von Aquin sagt: Das Kreuz ist das Buch, aus dem zu studieren ich nie an ein Ende komme. Dann folgen die ersten drei kleinen Perlen. Hier beten wir um die drei göttlichen Tugenden: Glaube, Hoffnung und Liebe. Das ist unsere Lebenslehre. Dann folgen an dem übrigen Perlenkranz die Evangelien gleichsam in Geheimschrift oder Blindenschrift; sie sind nur mit den Händen und dem Herzen zu ertasten: Im freudenreichen Rosenkranz betrachten wir die Geheimnisse der Menschwerdung Gottes in Jesus Christus aus Maria, der Jungfrau. Der schmerzensreiche Rosenkranz lässt uns teilnehmen an den Geheimnissen des Leidens und Sterbens Christi. Im glorreichen Rosenkranz dürfen wir die Geheimnisse von seiner Auferstehung und Vollendung betrachten. Der Reiseteilnehmer aus Russland nahm daraufhin einen Rosenkranz in seine Hand und sagte voll Freude: Dann habe ich den ganzen Glauben in einer Hand.[6] Der Rosenkranz ist im wahrsten Sinn des Wortes ein handfestes Gebet.

Ein bloßer Zuhörer mag das Rosenkranzgebet als starre Struktur und monotone Wiederholung empfinden und sich daran stoßen. Aber die meditative Wiederholung des Ave Maria mit Blick auf Jesus entlastet und vertieft zugleich. Der Rosenkranz kann durchaus mit dem Üben eines Musikstückes verglichen werden, das ich nie ganz

6 Vgl. Meisner, Joachim: Den ganzen Glauben in einer Hand. Predigt in der Lateran-Basilika über das Geheimnis des Rosenkranzes, in: Deutsche Tagespost Nr. 131 / 31.10.1991, 5.

perfekt aufführen bzw. wiedergeben kann, weil seine Melodie aus dem Unendlichen kommt und doch mitten im oft grauen Alltag erklingt. Gerade in der Mühsal des Lebens wird der Rosenkranz gerne gebetet. So wird die Kraft des Rosenkranzes auch nirgendwo sonst so spürbar wie bei einem Sterberosenkranz.

Zum Schluss weise ich in ökumenischer Gebetsperspektive darauf hin, dass das II. Vatikanische Konzil in *Lumen Gentium* Nr. 67 vor falschen Übertreibungen in der katholischen Marienverehrung warnt. Gleichzeitig sind aber auch protestantische Fehleinstellungen in Bezug auf die katholische Marienverehrung zu kritisieren. Wenn nun in der katholischen Kirche *Über*treibungen und in den getrennten protestantischen Kirchen die theologischen und liturgischen *Unter*treibungen in Bezug auf Maria unterblieben, dann könnte doch gerade im betenden Blick auf Maria ihr Sohn Jesus Christus, der Sohn Gottes, dem allein Anbetung gebührt, wieder der eine Herr seiner einen Kirche sein.

Die Marienpredigt

Homiletische Leitlinien

Ludwig Mödl

Die Verehrung Mariens in der katholischen Kirche hat mehrere Gründe. Zum Ersten ist Maria von Gott erwählt, Mutter des göttlichen Wortes zu sein, wozu sie selber im Magnifikat sagt: „Von nun an preisen mich selig alle Geschlechter; denn der Mächtige hat Großes an mir getan." Zum Zweiten gilt Maria aufgrund ihrer Erwählung als das vornehmste Glied der Kirche und ist damit der Typus des neutestamentlichen Menschen schlechthin, an welchem sichtbar wird, wozu jeder Glaubende berufen ist. Zum Dritten wird sie als die mütterliche Fürbitterin angerufen, der – als der Bedeutendsten aller Heiligen – vom Volk eine besondere Wirkkraft zugesprochen wird. In diesem Sinn wird sie auch als „Patronin" bezeichnet, die schützend wirken kann. In dieser Tradition steht der Titel, dem dieser Band gewidmet ist: Patrona Bavariae.

Diese besondere Stellung Mariens in der Frömmigkeitspraxis evoziert die Frage, wie denn von Maria in der Predigt zu sprechen sei. Um auf diese Frage antworten zu können, sei im Folgenden zunächst die Stellung Mariens in der Theologie und der Frömmigkeitspraxis näher beleuchtet, sodann seien die Möglichkeiten und Anlässe für Marienpredigten aufgezählt und dann sei versucht, die homiletischen Besonderheiten einer Marienpredigt zu beschreiben.

1. Die Bedeutung Mariens in der theologischen Praxis

Die Verehrung Mariens hat sich in dem Maße entwickelt, in welchem die Menschwerdung des göttlichen Wortes in Jesus Christus als zentrales Glaubensgeheimnis ins Bewusstsein kam und im spirituellen Leben eine Rolle spielte. Maria wird nicht um ihrer selbst willen verehrt. Sie ist der lebendige Thron des menschgewordenen Gotteswortes. Wo Christus, der Mensch, in seiner göttlichen Qualität (bzw. Natur) als Zentralwahrheit beachtet wird, da kommt Maria in den Blick. Doch im Laufe der Geschichte wird sie, die so nahe bei Christus steht, noch unter einem zweiten Gesichtspunkt betrachtet: als der gläubige Mensch schlechthin, welcher als Typus der Kirche, als Schwester der Menschen und als Fürbitterin wahrgenommen wird.[1] Unter diesen beiden Überschriften müssen wir die gesamte Marienverehrung betrachten: Sie ist „Mutter Christi" und (besonders begnadeter) „gläubiger Mensch". Zu jeder dieser beiden Ausrichtungen haben wir je zwei Glaubensaussagen. Zur ersten „Gottesmutter" und „Jungfrau", zur zweiten (neuzeitliche Dogmen) „unbefleckt Empfangene" und „in den Himmel Aufgenommene". Lassen Sie mich diese zweimal zwei „Dogmen" kurz skizzieren, ehe ich ein paar Worte zur Marienverehrung sage.

a) Christusbezogene Mariendogmen

Die christusbezogenen Mariendogmen sind unter den Stichworten „Gottesmutter" und „Jungfrau" gefasst: Als die Bischöfe im Jahre 431 in Ephesus diskutierten, ob man Maria nur „Christusgebärerin" oder auch „Gottesgebärerin" nennen dürfe, war dies ein heiß umstrittenes Thema in der Öffentlichkeit. Was stand dahinter? Die eigentliche Frage lautete: Wer ist Christus für uns? Welche Qualität hat die von ihm gebrachte Erlösung? Ist Maria nur „Christusgebärerin", dann hat sie einen hoch qualifizierten Menschen geboren, der

1 Vgl. Wolfgang Beinert, Art. Maria, Mutter Jesu. II. Historisch-theologisch, in: LThK Bd. 6, ^{3}1997, Sp. 1321–1322.

– wie im Arianismus angesagt – durchaus in den göttlichen Bereich hineinreicht, da er von dort adoptiert wurde. Aber die Erlösung, also sein Werk der Versöhnung, hat nur einen analogen Charakter. Im Letzten bleibt sie Menschenwerk, von Gott wohlwollend angenommen. Ist Maria aber Gottesgebärerin, dann ist in Jesus Christus die göttliche Natur dergestalt anwesend in der Welt gewesen, dass alles, was er war und gelebt hat, vornehmlich auch sein Leiden und Sterben, nicht nur mit menschlicher, sondern auch mit göttlicher Qualität versehen ist, sosehr die menschliche Natur dabei vollgültig gewirkt hat. Die Erlösung durch Jesus ist menschliches und göttliches Werk. Dann ist der Mensch, der zu Christus gehört, wirklich berufen, in den göttlichen Bereich hinein erlöst zu werden. Der Titel „Gottesgebärerin" oder „Gottesmutter" hebt somit die göttliche Natur Jesu hervor und betont die Qualität unserer Erlösung durch ihn.

Einen ähnlich christologischen Schwerpunkt hat die zweite Aussage über Maria als der Jungfrau:[2] Zunächst müssen wir diese Aussage in den kulturellen Kontext der frühen Kirche stellen. Lukas und Matthäus betonen dies in ihren Kindheitserzählungen – Lukas, indem er bei der Verkündigungsszene ausdrücklich sagt, dass Maria nicht wusste, wie es geschehen sollte, da sie keinen Mann erkannte, also Jungfrau war. Matthäus stellt an das Ende der Geschlechterfolge, die mit Josef als dem Nachkommen Davids endete, eine ausführliche Fußnote, in welcher er erklärt, wie Jesus als Davidssohn bezeichnet werden kann, ohne dass Josef, der Davids-Nachkomme, sein Erzeuger war. Maria ist also Jungfrau. In der damaligen Zeit wurde eine Frau von ihrem Vater oder ihrem Mann her definiert. (Ein letztes Relikt dieser Auffassung haben wir heute noch darin, dass bei einer Heirat die Frau den Namen ihres Mannes annimmt.) In diesem Kontext war es verständlich, wenn eine Frau, die zu keinem Mann gehörte, sagen konnte: Ich gehöre Gott! In diesem Sinn können wir die Rede von Maria als der Jungfrau verstehen. Dies trifft umso mehr zu, als sie Gottes Werkzeug bei der Menschwerdung des göttlichen Wortes war. Sie muss ganz zu Gott gehören und sich von ihm her

2 Das Konzil von Konstantinopel 553 spricht von der „Immerjungfrauschaft".

definieren, da sie die Mutter seines Sohnes wurde. Hier setzen die neuzeitlichen Dogmen an, über die im übernächsten Abschnitt zu sprechen ist.

Noch in einem zweiten Sinn ist die Rede von Maria als der Jungfrau im Kontext der Zeit zu deuten. Die Alten waren der Meinung, ein Kind komme ausschließlich aus dem Samen des Mannes – wie beim Samen der Pflanzen. Die Frau ist die Hegerin. Der Samen kommt in ihren Schoß und wächst dort heran. Das Kind nimmt zwar auch Eigenschaften von der Mutter an, doch diese ergeben sich aus der körperlichen Nähe. Eigentlich ist das Kind aber Kind des Vaters. Eine Frau gebiert ihrem Mann ein Kind, sein Kind. Das Kind ist das Kind des Vaters.

In diesem Denkhorizont müssen wir nun die Rede von der jungfräulichen Gottesmutter verstehen. Maria hat nicht dem Josef ein Kind geboren, sondern Gott. Nicht Josef ist der Vater Jesu, sondern göttlicher Geist hat ihn in Maria eingepflanzt. Jesus ist also wesenhaft göttlich, obwohl er von Maria als Mensch geboren wurde, so dass er auch echt Mensch ist. Damit ist nochmals betont, was die beiden alten Mariendogmen eigentlich sagen wollen: In Jesus, dem Menschen, ist wirklich göttliche Wirklichkeit ins Menschliche gekommen – für unsere Erlösung.

In den künstlerischen Darstellungen wird dies ausgedrückt. Maria wird bis ins späte 18. Jahrhundert immer mit Christus dargestellt. Sie ist der lebendige Thron des göttlichen Wortes. Erst im Laufe der Gotik kommen die menschlichen Beziehungselemente zwischen Mutter und Kind hervor. Zunächst thront das Kind auf dem Arm oder auf dem Schoß Mariens, mit erwachsenen Zügen, im strengen Blick zum Ausdruck gebracht. Dann kommt kurzzeitig – im Umfeld der bernhardinischen Marienfrömmigkeit – das Bild der „*Maria lactans*" auf, um die wahre Menschheit Christi zu betonen. Das Kind wird im Folgenden immer kindlicher dargestellt – in der Spätgotik als nacktes Büblein, um zu zeigen: Er ist wirklich Mensch geworden. Die Pietà, ab der Mitte des 14. Jahrhunderts als Trostbild erfunden, hat den toten Sohn auf dem Schoß. Im Barock wird dann die Mutter zur Königin und damit zur mächtigen Fürsprecherin. Langsam schält sich dann heraus, dass Maria allein dargestellt wurde, und zwar ab dem 18. Jahrhundert als *Immaculata*. Damit kommt eine verstärkte Ausrichtung in die Marienverehrung, nämlich Maria als Werkzeug der Gnade und als Typus des glaubenden Menschen, welche deutlich in den beiden neuzeitlichen Mariendogmen aufscheinen.

b) Menschenbezogene Mariendogmen

Zwei Dogmen der Neuzeit drücken dies aus: das Dogma von der Unbefleckten Empfängnis und das Dogma von der leiblichen Aufnahme Mariens in den Himmel. Ersteres, 1854 von Pius IX. propagiert, ist wohl gegen die liberalistischen Tendenzen der Zeit gerichtet, welche die Umstände der unvollkommenen Welt – theologisch mit dem Begriff „Erbsünde" benannt – als unabdingbar hingestellt haben; diese können – so die Überzeugung – nur durch die Tüchtigen überwunden werden, nach dem Motto: Die Guten werden siegen, die Schwachen sollen untergehen. Die Erlösungsbotschaft der Kirche habe somit keine aktuelle Bedeutung und solle im öffentlichen Diskurs nur eine marginale Rolle spielen. Religion soll Privatsache sein und bleiben.

Das Dogma von 1854 besagt, dass Maria im Vorgriff auf die Erlösungstat Christi von Anfang an von dieser Erbsünde befreit war. D. h. Maria als das vornehmste Glied der Kirche ist nicht dem unabdingbaren „Gesetz" des Stärkeren unterworfen. Also gibt es in der Kirche jemanden, der von vornherein schon erlöst ist. Damit ergibt sich: Die Kirche hat ein Mittel gegen die Erbsündlichkeit, ja sie *ist* das Mittel dagegen. Und ihre Verkündigung bleibt nicht Illusion; sie kann etwas beitragen, diese Erbsündlichkeit in der Welt zu minimieren. Im I. Vatikanum wird dies dann in einem anderen Rahmen formuliert, wenn gesagt ist: In Glaubens- und Sittensachen ist die Kirche souverän – mit der Andeutung: und nicht irgendwelche Staaten oder Mehrheiten. Sprecher dieser Souveränität ist der Papst und – wie das II. Vatikanum ergänzt – zusammen mit ihm das Kollegium der Bischöfe.

Das Dogma von 1950 führt konsequent jenes von 1854 fort, wenn es sagt: Maria ist als ganzer Mensch mit allem, was sie ausmacht, also mit Leib und Seele, in den Bereich des Göttlichen eingegangen. Dieses ist formuliert, so vermute ich, gegen die Kommunisten, die sagten: Der Mensch stirbt mit dem Tod total; was von ihm bleibt, sind seine Werke. Dagegen wird – am Beispiel Mariens dargestellt – betont: Jeder einzelne hat eine bleibende Zukunft im göttlichen Bereich, und zwar mit allem, was ihn ausmacht, also auch mit seiner „leiblichen" Gestalt und seinen Werken. Alles, was ein Mensch geworden ist und was durch ihn geworden ist, hat im Reich Gottes Bedeutung und bleibenden Wert. Was an Maria ins Ziel gekommen ist, das erwartet jeden Glaubenden am Ende der Tage.

Somit werden in den zwei neuzeitlichen Dogmen anhand der Aussagen über Maria Aussagen über uns Menschen und die Qualität unserer Erlösung gemacht. Das II. Vatikanum sagt darüber hinaus, dass Maria „als überragendes und völlig einzigartiges Glied der Kirche wie auch als ihr Typus und klares Urbild im Glauben und in der Liebe gegrüßt" sei (*Lumen Gentium*, 53). Wie im Alten Bund Abraham als ein von jedem Heidengläubigen unterschiedener Typ eines Glaubenden gezeichnet wurde, so wird im Neuen Bund Maria als Typ eines gläubigen Menschen dargestellt. Und als solche ist sie Fürbitterin, also Mitbeterin (Gebetsvermittlerin). „Bete mit mir und auch an meiner statt!" Diese Funktion hat Maria im Leben vieler Gläubigen. Damit steht die Frage an, welche Möglichkeiten gegeben sind, diese christlichen Aussagen zu verkünden, und die Frage, was die Kündung all dieser Aspekte marianischen Erinnerns erreichen will.

2. Homiletische Ansätze und Anlässe der Rede über Maria

Zwei Fragen muss sich der Homiletiker stellen: Welche Gott-Botschaft enthält eine Aussage über Maria? Und wie kann diese Aussage über Maria die Hörerinnen und Hörer in ihrer Glaubenspraxis beeinflussen bzw. bestärken? Beide Fragen lassen sich zumindest grundlegend beantworten, wenn man die Anlässe für eine Marienpredigt bedenkt; diese sind hauptsächlich die Marienfeste, die Mariengedenktage sowie Wallfahrten zu Marienorten.

a) Generelle Ansätze der Marienpredigt

Die theologischen Intentionen von Marienpredigten liegen nach dem eben Gesagten in den Bereichen Christologie, Soteriologie, Gnadentheologie, christlicher Anthropologie, Lebenspraxis und Eschatologie. Christologisch steht der göttliche Mensch im Zentrum; soteriologisch wird die Qualität und Bedeutung unserer Erlösung zum Hauptthema; gnadentheologisch steht die Frage nach Begnadung und menschlicher Antwort im Fokus; anthropologisch geht es um Elemente eines christlichen Menschenbildes; lebenspraktisch werden an Maria Elemente eines christlichen Weges aufzeigbar und eschatologisch wird an Maria das Ziel des Menschen dargestellt. Konkret werden diese Elemente und Intentionen an den Marienfesten, den Mariengedenktagen und den besonderen Marienwallfahrten angesprochen werden. Diese bilden hauptsächlich die Anlässe für Marienpredigen.

Drei marianische Hochfeste kennt unser Kirchenjahr, zwei Feste mit marianischem Schwerpunkt, drei gebotene Gedenktage und vier nichtgebotene Gedenktage. Dazu kommen noch drei Feste mit marianischem Bezug. Letztere sind „Mariä Lichtmess“, das jetzt Fest der „Darstellung des Herrn“ heißt (2. Februar), das Fest „Verkündigung des Herrn“ (25. März) und die Weihe der Basilika Maria Maggiore in Rom (5. August). Weiterhin kommen noch regionale Marientage hinzu (z. B. das ab 1969 nur noch regional zu feiernde Fest „Maria vom Loskauf der Gefangenen“) und das in Bayern als Hochfest zu feiernde Fest „Maria Schutzfrau Bayerns“ (1. Mai).

b) Marianische Hochfeste

Die drei marianischen Hochfeste sind: Fest der Unbefleckten Empfängnis (8. Dezember), Fest der Gottesmutterschaft Mariens (1. Januar) und Fest der Aufnahme Mariens in den Himmel (15. August). Betrachten wir sie im Einzelnen.

1) Fest der ohne Erbsünde empfangenen Jungfrau und Gottesmutter Maria

Im Titel stehen die beiden Pfeiler-Begriffe jeder marianischen Rede: Jungfrau und Gottesmutter. Sie sind erweitert durch die Worte „ohne Erbsünde" und „empfangen". Damit wird deutlich, dass den Kernaussagen marianischen Redens ein besonderer Charakter zugesprochen wird. Maria wird als sündenlos bezeichnet, und zwar von Anfang an. Und es wird damit indirekt angefügt: Ihre Sündenlosigkeit ist eine vorausgenommene Frucht der Erlösungstat Christi. Zugleich wird damit die Erlösungstat Christi selbst benannt als eine Befreiung von Sünde, und zwar auch von der Wurzelsünde, die man mit dem Begriff Erbsünde umschreibt. Indirekt ist damit etwas über die Erlösung und ihre Wirkung für alle Menschen gesagt: Sie befreit den Menschen von der Sünde und von ihren Folgen. Maria wurde so vorbereitet auf ihre Aufgabe, Mutter des Erlösers zu sein, unbeflecktes Geschöpf, das würdig ist, den Sündenlosen zu tragen, zu gebären und zu erziehen.

2) Fest der Gottesmutterschaft Mariens

Als Teil der Weihnachtsoktav wurde dieses Hochfest 1969 auf den 1. Januar verlegt (ursprünglich von Pius XI. 1931 für den 11. Oktober eingeführt). Es hat den wichtigsten Titel der Gottesmutter, im Konzil von Ephesus 431 bestätigt, zum Inhalt, welcher – wie oben schon gesagt – die Funktion Mariens in der Heilsgeschichte und zugleich das Wesentliche der Person Jesu Christi, nämlich göttlicher Mensch zu sein, zum Ausdruck bringt. Begnadet für die Aufgabe, Mutter des göttlichen Wortes zu sein, antwortet Maria in freiem Gehorsam dem göttlichen Ansinnen. Sie empfängt Christus, gebiert ihn, erzieht ihn und begleitet ihn bis in die Todesstunde. So kommen gleichermaßen Mariens Erwählung wie ihre Bereitschaft, dem Gotteswillen zu entsprechen, in den Blick.

3) Aufnahme Mariens in den Himmel

Um die Mitte des 7. Jahrhunderts fand das im Osten schon seit dem 4. Jahrhundert bestehende Fest Eingang in die westliche Liturgie. Seit dem Mittelalter ist es an vielen Orten mit Bräuchen verbunden, vornehmlich der Kräuterbüschelsegnung, welche zusammenhängt mit einer Legende. Diese ist eine bildliche Darstellung des Festgeheimnisses, das besagt, dass Maria mit Leib und Seele in den Himmel aufgenommen ist. Als die Apostel, um dem zu spät gekommenen Thomas den Leichnam nochmals zu zeigen, drei Tage nach der Beerdigung das Grab geöffnet haben, sei es leer gewesen, und statt Leichengeruch sei ihnen Blumenduft entgegengekommen. Die Blumen und Heilkräuter – gewöhnlich als Medizin verwendet – zeigen an, dass der Glaube an die Auferstehung das Leben des Menschen mit Duft erfüllt und heilt.

c) Weitere Marienfeste und Gedenktage

Die drei Hochfeste Mariens, das der Unbefleckten Empfängnis, der Mutterschaft und der Aufnahme, fassen die grundlegenden theologischen Aussagen über die Bedeutung Marias für uns zusammen: ihre Erwählung, ihre christologische Ausrichtung und ihr Erlöstsein. Zwei weitere Feste, nicht Hochfeste, greifen biblische bzw. historische Aspekte auf; vier gebotene Gedenktage sprechen von besonderen Titeln oder der Wirkungsgeschichte.

1) Marienfeste (nicht Hochfeste)

Die zwei Feste stellen Marias Geburt und ihren Besuch bei der Base Elisabeth ins Zentrum. Das Fest der Geburt Mariens geht auf die Weihe einer Anna-Kirche in Jerusalem zurück und wurde ab dem 7. Jahrhundert auch in der Westkirche gefeiert. Es lenkt den Blick auf die Person Mariens und spricht – wieder durch eine legendäre Erzählung gestützt – von ihrer Erwählung von Anbeginn ihres Lebens an. Theologisch führt es die Aussagen des Festes der Unbefleckten Empfängnis fort und bestärkt sie.

Das Fest Mariä Heimsuchung hat die biblische Erzählung von der Begegnung der beiden schwangeren Frauen Elisabeth und Maria sowie das Magnifikat zum Inhalt. Es ist entstanden in der franziskanischen Tradition und ist von Bonaventura 1263 eingeführt worden. Theologisch hebt es den Unterschied zwischen Jesus und Johannes dem Täufer hervor, spricht also von Jesu göttlicher Nähe und des Johannes prophetischer Berufung.

2) Gebotene Gedenktage

Vier gebotene Gedenktage kennt die westliche Liturgie: Maria Königin, Gedächtnis der Schmerzen Mariens, Unsere Liebe Frau vom Rosenkranz und Unsere Liebe Frau in Jerusalem.

Maria Königin ist ein junger Gedenktag. Pius XII. hat diesen ab dem 19. Jahrhundert nur regional gefeierten Tag zum Abschluss des Marianischen Jahres 1954 für die gesamte römische Liturgie eingeführt. Es betont die Aussage, dass Maria unsere mächtige Fürsprecherin ist und zugleich als die Erste aller Heiligen den Typus eines christlichen Menschen darstellt.

Das Gedächtnis der Schmerzen Mariens, aus der mittelalterlichen Meditation der Passionsgeschichte entstanden, hat Papst Benedikt XIII. 1724 auf die ganze lateinische Kirche ausgedehnt. Der Inhalt erzählt von sieben Stationen des Marienlebens, an welchen Maria Leidvolles empfunden hat: die Worte des Simeon beim Tempelgang, die Flucht nach Ägypten, das Verlieren des zwölfjährigen Jesus im Tempel bei der Wallfahrt, die Begegnung mit Jesus auf dem Kreuzweg, das Ausharren unter dem Kreuz, die Abnahme des Leichnams vom Kreuz und die Grablegung Jesu. Theologisch wird bei diesem Gedenktag das Mitleiden Mariens beim Erlösungswerk Jesu betont (Lk 2,35: „ein Schwert der Schmerzen wird deine Seele durchdringen“) und zugleich ihr Glaube in der hoffnungslosen Situation des Karsamstags als Vorbild vor Augen gestellt.

Der Gedenktag „Unsere Liebe Frau vom Rosenkranz“ hat das kontemplative marianische Gebet zum Inhalt. Ausgehend von Spanien (nachweislich 1547) hat es Papst Pius V. ein Jahr nach der Seeschlacht von Lepanto 1571 als Erinnerungsfest eingeführt. Es besagt theologisch, dass das Christentum nicht durch Waffen und Kriege gesichert wird, sondern durch das Gebet und die Hilfe von oben.

Der Gedenktag „Unsere Liebe Frau von Jerusalem“ ist wohl angestoßen durch die Weihe der Kirche S. Maria Nova in Jerusalem im Jahre 543, wobei sich ein Erinnern an die im apokryphen Thomas-Evangelium berichtete Erzählung von der „Darstellung Mariens im Tempel“ als „Tempeljungfrau“ anknüpfte. Theologisch wird die Jungfrauschaft Mariens legendär eingebettet und zugleich ihre Begnadung betont, welche ihr menschliches Bemühen von Jugend an begleitet.

3) Nichtgebotene Gedenktage

Vier nichtgebotene Gedenktage sprechen vornehmlich von Aspekten der Frömmigkeitsgeschichte. Der Gedenktag „Unsere Liebe Frau von Lourdes“ ist 1908 (allerdings unter dem Titel „Feier der Marienerscheinungen von Lourdes“) eingeführt und 1969 unter dem neuen Titel beibehalten worden, welcher deutlich macht, dass Privatoffenbarungen nicht zum Glaubensgehorsam verpflichten. Theologisch werden die Botschaften von Lourdes betont, welche die Aussage über Maria als der Unbefleckten Empfängnis verstärken und in Frömmigkeitsübungen (Rosenkranzgebet, Waschungen, Krankenpflege und Krankenprozession, eucharistischer Segen u. a.) zu konkretisieren suchen.

Den Gedenktag „Unbeflecktes Herz Mariä“ – ursprünglich ein Ordensfest – schrieb Pius XII. 1944 für die ganze westliche Kirche vor. 1969 wurde es auf den Samstag nach dem Herz-Jesu-Fest verlegt. Es sucht den Kern der Persönlichkeit Mariens, der unter dem Symbolwort vom „Herzen“ gefasst wird, als Gehorsam gegenüber Gott vorzustellen, welcher ihr ganzes Leben und Streben ausfüllte.

Der Gedenktag „Unsere Liebe Frau auf dem Berge Karmel“ – ebenfalls ein Ordensfest der Karmeliten aus dem 14. Jahrhundert – wurde 1726 von Benedikt XIII. für die ganze westliche Kirche vorgeschrieben und 1960 zurückgestuft. Es sucht die kontemplative karmelitische Spiritualität mit Blick auf Maria zu bestärken, welche den Glaubensgehorsam und die liebende Vereinigung des Menschen mit der göttlichen Nähe betont.

Der Gedenktag „Mariä Namen“ wurde 1683 durch Innozenz XI. nach der Befreiung Wiens von der Bedrohung durch die Türken für die ganze westliche Kirche eingeführt. Mit Rücksicht auf das Fest „Geburt Marias“ wurde er wieder abgeschafft; nur im Regionalkalender der deutschsprachigen Diözesen wurde dieser Gedenktag wegen seines historischen Bezugs beibehalten. Die theologische Bedeutung will das Wesen Mariens als die gehorsame und ganz auf Gott gerichtete Magd betonen.

Zusammenfassend können wir sagen: Die Hochfeste, Feste und Gedenktage bringen über das ganze Kirchenjahr hin verteilt Maria in den Blick. Damit wird ihre Bedeutung als begnadetes Werkzeug Gottes für unsere Erlösung, als Typus eines christlichen Menschen und als Fürbitterin in unterschiedlicher Weise hervorgehoben. Die Frage lautet nun: Welche Besonderheiten sind bei einer Marienpredigt zu beachten? Gibt es eine spezifische Form für Marienpredigten? Stellt eine Marienpredigt einen besonderen Typus von Predigt dar?

3. Besonderheiten der Marienpredigt

Jede Predigt ist eine theologische Rede, d. h. es geht um Gott und sein Reich. Dies trifft auch für die Marienpredigt zu. Doch kann diese Grundausrichtung in ganz unterschiedlichen Weisen und Formen zur Sprache gebracht werden.

a) Kernbotschaften der Marienpredigten

Jede der möglichen literarischen Gattungen kann dabei ins Spiel kommen: als Bild- oder Gleichnisrede, als theologisch-begriffliche Rede, als Weisheitsrede, als biographische Rede (z. B. mit Blick auf einen Heiligen) oder als theologisch-deutende Rede zu einem geschichtlichen Ereignis und ähnliches. Bei einer Marienpredigt kommt immer Maria in den Blick, aber so, dass ihre Person auf das göttliche Handeln verweist, und zwar hinsichtlich unserer Erlösung. Das Besondere der christlichen Religion als Erlösungsreligion kommt also bei einer Marienpredigt ins Zentrum, und dieses ist (wie oben schon gesagt) gefasst in der Christologie, in der Gnadenlehre, in der Soteriologie, in der christlichen Anthropologie, in der christlichen Lebenspraxis und in der Eschatologie.

Wenn wir die Aussagen über Maria, welche an den einzelnen Festen oder Gedenktagen in den Blick kommen, zusammenzuschauen suchen, dann merken wir, dass sich die Themen fokussieren lassen auf die drei besonderen christlichen Grundwahrheiten, welche die alttestamentliche Gott-Rede erweitern: die Menschwerdung des göttlichen Wortes in Christus Jesus, seine Auferstehung und Himmelfahrt sowie seine Wiederkunft. Die erste Wahrheit besagt: Gott, der Schöpfer- und Bundes-Gott, hat sich mit uns Menschen solidarisiert, sein Wort, d. h. sein Sohn wurde einer von uns, wurde Mensch. Dadurch wurde alles, was Jesus als Mensch gesagt und getan hat, gleichsam offenbarungsträchtig; alles in seinem Leben hat Bedeutung bekommen. Somit sind bei ihm – und in Abwandlung auch bei uns – die menschlichen Belange wichtig für sein Lebenswerk und für unsere Erlösung geworden. Denn es wurde erneut klar: Inmitten der menschlichen Welt gibt der Ewige sich kund, in ganz besonderer Weise im Leben Jesu. Maria war an wichtigen Punkten der neuen Heilsgeschichte beteiligt. Damit wird sie als Mensch, und zwar als Medium Gottes und als Erlöste, für unser Erkennen des göttlichen Weges bedeutsam; denn sie wird dadurch zu einem Verweis auf das göttliche Gnadenwirken und zu einem Bild eines erlösten Menschen.

Die zweite Wahrheit ergänzt diese Aussagen: Jesus ist von den Toten auferstanden. Er ist mit seiner ganzen Menschheit in den göttlichen Bereich zurückgekehrt, er hat also sein Menschsein mitgenommen. Damit ist deutlich geworden: Alles, was uns als Menschen ausmacht, wird dort eine Bedeutung erlangen. Alles, wie sehr es hier auf Erden auch vorläufig aussehen mag und – wie der Tempel in Jerusalem – irgendwann zusammenbricht, wird bleibende Bedeutung erhalten, wenn es im Sinne Gottes getan wurde. Des Menschen Würde und seine Berufung zur Ewigkeit sind mit der Auferstehungstheologie ausgesprochen. Maria ist wiederum Bild für diese Hoffnung.

Hier schließt die dritte christliche Glaubenswahrheit von der Wiederkunft Christi an. Sie verstärkt das eben Gesagte. Wie Jesus sein

Menschsein in den göttlichen Bereich mitgenommen hat, so will er unser Menschsein und unsere von uns gestaltete Welt in die neue Welt einholen. Diese Botschaft soll uns zuversichtlich machen und motivieren, etwas zu leisten und zu arbeiten. Bild des erlösten Menschen kann uns wiederum Maria sein, dazu noch Fürbitterin. Letzteres lässt sie zum Bild der vermittelnden und damit fürbittenden Kirche werden.

Zusammenfassend können wir sagen: Eine Marienpredigt zielt immer auf die besonderen Elemente des christlichen Glaubens, welche über die Grundaussagen des Alten Bundes hinausgreifen und sich wesentlich von anderen Religionen unterscheiden.

b) Marienwallfahrtspredigt

Neben die Orte, an welchen heilsgeschichtlich Besonderes geschehen ist, neben die Gräber der Apostel und anderer Märtyrer oder Bekenner, neben Orte, an welchen sich Wundersames um die Eucharistie ereignet hat, haben sich in der Frömmigkeitsgeschichte seit dem Mittelalter die Marienwallfahrten gestellt und diese anderen Orte gleichsam überrundet. Wir haben in unseren Landen wesentlich mehr Marienwallfahrten als andere Wallfahrten. Woran liegt das? Wallfahrtsorte sind religionsgeschichtlich gesehen Orte, an welchen Menschen gespürt haben, dass ihnen der Himmel nahegekommen ist. Deshalb hat jeder Wallfahrtsort (in allen Religionen) seine heilige Geschichte und sein besonderes Ritual. Das gilt auch für die christlichen Wallfahrtsorte. Da sich ab dem Mittelalter die Spiritualität immer deutlicher christologisch darstellt, d. h. die Person Jesu, seine Lehre, sein Schicksal und seine Bedeutung für uns zum Kern der Frömmigkeitspraxis wurde, konnte an Orten, wo Menschen durch irgendein Ereignis den Himmel nahe fühlten, die Kernbotschaft mitgedacht werden, dass sich bei der Menschwerdung in Maria Himmel und Erde berührt haben. Maria wird also zur Symbolfigur für die Menschwerdung des göttlichen Wortes. Alle oben angesprochenen Aspekte für eine Marienpredigt gelten auch bei der Wallfahrtspredigt. Freilich wird die „heilige Geschichte des Ortes" eine Rolle spielen wie auch das besondere Ritual.

Wenn Menschen an einen Wallfahrtsort kommen, haben sie meist ein bestimmtes Anliegen. Sie haben Sorgen oder suchen Orientierung oder wollen eine unheile Situation bereinigen. Das gesamte Flair, die Geschichte des Ortes, das Ritual und vornehmlich auch die Predigt können ihnen helfen, sich erhoben zu fühlen und Orientierung zu finden. Dabei gilt: Je konkreter die Predigt die christlichen Grundwahrheiten mit den Lebenssituationen zu verbinden versteht, umso hilfreicher wird sie für die Zuhörenden sein. Das gilt für jede Predigt, insbesondere auch für die Marienpredigt an einem Wallfahrtsort. Hier freilich sind – erfahrungsgemäß – die Menschen besonders ansprechbar. Sie erwarten sich nicht eine hymnische Lobpreisung Mariens, sondern – mit Blick auf Maria – eine theologische Rede, d. h. eine Rede über Gott, die ihnen hilft, ihr Leben neu zu deuten und ihre Probleme zu meistern.

III. Marienverehrung im Bistum Regensburg und in Augsburg

Die „Patrona Boiariae" als Himmelskönigin an der Westfassade der Münchner Residenz. Die Bronzestatue wurde von Hans Krumper entworfen, von Bartholomäus Wenglein gegossen und 1616 eingeweiht. (akg-images/Bildarchiv Monheim).

Mariensäule mit Marienstatue, 1638 von Kurfürst Maximilian I. auf dem Münchner Schrannenplatz (heute: Marienplatz) errichtet. (fotolia.de/Christa Eder).

Altötting, Gnadenkapelle: Gnadenbild „Maria mit dem Jesuskind" (um 1330). (https://commons.wikimedia.org/S. Finner).

Regensburg, Dom St. Peter: Verkündigungsgruppe des sogenannten Erminoldmeisters (um 1280). (Staatl. Bauamt Regensburg, Foto Monheim).

Regensburg, Dom St. Peter: Tympanon des Westportals (Ausschnitt). (Foto: Achim Hubel).

Regensburg, Dom St. Peter: „Schöne Maria" am Verkündigungsaltar (um 1420). (Foto: Susanne Biber)

Wallfahrtskirche Bogenberg: Gnadenbild „Maria in der Hoffnung" (um 1400). (https.wikimedia.commons.org)

Augsburg, Kirche St. Peter am Perlach: Wallfahrtsbild „Maria Knotenlöserin“ (um 1700). (https. commons.wikimedia.org)

Mariendarstellungen am Regensburger Dom

Susanne Biber

Maria wird als zweite Patronin des Regensburger Domes verehrt, nach dem hl. Petrus und dem dritten Patrozinium, der Heiligen Dreifaltigkeit. Die zahlreichen Mariendarstellungen geben davon ein beredtes Zeugnis und ermöglichen einen exemplarischen Überblick über die Marienverehrung vor der Entstehung des Festes Patrona Bavariae und die geschichtliche Entwicklung dorthin. Im Römischen Reich war der Patron vor Gericht Vertreter der von ihm abhängigen Menschen. Im 3./4. Jahrhundert wurde dies zunächst auf Märtyrer, dann auf alle Heiligen, besonders auf Maria übertragen. Vor allem in der Ostkirche wurde die Gottesmutter als Beschützerin der Christenheit angerufen. Schon das älteste bekannte Mariengebet, dessen Kern vermutlich auf das 3./4. Jahrhundert zurückreicht, drückt eine Bitte um Schutz aus:

> „Unter deinen Schutz und Schirm fliehen wir,
> o heilige Gottesgebärerin;
> verschmähe nicht unser Gebet in unseren Nöten,
> sondern erlöse uns jederzeit von allen Gefahren.
> O du glorreiche und gebenedeite Jungfrau,
> unsere Frau, unsere Mittlerin,
> unsere Fürsprecherin.
> Versöhne uns mit deinem Sohne,
> empfiehl uns deinem Sohne,
> stelle uns deinem Sohne vor.“

In der frühchristlichen Kunst führte hinsichtlich der Darstellung Mariens das Konzil von Ephesus im Jahre 431 zur entscheidenden theologischen und ikonographischen Zäsur. Es war die erste Synode, bei der die Stellung der Mutter des Herrn eingehend in den Blick genommen und sie als *Theotokos* (Gottesgebärerin, Gottesmutter) anerkannt wurde. Nach diesem Konzil konnte die Darstellung Christi durch die Darstellung Mariens mit dem menschgewordenen Gottessohn ergänzt werden. Die thronende Gottesmutter – mit dem Jesuskind auf dem Schoß – wurde zum dominierenden Typus im autonomen Bildnis Mariens. Im Apsismosaik von *Santa Maria Maggiore* in Rom (432–440; zerstört) thronte Maria als die *Theotokos*. Ihr Bild bringt zum Ausdruck, dass der Gottessohn Mensch geworden ist.

Der daneben entstehende Typus der thronenden *Hodegetria* ist lebendiger: Christus sitzt nicht mehr frontal mitten auf dem Schoß der Mutter, sondern auf ihrem linken Arm oder linken Knie. Vorläufer finden sich in den Katakomben von Rom. Die römische Priscilla-Katakombe beherbergt die älteste bekannte Darstellung einer Madonna mit Kind, begleitet von einer Assistenzfigur, vermutlich dem Propheten Bileam (vgl. Num 24,17), mit Stern. Das Fresko wird auf die Jahre 230 bis 240 n. Chr. datiert. Auch die ältesten Kirchen in Bayern wurden Maria geweiht: etwa die im 8. Jahrhundert entstandene Marienkirche auf der Festung Marienberg oberhalb von Würzburg oder im 9. Jahrhundert die Alte Kapelle in Regensburg.

Maria erzählt die Geschichte des Evangeliums: thematisch zentriert als Einzeldarstellung mit Kind oder eingebunden in die Geschichten der Evangelien, apokryphen Evangelien und Legenden. Diese Bandbreite findet sich auch in den vielen Marienfiguren des Regensburger Doms, als Einzelmotiv einer Maria mit Kind oder als Verkündigungsgruppe mit Engel, als Lebensgeschichte Mariens eingebettet in einen größeren heilsgeschichtlichen Kontext von der Wurzel-Jesse-Thematik bis zur Krönung im Himmel und dem zerstörten Patrona-Bavariae-Fenster König Ludwigs I.

Tatsächlich gab es im nördlichen Querhaus des Domes ein 1852 von Ludwig I. der Patrona Bavariae gestiftetes Fenster, ausgeführt von der Werkstätte Max Ainmiller. Maria war als Patrona Bavariae dargestellt zwischen den Heiligen Korbinian, Ratharius, Willibald und Rupert, den vier Vertretern der altbayerischen Bistümer. Leider wurde dieses Fenster im Zweiten Weltkrieg zerstört. Um die Erschließung des Regensburger Domes und besonders auch seiner marianischen Thematik hat sich der viel zu früh verstorbene Dr. Friedrich Fuchs (1952–2016) besonders verdient gemacht. Ein Großteil meiner Ausführungen beruht auf seinen Forschungen; ihm sind sie auch gewidmet.

1. Die Verkündigungsgruppe des Erminoldmeisters

Die bekannteste Figurengruppe des Domes, um 1280 für den gotischen Neubau (nach 1273) geschaffen, ist sicher die Verkündigung der Frohen Botschaft durch einen lachenden Engel an Maria (vgl. die Farbabbildungen in diesem Buch). Der Engel fragt Maria nach ihrer Bereitschaft, die Mutter Jesu zu werden. Ihr Jawort (Lk 1,38: „Ich bin die Magd des Herrn; mir geschehe, wie du es gesagt hast") begründet ihre heilsgeschichtliche Bedeutung. In der Inkarnation wird Gott Mensch und nimmt leibhaftig am Schicksal des Menschen Anteil. Aus Lechbrucker Sandstein aus dem Schwäbischen wurden die Skulpturen fast rundumsichtig gearbeitet und gefasst. Fünf Farbfassungen lassen sich über die Jahrhunderte hinweg feststellen. Mit der Einwölbung des Hochchores um 1315/20 kamen die Verkündigungsgruppe und die Skulptur des heiligen Petrus (um 1290) an ihren ursprünglichen Standort im Hochchor. Heute befinden sich Maria und der Engel an beiden westlichen Vierungspfeilern. Friedrich Fuchs schreibt: „Eine so tiefe, vermenschlichte Innigkeit in der Kontaktaufnahme zweier Figuren über mehr als 10 m hinweg ist eine grundlegende Neuerung in der mittelalterlichen Bildhauerkunst dieser Zeit."

Nach Fuchs hielt der Engel höchstwahrscheinlich das Jesuskind in seiner linken, vom Gewand umhüllten Hand. Eine Bruchstelle verweist noch auf einen vergoldeten und teils transparent rot übermalten Zweig. Hier taucht das Thema der Wurzel Jesse auf, das noch an prominenterer Stelle im Hauptportal verwendet wird. Maria wird mit Jesaja (Jes 11,1) als Spross aus dem Stammbaum des Urvaters Jesajas, dem auch Jesus entstammt, gesehen.

Der Schöpfer der Verkündigungsgruppe, der Bildhauer Meister Ludwig, kannte vermutlich die Kathedralen Frankreichs, v. a. die von Paris und Reims, und fertigte vorher den Skulpturenschmuck des Hauptportals des Basler Münsters. Meister Ludwig war erst als Bildhauer, dann als hauptverantwortlicher Baumeister des Domes in Regensburg tätig. Sein Notname „Erminoldmeister" stammt von der Grabfigur des seligen Erminold († 1121), dem ersten Abt des Benediktinerklosters Prüfening. Bischof Heinrich von Rotteneck ließ ihm 1283 ein neues Grabmal errichten.

In den Glasmalereien des Domes findet sich mehrfach das Thema der Verkündigung an Maria. Die älteste Darstellung im Triforium der Stirnwand des Südquerhauses, datiert um 1230, ist eine Übernahme aus dem romanischen Dom.

2. Das Marienleben – dargestellt am Hauptportal

Am westlichen Hauptportal mit Dreiecksvorhalle, um 1385–1410 entstanden (vgl. die Farbabbildungen in diesem Buch), findet sich das Thema der Verkündigung ebenfalls zweimal, zusammen mit der gesamten Lebensgeschichte Mariens – bis hin zu ihrer glorreichen Verherrlichung im Himmel als Königin. Ermöglicht wurde das ungewöhnliche und repräsentative Portal mit einer Vorhalle über dreieckigem Grundriss 1393 durch die großzügige Stiftung des Regensburger Patriziers Gamered von Sarching. Das Portal tritt wie ein Schiff aus der Fassade heraus und wird von einem Baldachin überfangen. Ein einziges Vergleichsbeispiel existiert im Triangelportal des Erfurter Domes, das schon 1330 entstanden war und als Vorbild gedient haben dürfte. Im Außenbereich waren die Figuren und Reliefs vermutlich steinsichtig, aber die Augen wurden zur Verlebendigung mit schwarzer Farbe aufgemalt. Es finden sich zwar auch hier Spuren früherer Bemalung, aber eine konkrete Vorstellung ist nicht möglich.

Der äußerst reiche Skulpturenschmuck zeigt im heutigen Zustand in der unteren Zone – am Mittelpfosten der Doppelpforte – Petrus als Papst mit Tiara in der Hand. Er wird von St. Stephanus und

St. Laurentius als den Erzmärtyrern Roms sowie den übrigen Aposteln im Gewände und am Vorhallenpfeiler umringt. Die obere Zone des Tympanonfeldes und der Archivolten ist allein Maria gewidmet. Möglicherweise ist der in der mittelalterlichen Baukunst nahezu einzigartige Dreiecksgrundriss der Vorhalle ein Hinweis auf das dritte Patrozinium des Domes, die Heilige Dreifaltigkeit. So werden die Gläubigen vom Hauptpatron Petrus und der zweiten Patronin Maria durch sichtbare Skulpturen empfangen, von der göttlichen Dreifaltigkeit aber räumlich umfangen.

Das Giebelfeld über dem Portal (Tympanon) und die es rahmenden Archivoltenbögen darüber sind mit insgesamt 26 Szenen aus dem Leben Marias angefüllt. Sie schildern ihre Abstammung (Wurzel Jesse; Abb. 1) und ihre Kindheit sowie die Verkündigung an Maria, Geburt und Kindheitsgeschichte Jesu als Bestandteil des Marienlebens. In den Hauptszenen des Tympanons vollzieht sich mit dem Tod Mariens und ihrer Grabtragung im untersten Feld der Abschied von der irdischen Welt, darüber ihre Aufnahme in den Himmel, umgeben von einem Engelheer, und ihre Ankunft und Krönung im Himmel durch Gottvater, Christus und den Heiligen Geist als Königin und Braut Christi. Ursprünglich scheint eine reine Marienthematik für das Westportal geplant gewesen zu sein, und Maria hätte auch am Trumeau die eintretenden Gläubigen empfangen. Fuchs vermutet, dass diese Skulptur jene große Marienstatue ist, die sich heute in der Regensburger St.-Jakobs-Kirche befindet.[1]

a) Die Themen in den Archivolten

Die Erzählung beginnt in Leserichtung links unten im inneren Archivoltenbogen mit der Wurzel Jesse (Abb. 1), als Verortung im Alten Testament. Aus dem Brustbereich Jesses wächst ein Zweig, in dessen Blätterkrone Maria als Erwachsene erscheint. Darüber finden sich die Szenen der Zurückweisung Joachims, der Verkündigung an

1 Vgl. Friedrich Fuchs, Bilder von Maria am Regensburger Dom, hg. vom Institutum Marianum Regensburg, (Erhardi Druck) Regensburg 2002, 12.

Abb. 1: Archivoltengruppe „Maria aus der Wurzel Jesse“
(Foto: Klaus Völcker)

Joachim, der Verkündigung an Anna, der Begegnung an der Goldenen Pforte und der Geburt Mariens (Abb. 2). Anna hält ihre Tochter Maria als Wickelkind dem Betrachter hin. Über ihnen erscheint ein Engel, der eine prächtige Krone über die Szene hält. Das Motiv unterscheidet sich kaum von einer Madonna mit Jesuskind.

Im zweiten Bogen von links sind die Darbringung Mariens, ihr Tempelgang, die Erwählung Josefs (mit dem blühenden Stab), die Vermählung von Maria und Josef, die Verkündigung an Maria, die Heimsuchung, die Geburt Christi (Abb. 3) und die Verkündigung an die Hirten zu sehen.

Der dritte Archivoltenbogen beginnt links mit der Beschneidung Christi; dann folgen drei Felder mit der Anbetung der Könige, danach die Darbringung Jesu im Tempel, der bethlehemitische Kindermord, die Flucht nach Ägypten und der zwölfjährige Jesus im Tempel unter den Schriftgelehrten.

Die Geburt Christi

Die Geburt Jesu im Südschenkel der mittleren Archivolte verdient besondere Aufmerksamkeit. Sie weicht von bekannten Vorstellungen der Weihnachtsbilder ab. Jesus liegt in keiner Krippe, sondern ist vertikal in einer ovalen Mandorlaschale von einem Lichtstrahlenkranz umgeben. Maria rechts daneben scheint kniend zu schweben. Josef steht mit gefalteten Händen beschützend hinter beiden. Ochs und Esel fehlen. Die literarische Vorlage zu dieser Darstellung stammte von Birgitta von Schweden (1303–1373), einer Witwe adeliger Herkunft, die zeitlebens in Visionen direkte Botschaften, vornehmlich von Maria, erhielt. Birgitta war schnell zu einer bedeutenden Gestalt des 14. Jahrhunderts geworden und gründete einen neuen Orden, der auch die besondere Verehrung Mariens durch Birgitta weiterhin pflegte. Die Niederschriften der Visionen Birgittas fanden schon zu ihren Lebzeiten große Verbreitung. Bereits 1373 erschien die erste Lebensbeschreibung Birgittas; sie starb im selben Jahr in Rom. Ab 1377 setzte sich Kaiser Karl IV. für ihre Heiligsprechung ein, die 1391 erfolgte (Fest: 23. Juli). Seither ist Birgitta Patronin der Pilger und Fürsprecherin für eine gute Sterbestunde. Von Papst Johannes

Abb. 2: Archivoltengruppe „Geburt Mariens“
(Foto: Klaus Völcker)

Abb. 3: Archivoltengruppe „Geburt Christi“
(Foto: Klaus Völcker)

Paul II. wurde sie 1999 – zusammen mit Katharina von Siena und Edith Stein – zur Patronin Europas erhoben.

Auf einer Pilgerreise hatte Birgitta in der Geburtsgrotte in Bethlehem eine Vision vom Weihnachtsgeschehen. Danach habe die Gottesmutter ohne körperliche Anteilnahme das Jesuskind gleichsam wie in Trance geboren, wobei sie mit schönem, weit herabhängendem Haar kniend und in stillem Gebet über dem Boden schwebte. Plötzlich sei sie dann durch ein kräftiges Licht geblendet aus ihrer Trance erwacht und habe das Kind vor ihr in hellem Lichtschein erkannt. Diese so genannte Kniegeburt nach der Vision der Birgitta von Schweden (*Revelationes* VII, 21)[2] ist wortwörtlich dargestellt. In der Glasmalerei des Domes findet sich um 1440 im Waldeisen-Fenster des Langhauses eine Variation dieser Darstellung: Christus in einer Lichtgloriole, Maria rechts kniend, Josef links davon und Ochs und Esel direkt dahinter.

b) Die Szenen im Tympanon

In den vier Hauptszenen des Tympanons werden die Schlussszenen des Marienlebens (Abb. 4 und 5) thematisiert und durch zwei horizontale Wolkenornamentbänder in drei Zonen getrennt. Die Reliefs der Grabtragung und Himmelfahrt entsprechen der gängigen Bildtradition, die zwei übrigen Darstellungen sind außergewöhnlich. Die Darstellung des Todes der Gottesmutter ist ikonographisch neu.

Tod und Grabtragung Mariens

Maria bricht im Kreise der Apostel zusammen. Sie geht in die Knie und droht vornüber zu stürzen. Ein Apostel, vermutlich Johannes, greift ihr von hinten über die Schulter, um sie zu stützen. Ein anderer, sicher Petrus, kommt ihr von vorne entgegen, um ihren Sturz aufzu-

2 Vgl. auch Elmar zur Bonsen / Cornelia Glees (Hg.), Die Visionen der Hl. Birgitta von Schweden, München 1991 und Peter Dinzelbacher, Mittelalterliche Frauenmystik, Paderborn 1993, 251–284.

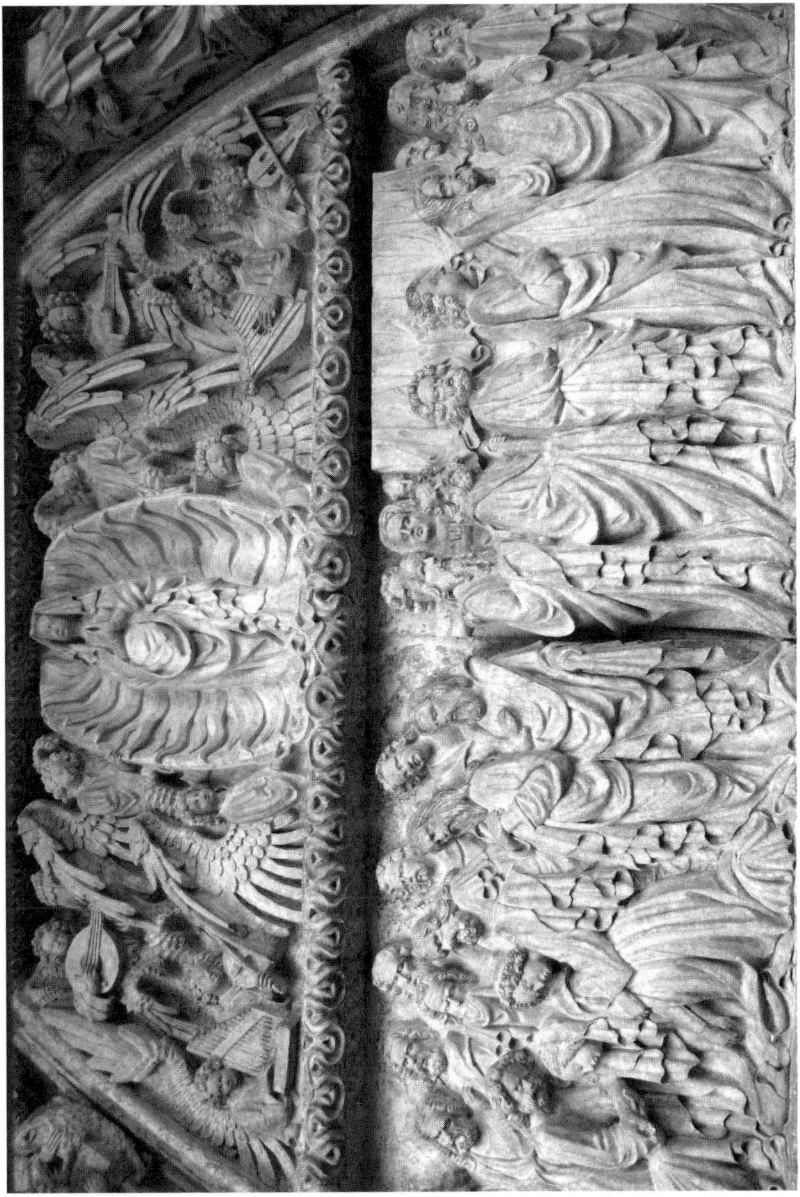

Abb. 4: Tympanonreliefs „Tod, Grabtragung und Himmelfahrt Mariens"
(Foto: Hans-Christoph Dittscheid)

Abb. 5: Tympanonrelief „Krönung Mariens“
(Foto: Hans-Christoph Dittscheid)

fangen. Die schriftliche Überlieferung über den Tod Mariens beginnt erst im vierten Jahrhundert bei Epiphanius von Salamis. Er legt sich aber über die Art und Weise ihres Sterbens nicht fest. Die Legenden zum Tod Mariens erzählen von einem sanften Tod. Sie entschläft ruhig auf ihrem Lager im Kreis der versammelten Apostel. In der Zeit zwischen dem sechsten und achten Jahrhundert gewinnt die Vorstellung Oberhand, Maria müsse einen körperlichen, also irdischen Tod erlitten haben. Der Kreuzestod Christi ziehe notwendigerweise einen irdischen Tod Mariens nach sich.

Die *Compassio* Mariens unter dem Kreuz wurde besonders im 14. Jahrhundert zum Thema der Mystik, die auch bestimmte Darstellungstypen herausbildete. Ein Beispiel ist das Innentympanonrelief um 1370 am südlichen Chorportal des Freiburger Münsters. Auch hier spielten die Visionen und Schilderungen der Birgitta von Schweden, die sich in Malerei, Buchmalerei und Glasgemälden oder auch in mystischen Dichtungen, Gebetbuchliteratur und den weithin bekannten geistlichen Schauspielen der Karfreitagsliturgie verbreiteten, bereits eine bedeutende Rolle. Eine Darstellung am Nordportal der Prager Teynkirche führt in Fragen des Stils und der Entstehungszeit ganz in die Nähe des Marientods am Regensburger Domportal. Es gilt als Schlüsselwerk der Prager Kunst um 1400 und als Musterbeispiel für den besonderen Prager Stil dieser Zeit, den „Schönen Stil“.

Der seltene „Sturz-Typus“ des Marientodes im Gegensatz zum „*Dormitio*-Typus“ findet sich bevorzugt im 15. und 16. Jahrhundert mit starker regionaler Einschränkung auf die böhmischen Länder. Am Regensburger Dom begegnet eine weitere Variation dieser Szene im Waldeisen-Fenster des Langhauses (um 1440), das ebenfalls den Tod Mariens darstellt. Die Gottesmutter sinkt, nur seitenverkehrt die Hände hängenlassend, in die Knie. Zeitgleich findet sich die Darstellung in St. Emmeram in Regensburg auf dem Pfollenkofer-Epitaph.

Ein großes Kontingent der Portalwerkstatt kam damals aus Prag nach Regensburg. Schon seit Mitte des 14. Jahrhunderts waren die Verbindungen zwischen diesen beiden Städten besonders eng. Kaiser Karl IV. hatte viele Besitzungen in der Oberpfalz erworben. Der Prager Erzbischof Johann von Jenzenstein († 1396) machte seinen Hof in

Prag zu einem Zentrum für die innere Erneuerung der Kirche und war ein glühender Marienverehrer, der die Einführung eines neuen Marienfeiertages bei Papst Urban VI. durchsetzen konnte, nämlich „Mariä Heimsuchung“ (Fest: 2. Juli). Am Prager Hof waren die Schriften Birgittas beliebte Standardliteratur. In einer Passage ihrer Visionsniederschriften bezeichnet Birgitta die Gottesmutter Maria als *Salvatrix* (Erlöserin), denn Christus selbst habe in einer Vision zu Birgitta gesagt: „[…] und darum kann ich wohl sagen, dass meine Mutter und ich die Menschheit sozusagen mit einem Herzen erlöst haben“ (*Revelationes extra*, III) Jenzenstein selbst sah in einer Vision eine mit päpstlichen Insignien versehene Teufelsgestalt, die auf Anweisung Christi hin die Papstschlüssel an einen Gegenpapst übergab, der sich aber sogleich ebenfalls in eine Teufelsgestalt verwandelte. Im Hintergrund des Bildes erschien gleichsam als einziger Lichtblick die strahlende Gestalt Mariens. Sie war für Jenzenstein fortan die einzig mögliche Retterin der Kirche aus dem Schisma. In seinem Dankesschreiben nach Rom schwärmte er, dass nun eine Schutzinstanz da sei zwischen der Kirche und den Gegenpäpsten. Erzbischof Jenzenstein hat wie kein anderer das päpstliche Legationsrecht über Regensburg ausgeübt, das durch die Vakanz des Regensburger Bischofsstuhls (1365–1368) von Kaiser Karl IV. erwirkt worden war. Die besondere Verbindung durch ihn nach Prag könnte auch der Ursprung des ungewöhnlichen Bildprogramms am Regensburger Dom sein.

Die *Compassio* Mariens unter dem Kreuz wird in der allgemeinen Drastik der Spätgotik, aber noch mehr in der neuen bedeutungsträchtigen Mariologie des 14. Jahrhunderts als eine Art mystisches Mitsterben mit Christus interpretiert. Im Osten ist bislang kein einziges Beispiel aus dem 14. oder beginnenden 15. Jahrhundert bekannt geworden, das den Marientod im Sturz-Typus zeigt. Das Beispiel am Regensburg Dom ist das früheste. Erstmals wurde hier offensichtlich der irdische Tod Mariens gleichgeschaltet mit jener bei Birgitta beschworenen Ohnmacht Mariens unter dem Kreuz (*Revelationes* I, 10), um in ihrem eigenen Tod die Kreuzesstunde präsent zu machen. Mit diesem so anschaulich körperlich erlittenen Tod wird ihr Sterben zur höchsten Form der *Compassio*. Maria wurde nicht nur durch ihr Mitleiden unter dem Kreuz zur Miterlöserin, sondern auch ihr eigener Tod geschieht in engstem Nachvollzug des Opfertodes Christi. Dies bedeutet nochmals eine außerordentliche Steigerung der heilsgeschichtlichen Bedeutung Mariens. Ihr Ähnlichwerden mit Christus in dessen körperlicher Erniedrigung bei der Passion erklärt im Gegenzug die weit über das traditionelle Maß hinausgehende Form der himmlischen Erhöhung.

Die Grabtragung (Abb. 4) folgt aufs engste der Bildtradition. Die zwölf Apostel tragen den tuchbedeckten Sarg Mariens auf ihren Schultern nach Süden aus dem Bild. Die überaus dekorative Gewandanordnung mit füllig weichen Hängefalten, rauschend ondulierenden Saumkaskaden und fein ziselierten Locken ist typisch für die Entstehungszeit des „Schönen Stils" um 1400.

Himmelfahrt und Krönung Mariens

Inmitten einer bewegten Engelschar findet die Himmelfahrt Mariens (Abb. 5) statt. Vier Engel halten einen ovalen Mandorlaschild mit Strahlenkranz, ähnlich der Szene der Geburt Christi in den Archivolten. In der Gloriole erscheint eine jugendliche Maria mit andächtig gefalteten Händen. Sie wird umgeben von Engeln mit damals gängigen Saiteninstrumenten zum Streichen, Schlagen und Zupfen und sogar einer kleinen Handorgel.

In der Regel zeigen Bilder der Marienkrönung den Vorgang der Krönung. Meist sitzt Maria in der Mitte und wird von Gottvater und Christus gekrönt. Hier ist Maria bereits gekrönt und sitzt gleichrangig mit dem Vater und dem Sohn auf einer Bank, die von Engeln getragen wird. Gottvater thront in der Mitte und umfängt Christus und Maria mit seinen Armen wie ein Vater, der seine Kinder zusammenführt oder Braut und Bräutigam bei der Vermählung verbindet. Über allen schwebt der Heilige Geist.

Maria wird als himmlische Braut, als *Sponsa Christi*, nicht nur in den Himmel aufgenommen; sie erhält die Himmelskrone. Die Krönung in der Szene ihrer Geburt wird nun vollendet. Durch das innige Umfangen durch den Vater und den Heiligen Geist wird Maria in die Liebe der Trinität aufgenommen und nimmt am göttlichen Leben teil.

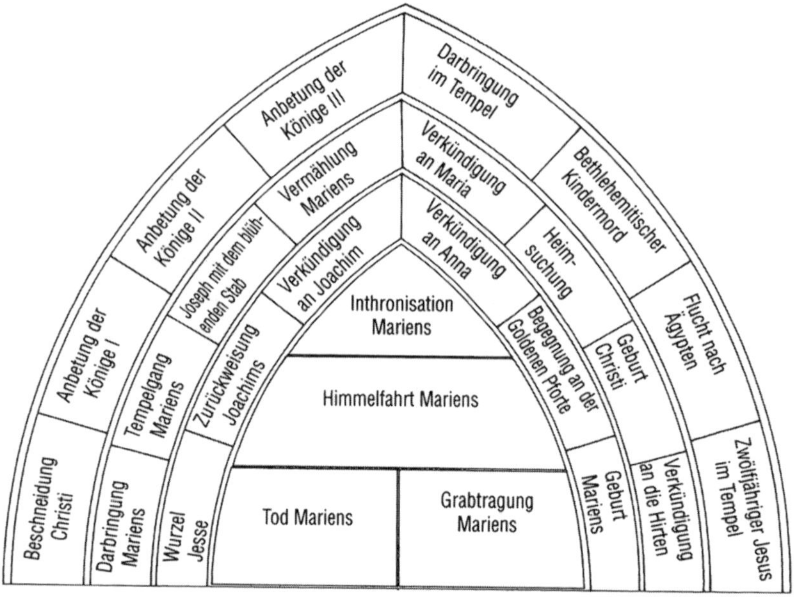

Abb. 6: Überblicksschema zum Tympanon und zu den Archivolten

3. „Schöne Maria" am Verkündigungsaltar

Eine Madonna im „Schönen Stil" der Zeit um 1420 (vgl. die Farbabbildungen in diesem Buch) führt wieder zum anfänglichen Geheimnis Mariens zurück. Sie wird von hinterleuchteten Herzmedaillons in einem prachtvollen Kranz aus Strahlen und Rosen umgeben. Der Verkündigungsaltar im südlichen Seitenschiff, an dem sich die Madonna im „Schönen Stil" befindet, ist der zweitälteste unter den Baldachinaltären des Domes und war früher der hl. Anna geweiht. Heute befindet sich eine Verkündigungsgruppe an den Frontpfeilern des Baldachins, die sich eng an die 50 Jahre früher entstandene Verkündigung des Erminoldmeisters anlehnt, aber zu den Werken jener Bildhauergruppe gehört, die die Petronellastatue oder die Nordquerhaus-Madonna geschaffen haben. Dieser Altar ist als einziger am ursprünglichen Ort geblieben, wurde aber 1938 zu einem Marienaltar umgewidmet. Die Texte in den Medaillons sind der erste

Teil des „Ave Maria“ und führen uns wieder zur Verkündigung zurück. Von unten links beginnend, in Leserichtung nach rechts, dann nach oben, wieder beginnend von links nach rechts: „GEGRÜSSET SEIST DU, MARIA“, „DU BIST VOLL DER GNADE“, „DER HERR IST MIT DIR“, „DU BIST GEBENEDEIT“, „UNTER DEN WEIBERN“, „UND GEBENEDEIT IST DIE FRUCHT“, „DEINES LEIBES, JESUS“. Es sind die biblischen Marienanreden des Erzengels Gabriel bei der Verkündigung des Herrn (Lk 1,28) und der Elisabeth beim Besuch Marias (Lk 1,42). Diese wird beim Kommen ihrer Verwandten Maria vom Heiligen Geist erfüllt und erkennt sie als *Theotokos*: „Gesegnet bist du mehr als alle anderen Frauen, und gesegnet ist die Frucht deines Leibes. Wer bin ich, dass die Mutter meines Herrn zu mir kommt?“ (Lk 1,42f)

Das „Gegrüßet seist du, Maria“ ist nach dem Vaterunser das meistgesprochene christliche Gebet und Bestandteil des *Angelus* (des „Engel des Herrn“) und des Rosenkranzes. Mit seinem zweiten Teil, der erst 1568 von Pius V. offiziell hinzugefügt wurde, nähern wir uns wieder dem Patronatsgedanken, dem auch schon die frühe Kirche im ältesten Mariengebet Ausdruck verliehen hatte: „Heilige Maria, Mutter Gottes, bitte für uns Sünder jetzt und in der Stunde unseres Todes. Amen.“

Wichtige Literatur

- Bäumer, Remigius / Scheffczyk, Leo (Hg.): Marienlexikon. Bde. 1–6, St. Ottilien 1988–1994
- Fuchs, Friedrich: Bilder von Maria am Regensburger Dom, hg. vom Institutum Marianum Regensburg, (Erhardi Druck) Regensburg 2002
- Fuchs, Friedrich: Das Hauptportal des Regensburger Domes. Portal – Vorhalle – Skulptur, München / Zürich 1990
- Fuchs, Friedrich: Der Dom St. Peter in Regensburg, Regensburg 2010
- Fuchs, Friedrich: Der Lachende Engel. Auf den Spuren der Steine am Dom zu Regensburg, Regensburg 2016
- Hubel, Achim / Schuller, Manfred: Der Dom zu Regensburg. Bde. 7.1–7.5 (Die Kunstdenkmäler von Bayern. Bd. 7), Regensburg 2010–2016

- Hubel, Achim / Schuller, Manfred: Der Regensburger Dom. Das Hauptportal, Regensburg 2000
- Kirschbaum, Engelbert (Hg.): Lexikon der christlichen Ikonographie (LCI). Bde. 1–8, Darmstadt 2012
- Bergquist, Lars: Die hl. Birgitta im Spiegel der Offenbarungen, Lindenberg im Allgäu 2011
- Vaassen, Elgin: Glasgemälde des 19. Jahrhunderts im Dom zu Regensburg. Stiftungen König Ludwigs I. von Bayern 1827–1857, Regensburg 2007

Der Marienwallfahrtsort Bogenberg

Josef Kreiml

„Wohl den Menschen, die Kraft finden in dir, wenn sie sich zur Wallfahrt rüsten“ (Ps 84,6).

Zur Vorbereitung auf das Jubiläum „100 Jahre Hochfest Patrona Bavariae“ haben die bayerischen Bischöfe im Herbst 2010 beschlossen, dass ab 2011 – unter dem Motto „Mit Maria auf dem Weg“ – jedes Jahr in einer anderen bayerischen Diözese eine Wallfahrt stattfinden soll. Es wurden folgende Wallfahrten festgelegt: 2011 Altötting, Bistum Passau; 2012 Vierzehnheiligen, Erzbistum Bamberg; 2013 Bogenberg, Bistum Regensburg; 2014 Retzbach, Bistum Würzburg; 2015 Augsburg: Dom mit anschließender Prozession zur Kirche St. Peter am Perlach; 2016 Eichstätt, Residenzplatz; 2017 München, Marienplatz.[1] Am 1. Mai 2013 pilgerten die bayerischen Bischöfe, zusammen mit einer sehr großen Schar von Gläubigen, zum Marienheiligtum auf dem Bogenberg (Landkreis Straubing-Bogen).

1 Vgl. dazu die Beiträge von Josef Ammer und Veit Neumann in diesem Band.

Die bayerischen Bischöfe bei der Eucharistiefeier am 1. Mai 2013 auf dem Bogenberg.

Die Gläubigen bei der Mitfeier der heiligen Messe auf dem Bogenberg. (Fotos: Bischöfliche Presse- und Medienabteilung Regensburg)

1. Die Bedeutung von Wallfahrtsorten

Wallfahrtsorte sind „geistliche Kraftzentren".[2] An ihnen wird – so Manfred Müller, der ehemalige Bischof von Regensburg – „Hilfe erfleht, wird gedankt, wird Sühne geleistet."[3] Die Geschichtsforschung hat gezeigt, dass in der Frühphase christlicher Wallfahrten der Lebensweg Christi selbst Vorbild der Wallfahrt war. „In seiner Nachfolge wurden schon sehr früh die heiligen Stätten seines Erdenlebens aufgesucht und seine Wege begangen."[4] Auch Pilger aus dem Bistum Regensburg suchten das Heilige Land auf, wie z. B. Herzogin Judith (um 955), die Gemahlin Herzog Heinrichs I. von Bayern und Erbauerin der Niedermünsterkirche in Regensburg. Es verbreitete sich auch die Sitte, Heilig-Land-Wallfahrten an anderen Orten nachzuahmen, z. B. in den Stationskirchen Roms. Später zogen die Pilger zu den Gräbern der Apostel und Märtyrer, besonders zu den Gräbern der Apostelfürsten Petrus und Paulus oder zum Grab des hl. Jakobus nach Compostela. Auch Kathedralen wurden beliebte Pilgerziele. Neben den großen Fern-Wallfahrten entstanden Nah-Wallfahrten – auch im Bistum Regensburg, v. a. zum Grab des hl. Emmeram.

Die ältesten Wallfahrten im Bistum Regensburg führten zu Gräbern oder Reliquien von Heiligen (Emmeram, Gaubald, Wolfgang, sel. Wolfsindis von Reisbach). Bettbrunn eröffnete die Salvator-Wallfahrten und gilt als die älteste dieser Art in Bayern.[5] Wallfahrten zu Unserer Lieben Frau entstanden im 13. Jahrhundert (z. B. Alte Kapelle, Regensburg;[6] Niederviehbach[7]). Seit dem Mittelalter begannen zunehmend die Wallfahrten zu Marienbildern aufzublühen.

2 Bischof Manfred Müller in seinem Geleitwort, in: Hans J. Utz, Wallfahrten im Bistum Regensburg. Neubearbeitet von Karl Tyroller, München – Zürich 2., überarbeitete und erweiterte Aufl. 1989, 6.

3 Ebd.

4 Hans J. Utz, Wallfahrten im Bistum Regensburg (Anm. 2), 9.

5 Zum Wallfahrtsort Bettbrunn vgl. ebd., 61f.

6 Vgl. dazu ebd., 197f.

7 Vgl. ebd., 181–183.

Ihre Zahl stieg um 1500 stark an. Unter einem Gnadenbild versteht man „die bildliche Darstellung von Geheimnissen oder Personen, die mit besonderen Gebetserhörungen in Verbindung stehen."[8] Einige marianische Gnadenbilder gehen auf Ikonen der Ostkirche zurück (z. B. Maria-Schnee-Darstellungen oder das Gnadenbild der Alten Kapelle in Regensburg).

Zu den wichtigsten marianischen Gnadenbildtypen der Wallfahrten im Bistum Regensburg gehören folgende: 1) das *Mariahilf-Bild*: Es geht auf die biblisch begründete Anrufung Marias als „Hilfe der Christen" zurück. Das Gnadenbild von Mariahilf in Passau ist die Kopie eines Madonnenbildes von Lukas Cranach dem Älteren (1472–1553), das sich heute in Innsbruck befindet. Der Bildtypus ist eine „freie Umarbeitung eines griechischen Bildschemas, das von den Russen *die Zärtlichkeit* genannt wurde".[9] 2) *Maria Schnee*: Ausgangspunkt ist das römische Bild *Salus populi Romani* in der Kirche *Santa Maria Maggiore*, das auf das byzantinische Vorbild des Typs der *Hodegetria* zurückgeht. Seit der zweiten Hälfte des 14. Jahrhunderts gilt es als das sogenannte „Lukasbild", d. h. das Bild wurde dem Evangelisten Lukas zugeschrieben. Bekannt wurde es als Gnadenbild *Maria Schnee.* 1570 gelangte eine Kopie des Bildes nach Ingolstadt, eine Nachbildung auch nach Weltenburg. 3) *Maria Loreto*: Als die Türken – so die Legende – 1291 Nazareth bedrohten, wurde das Haus Marias von Engeln nach Dalmatien und – da es auch dort nicht sicher schien – 1294 nach Recanati bei Rom auf das Grundstück der Witwe Lauretta und ein Jahr später nach Loreto entrückt. Die bald entstandene Wallfahrt fand im 14. Jahrhundert eine große Ausweitung in den „Loretokapellen", noch mehr im 17. Jahrhundert, nachdem seit 1558 die „Lauretanische Litanei" verbreitet wurde.[10] Sossau bei Straubing, eine der ältesten Muttergottes-Wallfahrten im Bistum Regensburg, reicht in das 14. Jahrhundert zurück. Durch die Legende von der wunderbaren Verlegung des dortigen Gotteshauses gilt Sossau als das „bayeri-

8 Ebd., 26.
9 Ebd., 27.
10 Vgl. ebd.

sche Loreto". 4) *Maria vom guten Rat*: Besondere Förderung erfuhr das 1467 von Skutari (Albanien) nach Genazzano übertragene Bild durch den Augustinerorden. Seit 1735 zählte man in Rom allein 40 angesehene Kopien. In Bayern wurde die Verehrung dieses Bildtypus besonders durch die bayerische Prinzessin Antonia Maria gefördert. Ein lebendiger Wallfahrtsort dieses Typs ist Wörth an der Isar.[11]

2. Das Gnadenbild „Maria in der Hoffnung" auf dem Bogenberg

Eine besondere Stellung unter den Marienwallfahrtsorten im Bistum Regensburg nimmt das Gnadenbild vom Bogenberg ein. Es gehört zum seltenen Bildtypus *Maria in der Hoffnung*.[12] Maria ist gesegneten Leibes, der geöffnet das vom Strahlenkranz umgebene Jesuskind zeigt. Die vertrauten Metaphern und Anrufungen „Gefäß", „Schrein", „Turm" und „Haus" werden „durch diesen Typus veranschaulicht. Er hatte in der Ostkirche Vorläufer."[13] Seit dem 12. Jahrhundert gab es die sogenannten „Schreinmadonnen", die auf der Vorderseite tabernakelartig aufklappbare Bilder der Heilsgeschichte aufweisen. Das Gnadenbild vom Bogenberg ist im Bistum Regensburg einmalig. Es ist eine Darstellung der *Mater gravida*,[14]

11 Zum Wallfahrtsort Wörth an der Isar vgl. ebd., 231f.

12 „Unsere Liebe Frau in der Hoffnung" ist auch der Titel der Predigt, die Joseph Kardinal Ratzinger am 15. August 2004 beim Pontifikalgottesdienst in der Wallfahrtskirche auf dem Bogenberg gehalten hat (vgl. Joseph Ratzinger / Papst Benedikt XVI., Das Werk. Bibliographisches Hilfsmittel zur Erschließung des literarisch-theologischen Werkes von Joseph Ratzinger bis zur Papstwahl, hg. vom Schülerkreis, Augsburg 2009, 378).

13 Hans J. Utz, Wallfahrten im Bistum Regensburg (Anm. 2), 28.

14 Verwiesen sei in diesem Zusammenhang auf folgende Studie: Gregor Martin Lechner, Maria gravida: Zum Schwangerschaftsmotiv in der bildenden Kunst, (Münchner Kunsthistorische Abhandlungen, Bd. 9), München 1981, 404–407. – Vgl. auch die zweite Strophe des Liedes „Maria durch ein Dornwald ging" (Text und Melodie: bei August von Haxthausen 1850):

die in Europa nicht sehr häufig vorkommt (z. B. in Prag, Barcelona und in Chissey in Frankreich). Unter dem Herzen der Madonna ist eine rechteckige, mit Strahlen umgebene Öffnung, in der das Jesuskind aufrecht steht. Darin ist der Gottesname in elf Sprachen geschrieben. Die Hände der Muttergottes ruhen auf dem gesegneten Leib. Diese wunderbare Sandsteinmadonna vom Bogenberg (um 1400; Höhe: 1,05 Meter) trägt eine moderne Krone. Erst um 1650 wurde die Sandsteinfigur mit einem Ährenkleid gefasst. Möglicherweise ersetzte dieses Gnadenbild die romanische Steinmadonna, die heute im Chor angebracht ist.[15]

Nach dem Zweiten Weltkrieg erlebte die Wallfahrt auf den Bogenberg eine neue Blüte. Von Mai bis Oktober ist die Kirche auf dem weithin sichtbaren Berg das Ziel vieler Beter und Wallfahrtsgruppen. In einer Restaurierungsphase von 1953 bis 1961 wurden zwei völlig neue Altäre – Hochaltar und Gnadenaltar – errichtet. 1954 wurde das Gnadenbild vom Hochaltar heruntergenommen und an einem eigenen Altar am Aufgang zum Chor neu platziert – in einem Schrein, der mit Strahlen und silbergetriebenen Engeln geziert ist. Dieses moderne Werk ist eine Arbeit des Münchener Bildhauers Roland Friederichsen.

Der Bogenberg ist ein 432 Meter hoher, bis nahe ans Donauufer vorgeschobener Ausläufer des Bayerischen Waldes und ein weithin sichtbares Wahrzeichen der Donaulandschaft um Bogen.[16]

„Was trug Maria unter ihrem Herzen? Kyrie eleison. Ein kleines Kindlein ohne Schmerzen, das trug Maria unter ihrem Herzen. Jesus und Maria."

15 Diese Figur ist „eines der wenigen erhaltenen Zeugnisse romanischer Volkskunst und dürfte um 1200 entstanden sein. Sie lässt sich stilistisch kaum mit erhaltenen Werken dieser Zeit vergleichen" (Konrad Schmidleitner / Hans Neueder, Pfarr- und Wallfahrtskirche Bogenberg [Kirchenführer], [Verlag Bouillon] Bayreuth ^{3}2011, 15).

16 Zu verweisen ist hier auf folgende Literatur: Gerhard Luber, Art. Bogenberg, in: Remigius Bäumer / Leo Scheffczyk (Hg.), Marienlexikon. Bd. 1, St. Ottilien 1988, 527f; Michael Harder, Bogen und der Bogenberg, Straubing 1904; Hans Bleibrunner, Unsere Liebe Frau vom Bogenberg, Bogen 1975 und Hans Neueder, Der Bogenberg in Niederbayern. 900 Jahre Marienheiligtum. Geschichte der Wallfahrt, Mirakelbücher, Straubing 2004.

Aus Bodenfunden im Gebiet der Bergkrone schließen die Fachleute, dass der Bogenberg schon in der Bronze- und Urnenfelderzeit (ca. 1800 bis ca. 800 v. Chr.) besiedelt war. Die erste Kirche (um 740 n. Chr.) ließen die Grafen von Bogen erbauen und „schenkten sie dem nahen Benediktinerkloster Oberaltaich, dessen Mönche Bogen und den Bogenberg betreuten."[17] Nach einer Legende soll Graf Aswin von Bogen die Marienwallfahrt im Jahre 1104 gegründet und sie unter die Obhut der Benediktiner von Oberaltaich gestellt haben. Tatsächlich sind zwischen 1100 und 1115 eine Kirche und ein Marienaltar für den Bogenberg urkundlich bezeugt.

Nach der frommen Überlieferung, die in ähnlicher Form auch für andere Gnadenbilder an der Donau zutrifft, z. B. in Sossau bei Straubing und in Mariaort bei Regensburg, schwamm das steinerne Gnadenbild – eine Sandsteinfigur der Muttergottes – gegen die Strömung, landete auf dem sogenannten Marienstein, wurde vom Grafen Aswin auf den Berg gebracht und in seiner Schlosskapelle aufgestellt; der immer mehr anwachsende Pilgerstrom veranlasste den Grafen, die ganze Bergkrone samt Schloss und Kapelle den Benediktinern von Oberaltaich zu schenken. Er selbst habe sich auf dem Nordausläufer des Bogenberges ein neues Schloss gebaut. 1224 erscheint Bogenberg als „Berg der heiligen Maria" in einer Urkunde des Papstes Honorius III. Für die Jahre 1286 und 1294 ist die Existenz der Wallfahrt durch bischöfliche Ablassbriefe bezeugt. 1295 wurde mit dem Bau einer neuen Kirche begonnen; 1298 wurde der Bogenberg Priorat des Benediktinerklosters Oberaltaich.

Das Marienbild auf dem Bogenberg ist seit dem Mittelalter das Ziel vieler Pilger. Den heutigen Kirchenbau, in den der frühgotische sechseckige Turm integriert wurde, vollendete Prior Benedikt Beham, der spätere Abt von Oberaltaich, im Jahre 1463. Der Kirchenraum hat die typische Prägung einer bayerischen spätgotischen

17 Albert Bichler, Wallfahrten in Bayern. 60 beliebte Gnadenstätten von der Rhön bis zu den Alpen, München aktualisierte Neuaufl. 2011, 92f, hier 92.

Hallenkirche. Die zahlreichen Spenden zum Bau der Kirche belegen das hohe Ansehen der Wallfahrt im 15. Jahrhundert.

Nach schweren Schädigungen und Plünderungen durch die Schweden im Dreißigjährigen Krieg (v. a. im Winter 1633/34) hat das Wallfahrtsgeschehen sehr gelitten; Kirche und Gnadenbild erfuhren schwere Zerstörungen. 1652 wurde das Gotteshaus erneuert.[18] Seit 1624 sind Mirakelbücher erhalten, deren wichtigstes – der „Azwinische Bogen" des Oberaltaicher Priors Balthasar Regler (1679) – neben 100 Wunderberichten auch die Geschichte der Wallfahrt schildert.[19] Weitere „Guttatenberichte" finden sich in Schriften von 1731, 1738 und 1791, in letzteren in Auseinandersetzung mit wallfahrtsfeindlichem Gedankengut der Aufklärung. Die Kirche auf dem Bogenberg wurde zwischen 1722 und 1730 im frühen Rokokostil ausgestattet. Davon sind heute noch die Kanzel (um 1735), sechs Oratorien im Chor, das Orgelgehäuse und mehrere Altarbilder (von Josef Anton Merz) erhalten. „Bis auf diese Stücke wurde die Ausstattung zwischen 1870 und 1881 entfernt und versucht, den gotischen Charakter des Kirchenraumes wieder herzustellen."[20] Mit der Aufhebung des Klosters Oberaltaich im Jahr 1803 endete die über 500-jährige Wallfahrtsseelsorge der Benediktiner auf dem Bogenberg. Unter König Ludwig I. erfuhr die Wallfahrt wieder eine Belebung. Ab 1844 betreuten Weltpriester die aufblühende Wallfahrt und die Pfarrei.

Seit 525 Jahren pilgern jedes Jahr an Pfingsten die Wallfahrer aus Holzkirchen (bei Vilshofen) zu Fuß mit ihrer 13 Meter langen „Kerze" donauaufwärts. Als der Borkenkäfer und schwere Schauerwetter 1492 die Waldbestände zu vernichten drohten, gelobten

18 Das mächtige Wiederaufleben der Wallfahrt nach den Schreckensjahren des Dreißigjährigen Krieges wird durch die Tatsache bezeugt, dass die hiesige Rosenkranzbruderschaft 30 000 Mitglieder zählte (vgl. Hans J. Utz, Wallfahrten im Bistum Regensburg [Anm. 2], 125).

19 Vgl. G. Luber, Art. Bogenberg (Anm. 16), 527; auch A. Bichler, Wallfahrten in Bayern (Anm. 17), 92.

20 Konrad Schmidleitner / Hans Neueder, Pfarr- und Wallfahrtskirche Bogenberg (Anm. 15), 4.

die Holzkirchener diese jährliche Wallfahrt. Die Votivkerze wird im Volksmund auch „lange Stang“ genannt. „Burschen tragen einen geschälten Fichtenstamm, den man mit 75 Pfund rotem Wachs umwunden hat, unter äußerster Kraftanstrengung senkrecht auf den Berg hinauf. Es sind atemberaubende Minuten für alle Beteiligten und Zuschauer. Die Kerze darf nicht fallen, sonst gibt es Krieg, sagt man.“[21] In der Kirche wird die Kerze dann am Chorbogen aufgestellt.

21 Hans J. Utz, Wallfahrten im Bistum Regensburg (Anm. 2), 125.

Das Wallfahrtsbild der Knotenmadonna in St. Peter am Perlach in Augsburg

Karlheinz Sieber

St. Peter am Perlach in Augsburg ist die Kirche eines bei der Säkularisation 1803 aufgelösten kleinen Kanonikerstifts.[1] Sein Entstehen geht auf eine Güterschenkung im Jahre 1067 zurück. Mitglieder waren später vor allem Angehörige der Augsburger Patriziergeschlechter. Der Kirchturm ging in den Besitz der Stadt Augsburg über und wurde Stadtturm. Die Kirche, deren Bausubstanz im Wesentlichen aus dem Jahre 1182 stammt, dient bis heute auch als Ratskirche. 1806 ging sie in den Besitz des bayerischen Staates über. Den geplanten Abbruch verhinderte der Bürgerverein bei St. Peter e. V., der sich bis heute um die Kirche kümmert.

In der Apsis des südlichen Seitenschiffs hängt ein dem Maler Johann Georg Melchior Schmidtner (1632 – nach 1707) zugeschriebenes Gemälde. Es zeigt ein kunsthistorisch einmaliges Marienmotiv. Dargestellt in der Art der apokalyptischen Frau aus der Offenbarung des Johannes und der unbefleckt Empfangenen entschlingt Maria einen Knoten in einem weißen Band, das ihr von einem Engel dargereicht wird. Das Motiv lässt sich theologisch auf eine Aussage des Kirchenlehrers Irenäus von Lyon (135–202) beziehen. Er hatte den Gedanken entwickelt, dass „der Knoten des Ungehorsams der Eva durch den Gehorsam Marias" gelöst wurde. Die Tradition weist das

1 Der folgende Beitrag wurde erstmals publiziert in: Florian Trenner / Susanne Hagendorn (Hg.), Exempla Pietatis. Einführungen, Predigten und Fürbitten zu Heiligenfesten, (Klerusblatt-Verlag) München 2016, 20f.

Motiv der knotenlösenden Gottesmutter jedoch einem Vorkommnis in der Familiengeschichte des Stifters des Bildes zu.

Um das Jahr 1700 soll der Stiftsherr Hieronymus Ambrosius Langenmantel aus einem der ältesten Patriziergeschlechter Augsburgs das Gemälde in Auftrag gegeben haben in Erinnerung an die Rettung der Ehe seines Großvaters Wolfgang Langenmantel. Dessen Beziehung zu seiner Frau Sophia geb. Rentz habe in einer Krise gesteckt. In seiner Not wandte er sich an den Ingolstädter Jesuitenpater Jakob Rem. Dieser, ein glühender Marienverehrer und Begründer der Marianischen Kongregationen in Bayern, habe mit folgenden Worten vor einem Marienbild gebetet: „In diesem religiösen Akt erhebe ich das Band der Ehe, löse alle Knoten und glätte es." Danach kehrte Wolfgang Langenmantel nach Augsburg zurück. Die Spannungen in der gefährdeten Ehe lösten sich. In dieser Deutung wurde das Bild im 19. Jahrhundert zum Ziel einer Wallfahrt zu Maria als Mittlerin und Helferin in den Wechselfällen und Nöten menschlichen Lebens.

Als solches lernte Jorge Mario Bergoglio, der jetzige Papst Franziskus, das Bild 1986 in Augsburg kennen. Er war von der Aussagekraft des Motivs ergriffen und nahm Abbildungen des Gemäldes mit nach Buenos Aires, wo es – vielfach kopiert – heute sehr verehrt wird. Aber auch vor dem Bild in St. Peter finden sich den ganzen Tag über Beter, die ihre vielfältigen Anliegen vor die „Knotenmadonna" bringen.

Knotenmadonna – Knotenlöserin – Knotenerfahrene

Günter Grimme

Tag für Tag kommen sehr viele Beter in die Kirche St. Peter am Perlach in Augsburg, Frauen und Männer aus allen Altersstufen – auch erstaunlich viele Jüngere und aus allen Bevölkerungsschichten.[1] Sie kommen aus der Stadt und aus der Region, aber nicht nur. Aus einem Buch, das in St. Peter ausliegt, in das die Menschen ihre Anliegen – Dank und Bitte – eintragen können, ist ersichtlich, dass die Besucher aus ganz Deutschland und aus allen europäischen Ländern kommen und in einer großen Zahl aus Südamerika; manche Einträge sind in kyrillischen Schriftzeichen und fernöstlichen Sprachen abgefasst. Was führt alle diese Menschen in diese Kirche unter dem Perlachturm?

1. Die Knotenmadonna

Die Antwort liegt auf der Hand. Sie liegt in den Händen der Madonna, wie sie auf einem Gemälde in dieser Kirche dargestellt wird: Von rechts wird Maria von einem Engel ein Band gereicht, in dem sich viele Knoten befinden. Einen dieser Knoten löst sie gerade mit viel Umsicht, Einfühlungsvermögen und in großer Konzentration. Den anderen Teil des Bandes, der bereits ohne Knoten ist, hält ein anderer Engel.

1 Der folgende Beitrag wurde ursprünglich veröffentlicht in: Florian Trenner / Susanne Hagendorn (Hg.), Exempla Pietatis. Einführungen, Predigten und Fürbitten zu Heiligenfesten, (Klerusblatt-Verlag) München 2016, 22–26.

Dieses Motiv ist einzigartig, hat aber Anklänge an das große Zeichen, das in der Offenbarung des Johannes am Himmel erscheint (Offb 12,1ff). Die Frau, von der dort die Rede ist, sehen wir auf dem Gemälde dargestellt, mit Sternen um ihr Haupt und in der nach oben offenen Mondsichel stehend. Ihre Füße treten auf eine Schlange, deren gewundene Gestalt die Form des Knotens in den Händen Marias wiederholt. Dies ist eine Erinnerung an die Urgeschichte des biblischen Glaubens, in der Gott nach der Verführung Adams und seiner Frau durch die Schlange festlegt: „Feindschaft setze ich zwischen dich und die Frau, zwischen deinen Nachwuchs und ihren Nachwuchs“ (Gen 3,15). Durch ihr Ja zum Willen und Auftrag Gottes trägt Maria dazu bei, dass der Weg des Heils durch Jesus Christus geöffnet wird. Der heilige Irenäus von Lyon (135–202) drückt dies folgendermaßen aus: „So wird […] der Knoten des Ungehorsams der Eva durch den Gehorsam Marias gelöst.“ Maria ist die neue Eva als „Mutter des Lebens“ (vgl. Gen 3,20).

Weil Maria als Mutter Jesu eine solche Bedeutung für die Heilsgeschichte hat, wird sie ja auch die „Mutter aller Glaubenden“ genannt. Sie ist sozusagen die frauliche Entsprechung zu Abraham, dem Vater des Glaubens. An beiden ist abzulesen, was Glauben im Wesen bedeutet: *Vertrauen*, dass Gott seine Schöpfung liebt, *Vertrauen*, dass Er uns auch in den schwierigen und leidvollen Erfahrungen und Situationen unseres Lebens nicht verlässt, *Vertrauen*, dass Er alles zum Guten führen wird. Das lebt Maria und deshalb ist sie auf dem Gemälde in St. Peter am Perlach in den blauen Mantel der Treue Gottes und in das rote Gewand seiner Liebe gekleidet. Zugleich weist sie diese Darstellung aus als die unbefleckt Empfangene, an deren Fest Maria, die Knotenlöserin, auch in St. Peter gefeiert wird.

Im Lateinischen heißt das Festgeheimnis des 8. Dezember kurz und knapp *immaculata conceptio*. Wir könnten also durchaus „übersetzen“: Maria ist „Gottes makelloses Konzept“ (Udo Körner) vom Menschen.

> „An dem, was wir von ihr wissen, wird sichtbar, wie sich Gott den Menschen denkt und wünscht; welche Grundvorstellung er von einem gelingenden Leben hat; wie sein Plan, sein Programm

für erfülltes menschliches Leben aussieht. Wer auf Maria schaut, kann ahnen, wie Gott unser Leben konzipiert hat".[2]

Wer möchte nicht, dass sein Leben gelingt trotz aller Hindernisse, Hemmnisse und Widerwärtigkeiten, trotz allem, was sich im Leben verknotet?

2. Die Knotenlöserin

Die Tradition sagt, dass das Bild der Knotenmadonna eine Auftragsarbeit war, um Dank zu sagen für die Lösung von Eheschwierigkeiten. Dann könnten die beiden Gestalten am unteren dunklen Bildrand durchaus Tobit und sein Begleiter sein, der sich am Schluss der alttestamentlichen Erzählung als der Engel Raphael erweist (Tob 12,15); Rapha-el aber bedeutet: Gott heilt. Der Vater des Tobias sendet seinen Sohn in seine alte Heimat, damit er dort eine Frau suche. Dort kann der junge Tobit seine künftige Frau von einem bösen Fluch lösen. Sie heiraten und bei der Heimkehr befreit Tobit mit Hilfe Raphaels seinen Vater von seiner Blindheit. Aber es fehlt im Gemälde ein wichtiges Attribut, nämlich das Hündchen des Tobias, das in der biblischen Erzählung ausdrücklich erwähnt ist. So könnte es sein, dass ganz allgemein der Psalm 91 in diesem Bild „zitiert" wird: „Denn er befiehlt seinen Engeln, dich zu behüten auf all deinen Wegen" (Ps 91,11).

Was auch immer der historische Hintergrund des Bildes ist, heute kommen Menschen mit all dem, was sich in ihrem Leben als Knoten erweist, zur Knotenmadonna. Manchmal kommen sie mit einem ganzen Knäuel von Anliegen, Problemen und Fragen, die sich als fast unentwirrbar erweisen. Die Menschen kommen zu Maria, die in der Lauretanischen Litanei als „Heil der Kranken", „Zuflucht der Sünder", „Trost der Betrübten" und „Hilfe der Christen" angerufen wird. Und es kommen nicht nur Christen, wie ich sicher weiß.

Wenn man sich die Einträge in dem in der Kirche St. Peter ausliegenden Buch, das spätestens alle zwei Monate erneuert werden

2 Wolfgang Raible, in: Anzeiger für die Seelsorge.

muss, ansieht, dann begegnen einem viel Dank und Hoffnung, aber eben auch viel Lebenslast und Leid, die einhergehen mit Klage und Bitte um Lösung und Erlösung. Hier spiegelt sich das versammelte Leid der Welt. Die Trauer um liebe Menschen bewegt viele. Andere sind bedrängt und geschlagen von Krankheit, entweder selbst oder sie leiden mit Angehörigen und Freunden; Erlebnisse und Erfahrungen, die den Zusammenhalt von Ehe und Familie gefährden, werden vorgebracht; Kinder und Jugendliche äußern ihre Ängste, dass sich ihre Eltern trennen könnten, und auch ihre Sorgen, die die Schule und die ungewisse Zukunft betreffen; die Geißel der Arbeitslosigkeit und das damit verbundene Gefühl, nichts mehr wert zu sein, bringt viele in Bedrängnis. Das und vieles mehr lastet Menschen auf der Seele. Sie bringen es zur Knotenlöserin, um sie um ihre Fürbitte und Mithilfe bei der Lösung ihrer Probleme zu bitten. Wir nehmen all diese Anliegen in St. Peter immer mit hinein in die Feier der Eucharistie und manchmal auch exemplarisch in die Fürbitten des Sonntags. Damit schließen wir uns dem Dank und den Bitten der Menschen an und nehmen ernst, was der Apostel Paulus als ein Kennzeichen der Christen aufzeigt: „Einer trage des anderen Last, so werdet ihr das Gesetz Christi erfüllen“ (Gal 6,2). Wir gehen mit den Menschen, die zu uns kommen, mit Maria zu Christus.

Schon Walther von der Vogelweide, der berühmte Sänger des Mittelalters, hat zu seiner Zeit die Menschen ermutigt, zu Maria zu gehen und um ihre Hilfe zu bitten:

„Nun bitten wir dich, Mutter,
und auch der Mutter Kind,
die Reine und den Guten,
dass sie uns Hüter sind.
Ohn eure starke Hilfe
kann keiner wohlgedeihn,
und wer uns das bestritte,
der muss recht töricht sein.“

3. Die Knotenerfahrene

Aber der Zugang und die Zuflucht zu Maria gehen noch viel weiter zurück, letztlich bis zum „Marienmaler", dem Evangelisten Lukas, der Maria, der Mutter Jesu, besondere Beachtung schenkt. Was ist es, das die Menschen aller Zeiten zu Maria führt? Ich denke, es liegt daran, dass sie sich im Lebens- und Glaubensweg Marias wiederfinden; in ihr sehen sie ihr Leben gespiegelt, ihren Lebensauftrag und eben auch die „Knoten", die es oft schwer machen, den Lebensauftrag zu erkennen, ihn anzunehmen und zu bewältigen.

Maria hat vieles erleben dürfen, was das Leben reich und schön machte, besonders nach der anfänglichen Unsicherheit die Geburt Jesu. Hier ist sie mit vielen Frauen eins, die berufen sind, Leben zu gebären und neue Freude in die Welt zu bringen. Am Ende gehört dazu auch die Erfahrung, dass Gott seinem Versprechen und Auftrag treu bleibt und Jesus als den Christus bestätigt, indem er ihn auferweckt aus dem Tode als Grund der Hoffnung für alle Welt und Zeit. Und: Maria war im Kreis der Jünger, als der Heilige Geist sie erfüllte mit endgültiger Zuversicht und sie zu Zeugen des lebendigen und Leben schaffenden Gottes befähigte. Dazwischen aber auch das andere, Bedrückung, Leid und Trauer, die „Knoten", die Leben nicht mehr frei fließen lassen und Fragen und Unsicherheit aufwerfen.

Die Tradition der Kirche nennt sieben solcher Schmerzen Mariens – sieben, um mit dieser Zahl die Fülle des Leidens auszudrücken. Es sind dies: die *Weissagung des Simeon*, dass ihr Sohn ein Zeichen sein wird, dem widersprochen wird, und dass ihre Seele ein Schwert durchdringen wird (Lk 2,34f); die *Flucht nach Ägypten*, weil das Kind getötet werden soll (Mt 2,13): ein Alptraum für Eltern; der *Verlust des Kindes bei der Wallfahrt nach Jerusalem* (Lk 2,48: „Kind, […] dein Vater und ich haben dich voll Angst gesucht"); die *Begegnung auf dem Kreuzweg* mit den Gefühlen einer Mutter, wenn ihr Sohn unschuldig als Verbrecher behandelt wird; *Maria unter dem Kreuz* (Joh 19,25); *Jesus tot im Schoß seiner Mutter*: der Schmerz einer Mutter, wenn ihr Kind vor ihr aus dieser Welt gehen muss; die *Grablegung Jesu* (Joh 19,42).

Menschen, die zu Maria kommen, um ihr, der Mutter, ihr eigenes Leben anzuvertrauen, wissen sich von ihr verstanden, weil sie Ähnliches an Freuden und Leiden durchgemacht hat wie sie selbst. Mit ihr können sie sprechen wie mit einer guten Freundin; ihr können sie ihr Herz ausschütten und schon dadurch wird manchmal alles erträglicher. Aber sie kommen auch zu der, die in Geduld und Hoffnung vieles in ihrem Leben durchgetragen und durchlitten hat, bis sie selbst durch ihren Sohn, den Erlöser der Welt und auch ihres Lebens, auferweckt wurde zur Fülle des Lebens und aufgenommen wurde in die Herrlichkeit Gottes.

Werfen wir noch einmal einen Blick auf das Bild der Knotenmadonna: Wir sehen die Taube, das Symbol der Liebe Gottes, den Heiligen Geist, über allem, was geschieht. Er ist es, der Maria erfüllte; er ist der Tröster und Anwalt des Lebens; er ist auch für uns die Gegenwart Gottes, die uns nicht verlässt – nicht in der Freude und nicht im Leid.

Die Autoren

Dr. Iur. Can. Josef Ammer

Prälat; Domkapitular; Offizial des Bistums Regensburg; Stiftungsrat der Hochschule für katholische Kirchenmusik und Musikpädagogik Regensburg; Stiftungsvorstand der Stiftung Katholische Universität Eichstätt-Ingolstadt; Konsultor der Kongregation für das Katholische Bildungswesen; erster stellvertretender Vorsitzender des Institutum Marianum Regensburg e.V.

Dr. Phil. Susanne Biber M. A.

Studium der Kunstgeschichte und der Philosophie an der Universität Regensburg; Dissertation über René Magritte; Autorin für die Ausstellungen zeitgenössischer Kunst beim 99. Deutschen Katholikentag 2014 in Regensburg; Kuratorin für die Ausstellung „Mehr als Schwarz & Weiß. 800 Jahre Dominikanerorden" 2016 in Regensburg.

Prof. Dr. Phil. Habil. Hanna-Barbara Gerl-Falkovitz

Dr. theol. h.c.; Professorin für Philosophie an der Pädagogischen Hochschule Weingarten (1989–1992); Professorin für Religionsphilosophie und vergleichende Religionswissenschaft an der Technischen Universität Dresden (1993 bis zu ihrer Emeritierung 2011); seit 2011 Vorstand des Europäischen Instituts für Philosophie und Religion (EUPHRat) an der Philosophisch-Theologischen Hochschule Benedikt XVI. Heiligenkreuz (bei Wien); seit 2014 Mitglied der Europäischen Akademie der Wissenschaften und Künste (Klasse: Religionswissenschaft), Salzburg.

Günter Grimme

Prälat; 1971–1981 in der Jugenderziehung und im Schuldienst tätig; danach 30 Jahre verantwortlich für die Katholische Jugendfürsorge der Diözese Augsburg; seit 2012 Rector ecclesiae der Kirche St. Peter am Perlach in Augsburg.

PROF. DR. THEOL. HABIL. MANFRED HAUKE

Professor für Dogmatik an der Theologischen Fakultät Lugano seit 1993; seit 1992 Mitglied der „Pontificia Academia Mariana Internationalis“ (PAMI); seit 2005 Vorsitzender der Deutschen Arbeitsgemeinschaft für Mariologie; Herausgeber der Reihe „Mariologische Studien“.

PROF. DR. THEOL. HABIL. JOSEF KREIML M. A.

Professor für Fundamentaltheologie und Ökumenische Theologie an der Philosophisch-Theologischen Hochschule St. Pölten; 2005–2013 Rektor der Hochschule; derzeit Prorektor; Vorsitzender des Institutum Marianum Regensburg e.V.

PROF. DR. THEOL. LUDWIG MÖDL

Regens des Eichstätter Priesterseminars bis 1987; Professor in Luzern (1988–1992) und Eichstätt (1992–1996); Professor für Pastoraltheologie an der Ludwig-Maximilians-Universität München (1996–2003); nach seiner Emeritierung Spiritual am Herzoglichen Georgianum München und Universitätsprediger an der Ludwigskirche München.

PROF. DR. THEOL., DIPL.-JOURN., DIPL.-PÄD. VEIT NEUMANN

Professor für Pastoraltheologie an der Philosophisch-Theologischen Hochschule St. Pölten; Dozent für Pastoraltheologie am Bischöflichen Studium Rudolphinum Regensburg; Chefredakteur der „Academia“, der Zeitschrift des deutschen Cartellverbands (CV); Redakteur der Presse- und Medienabteilung des Bistums Regensburg.

DIPL.-THEOL. MARÍA LUISA ÖFELE

Studium der Katholischen Theologie an der Ludwig-Maximilians-Universität München; Leiterin der Hauptabteilung Orden – Geistliche Gemeinschaften im Bistum Regensburg (Ordinariatsrätin); Dozentin für Quellen Christlicher Spiritualität am Bischöflichen Studium Rudolphinum Regensburg.

Dr. Iur. Utr., Dr. h.c. Albert Schmid

Studium der Rechtswissenschaften; 1972–1978 Bürgermeister der Stadt Regensburg; 1978–1982 beamteter Staatssekretär des Bundesministeriums für Raumordnung, Bauwesen und Städtebau; Rechtsanwalt; 1990–2000 Landtagsabgeordneter; seit 1993 Mitglied des Landeskomitees der Katholiken in Bayern; 2000–2010 Präsident des Bundesamtes für Migration und Flüchtlinge; 2011–2015 Mitglied des Hochschulrats der Katholischen Universität Eichstätt-Ingolstadt; seit 2009 Vorsitzender des Landeskomitees der Katholiken in Bayern.

Christoph Kardinal Schönborn

seit 1995 Erzbischof von Wien; seit 1998 Vorsitzender der Österreichischen Bischofskonferenz.

Dr. Theol. Christian Schulz

Studium der Katholischen Theologie an der Westfälischen Wilhelms-Universität Münster und an der Universität Salzburg; 2008 Promotion an der Universität Augsburg im Fach Moraltheologie; Habilitationsprojekt an der Theologischen Fakultät Lugano; seit 2013 Pfarrer in Hahnbach (Oberpfalz, Bistum Regensburg).

Karlheinz Sieber

Studium der Deutschen Philologie, Geschichte und Geographie in München; ab 1969 Unterricht am Gymnasium; 18 Jahre Seminarlehrer für Geschichte; seit 2006 Studiendirektor i. R.; Mitglied im Bürgerverein bei St. Peter am Perlach Augsburg e.V.

Dr. Phil. Adolfine Treiber

Studium der Wirtschafts- und Sozialgeschichte an der Universität Wien; Promotion 1971; 1973–1999 Mitarbeit am Institutum Marianum Regensburg e.V. und bei der Schriftleitung des „Bote von Fatima"; seit 1999 weiterhin publizistisch tätig; seit 1994 Mitglied der Dominikanischen Laiengemeinschaft in der Provinz des hl. Albertus Magnus.

Dr. Theol. Florian Trenner

Redakteur des sechsbändigen „Marienlexikon" (1986–1994); seit 1994 Geschäftsführer des Klerusverbandes e.V.; seit 2002 Schriftleiter des „Klerusblatt".

Julia Wächter BA

Studium der Katholischen Theologie und der Germanistik an der Universität Regensburg; Bachelor of Arts; Staatsexamen für Gymnasium; seit 2013 Mitarbeit in der Presse- und Medienabteilung des Bistums Regensburg.

Prof. Dr. Theol. Habil. Hubert Windisch

Professor für Pastoraltheologie an der Katholisch-Theologischen Fakultät der Karl-Franzens-Universität Graz (1992–1997); von 1997 bis zu seiner Emeritierung 2012 Professor für Pastoraltheologie an der Katholisch-Theologischen Fakultät der Albert-Ludwigs-Universität Freiburg im Breisgau; derzeit als Seelsorger in seinem Heimatbistum Regensburg tätig.